法院审理案件观点集成丛书

# 法院审理
# 经济犯罪案件
# 观点集成

Aggregation of Trail Views in the Cases of Economic Crime

主　编：谭劲松
副主编：江　伟　刘　璐　张雪洋
撰稿人：江　伟　刘　璐　张雪洋　孙　燕　鲍　艳
　　　　魏小项　向　党　张小旭　张　之　赵羚男
　　　　谢兆勇　魏晓田　马　聪　胡柳青青

中国法制出版社
CHINA LEGAL PUBLISHING HOUSE

# 前　言

　　随着经济、科技、社会的发展，常见、多发的刑事犯罪类型也随之发生一定变化。近年来，破坏社会主义市场经济秩序的犯罪案件数量不仅逐渐增多，对经济的影响也越来越大，对社会稳定的破坏程度也越来越高。尤其是近年出现"爆雷"的非法集资类案件，不仅给广大公众带来经济损失，还给整个社会带来不稳定因素。严格依法打击破坏社会主义市场经济秩序的犯罪行为，对于优化营商环境、完善社会信用体系建立、维护金融稳定与安全、保障民生福祉和社会经济发展，促进经济秩序有序管理起着重要的作用。

　　我国刑法分则第三章集中规定了破坏社会主义市场经济秩序的罪名，包括生产、销售伪劣商品罪，走私罪，妨害对公司、企业的管理秩序罪，金融诈骗罪，危害税收征管罪，侵犯知识产权罪，扰乱市场秩序罪等各种不同类型的破坏市场秩序的犯罪行为。该章涉及的罪名众多，将近占刑法所有罪名的四分之一，且涵盖的领域范围广，犯罪发生的概率和形态与各地的经济发展水平有很大关系，因而实践中遇到的问题也各不相同。即便是专业审理该章罪名的刑事审判人员，也可能难以了解全部罪名的审理要点和难点。不同的人对同样的法律规定可能出现不同的理解，类似案件在适用法律时可能出现不同的结果。为了让读者集中了解、掌握该章罪名，我们编写了本书。在结构上，针对每一节罪名编写了综述部分，其中包含每节罪名的概述、基本特征以及难点问题，针对每一个具体的罪名选取了具有一定代表性的案例进行论述，力求为法律职业人员办理涉及该章罪名的相关案件提供一定的帮助和借鉴作用。

参与该书编写工作的人员包括江伟、刘璐、张雪洋、孙燕、鲍艳、魏小项、向党、张小旭、张之、赵羚男、谢兆勇、魏晓田、胡柳青青、马聪等，均为北京市第一中级人民法院刑事审判第二庭的法官和法官助理，该庭专门负责审理包含破坏社会主义市场经济秩序犯罪案件在内的经济犯罪案件。本书编写人员普遍具有法学专业硕士或博士学历，具有较为丰富的实践经验和扎实的理论根底。他们在忙碌的审判工作之余，经过慎重选择、精心组稿、反复推敲、不断修订，前后历时近一年才最终完成即将呈现在广大读者面前的书稿。尽管如此，书中有些观点难免可能仍有争议，欢迎读者朋友批评指正。

本书的编辑出版是我院刑事审判部门一次非常有益的尝试，既是对实践的总结，也是对理论的一些思考！感谢中国法制出版社王熹编辑的大力支持，王熹编辑对本书提出了很多有益建议和修改意见，本书也是他积极促成的结果。在此表示真挚的感谢！

北京市第一中级人民法院副院长　谭劲松
2023 年 11 月 7 日

# 目　　录

## 第一章　生产、销售伪劣商品罪 ………………………………… 1

### 一、生产、销售不符合安全标准的食品罪 ……………………… 6
1.1 行为人具有销售不符合安全标准的食品罪主观故意的司法认定 …… 6

### 二、生产、销售有毒、有害食品罪 ……………………………… 15
1.2 "有毒、有害的非食品原料"的认定 ………………………… 15

### 三、生产、销售不符合标准的医用器材罪 ……………………… 22
1.3 "明知""知道或应当知道"的认定 …………………………… 22

## 第二章　走私罪 …………………………………………………… 28

### 一、走私废物罪 …………………………………………………… 32
2.1 借用许可证进口国家限制进口的可用作原料的固体废物，
　　构成走私废物罪 …………………………………………… 32

### 二、走私普通货物、物品罪 ……………………………………… 42
2.2 走私普通货物、物品罪的认定 ………………………………… 42

## 第三章　妨害对公司、企业的管理秩序罪 ……………………… 50

### 一、隐匿、故意销毁会计凭证、会计账簿、财务会计报告罪 …… 51
3.1 隐匿纸质会计账簿而提供电子会计账簿的行为定性 ………… 51

### 二、非国家工作人员受贿罪 ……………………………………… 58
3.2 国有公司、企业改制前后连续收受贿赂的定性 ……………… 58

### 三、对非国家工作人员行贿罪 …………………………………… 65
3.3 国家出资企业中非国家工作人员的认定 ……………………… 65

四、签订、履行合同失职被骗罪 ······················································ 71
　　3.4 签订、履行合同失职被骗罪的认定问题 ································· 71
五、国有公司、企业、事业单位人员失职罪 ······································ 78
　　3.5 "严重不负责任"在失职犯罪中的认定 ································· 78
六、国有公司、企业、事业单位人员滥用职权 ··································· 84
　　3.6 国有公司、企业、事业单位人员主体身份的认定 ·················· 84

## 第四章　破坏金融管理秩序罪 ························································ 89

一、出售、购买、运输假币罪 ·························································· 93
　　4.1.1 购买假币后换取真钱的行为定性 ········································ 93
　　4.1.2 持有假币罪与购买、运输假币罪的认定标准 ······················· 96
二、持有、使用假币罪 ····································································· 99
　　4.2.1 持有、使用假币罪的罪名适用原则 ····································· 99
　　4.2.2 调包行为性质的认定 ······················································ 102
三、骗取贷款、票据承兑、金融票证罪 ············································ 105
　　4.3 骗取贷款、票据承兑、金融票证罪中对金融机构的认定 ········ 105
四、非法吸收公众存款罪 ······························································· 110
　　4.4 对行为人是否具有非法占有目的的认定 ······························· 110
五、伪造、变造金融票证罪 ···························································· 115
　　4.5 伪造、变造金融票证罪中的牵连关系认定 ···························· 115
六、妨害信用卡管理罪 ··································································· 122
　　4.6 违背他人意愿申领信用卡的行为定性 ·································· 122
七、内幕交易、泄露内幕信息罪 ······················································ 129
　　4.7 对"明示或暗示他人从事上述交易活动"的解析定位及
　　　　罪名适用 ········································································· 129
八、利用未公开信息交易罪 ···························································· 137
　　4.8 利用未公开信息交易罪的认定 ············································ 137

### 九、操纵证券、期货市场罪 ......142

4.9 不以成交为目的，频繁申报、撤单或者大额申报、撤单，误导投资者作出投资决策，影响证券交易价格、交易量，并进行与申报相反的交易，情节严重的，构成操纵证券市场罪 ......142

### 十、违法发放贷款罪 ......149

4.10 商业银行经党委会讨论决议，向关系人以外人员违法发放贷款数额巨大的，构成违法发放贷款罪 ......149

### 十一、违规出具金融票证罪 ......155

4.11 违规出具金融票证罪的构成要件分析 ......155

### 十二、洗钱罪 ......162

4.12 "他洗钱"犯罪中，仍需行为人主观上"明知" ......162

## 第五章 金融诈骗罪 168

### 一、集资诈骗罪 ......171

5.1 集资诈骗罪中非法占有目的的认定 ......171

### 二、贷款诈骗罪 ......176

5.2 贷款诈骗罪中非法占有目的的认定 ......176

### 三、票据诈骗罪 ......182

5.3 票据诈骗罪与合同诈骗罪之区分 ......182

### 四、信用证诈骗罪 ......187

5.4 利用信用证诈骗银行打包贷款行为定性 ......187

### 五、信用卡诈骗罪 ......193

5.5 盗刷他人网络借贷产品行为定性 ......193

### 六、保险诈骗罪 ......198

5.6 保险诈骗共同正犯的认定 ......198

## 第六章 危害税收征管罪 205

### 一、逃税罪 ......210

6.1 成品油销售活动中"变票"行为的定性 ········· 210
二、骗取出口退税罪 ··································· 218
　　6.2 司法实践中关于骗取出口退税罪与虚开用于骗取出口退
　　　　税、抵扣税款发票罪的比较分析 ··············· 218
三、虚开增值税专用发票、用于骗取出口退税、抵扣税款发票罪 ··· 225
　　6.3 关于虚开增值税专用发票罪中虚开行为的认定 ······ 225
四、虚开发票罪 ······································· 233
　　6.4 关于"发放福利为名"虚开发票犯罪若干问题的剖析 ··· 233
五、非法出售增值税专用发票罪 ························· 240
　　6.5 非法出售（购买）增值税专用发票罪与虚开增值税专用
　　　　发票罪的区分与认定 ························· 240
六、购买伪造的增值税专用发票罪 ······················· 251
　　6.6 购买伪造的增值税专用发票罪的认定 ············· 251
七、非法出售发票罪 ··································· 257
　　6.7 非法出售发票罪的认定 ······················· 257

# 第七章　侵犯知识产权罪 ······························· 263

一、假冒注册商标罪 ··································· 267
　　7.1 回收倒卖某酒品牌酒瓶等包装材料的行为定性 ······ 267
二、销售假冒注册商标的商品罪 ························· 273
　　7.2 销售假冒注册商标的商品属于假冒伪劣产品的行为定性 ··· 273
三、侵犯著作权罪 ····································· 280
　　7.3 销售盗版加密锁行为性质的认定 ················· 280
四、销售侵权复制品罪 ································· 285
　　7.4 零售侵权复制品行为性质认定 ··················· 285
五、侵犯商业秘密罪 ··································· 291
　　7.5 侵犯商业秘密刑事案件中"非公知性"的审查判断 ···· 291

## 第八章　扰乱市场秩序罪 299

一、损害商业信誉、商品声誉罪 304
　　8.1　如何认定"其他严重情节" 304
二、串通投标罪 311
　　8.2　串通投标行为中的行刑交叉及该罪与行贿罪、受贿罪数罪并罚的问题 311
三、合同诈骗罪 318
　　8.3　签发空头支票骗取货物及低价骗取买方资金行为定性 318
四、非法经营罪 326
　　8.4　非法销售烟草制品的罪名认定 326
五、强迫交易罪 331
　　8.5　强迫交易罪"情节特别严重"的判断标准 331

# 第一章　生产、销售伪劣商品罪

**一、生产、销售伪劣商品罪概述**

生产、销售伪劣商品罪是生产者、销售者违反国家对产品质量、安全的监督管理的法律、法规，生产、销售伪劣商品，扰乱社会主义市场经济秩序，侵害用户、消费者的合法权益，情节严重的行为。

生产、销售伪劣商品罪由1979年《中华人民共和国刑法》第一百一十七条投机倒把罪发展而来，1997年《中华人民共和国刑法》将生产、销售伪劣商品罪作为刑法分则第三章破坏社会主义市场经济秩序罪中第一节的内容，设置了九个具体罪名，是惩治生产、销售伪劣商品犯罪最根本的法律依据。

此后，最高人民法院和最高人民检察院又针对生产、销售伪劣商品罪在司法实践中的诸多突出问题，陆续出台了相关司法解释。如2001年4月施行的《最高人民法院、最高人民检察院关于办理生产、销售伪劣商品刑事案件具体应用法律若干问题的解释》，对生产、销售伪劣产品罪中的"在产品中掺杂、掺假""以假充真""以次充好""不合格产品"进行了释义，明确了该节罪名中"销售金额"的计算依据，对于部分罪名的情节严重程度，确立了判断标准。2002年8月出台的《最高人民法院、最高人民检察院关于办理非法生产、销售、使用禁止在饲料和动物饮用水中使用的药品等刑事案件具体应用法律若干问题的解释》，则是针对非法生产、销售、使用盐酸克仑特罗（Clenbuterol Hydrochloride，俗称"瘦肉精"）等禁止在饲料和动物饮用水中使用的药品等犯罪活动的专项惩治规定。2003年5月出台的《最高人民法院、最高人民检察院关于办理妨害预防、控制突发传染病疫情等灾害的刑事案件具体应用法律若干问题的解释》，依法惩治在预防、控制突发传染病疫情等灾害期间，生产、销售伪劣商品妨害预防、控制突发传染病疫情等灾害的犯罪活动。2010年3月《最高人民法院、最高人民检察院关于办理非法生产、销售烟草专卖品等刑事案件具体应用法律若干问题的解释》规定，生产、销售伪劣卷烟、雪茄烟等烟草专卖品，满足数额标准的，以生产、销售伪劣产品罪定罪处罚。其后针对危害食品、药品安全犯罪行为等，陆续出台、更新了相关司法解释。随着社会生活的变迁，生产、销售伪劣商品犯罪的犯罪手段和特征也在不断发生变化，司法需要及时作出回应。

**二、生产、销售伪劣商品罪的基本特征**

从犯罪构成角度分析，生产、销售伪劣商品罪具有以下特征：

（一）本节罪名侵犯了多重法益

生产、销售伪劣商品犯罪设置之初，普遍认为此类犯罪侵犯的核心法益是经济秩序，这也是该类罪名归于破坏社会主义市场经济秩序罪一章的原因。但是随着社会生活的发展和犯罪手段的更新，该类犯罪的侵犯法益日趋复杂化、多重化。刑法所要保护的客体不仅是商品的生产经营管理秩序，同时亦包括公民的生命权、健康权等。

（二）客观表现为破坏商品质量管理制度的行为

生产、销售伪劣商品罪在客观方面表现为，违反国家对产品质量的监督管理法规，生产、销售不合格产品的行为，当行为达到某一具体罪名的入罪标准时，即可构成犯罪。

任何生产、销售伪劣商品的犯罪在客观上都是违反商品质量监督法律法规的行为，如《中华人民共和国产品质量法》《中华人民共和国药品管理法》《中华人民共和国食品安全法》《兽药管理条例》《医疗器械管理暂行办法》等。针对不同种类的产品，国家形成了不同的质量监督管理法规，生产、销售者违反上述法规，生产、销售不合格商品，就是对国家正常的商品质量管理秩序的破坏。

本节犯罪依据生产、销售商品种类的不同设置了不同的犯罪构成标准。一是以销售金额认定犯罪，如生产、销售伪劣产品销售金额达到五万元以上方可构成本罪。二是以行为造成一定的危害后果认定犯罪，如生产、销售、提供劣药，对人体健康造成严重危害的，构成生产、销售、提供劣药罪。三是以犯罪行为具备一定危险性认定犯罪，如生产、销售不符合安全标准的食品，足以造成严重食物中毒事故或者其他严重食源性疾病的，构成生产、销售不符合安全标准的食品罪。四是只要行为人实施了生产、销售某种产品的行为，即可成立犯罪，如生产、销售、提供假药的，即构成生产、销售、提供假药罪。

(三) 行为主体可以是自然人或单位

生产、销售伪劣商品犯罪的行为主体为一般主体，不要求行为人具有特定的身份，任何具有刑事责任能力的自然人，实施了符合本节犯罪构成要件的犯罪行为，即可构成相应犯罪，应当受到刑事法律追究。

根据《中华人民共和国刑法》第一百五十条的规定，生产、销售伪劣商品罪的犯罪主体既可以是自然人，也可以是单位。单位犯本节罪名的，对单位判处罚金，并对其直接负责的主管人员和其他直接责任人员，依照各具体条文的规定处罚。

(四) 行为人在主观方面表现为故意

生产、销售伪劣商品罪在主观方面表现为故意，过失不构成本节的犯罪。即行为人明知自己在生产、销售的产品中掺杂、掺假，以假充真，以次充好或者以不合格产品冒充合格产品的行为会发生破坏社会主义市场经济秩序、侵害消费者合法权益的结果，仍然希望或者放任这种结果的发生。

### 三、生产、销售伪劣商品罪的认定难题

(一) 行为人主观故意的认定

如前所述，本节犯罪的主观方面表现为故意，根据刑法的相关规定，故意犯罪即行为人知道自己的行为会发生危害社会的结果，并且希望或者放任这种结果发生，因而构成犯罪。刑法上的故意，由认识因素和意志因素两方面构成。认识因素即行为人明知自己的行为会发生危害社会的结果，意志因素即行为人希望或者放任危害结果的发生。而当生产、销售伪劣商品的行为人否认其具有犯罪故意时，如何认定其主观上的"明知"及"放任"态度，是司法实践中容易出现争议的问题。

1. 行为人对犯罪对象的"明知"

对生产、销售伪劣商品犯罪而言，行为人对于犯罪对象的"明知"是故意的认识要素，即行为人认识到或者应当认识到其所生产、销售的产品系有可能产生危害后果的不合格产品。在行为人否认自己"明知"的情况下，对其主观心理状态的推定，依赖于多种客观因素的综合判断，司法实践中对于某些具体罪名，也规定了"明知"的推定规则。例如，2000年《最高人民法院关于审理破坏森林资源刑事案件具体应用法律若干问题的解释》第十条规定："刑法第三百四十五条规定的'非法收购明知是盗伐、滥伐的林木'中的'明知'，是指知道或者应当知道。具有下列情形之一的，可以视为应当知道，

但是有证据证明确属被蒙骗的除外：（一）在非法的木材交易场所或者销售单位收购木材的；（二）收购以明显低于市场价格出售的木材的；（三）收购违反规定出售的木材的。"又如，2021年《最高人民法院、最高人民检察院关于办理危害食品安全刑事案件适用法律若干问题的解释》第十条规定："刑法第一百四十四条规定的'明知'，应当综合行为人的认知能力、食品质量、进货或者销售的渠道及价格等主、客观因素进行认定。具有下列情形之一的，可以认定为刑法第一百四十四条规定的'明知'，但存在相反证据并经查证属实的除外：（一）长期从事相关食品、食用农产品生产、种植、养殖、销售、运输、贮存行业，不依法履行保障食品安全义务的；（二）没有合法有效的购货凭证，且不能提供或者拒不提供销售的相关食品来源的；（三）以明显低于市场价格进货或者销售且无合理原因的；（四）在有关部门发出禁令或者食品安全预警的情况下继续销售的；（五）因实施危害食品安全行为受过行政处罚或者刑事处罚，又实施同种行为的；（六）其他足以认定行为人明知的情形。"

上述司法解释根据不同罪名的具体特征设立了"明知"的不同判断依据，但是需要明确的是，任何用于推定行为人主观心态的客观行为表现，均需要结合案件事实，根据行为人的认知能力、交易特点、产品价格等客观事实综合判断，同时要允许对上述事实的反驳。若有反证可以推翻对行为人"明知"的推定，则不能贸然认定为行为人主观上的"明知"心态。

2. 行为人对于可能发生的危害后果的"放任"态度

在可以推定行为人主观心态为"明知"的情况下，行为人对危害结果所持的意志心态则相对较为容易认定。如行为人明知自己生产、销售的系有毒、有害食品，仍然积极从事生产、销售行为，其显然具有希望或放任危害结果发生的心理态度。即行为人在"明知"自己的行为有可能发生危害结果的情况下，依然积极从事该行为，这种客观上的积极行动便可反映出其主观上的放任心态，从而成立犯罪故意。

（二）"其他严重情节"的判断

在本节的犯罪中，部分犯罪规定了加重处罚情节，但是对何种行为应当升格量刑并没有明确具体的标准。如生产、销售有毒有害食品罪中，对人体健康造成严重损害或者有其他严重情节的，处五年以上十年以下有期徒刑，并处罚金。虽然司法解释以销售数额、销售时长等为标准确立了几项可以认定为"其他严重情节的"情形，但是司法实践复杂多变，有时往往需要裁判者对"其他严重情节"进行解释。

实践中,对于生产、销售伪劣商品犯罪情节严重程度的认定往往要依据不同罪名犯罪对象和特征的不同,结合行为人的手段恶劣程度、危害后果的严重程度,从事犯罪活动的时间长短、销售额多少等综合判断。

(三) 罪名之间的区分

本节罪名均系生产、销售伪劣商品犯罪,虽然不同罪名的犯罪对象不同,但是实践中由于相关规定不明确,对于产品的理解与判断也存在分歧,因此存在罪名之间的区分认定难题。

1. 生产、销售有毒、有害食品罪与生产、销售不符合安全标准的食品罪的区分

生产、销售有毒、有害食品罪是生产、销售伪劣商品罪一节中重要的组成部分,其与本节其他罪名如生产、销售、提供假药罪,生产、销售不符合安全标准的食品罪等存在部分竞合或特殊法与一般法的关系,在实践中需要加以区分。生产、销售有毒、有害食品罪是在生产、销售的食品中掺入有毒、有害的非食品原料或者销售明知掺有有毒、有害的非食品原料的食品的行为。生产、销售不符合安全标准的食品罪是指生产、销售不符合安全标准的食品,足以造成严重食物中毒事故或者其他严重食源性疾病的行为。2021年《最高人民法院、最高人民检察院关于办理危害食品安全刑事案件适用法律若干问题的解释》第十七条第二款规定:"在畜禽屠宰相关环节,对畜禽使用食品动物中禁止使用的药品及其他化合物等有毒、有害的非食品原料,依照刑法第一百四十四条的规定以生产、销售有毒、有害食品罪定罪处罚;对畜禽注水或者注入其他物质,足以造成严重食物中毒事故或者其他严重食源性疾病的,依照刑法第一百四十三条的规定以生产、销售不符合安全标准的食品罪定罪处罚。"因此,二罪区分的关键在于,行为人生产、销售的食品是已经达到有毒、有害的程度,还是仅达到足以造成严重食物中毒等危险的程度。若是前者,则构成生产、销售有毒、有害食品罪。

2. 生产、销售伪劣商品罪的法条竞合

除从犯罪构成要件上可以区分此罪与彼罪的罪名外,本节罪名还存在内部法条竞合的关系。《中华人民共和国刑法》第一百四十条规定的是生产、销售一般伪劣产品的犯罪,而第一百四十一条至第一百四十八条规定的是生产、销售特定伪劣产品的犯罪。根据第一百四十九条的规定,对于生产、销售第

一百四十一条至第一百四十八条所列产品，不构成各该条文规定的具体罪名的，只要销售金额在五万元以上，可按照生产、销售伪劣产品罪定罪处罚。生产、销售第一百四十一条至第一百四十八条所列产品，构成各该条规定的犯罪，同时又构成第一百四十条规定之罪的，依照处罚较重的规定定罪处罚。

广义上讲，生产、销售特定种类的伪劣产品亦是生产、销售伪劣产品，只要符合入罪标准，即可构成生产、销售伪劣产品罪。因此，从法律规定的逻辑看，第一百四十一条至第一百四十八条与第一百四十条是特别法与一般法的关系。对于存在法条竞合的犯罪，传统观点是特别法优于普通法，但是对于本节犯罪来讲，若适用该原则，有可能轻纵犯罪，因此第一百四十九条确立了"择一重罪"的适用原则。

## 一、生产、销售不符合安全标准的食品罪

### 1.1 行为人具有销售不符合安全标准的食品罪主观故意的司法认定

——杨某等人销售不符合安全标准的食品案[①]

> **关 键 词**：明知　司法推定　证明责任
>
> **问题提出**：行为人否认具有犯罪故意时，如何认定行为人主观上对于涉案食品系不符合安全标准的食品具有"明知"？
>
> **裁判要旨**：销售不符合安全标准的食品罪作为故意犯罪，在认识因素上，要求行为人"明知"犯罪对象系不符合安全标准的食品。在行为人拒不承认，案件中又不存在直接证据的情况下，行为人"明知"认定仰赖刑事推定的适用，即根据公诉机关证明的基础

---

[①] 一审法院为上海市第三中级人民法院，案号：（2015）沪三中刑初字第46号；二审法院为上海市高级人民法院，案号：（2017）沪刑终2号，载中国裁判文书网，https://wenshu.court.gov.cn/website/wenshu/181107ANFZ0BXSK4/index.html？docId=5MqbFU+Etv6qrHpAve5XQSUyAPkdGCGOCCaZ7k79TyRwc+Sft63WSGI3IS1ZgB82WYxDfw+hRmqNn7kVuqpUjbOSf29/sym3uwlV1ao9dg4IRvPMFcJ60itGhgJI7kml，最后访问时间：2023年5月14日。

> 事实，能够推定行为人是"明知"的。但对于行为人"明知"的推定，属于不确定的推定，即在相反事实被证明的情况下，推定事实就可被推翻。在举证责任分配上，公诉机关承担了证明推定事实成立的义务，而推翻推定事实的举证责任则转移给了辩方。

## 案情简介

公诉机关：上海市人民检察院第三分院

上诉人（原审被告人）：杨某

原审被告人：寺某甲、徐某甲、陈某乙、顾某甲、范某甲

2013年下半年，日本国人山内某某、重石某某（均另案处理）等人为牟取非法利益，安排杨某甲（另案处理）等人先后多次将中国禁止进口的来自日本疫区的牛肉非法进口至中国境内并空运至上海，而后交由被告人寺某甲、徐某甲等人分别进行非法销售。2013年8月至2015年3月间，寺某甲明知中国明令禁止进口、销售来自日本疫区的牛肉，仍听从山内某某、重石某某的安排，与被告人陈某乙一起接运、仓储涉案牛肉，并分别销售给被告人杨某、范某甲及游某某等人，总计销售金额达人民币（以下币种均同）1339万余元。陈某乙在明知是日本疫区牛肉的情况下，仍具体负责涉案牛肉的接运、仓储、送货等事宜，总计金额达1339万余元，并介绍寺某甲将部分日本牛肉销售给范某甲。被告人顾某甲在明知重石某某、寺某甲等人非法销售日本牛肉的情况下，仍提供冷库帮助非法贮存涉案牛肉，金额达243万余元。

2015年3月25日，侦查人员在前述冷库内将正在清点待销售牛肉的被告人寺某甲、陈某乙抓获，并在该冷库及上海C食品有限公司（以下简称C公司）的贮存地点内，查获日本牛肉共计7520公斤；同日，侦查人员在被告人顾某甲经营的A日料店内将顾某甲抓获，并在其冷库内查获日本牛肉6075.95公斤。

被告人杨某作为上海B食品有限公司（以下简称B公司）的法定代表人，为牟取非法利益，在明知被告人寺某甲等人销售的是日本疫区牛肉的情况下，仍先后多次以公司名义从被告人寺某甲等人处购进日本牛肉，货物数

额达 759 万余元，并指使公司销售人员将部分所购日本牛肉销售给客户。

2015 年 3 月 25 日，侦查人员在 B 公司内将杨某抓获，并在该公司查获日本牛肉 1017.1 公斤。

2013 年 7 月至 2015 年 3 月，被告人徐某甲为牟取非法利益，明知是日本疫区牛肉，仍分别销售给赖某某、陈某甲等人，销售金额达 235 万余元。

2015 年 3 月 25 日，侦查人员在一饭店内将徐某甲抓获。

2014 年 10 月至 2015 年 3 月，被告人范某甲为牟取非法利益，在明知被告人寺某甲、陈某乙销售的是日本疫区牛肉的情况下，仍从寺某甲处购买日本牛肉，支付货款共计 166230 元，并将部分日本牛肉销售给个人和单位，销售金额达 11 万余元。

2015 年 3 月 25 日，侦查人员将范某甲抓获，并当场查获待销售的日本牛肉 317.3 公斤。

### 各方观点

**公诉机关观点：**

原判认定的部分事实及适用法律错误、量刑畸轻，建议二审法院改判。第一，寺某甲制作的销售明细表真实有效，其应对销售明细表上的销售金额 3603 万余元负责，而非原判认定的 1339 万余元。第二，杨某的销售金额应为寺某甲制作的销售明细表中所反映的采购金额 1280 余万元，而非原判认定的 759 万余元。杨某系个人犯罪，原判认定 B 公司构成单位犯罪不符合事实和法律规定。第三，原判未按照 2013 年《最高人民法院、最高人民检察院关于办理危害食品安全刑事案件适用法律若干问题的解释》之规定对六名被告人判处适当罚金，导致罚金数额过低，且全案罚金刑适用标准明显不一，未能体现罪责刑相适应原则。

**上诉人杨某（原审被告人）观点：**

第一，原判对其事实认定显失公平；第二，其具有坦白情节，量刑过重；第三，原判认定其犯罪金额为 759 万余元，证据不足。其辩护人认为，第一，原判认定杨某的犯罪金额为 759 万余元仍证据不足。除被扣押的牛肉外，再无其他可以证明 B 公司待销售或者已销售牛肉的证据，且扣押的牛肉中部分不属于日本牛肉。杨某关于其为 C 公司存储牛肉并顺带销售，以及其与重石某某等人之间的经济往来并非全部为牛肉销售款的辩解，应当采纳。第二，杨某具有坦白情节，应对其从轻处罚。第三，原判关于罚金刑的判处数额符合相关法律及司法解释规定。

**原审被告人寺某甲观点：**

销售明细表有重复或者记错的情况。其辩护人提出，第一，在货物去向未查实的情况下仅凭销售明细表认定犯罪数额证据不充分；第二，待销售牛肉货值金额543万余元，属于未遂，故应认定寺某甲实际销售金额为795万余元；第三，寺某甲在共同犯罪中始终是一个被动的实施者，应以其实际销售金额795万余元决定判处罚金的数额。

## 法院观点

**一审法院观点：**

被告人寺某甲明知是中华人民共和国为防控疾病等特殊需要明令禁止销售的不符合安全标准的日本疫区牛肉，仍伙同被告人陈某乙予以非法销售，足以造成严重食物中毒事故或者其他严重食源性疾病，销售金额达1339万余元，二人均具有其他严重情节；被告人顾某甲明知寺某甲等人非法销售不符合安全标准的日本疫区牛肉，仍代为仓储部分牛肉，金额达243万余元，具有其他严重情节；被告人杨某甲作为B公司的法定代表人和直接负责的主管人员，为单位牟取非法利益，明知是国家为防控疾病等特殊需要明令禁止销售的不符合安全标准的日本疫区牛肉，仍非法收购后予以销售，足以造成严重食物中毒事故或者其他严重食源性疾病，销售金额达759万余元，具有其他严重情节；被告人徐某甲明知是国家为防控疾病等特殊需要明令禁止销售的不符合安全标准的日本疫区牛肉，仍予以非法销售，足以造成严重食物中毒事故或者其他严重食源性疾病，销售金额达235万余元，具有其他严重情节；被告人范某甲明知国家为防控疾病等特殊需要明令禁止销售的不符合安全标准的日本疫区牛肉，仍非法收购后予以销售，足以造成严重食物中毒事故或者其他严重食源性疾病，销售金额达16万余元。上述六名被告人的行为均已构成销售不符合安全标准的食品罪，依法均应予以惩处。在寺某甲、陈某乙、顾某甲的共同犯罪中，寺某甲起主要作用，系主犯，应当按照其所参与的全部犯罪处罚；陈某乙、顾某甲均起次要作用，系从犯，应当减轻处罚。寺某甲、徐某甲、陈某乙、顾某甲、范某甲到案后均能如实供述自己的犯罪事实，均可以从轻处罚。鉴于本案具体案情，决定对徐某甲、顾某甲、范某甲适用缓刑。

一审法院判决：一、被告人寺某甲犯销售不符合安全标准的食品罪，判处有期徒刑四年，并处罚金人民币三十万元，驱逐出境。二、被告人杨某犯销售不符合安全标准的食品罪，判处有期徒刑三年六个月，并处罚金人民币二十五万元。三、被告人徐某甲犯销售不符合安全标准的食品罪，判处有期徒刑三年，缓刑五年，并处罚金人民币二十万元。四、禁止被告人徐某甲在缓刑考验期限内从事食品生产、销售及相关活动。五、被告人陈某乙犯销售不符合安全标准的食品罪，判处有期徒刑二年，并处罚金人民币十万元。六、被告人顾某甲犯销售不符合安全标准的食品罪，判处有期徒刑二年，缓刑二年，并处罚金人民币十五万元。七、禁止被告人顾某甲在缓刑考验期限内从事食品生产、销售及相关活动。八、被告人范某甲犯销售不符合安全标准的食品罪，判处有期徒刑一年，缓刑一年，并处罚金人民币十万元。九、禁止被告人范某甲在缓刑考验期限内从事食品生产、销售及相关活动。十、扣押在案的牛肉及供犯罪使用的工具予以没收。

**二审法院观点：**

1. 关于寺某甲、陈某乙的销售金额。经查，寺某甲在非法销售日本牛肉期间，按照其上司重石某某的要求制作了销售明细表。根据销售明细表的记录情况及结合其他证据，本院认为销售明细表客观真实，属于具有较高效力的书证，应予采信，即寺某甲应当对销售明细表上记录的内容承担责任。另查明，寺某甲对进入上海的所有日本牛肉均接运、仓储，并登记造册，尽管部分客户并非其联系、配送，但接货和仓储行为属于在国内销售的重要环节。根据共同犯罪理论，寺某甲本应对接运的所有日本牛肉负责，考虑在销售中有损耗等情况，从有利于被告人角度，以实际收到的货款3603万余元认定其销售金额，即寺某甲的犯罪数额为3603万余元。因此，原判认定寺某甲的犯罪数额为1339万余元存在不当，应予纠正。原审被告人陈某乙和寺某甲是共同犯罪，其犯罪数额也应调整为3603万余元。鉴于寺某甲在共同犯罪中的地位和作用，原判对其从轻判处有期徒刑四年，量刑显然偏轻，需要适当上调，确保罪责刑相适应。陈某乙在共同犯罪中系从犯，具有坦白、认罪态度好等情节，原判对其减轻判处有期徒刑二年，量刑并无不当，应予维持。

2. 关于六名被告人判处罚金的数额问题。根据2013年《最高人民法院、最高人民检察院关于办理危害食品安全刑事案件适用法律若干问题的解释》

第十七条第二款的规定,对犯销售不符合安全标准的食品罪的,一般应当依法判处销售金额二倍以上的罚金。本案属于应当依法判处销售金额二倍以上罚金的情况。原判对范某甲并处的罚金数额偏低,属于适用法律错误,应予纠正;对寺某甲、陈某乙、顾某甲、徐某甲、杨某并处罚金的数额亦偏低,属于判罚失当,应予纠正。

3. 关于杨某的犯罪金额问题。综合寺某甲制作的销售明细表,B 公司的到货情况登记表、对账单、货款往来凭证,B 公司员工刘某某、丁某某等人的证言,朱某等下游买家的证言,寺某甲、陈某乙、杨某的供述等证据,足以认定杨某购买日本牛肉并进行销售的犯罪事实。原判从有利于被告人角度,并未将扣押的牛肉计入犯罪数额,最终就低认定杨某的涉案数额为 759 万余元,证据确实、充分。

4. 关于杨某是否具有坦白情节的问题。经查,杨某到案后第一次作了有罪供述,之后又翻供,故不能认定其具有坦白情节。

5. 关于原判对杨某量刑是否适当的问题。本案六名被告人明知是中华人民共和国为防控疾病等特殊需要明令禁止销售的不符合安全标准的日本疫区牛肉,仍予以非法销售,足以造成严重食物中毒事故或者其他严重食源性疾病,其行为具有严重的社会危害性,应依法予以惩处。原判认定六名被告人犯销售不符合安全标准的食品罪,定罪准确,审判程序合法。但原判对寺某甲和陈某乙的犯罪数额认定不当、对寺某甲判处主刑偏轻、对六名被告人并处罚金的数额偏低,均应予以纠正。

二审法院判决:一、维持一审判决的第四项、第七项、第九项、第十项。二、撤销一审判决的第一项、第二项、第三项、第五项、第六项、第八项。三、上诉人(原审被告人)杨某犯销售不符合安全标准的食品罪,判处有期徒刑三年六个月,并处罚金人民币二百万元。四、原审被告人寺某甲犯销售不符合安全标准的食品罪,判处有期徒刑四年六个月,并处罚金人民币一百五十万元,驱逐出境。五、原审被告人徐某甲犯销售不符合安全标准的食品罪,判处有期徒刑三年,缓刑五年,并处罚金人民币一百万元。六、原审被告人陈某乙犯销售不符合安全标准的食品罪,判处有期徒刑二年,并处罚金人民币五十万元。七、原审被告人顾某甲犯销售不符合安全标准的食品罪,判处有期徒刑二年,缓刑二年,并处罚金人民币二十万元。八、原审被告人范某甲犯销售不符合安全标准的食品罪,判处有期徒刑一年,缓刑一年,并处罚金人民币二十三万元。九、驳回上诉人（原审被告人）杨某的上诉。

### 法官评析

本案中的争议问题主要集中在犯罪金额认定和罚金适用上。二审判决文书阐述了如何认定各被告人的犯罪金额问题，事实认定问题涉及个案具体情况。罚金适用错误问题与相关法律法规及司法解释的不全面检索有关，笔者在本文中不展开讨论。笔者注意到，本案顾某甲在一审过程中辩解其本人以为在仓库内存放的是通过正规贸易途径进口的日本牛肉，其辩护人亦提出现有证据不足以证明其主观上明知他人非法销售日本牛肉的事实。一审法院在同案犯的证言以及顾某甲在侦查阶段作出的有罪供述之外，结合顾某甲未索要食品质量合格证明、检验（检疫）证明等有关证明文件的事实，推定顾某甲主观上对于涉案食品不符合安全标准具有明知，这种采用推定规则而非运用证明规则认定行为人"明知"的方式，在此类案件的审理中大有"用武之地"，具有一定的典型性。

销售不符合安全标准的食品罪在主观方面须为故意，行为人对于犯罪对象的"明知"属于故意的认识要素。本案中顾某甲作为提供仓储服务的主体，其对所销售的牛肉系不符合安全标准的食品是否属于"明知"十分关键，如果不属于"明知"，顾某甲的行为便是正常的市场行为，不能评价为帮助犯罪行为。故在行为人否认"明知"的情况下，法院通常需要运用司法的推定而非司法证明的方式来判断行为人是否"明知"。在此过程中，法院需要解决两个问题：第一，在没有直接证据证明行为人属于"明知"的情况下，如何认定行为人的认识因素；第二，在行为人明确提出存在否认"明知"的情形时，如何实现排除合理怀疑。

**一、生产、销售不符合安全标准食品罪的帮助犯主观上应属"明知"**

根据2013年《最高人民法院、最高人民检察院关于办理危害食品安全刑事案件适用法律若干问题的解释》第十四条第二项之规定，明知他人生产、销售不符合食品安全标准的食品，"提供生产、经营场所或者运输、贮存、保管、邮寄、网络销售渠道等便利条件的"，以生产、销售不符合安全标准的食品罪的共犯论处。本案中，顾某甲恰是为涉案食品提供"贮存、保管"的人员，对贮存、保管对象系不符合安全标准的食品具有明知，是依法要求其承担刑事责任的前提。关于"明知的认定"，上述司法解释没有作出明确的规定,一审法院结合《中华人民共和国食品安全法》规定的食品经营者应当查验供货者的许可证和食品合格的证明文件的要求,认为顾某甲没有履行相关查验义务,故推定其具有明知,属于法官自主运用司法推定方式个案解决"明知"的认定问题。2021年《最高人民法院、最高人民检察院关于办理危害食品安全刑事案件适用法律若干问题的解释》明确了对"明知"适用的推定规则,即"应当综合行为人的认知能力、食品质量、进货或者销售的渠道及价格等主、客观因素进行认定",具有特定情形的,可认定"明知",但存在相反证据并经查证属实的除外,特定情形之一是"长期从事相关食品、食用农产品生产、种植、养殖、销售、运输、贮存行业,不依法履行保障食品安全义务的"。关于为食品提供贮存服务的,应当结合行为人的行业经历以及是否履行了相关保障食品安全义务来推定行为人是否具有"明知",同时在存在相反证据证明的情况下,上述推定结果可以被推翻。一审法院的认定思路,与后出台的司法解释确定的规则是相符合的。

**二、结合行为人的认知能力、交易特点、交易价格等客观事实,可直接推定行为人具有"明知"**

根据刑法第十四条第一款之规定,故意是指明知自己的行为会发生危害社会的结果,并且希望或者放任这种结果发生的心理态度。理论上,故意由两个因素构成,一是认识因素,即明知自己的行为会发生危害社会的结果;二是意志因素,即希望或者放任危害结果的发生。销售不符合安全标准的食品罪作为故意犯罪,在认识因素上,要求行为人"明知"犯罪对象系不符合安全标准的食品。在行为人拒不承认、案件中也不存在直接证据的情况下,行为人"明知"认定仰赖刑事推定的适用,即根据公诉机关证明的基础事实,能够推定行为人是"明知"的。关于"明知"的认定,多部司法解释采用了推定规则。推定成立的前提是基础事实得到证明,对此公诉机关承担证明责任。本案中公诉机关证明了的基础事实有:被告人顾某甲系日料店经营人员,执法人员在其冷库内查获日本牛肉6075.95公斤,多名同案犯证言及其家属的证言证明顾某甲对于涉案牛肉具有明确认识,且顾某甲无法提供涉案牛肉的食品质量合格证明、检验(检疫)证明等有关证明文件。综合以上事实,即行为人的认知能力、既往经历、赃物情况等客观情况,能够证明顾某甲作为从事相关食品行业人员,在没有查看检查质量合格证明、检验(检疫)证明等文件的情况下,为他人储存涉案牛肉,属于不依法履行保障食品安全义务，推定行为人对于涉案牛肉系不符合安全标准的食品系"明知"。

**三、上述推定可以反驳，但行为人对于推翻"明知"的事实承担举证责任**

根据推定事实的确定程度，推定可分为"不可推翻的推定"和"可推翻的推定"，前者指推定事实一旦确立，即变成一种确定性的法律规则，即便有相反事实也不能推翻，[①] 如刑法中关于刑事责任能力年龄的规定。未满14周岁的人，无论事实上能否认识和控制自己的行为，法院只能认定其无刑事责任能力。但对于行为人"明知"的推定，属于不确定的推定，即在相反事实被证明的情况下，推定事实就可被推翻。在举证责任分配上，公诉机关承担了证明推定事实成立的义务，而推翻推定事实的举证责任则转移给了辩方。

本案中，上诉人提出其以为在仓库内存放的是通过正规贸易途径进口的日本牛肉，但其在向法庭抛出该意见后，并未提供相应的证据证实上述事实的存在，因此其未完成证明责任，不能推翻上述"明知"推定的成立。

**四、案例的指导意义**

法院认定事实应遵循司法证明的原则，推定规则作为替代司法证明的事实认定方法，应严格谨慎适用，否则容易造成冤假错案。因此，在上诉人提出其不知道涉案牛肉不能销售的辩解时，实际上也提醒了法官去注意推翻推定事实的可能。即便辩方未完成举证责任，法院也不能武断认定相反事实绝对不存在，而应审慎审查在案证据或建议公诉机关补充侦查，核查上述事实是否属实、是否有新的证据能够支持辩方所提事实的存在、是否能排除合理怀疑。

---

① 陈瑞华：《论刑事法中的推定》，载《法学》2015年第5期。

## 二、生产、销售有毒、有害食品罪

### 1.2 "有毒、有害的非食品原料"的认定
——陈某生产、销售有毒、有害食品案①

> 关 键 词：减肥胶囊　有毒有害的非食品原料　情节严重
>
> 问题提出：生产、销售有毒、有害食品罪中，"有毒、有害的非食品原料"如何认定？认定有"其他严重情节"的标准是什么？
>
> 裁判要旨：法律、法规禁止在食品生产经营活动中添加的、国务院有关部门公告禁止使用的物质等均属"有毒、有害的非食品原料"；犯罪情节认定应结合犯罪数额及持续时间进行综合判断。

**案情简介**

公诉机关：成都市武侯区人民检察院

上诉人（原审被告人）：陈某

被告人陈某 2009 年开始在四川甲生化研究院有限公司工作，从事 A 牌减肥胶囊等产品的生产、销售工作。2012 年 2 月以来，陈某为增加收入，擅自在其生产的减肥胶囊、排毒胶囊中添加"酚酞""西布曲明"，并将生产的胶囊通过网络等方式销售牟利。2013 年 10 月 12 日，公安民警在四川甲生化研究院有限公司内将陈某挡获，并当场查扣其生产的含有"酚酞""西布曲明"成分的"左旋肉"胶囊、"纤姿乐决明"胶囊及其他各种颜色的胶囊共计

---

① 一审法院为成都市武侯区人民法院，案号：（2014）武侯刑初字第 565 号；二审法院为成都市中级人民法院，案号：（2015）成刑终字第 56 号，载中国裁判文书网，https：//wenshu.court.gov.cn/website/wenshu/181107ANFZ0BXSK4/index.html？docId=LjHnnZi8Y08P8Tp3O0nX3XtMoGW1IRTRZa061tGBQMxzAXNXfIUls2I3IS1ZgB82WYxDfw+hRmqNn7kVuqpUjbOSf29/sym3uwlV1ao9dg75ADtjGo86I8TzCS8g5VXL，最后访问时间：2023 年 5 月 14 日。

507218 粒，当场提取了被告人陈某在购物网站上开设的账号及交易信息。从该交易信息显示，被告人陈某销售的减肥胶囊、排毒胶囊价值 58 万余元。

二审法院另查明，2012 年 2 月，上诉人陈某应个别客户要求，在其生产的减肥胶囊、排毒胶囊中非法添加"酚酞""西布曲明"等违禁物质。2013 年 10 月 12 日，公安机关在甲生化院公司内将陈某挡获，当场查扣其生产的共 17 批次的各种胶囊 523638 粒，经鉴定，从其中 15 批次 507218 粒胶囊中检出"酚酞""西布曲明"成分，折算金额 76082.7 元。

### 各方观点

**公诉机关观点：**

被告人陈某 2012 年 11 月至 2013 年 10 月共销售含"酚酞""西布曲明"的保健品达 58 万余元，其行为构成生产、销售有毒、有害食品罪。

**上诉人陈某（原审被告人）观点：**

对指控的数额及原判认定其犯罪"情节严重"提出异议。现场查扣的含有"酚酞"的胶囊不应计入陈某生产、销售有毒、有害食品数量；原判认定陈某生产、销售有毒、有害食品属"情节严重"适用法律有误；陈某应客户要求在保健食品中加入违禁物质，归案后如实交代犯罪事实，是初犯，原判量刑时未充分考虑，量刑过重。据此，请求二审依法改判陈某五年以下有期徒刑。

### 法院观点

**一审法院观点：**

被告人陈某明知"西布曲明""酚酞"在保健食品中为违禁物质仍然添加，情节严重，其行为已构成生产、销售有毒、有害食品罪。

关于现场查扣的含有"酚酞"的胶囊不应计入陈某生产、销售有害食品数量的辩护意见，《中华人民共和国食品安全法》规定"生产经营的食品中不得添加药品，但是可以添加按照传统既是食品又是中药材的物质"，酚酞在《药典》中被明确规定为药品。《中华人民共和国食品安全法》第五十一条第二款规定："声称具有保健功能的食品不得对人体产生急性、亚急性或者慢性危害……"原国家食品药品监督管理局曾发布文件要求全国范围内停止销售含以上违禁物质的保健食品。故现场查扣的含有"酚酞"的胶囊应计入陈某的犯罪数量。

公诉机关指控陈某已销售的58万余元的胶囊中全部含有"西布曲明"或"酚酞"证据不足,应以现场查扣的含有"西布曲明"或"酚酞"成分的507218粒胶囊认定陈某生产、销售有毒、有害食品的犯罪数量。

被告人陈某生产销售有毒、有害食品长达一年有余,且系采用网络等隐蔽方式销售,应当认定为生产、销售有毒、有害食品情节严重。

一审法院判决:被告人陈某犯生产、销售有毒、有害食品罪,判处有期徒刑七年,并处罚金人民币三万元。

**二审法院观点:**

上诉人陈某在其生产、销售的保健食品中非法掺入有毒、有害的非食品原料"西布曲明""酚酞",生产、销售金额76082.7元的行为已构成生产、销售有毒、有害食品罪。

关于犯罪数额的认定,即原公诉机关指控上诉人陈某2012年11月至2013年10月共销售含"西布曲明""酚酞"的保健品达58万余元的指控事实,首先,陈某网购账户交易记录证实2012年11月至2013年10月期间账户交易金额共计58万余元,其中部分金额不是销售保健品的收入,上诉人陈某辩称两账户的交易金额并非全是销售保健品的收入与事实相符,即现有证据不能证实陈某两账户交易的58万余元全部为保健品销售收入。其次,陈某辩称已销售的保健品中应客户要求仅是少量批次添加了违禁物质,现场查扣的胶囊经鉴定部分批次含有违禁物质,在陈某已售出的胶囊未扣押在案的情况下,现有证据不能证实陈某已售出的保健品全部添加有违禁物质。综上,现有证据认定陈某2012年11月至2013年10月期间网购账户交易金额58万余元为其销售含违禁物质的保健食品所得的证据不足,该指控不能成立,原判未认定该部分金额为陈某的犯罪数额,以现场查扣的添加有违禁物质的胶囊的共计76082.7元认定为陈某的犯罪数额适当。

关于上诉人陈某犯生产、销售有毒、有害食品罪是否属"情节严重"的问题,《最高人民法院、最高人民检察院关于办理危害食品安全刑事案件适用法律若干问题的解释》第六条规定:"生产、销售有毒、有害食品,具有下列情形之一的,应当认定为刑法第一百四十四条规定的'其他严重情节':(一)生产、销售金额二十万元以上不满五十万元的;(二)生产、销售金额十万元以上不满二十万元,有毒、有害食品的数量较大或者生产、销售持续时间较长的；（三）生产、销售金额十万元以上不满二十万元，属于婴幼儿食品的；（四）生产、销售金额十万元以上不满二十万元，一年内曾因危害食品安全违法犯罪活动受过行政处罚或者刑事处罚的；（五）有毒、有害的非食品原料毒害性强或者含量高的；（六）其他情节严重的情形。"原判认定上诉人陈某生产销售有毒、有害食品时间长达一年有余，并采用网络等隐蔽方式销售，属于该解释第六条第六项规定的"其他情节严重的情形"。本院认为原判适用法律有误，认定陈某行为属"情节严重"不当。理由是：首先，网售的交易方式该司法解释未认定为"情节严重"。其次，行为人因"生产、销售有毒、有害食品持续时间长"而认定为"情节严重"的情形，该解释第六条第二项已作出特别规定，适用兜底条款第六项认定"其他情节严重"应不包含此种情形，且原判认定陈某生产销售金额为7万余元，不具备第二项规定的"生产、销售金额十万元以上不满二十万元"的要件。综上，原判认定上诉人陈某生产、销售有毒、有害食品属"情节严重"无法律依据和事实依据，该认定不当，上诉人陈某及其辩护人所提陈某犯生产、销售有毒、有害食品罪不构成"情节严重"的诉、辩意见成立。

上诉人陈某案发前应客户要求在部分批次的保健品中非法添加违禁物质，因该批次保健品未扣押在案，未能查实具体数量；陈某系初犯。以上情节，在量刑时予以考虑。

综上，原判认定陈某基本犯罪事实及罪名成立，但认定其犯生产、销售有毒、有害食品罪"情节严重"不当，应予纠正。

二审法院判决：一、撤销一审判决；二、上诉人陈某犯生产、销售有毒、有害食品罪，判处有期徒刑四年，并处罚金人民币三万元。

## 法官评析

生产、销售伪劣商品的行为严重破坏社会主义市场经济秩序，对于其中达到一定严重程度的犯罪行为，需要刑法予以规范。生产、销售有毒、有害食品罪是生产、销售伪劣商品罪一节中重要的组成部分，其与本节其他罪名如生产、销售、提供假药罪，生产、销售不符合安全标准的食品罪等存在部分竞合或特殊法与一般法的关系，在实践中需要加以区分；此外，对于此类犯罪入罪标准的把握、既未遂的判断、犯罪金额的计算、犯罪情节的认定，也是司法实践中的难点问题。本案涉及入罪标准、犯罪金额及犯罪情节的认定争议，从一个侧面展示出当前司法实践遇到的问题及解决思路，为解决此类犯罪争议问题起到了良好的借鉴作用。

2022年1月1日起施行的《最高人民法院、最高人民检察院关于办理危害食品安全刑事案件适用法律若干问题的解释》对于此类犯罪作出了新的规定，涉及生产、销售不符合安全标准的食品罪，生产、销售有毒、有害食品罪，生产、销售伪劣产品罪，非法经营罪等的认定，在指导当前审判工作中起到重要作用。鉴于本案例的典型性，以及相关新旧司法解释对于本案的判处并不存在本质性差异，以下从新旧解释的区别及规定角度对本案进行评析。

**一、有毒、有害的非食品原料的理解**

2021年《最高人民法院、最高人民检察院关于办理危害食品安全刑事案件适用法律若干问题的解释》（本案以下简称2021年司法解释）第九条规定，下列物质应当认定为《中华人民共和国刑法》第一百四十四条规定的"有毒、有害的非食品原料"：（一）因危害人体健康，被法律、法规禁止在食品生产经营活动中添加、使用的物质；（二）因危害人体健康，被国务院有关部门列入《食品中可能违法添加的非食用物质名单》《保健食品中可能非法添加的物质名单》和国务院有关部门公告的禁用农药、《食品动物中禁止使用的药品及其他化合物清单》等名单上的物质；（三）其他有毒、有害的物质。相比于废止的2013年《关于办理危害食品安全刑事案件适用法律若干问题的解释》（本案以下简称2013年司法解释）中规定的四种情形，2021年司法解释将原第四项危害人体健康列为第一项、第二项的前置条件，并增加了《食品动物中禁止使用的药品及其他化合物清单》。

食品，是指各种供人食用或者饮用的成品和原料以及按照传统既是食品又是药品的物品。[①] 本案的争议焦点之一就是关于现场查扣的含有"酚酞"的胶囊是否应当计入生产、销售有毒、有害食品数量。值得注意的是，"酚酞"并不在2013年司法解释提到的《食品中可能违法添加的非食用物质名单》《保健食品中可能非法添加的物质名单》中，即使是2021年司法解释提出的《食品动物中禁止使用的药品及其他化合物清单》中也没有"酚酞"这一物质。一审法院论证了减肥药是具有保健功能的食品，酚酞会对人体产生急性、亚急性或者慢性危害，且是药典列明的药品；按照《中华人民共和国

---

① 张明楷主编：《刑法学》，法律出版社2016年版，第742页。

食品安全法》的规定，药品不得加入生产经营的食品，即"酚酞"不得加入具有保健功能的食品中，属法律、法规禁止在食品生产经营活动中添加、使用的物质；此外，原国家食品药品监督管理局要求全国范围内停止销售含以上违禁物质的保健食品，印证了被告人行为的违法性。故现场查扣的含有"酚酞"的胶囊应计入陈某的犯罪数量。在判断"有毒、有害的非食品原料"范畴时，不仅要根据司法解释已经列出的物质名单进行判断，还需要关注其他法律、法规中的禁止性规定，从而准确把握本罪的犯罪构成。

**二、生产、销售有毒、有害食品罪"明知"的认定**

2021年司法解释的一大亮点是提出了本罪"明知"的判断依据，即销售行为中的"明知"，应当综合行为人的认知能力、食品质量、进货或者销售的渠道及价格等主、客观因素进行认定。有下列情形之一的，可以认定为《中华人民共和国刑法》第一百四十四条规定的"明知"：（一）长期从事相关食品、食用农产品生产、种植、养殖、销售、运输、贮存行业，不依法履行保障食品安全义务的；（二）没有合法有效的购货凭证，且不能提供或者拒不提供销售的相关食品来源的；（三）以明显低于市场价格进货或者销售且无合理原因的；（四）在有关部门发出禁令或者食品安全预警的情况下继续销售的；（五）因实施危害食品安全行为受过行政处罚或者刑事处罚，又实施同种行为的；（六）其他足以认定行为人明知的情形。

本案中，被告人本身就实施了有毒、有害食品的生产行为，后加以销售，故对于"明知"的认定不存在障碍。原国家食品药品监督管理局2011年即要求全国范围内停止销售含"西布曲明""酚酞"的保健食品，陈某是多年从事减肥药生产的人员，又按照客户的要求额外添加"西布曲明""酚酞"后进行销售，其对于自身违法性属明知。

**三、本罪与生产、销售、提供假药罪，生产、销售不符合安全标准的食品罪的区别分析**

区分生产、销售有毒、有害食品罪和生产、销售、提供假药罪要从"假药"和"有毒、有害的非食品原料"的界定入手。根据2019年修订后的《中华人民共和国药品管理法》第九十八条第二款的规定，有下列情形之一的，为假药：（一）药品所含成份与国家药品标准规定的成份不符；（二）以非药品冒充药品或者以他种药品冒充此种药品；（三）变质的药品；（四）药品所标明的适应症或者功能主治超出规定范围。司法实践中，药品监督管理局的审查意见及相关专业药品检测机构的检验报告也是界定假药的重要证据。

生产、销售不符合安全标准的食品罪是指生产、销售不符合安全标准的食品，足以造成严重食物中毒事故或者其他严重食源性疾病的行为。根据2021年司法解释，"在畜禽屠宰相关环节，对畜禽使用食品动物中禁止使用的药品及其他化合物等有毒、有害的非食品原料，依照刑法第一百四十四条的规定以生产、销售有毒、有害食品罪定罪处罚；对畜禽注水或者注入其他物质，足以造成严重食物中毒事故或者其他严重食源性疾病的，依照刑法第一百四十三条的规定以生产、销售不符合安全标准的食品罪定罪处罚"。所以，区分生产、销售不符合安全标准的食品罪在于是否足以造成严重食物中毒事故或者其他严重食源性疾病的判断。已经构成生产、销售有毒、有害食品罪的行为，因特别法优于一般法的原则，不再以生产、销售不符合安全标准的食品罪论处。

**四、本案"情节严重"的认定**

本案原公诉机关指控销售金额58万余元，但因现有证据不能证实陈某两账户交易的58万余元全部为保健品销售收入，最终以现场查扣的添加有违禁物质的胶囊共计76082.7元认定为陈某的犯罪数额。一审法院以被告人陈某生产销售有毒、有害食品长达一年有余，且系采用网络等隐蔽方式销售，认定其系生产、销售有毒、有害食品情节严重，但在司法解释列明的"其他严重情节"情形内，生产、销售持续时间较长的前提是生产、销售金额10万元以上不满20万元，本案因犯罪金额未达到对应的金额范畴，故不属于因时间较长而判定为"情节严重"的情形。

**五、案例的指导意义**

为追逐利益最大化，各种"打擦边球"、为经济利益牺牲产品质量的行为时有发生。人们更加注重食品安全、健康程度，各种危害食品安全犯罪不仅破坏了平稳有序的市场经济秩序，更影响了人民群众身体健康、生命安全。2021年司法解释对于相关犯罪作出了新的规定，更新了大量解决实践争议的判断标准。生产、销售有毒、有害食品罪在罪名认定、明知的判断、数额确定的依据及情节严重的标准等方面一直是实务中争论的关键问题。本案例较好地反映了各种观点及认定标准的争议之处和解决方案，为司法实务判断起到良好参考效应。

## 三、生产、销售不符合标准的医用器材罪

### 1.3 "明知""知道或应当知道"的认定
——郑某、韦某销售不符合标准的医用器材案①

> **关 键 词**：不符合标准的医用器材　主观故意
>
> **问题提出**：购买及销售不符合标准的口罩行为性质如何认定？认定知道或应当知道不符合保障人体健康的医疗器械、医用卫生材料的标准是什么？
>
> **裁判要旨**：公开对外销售不符合保障人体健康的行业标准的医疗器械，足以严重危害人体健康的行为构成销售不符合标准的医用器材罪；明知或应当知道是不符合保障人体健康的行业标准的医疗器械而购买进行销售的行为同样成立销售不符合标准的医用器材罪。

### 案情简介

公诉机关：广东省东莞市第三市区人民检察院

上诉人（原审被告人）：郑某、韦某

2020年1月24日，郑某与韦某微信联系口罩买卖事宜，后二人商定郑某以每个1.43元的价格向韦某销售10万个一次性使用医用口罩（印有某品牌商标）。韦某通过银行转账向郑某支付货款14.3万元。随后，韦某租车将该批口罩从广东省普宁市运至广州市白云区某停车场。韦某以每个1.8元的价

---

① 一审法院为广东省东莞市第三人民法院，案号：（2020）粤1973刑初1061号；二审法院为广东省东莞市中级人民法院，案号：（2020）粤19刑终809号，载中国裁判文书网，https://wenshu.court.gov.cn/website/wenshu/181107ANFZ0BXSK4/index.html?docId=9dc793b3bb294f209c35ac5c006ec9ef，最后访问时间：2022年8月9日。

格将其中 4 万个口罩销售给余某。余某在东莞市通过微信及银行转账向韦某支付货款 7.2 万元后，前往上述小区停车场把 4 万个口罩运回东莞市 A 商店用于售卖。上述 4 万个口罩部分被销售至广东省等地。1 月 27 日左右，有买家向余某反映其销售的口罩质量有问题，余某立即联系韦某退货，韦某又联系郑某退货。余某根据韦某提供的退货地址，将 1.3 万个口罩退回给郑某。

2020 年 2 月 3 日，东莞市市场监督管理局东坑分局到 A 商店检查，查获库存的一次性使用医用口罩（印有某品牌商标）17 包（20 个/包，共 340 个）。2 月 4 日，余某向公安机关报案，并上交库存的一次性使用医用口罩（印有某品牌商标）74 个。2020 年 2 月 4 日、6 日，被告人韦某、郑某先后被抓获归案。

经广东省医疗器械质量监督检验所鉴定，涉案印有某品牌商标的一次性使用医用口罩为不符合标准的医用器材。根据该某品牌商标公司的证明文件，涉案口罩为假冒注册商标商品。

另查，被告人郑某已退回赃款 54340 元。

### 各方观点

**公诉机关观点：**

被告人郑某、韦某无视国法，销售明知是不符合保障人体健康的行业标准的医疗器械，足以严重危害人体健康，其行为已共同构成销售不符合标准的医用器材罪。

**原审被告人郑某及其辩护人观点：**

郑某归案后如实供述，庭审中亦认罪、悔罪，归案后已全额退缴违法所得，在发现口罩有质量问题后积极采取补救措施，主观恶性较小，请求从轻处罚。

**上诉人韦某（原审被告人）观点：**

在余某向其反馈口罩有问题之前，韦某不知道口罩有问题，不存在危害公众健康的间接故意；原判对韦某的量刑畸重。请求二审法院对韦某从轻、减轻处罚。

### 法院观点

**一审法院观点：**

被告人郑某、韦某无视国法，销售明知是不符合保障人体健康的行业标准的医疗器械，足以严重危害人体健康，其行为已构成销售不符合标准的医用器材罪。

关于被告人郑某的辩护人提出被告人郑某主观恶性较小的辩护意见，一审法院认为，被告人郑某在没有医疗器械销售资质且没有核实口罩是否符合保障人体健康的行业标准的情况下，向被告人韦某销售了 10 万个一次性使用医用口罩，其行为已足以危害公众的身体健康，对该辩护意见不予采纳。

关于被告人韦某的辩护人提出被告人韦某主观上没有"知假卖假"的故意，没有明显的犯罪意图，主观恶性小的意见，经查，被告人韦某在没有医疗器械销售资质且没有核实口罩是否符合保障人体健康的行业标准的情况下，从郑某处购入 10 万个一次性使用医用口罩，并向余某销售了 4 万个口罩，对案涉口罩可能危害公众的身体健康的结果，至少存在放任的间接故意。

关于被告人韦某的辩护人提出被告人韦某系从犯的辩护意见，经查，本案被告人郑某与被告人韦某系买卖关系，两被告人各自销售案涉口罩，不存在共同或帮助销售的问题，对该意见不予采纳。

一审法院判决：

一、被告人郑某犯销售不符合标准的医用器材罪，判处有期徒刑一年五个月，并处罚金 80000 元；

二、被告人韦某犯销售不符合标准的医用器材罪，判处有期徒刑一年四个月，并处罚金 45000 元；

三、随案移送的手机在判决书发生法律效力 30 日内待被告人缴清罚金后发还，未缴清罚金的，将拍卖所得款项折抵罚金；随案移送的现金、口罩依法予以没收。

**二审法院观点：**

上诉人韦某为牟取私利，在没有医疗器械销售资质的情况下以个人名义从没有医疗器械销售资质的郑某处购入 10 万个一次性使用医用口罩，并在未对案涉口罩是否符合保障人体健康的行业标准进行核实的情况下向余某一次性销售了 4 万个口罩，余某对上述口罩进行了售卖，部分被销售至广东省肇庆市广宁县疾控预防中心等地，部分已实际使用无法追回。而根据余某等人的证言，案涉口罩存在很薄、口罩带容易断等质量情况及生产日期明显错误等问题。经鉴定，案涉口罩的细菌过滤效率为 30.59%，远低于不小于 95% 的标准；口罩带与口罩体连结点处的断裂强力也不符合要求，为不合格口罩。综上，上诉人韦某向他人一次性售出 4 万个严重不符合行业标准的一次性医用口罩，足以严重危害人体健康，其主观上至少存在放任的间接故意。

原审法院已综合考虑郑某、韦某二人的销售数量和二人各自的认罪认罚、如实供述、退货、退赃等情况，在法律规定幅度内对二人作出量刑，并无不当。

二审法院裁定：驳回上诉，维持原判。

### 法官评析

生产、销售不符合标准的医用器材罪是指生产不符合保障人体健康的国家标准、行业标准的医疗器械、医用卫生材料，或者销售明知是不符合保障人体健康的国家标准、行业标准的医疗器械、医用卫生材料，足以严重危害人体健康的行为。生产不符合保障人体健康的国家标准、行业标准的医用口罩、护目镜、防护服等医用器材，或者销售明知是不符合标准的医用器材，足以严重危害人体健康的，依照《中华人民共和国刑法》第一百四十五条的规定，构成生产、销售不符合标准的医用器材罪。

#### 一、关于本罪主观故意的认定问题

生产、销售不符合标准的医用器材罪的责任形式是故意。《最高人民法院、最高人民检察院关于办理生产、销售伪劣商品刑事案件具体应用法律若干问题的解释》第六条第四款指出，"医疗机构或者个人，知道或者应当知道是不符合保障人体健康的国家标准、行业标准的医疗器械、医用卫生材料而购买、使用，对人体健康造成严重危害的，以销售不符合标准的医用器材罪定罪处罚"。对于销售行为中主观明知的判断是本罪审理的争议焦点问题之一，需要结合当时社会背景下正常人的主观认知、销售者资质、进货渠道、产品价格、产品质量等客观要素以及被告人供述、证人证言等主观要素对于主观故意程度进行认定。

本案中，韦某提出其在余某向其反馈口罩有问题之前不知道口罩有问题。从时间背景上，本案发生的时间是各地医疗物资尤其是口罩供应紧张的特殊

时期；从韦某的行为看，韦某没有医疗器械销售资质，亦没有核实口罩是否符合保障人体健康的行业标准。在此情况下，韦某通过微信订购10万个一次性使用医用口罩，其对于商品来源、社会背景情况有一定的认知，却对于口罩是否能起到有效防护作用、是否符合行业标准在所不问；韦某购入口罩的目的在于销售，并事实上向余某销售了4万个口罩；在余某发现口罩存在问题要求退货时，韦某提供退货地址将1.3万个口罩退回给郑某，在案证据并未显示其对于购入的另外6万个口罩有何补救、挽回措施。二审法院亦提出，多名证人证言显示案涉口罩存在很薄、口罩带容易断等质量情况及生产日期明显错误等问题，显然韦某作为销售者，对此亦会有所认知。所以结合本案时间背景以及韦某的目的、行为，一、二审法院认定韦某主观上对于口罩是否符合行业标准至少存在放任的故意。

对于不符合标准的医用器材的销售者，刑法规定了须以明知为构成犯罪的必要条件。裁判文书中多次强调"没有医疗器械销售资质"以及"对涉案口罩是否符合保障人体健康的行业标准进行核实"，可以看出履行进货查验等义务也是考察主观故意的因素之一。这一思路可参考2021年修订的《医疗器械监督管理条例》相关的规定，该条例提出"医疗器械经营企业、使用单位应当从具备合法资质的医疗器械注册人、备案人、生产经营企业购进医疗器械。购进医疗器械时，应当查验供货者的资质和医疗器械的合格证明文件，建立进货查验记录制度。医疗器械经营企业、使用单位履行了进货查验等义务，有充分证据证明其不知道所经营、使用的医疗器械为条例规定情形的医疗器械，并能如实说明其进货来源的，收缴其经营、使用的不符合法定要求的医疗器械，可以免除行政处罚"。

**二、生产、销售不符合标准的医用器材罪与其他罪名的界限**

本罪与生产、销售伪劣产品罪是特别法与一般法的关系，本罪的犯罪对象为不符合保障人体健康的国家标准、行业标准的医疗器械、医用卫生材料，入罪标准是"足以严重危害人体健康"的程度，即只要足以严重危害人体健康即构成犯罪；而生产、销售伪劣产品罪的犯罪对象更为广泛，侵犯的法益是国家产品质量监督管理制度和消费者合法权益，销售金额5万元以上即构成犯罪。所以生产、销售不符合标准的医用器材尚不足以严重危害人体健康的，如销售金额达到5万元以上，即构成生产、销售伪劣产品罪。

此外，根据《最高人民法院、最高人民检察院关于办理生产、销售伪劣商品刑事案件具体应用法律若干问题的解释》第十条的规定，实施生产、销售伪劣商品犯罪，同时构成侵犯知识产权、非法经营等其他犯罪的，依照处罚较重的规定定罪处罚；第十一条规定，实施刑法第一百四十条至第一百四十八条规定的犯罪，又以暴力、威胁方法抗拒查处，构成其他犯罪的，依照数罪并罚的规定处罚。

本案中涉案印有某品牌商标的一次性使用医用口罩经广东省医疗器械质量监督检验所鉴定为不符合标准的医用器材。实践中，基于检测结论及在案证据证明内容的不同，对于行为性质的认定需要进行实质化的具体判断。

### 三、案例的指导意义

医疗用品安全直接关系人民群众生命健康，医疗用品的生产、经营、销售都有明确的法律规定。医疗用品经营者应当严格按照法律规定取得经营资质并履行进货查验义务。本案例指导意义在于，经营者仅以简单的不知情为由并不能逃避法律的制裁，明知需结合同一社会背景下普通人的主观认知、销售者资质等客观要素综合认定。

# 第二章 走私罪

**一、走私罪概述**

随着经济的发展，各国之间贸易的机会增多，国与国之间的经济互补性增强，也使得走私犯罪行为日益猖獗。走私犯罪不仅违反了我国的对外贸易和税收管理制度，更是严重降低了国家的实际税收收入，同时也会扰乱国内市场的竞争环境，未检验检疫的商品进入国内还会影响国民的身心健康等。因此，《中华人民共和国刑法》在第三章破坏社会主义市场经济秩序罪下专设一节对走私犯罪进行了规制。

走私罪，是指个人或者单位故意违反海关法规，逃避海关监管，通过各种方式运送违禁品进出口或者偷逃关税，情节严重的行为。2002 年的《中华人民共和国刑法修正案（四）》、2009 年的《中华人民共和国刑法修正案（七）》、2011 年的《中华人民共和国刑法修正案（八）》、2015 年的《中华人民共和国刑法修正案（九）》又相继对相关走私犯罪的刑罚配置、行为方式以及数额认定等方面进行了修订。修订后的具体罪名包括：走私武器、弹药罪；走私核材料罪；走私假币罪；走私文物罪；走私贵重金属罪；走私珍贵动物、珍贵动物制品罪；走私国家禁止进出口的货物、物品罪；走私淫秽物品罪；走私普通货物、物品罪；走私废物罪。此外，走私罪的死刑已被废除。

在走私罪的立法不断完善的同时，司法机关也通过不断出台新的司法解释及解释性文件，完善走私罪的规定，以指导司法实践。《最高人民法院、最高人民检察院、海关总署关于办理走私刑事案件适用法律若干问题的意见》《最高人民法院、最高人民检察院关于办理走私刑事案件适用法律若干问题的解释》《最高人民法院、最高人民检察院、公安部、国家文物局关于办理妨害文物管理等刑事案件适用法律若干问题的解释》《最高人民法院、最高人民检察院、海关总署打击非设关地成品油走私专题研讨会会议纪要》等规定又进一步细化了走私犯罪的司法认定标准，使打击走私犯罪的法网更加严密。

**二、走私罪的特征**

走私罪在犯罪构成四方面具有以下特征：

1. 客体特征

走私罪规定在《中华人民共和国刑法》"破坏社会主义市场经济秩序罪"中，说明走私罪侵害的客体从属于社会主义市场经济秩序。虽然学界对走私罪的侵害客体有多种观点，但比较受认可的一种说法是走私行为逃避了海关的监管，偷逃了应缴税税额的征收，侵害的是国家对外的贸易管制制度和税收征收制度，而这种管制制度和征收制度是通过国家海关监督部门的监管、征收环节体现出来的。这也是近年来有些行为人在海外代购中采取各种方式方法逃避海关监管和税收征收，从而构成走私罪的关键。

2. 客观特征

所谓的走私行为，一般指违反海关法规，逃避海关监管，运输、携带、邮寄相关物品进出国（边）境的行为。因而，走私犯罪行为有以下特点：第一，具有违法性。走私行为必须违反了海关法或者国家的有关法律、行政法规的规定，否则不属于走私行为。第二，具有目的性。走私行为的行为方式多种多样，但其目的都是逃避海关的监督、管理、检查等。第三，具有法定性，必须是偷逃税额数额较大或者是逃避海关检查情节比较严重的行为。

根据走私罪行为的方式不同，可以划分为"绕关走私、通关走私、后续走私和间接走私等四种走私行为方式"[1]。绕关走私是指未经过国务院或者国务院授权机关的批准，从未设立海关的地点或者不经过海关，运输、携带国家禁止、限制进出境的货物、物品或者依法应当缴纳税款的货物、物品进出境的行为。近年来高发的非设关地成品油走私犯罪多采用这种方式。通关走私是指行为人经过设立海关的地点，却采取伪报、瞒报、伪装、藏匿等欺骗手段，瞒过海关的监督、检查，运输、携带、邮寄国家禁止、限制进出口或者依法应当缴纳税款的货物、物品进出境的行为。与上一种绕关走私的方式相比较，通关走私系更高级的走私方式，主要发生在海关监管现场的通关环节。随着网购的飞速发展，新兴的海外代购走私也多采取此种方式。后续走私是指行为人合法地进口了货物、物品（主要是指保税货物、特定减免税货

---

[1] 李昌林：《论走私罪及其立法完善》，载《中国刑事法杂志》2011年第7期。

物、物品）以后，违反有关法律、行政法规，未经海关许可并且未补缴税款，擅自将海关监管的保税货物、特定减免税货物、物品在境内销售的行为。后续走私又称为变相走私。间接走私是指行为人直接向走私人非法收购国家禁止进口的物品，或者直接向走私人非法收购走私进口的其他货物、物品；在内海、领海、界河、界湖运输、收购、贩卖国家禁止进出口的物品，或者运输、收购、贩卖国家限制进出口的货物、物品，没有合法证明的行为。间接走私行为不是直接进出国境进行走私，而是因为与走私行为联系密切而被规定为走私罪。

3. 主体特征

走私罪的主体既可以是自然人，也可以是单位。而且随着经济社会的发展和贸易往来的频繁，单位越来越普遍地成为走私罪的主体之一，但应当注意单位作为犯罪主体的前提是刑法分则的明确规定。除此之外，实践中还经常有个人与单位一同走私的情况，至于是认定单纯的单位走私罪还是个人与单位之间的共同犯罪，要"根据个人与单位之间的界定，又因个人的身份差异而有所不同"[①]。如果是单位之外的个人，即与单位不存在劳动关系，只是与单位共同实施走私行为的自然人，由于个人与单位两方主体系基于共同的利益驱使，相互勾结，共同实施了走私的行为，从而构成走私犯罪的共同犯罪。如果单位以外的自然人走私所获取的利益归个人的，还是按照自然人走私犯罪处理。

4. 主观特征

走私罪在主观方面表现为故意，因此，走私犯罪行为人主观上必须对所运输、携带或邮寄的对象是要缴纳关税的货物、物品或者是国家禁止进出口的货物、物品具有明确的认识，即应当是"明知"的。但司法实践中行为人往往以自己主观不明知所从事的系走私行为或不明知其行为违法性作为辩解。因此，走私类犯罪对于行为人"明知"的认定更多是采用推定的方式。根据《最高人民法院、最高人民检察院、海关总署关于办理走私刑事案件适用法律若干问题的意见》可知，除有证据可以证明自身是被蒙骗的情况外，凡是符合下面几种情况的，都能够认定为主观故意：第一，逃避海关监管，走私国

---

[①] 申君贵：《单位共同犯罪及其刑事责任剖析》，载《广西政法管理干部学院学报》1999年第12期。

家禁止或限制进出境物品的；第二，使用特殊制造的工具或者设备进行走私的；第三，在部分没有设置关卡的港口或码头对国家禁止进出境的相关物品进行交易的；第四，使用造假的相关证明或发票伪造通行证的；第五，低价对相关物品进行代理或办理业务的；第六，有过走私行为并因此被给予处罚的；第七，其他有证据证明的情形。因此，当行为人实施了以上行为的，在主观上，我们就可以认定为"明知"，即故意实施走私犯罪行为。

**三、走私罪应注意的问题**

走私罪中因为走私对象的不同可能导致行为构成不同的罪名。而实践中，行为人对于走私对象是否存在概括的走私故意、对具体对象是否存在认识错误等都会影响罪名的认定。

第一，如果行为人对于走私对象的内容是不明确的，主观上存在"概括的故意"，即无论走私什么都在行为人的故意范围之内，则以实际走私对象追究行为人的刑事责任。最高人民法院、最高人民检察院、海关总署2002年联合印发的《关于办理走私刑事案件适用法律若干问题的意见》第六条规定："走私犯罪嫌疑人主观上具有走私犯罪故意，但对其走私的具体对象不明确的，不影响走私犯罪构成，应当根据实际的走私对象定罪处罚。"最高人民法院2006年出台的《关于审理走私刑事案件具体应用法律若干问题的解释（二）》对此作了进一步明确，第五条规定："对在走私的普通货物、物品或者废物中藏匿刑法第一百五十一条、第一百五十二条、第三百四十七条、第三百五十条规定的货物、物品，构成犯罪的，以实际走私的货物、物品定罪处罚；构成数罪的，实行数罪并罚。"但需要注意的是，上述规范性文件确定的"以实际走私的货物、物品定罪处罚"仅适用于概括故意犯罪情形：一是意识上，行为人对走私具体对象没有明确指向；二是意志上，行为人对实际走私对象不反对，有没有都无所谓。此外，第五条规定的"藏匿"指的是一种有意识的隐藏行为，行为人主观上在隐藏之时对所隐藏之物就具有或者应当具有一定的认识，即对所隐藏之物主观上明知。如果行为人对走私的普通货物、物品或者废物中查出的其他走私对象不明知，则不能适用上述规范性文件规定的情形。在无证据证实行为人对走私对象中含有其他物品主观上具有放任态度，即无法证实行为人具有走私的概括故意的情况下，只能针对行为人有认识的走私对象认定相应罪名。对于客观上走私了夹藏的其他物品，可作为行为人所构成特定走私犯罪的量刑情节予以评价，以体现罪责刑相适应原则。

第二，行为人主观上已经有了明确的具体走私对象，但实际走私对象与行为人的主观认识不一致的，应按认识错误处理。

一方面，行为人具有犯轻罪的故意，但是造成了重罪的结果的情形，如行为人误以为是普通货物、物品而走私，结果却走私了淫秽物品或者文物，成立走私普通货物、物品罪。

另一方面，行为人具有犯重罪的故意，但是造成了轻罪的结果的情形，如行为人误以为是核材料而走私，结果却走私了普通货物、物品，成立走私普通货物、物品罪。行为人主观上虽然具有走私核材料的故意，但是客观上却没有产生核材料被走私的结果，连走私核材料的客观危险性都不具备，所以，不能仅根据其主观意图就认定行为人的行为构成走私核材料罪。

# 一、走私废物罪

## 2.1 借用许可证进口国家限制进口的可用作原料的固体废物，构成走私废物罪

——东某公司、建某公司、大某公司、刘某等走私废物案[①]

> **关 键 词**：借用许可证　擅自进口固体废物罪　从犯
> **问题提出**：借用许可证进口国家限制进口的可用作原料的固体废物如何认定？
> **裁判要旨**：为获取非法利益，违反海关法规和国家关于废物管理的规定，逃避海关监管，借用他人许可证或将许可证借给他人用于进口

---

[①] 一审法院为福建省厦门市中级人民法院，案号：（2013）厦刑初字第161号；二审法院为福建省高级人民法院，案号：（2014）闽刑终字第326号，载中国裁判文书网，https://wenshu.court.gov.cn/website/wenshu/181107ANFZ0BXSK4/index.html？docId = pT1kSr7fJ6GgxPUz44JtKfJvWYrMSNlTaq7QUl PdBVvg6bSYD6P1UmI3IS1ZgB82WYxDfw+hRmqNn7kVuqpUjXCcke3T/Tvp6zm4EqFo5ge3eJXKJN9oez5SIGe5 nYoL，最后访问时间：2022年12月29日。

国家限制进口的可用作原料的固体废物，应构成走私废物罪。走私废物罪与擅自进口固体废物罪不同，不要求行为人造成重大环境污染事故，致使公私财产遭受重大损失或者严重危害人体健康的严重后果。在认定此类犯罪的主从犯时，应综合考虑涉案人员的身份、行为与结果的因果关系、获益程度等。

## 案情简介

公诉机关：福建省厦门市人民检察院

上诉人（原审被告人）：刘某、吴某甲、陈某甲、陈某戊

原审被告单位：东某公司、建某公司、大某公司

原审被告人：陈某乙、陈某丙、张某、杨某、陈某丁

2011年6月，被告单位东某公司注册成立，被告人刘某担任东某公司总经理，负责公司的日常管理；被告人吴某甲担任公司副总经理，负责公司的报关单证制作等进出口业务操作。2012年初，经货主委托，刘某、吴某甲决定由东某公司利用其他单位的《中华人民共和国限制进口类可用作原料的固体废物进口许可证》（以下简称许可证）为非许可证利用单位的货主代理进口废塑料以牟取非法利益。刘某、吴某甲以及东某公司员工孙某（不起诉）先后找到有许可证的英某公司（不起诉）负责人黄某（不起诉）、被告单位大某公司副总经理被告人张某、被告单位建某公司董事长被告人陈某乙、经理陈某丙，分别谈妥由东某公司利用英某公司、大某公司、建某公司的许可证为非许可证利用单位进口废塑料，由上述公司及许可证的进口单位提供印章配合东某公司向海关办理报关手续，东某公司在货物进口后将相关的进口增值税专用缴款书交给上述公司，大某公司、建某公司向东某公司支付每吨20元至50元不等的费用。2012年7月，华某公司（不起诉）取得许可证后，经华某公司总经理陈某己（不起诉）同意，东某公司亦采取上述方式利用华某公司的许可证为非许可证利用单位的货主代理进口废塑料。

2012年2月至2013年1月间，在无许可证及废物加工资质的情况下，被告人杨某通过被告人陈某丁委托被告单位东某公司，被告人陈某甲、陈某戊、孙某（另案处理）直接委托东某公司为其走私进口废塑料，而后东某公司再

利用被告单位建某公司、大某公司、英某公司、华某公司的许可证走私进口废塑料。操作过程中，由国外供货方制作或由被告人吴某甲等人根据国外供货商提供的资料制作以许可证单位为购买方的原产地证、合同、清单、发票、提单等虚假的报关单证，由东某公司找许可证单位盖章后再由孙某将报关资料交给报关公司向海关办理报关手续。货物通关后，东某公司再将货物交给陈某甲、杨某、陈某丁、陈某戊及孙某等人。为此，东某公司向陈某甲、陈某丁收取每吨约1200元的费用（含清关费用）、向陈某戊收取每吨约170元的费用（不含税费），向孙某收取每柜2850元的费用（不含税费）。东某公司采用上述方法共走私进口废塑料47票87个货柜，净重2067.717吨。其中，陈某甲通过东某公司使用他人许可证走私进口废塑料56个货柜，净重1424.95吨；杨某、陈某丁通过东某公司使用他人许可证走私进口废塑料22个货柜，净重429吨；陈某戊通过东某公司使用他人许可证走私进口废塑料7个货柜，净重160.97吨；被告单位建某公司、陈某乙、陈某丙出让许可证为他人走私进口废塑料20票43个货柜，净重1074.72吨；大某公司、张某出让许可证为他人走私进口废塑料22票34个货柜，净重755.848吨；其余为英某公司、华某公司及孙某出让许可证或使用他人许可证走私进口废塑料。

案发后，接厦门海关缉私局电话通知，被告人刘某、吴某甲于2013年1月30日，被告人陈某甲、张某、陈某丙于同年2月5日，被告人陈某戊于同年2月6日，被告人陈某乙于同年2月17日，被告人杨某于同年2月18日，被告人陈某丁于同年3月13日到该局接受调查。其中，被告人刘某、吴某甲、陈某甲、陈某乙、张某、杨某、陈某丁、陈某戊到案后如实供述了主要走私事实。

### 各方观点

**公诉机关观点：**

各被告单位及各被告人的行为均已构成走私废物罪，且均属情节特别严重。各被告单位、被告人共同实施部分系共同犯罪。其中，在被告单位建某公司走私部分中，陈某乙在共同犯罪中起主要作用，系主犯；陈某丙在共同犯罪中起次要作用，系从犯，应当从轻或减轻处罚。被告单位东某公司、建某公司、大某公司，被告人刘某、吴某甲、陈某甲、陈某乙、张某、杨某、陈某丙、陈某丁犯罪以后自动投案，到案后如实供述自己的罪行，系自首，可以从轻或者减轻处罚。

**上诉人刘某（原审被告人）观点：**

是货主找到东某公司后，东某公司才去联系相应的许可证单位，东某公司仅对走私废塑料行为提供帮助，应认定为从犯；上诉人刘某具有立功情节，且其犯罪行为实际上未造成环境污染，进口的原料是可利用废物，社会危害性小，请求减轻处罚并宣告缓刑。

**上诉人吴某甲（原审被告人）观点：**

东某公司在共同犯罪中系从犯，根据该公司的内部分工，上诉人吴某甲也属于从属地位，起次要作用，系从犯；吴某甲有自首情节，应予减轻处罚；吴某甲的行为未对我国环境造成实质性破坏，社会危害性小，其未牟取个人私利，具备宣告缓刑的条件，请求减轻处罚。

**上诉人陈某甲（原审被告人）观点：**

陈某甲受雇于他人参与本案，系从犯，请求减轻处罚。

**上诉人陈某戊（原审被告人）观点：**

陈某戊借用许可证进口的行为是行业内普遍性现象，犯罪主观恶性较小；公诉机关追究刑事责任的标准是100吨，故陈某戊的涉案数量应属于"情节严重"而非"情节特别严重"；进口的废塑料符合标准，未造成环境污染等后果；请求免予刑事处罚。

**原审被告人陈某乙观点：**

1. 建某公司系应东某公司的要求提供许可证并配合办理报关手续，故建某公司是从犯，陈某乙作为单位从犯的直接负责主管人员，应适用从犯的处罚原则，减轻处罚；2. 陈某乙有自首情节。请求对陈某乙减轻处罚并适用缓刑。

## 法院观点

**一审法院观点：**

1. 关于被告人刘某提出是货主找到东某公司后，东某公司才去联系相应的许可证单位的辩解。经查，本案东某公司是为代理华某公司进口废塑料而成立，证据显示，华某公司在取得许可证前，也存在借用其他公司许可证的行为。从常理分析，东某公司有知名度后才会有其他公司或个人找到其代理进口废塑料。具体到涉案的各单进口业务，虽然通常为货主先找东某公司，再由东某公司负责联系许可证出借单位,但该情况与二被告人犯意通谋在先的指控并不矛盾,亦不影响定罪量刑。

2. 关于被告人刘某、吴某甲提出应认定东某公司为从犯的意见。经查,在走私过程中东某公司居中联系货主与许可证出借公司,并分别向该二方收取费用,制作报关单证,在本案中地位、作用重要且不可或缺,依法不能认定为从犯。相关辩护意见与查明事实不符,不予采纳。

3. 关于被告人刘某提出其具有立功情节的辩解。经查,首先,根据海关缉私局出具的到案经过、工作说明,刘某于 2013 年 1 月 29 日应海关调查人员的要求打电话通知吴某甲等人回公司配合调查,此时尚处于海关人员到东某公司突击检查的阶段,并未立案作刑事案件处理,刘某显然不具有规劝同案犯到案的主观意愿;且海关人员于突击检查后,于同月 30 日再次打电话通知刘某、吴某甲、孙某等人到案接受调查并于次日对涉案人员刑拘,已认定刘某、吴某甲主动到案,有自首情节。其次,刘某对全案的如实供述不仅应包括其本人所实施的行为,还应包括同案吴某甲等人的涉案事实并提供相关的业务资料,其配合海关人员的调查工作,属如实供述的范围,可以作为酌情从轻处罚的情节,但不能认定为有立功情节。相关辩护意见于法无据,不予采纳。

4. 关于被告人刘某、吴某甲提出其主观恶性不大,走私手段一般且情节较轻,个人未从中获利,请求适用缓刑的辩护意见。经查,首先,东某公司走私废物达 2067.717 吨,已远远超过《最高人民法院关于审理走私刑事案件具体应用法律若干问题的解释(二)》第七条关于"情节特别严重"规定的数量标准。其次,东某公司向大某公司、建某公司、英某公司、华某公司等多家许可证单位借用许可证,为陈某甲、杨某、陈某戊、孙某等个人代理进口废塑料,相关货物大部分被倒卖给无环保资质的小企业,可能对环境造成重大影响。最后,本案指控刘某、吴某甲系单位犯罪的责任人员,个人是否从犯罪中直接获取利益并不必然影响对个人的量刑。综合本案的犯罪情节和量刑情节,对该二被告人依法应在有期徒刑五年以上量刑。该节辩护意见,显然理由不充分,不予采纳。

5. 关于被告人陈某甲提出其受雇于他人参与本案,系从犯,请求减轻处罚并适用缓刑的辩解。经查,在案并无充分证据证实陈某甲受雇于他人从事走私废物,且陈某甲积极与东某公司联系进口事宜、接收货物,还主动与泉州市某化纤制品有限公司联系转卖事宜，收取货款、结算、支付费用等亦均是由其完成，故陈某甲在本案中作用积极、地位突出，依法不能认定为从犯。综合考虑其涉案数量及量刑情节，可予减轻处罚但不能适用缓刑。相关辩解与查明事实不符，理由不足，不予采纳。

6. 关于被告人陈某乙的辩护人提出的建某公司系从犯，陈某乙作为单位从犯的直接主管人员也作为从犯从宽处罚的辩护意见。经查，建某公司与东某公司共同走私废物，负责提供许可证并配合制作进口单证及手续，其行为是走私行为的关键环节，在共同犯罪中作用重要且不可或缺，依法不应认定为从犯。该节辩护意见与查明事实不符，于法无据，不予采纳。

7. 关于被告人陈某戊的辩护人提出陈某戊借用许可证进口的行为在行业内普遍存在，其主观恶性较小，且未造成环境污染，应属"情节严重"而非"情节特别严重"，建议单处罚金的辩护意见。经查，首先，行业内普遍存在借用许可证的行为无法推导出陈某戊借用行为的主观恶性及社会危害性不大的结论；其次，陈某戊借用他人许可证走私进口废物达160余吨，根据《最高人民法院关于审理走私刑事案件具体应用法律若干问题的解释（二）》第七条的规定属于"情节特别严重"的情形，依法不能单处罚金。故相关辩护意见与查明事实不符，于法无据，不予采纳。

法院认为，被告单位东某公司、建某公司、大某公司，被告人刘某、吴某甲、陈某甲、陈某乙、陈某丙、张某、杨某、陈某丁、陈某戊违反海关法规，逃避海关监管，出让许可证或利用他人的许可证走私国家限制进口的可用作原料的固体废物入境，其中东某公司参与走私废物2067.717吨，刘某、吴某甲为东某公司直接负责的主管人员和直接责任人员；建某公司参与走私废物1074.72吨，陈某丙、陈某丁为建某公司直接负责的主管人员和直接责任人；大某公司参与走私废物755.848吨，张某为大某公司的直接责任人员；陈某甲参与走私废物1424.95吨，杨某、陈某丁参与走私废物429吨，陈某戊参与走私废物160.97吨。各被告单位及各被告人的行为均已构成走私废物罪，且均属情节特别严重。公诉机关指控各被告单位及各被告人的罪名成立，予以支持。各被告单位、各被告人共同实施部分系共同犯罪。在被告单位建某公司走私部分中，陈某丙在共同犯罪中起主要作用，系主犯；陈某丁在共同犯罪中起次要作用，系从犯，依法应当从轻或减轻处罚。被告单位东某公司、建某公司、大某公司，被告人刘某、吴某甲、陈某甲、陈某乙、张某、杨某、陈某丁、陈某戊犯罪以后自动投案，到案后如实供述自己的罪行，系自首，依法可以从轻或减轻处罚；陈某丙在庭审过程中能如实供述，亦可酌情从轻处罚。

**一审法院判决：**

一、被告单位东某公司犯走私废物罪，判处罚金人民币一百万元。二、被告人刘某犯走私废物罪，判处有期徒刑五年六个月，并处罚金人民币十万元。三、被告人吴某甲犯走私废物罪，判处有期徒刑五年二个月，并处罚金人民币八万元。四、被告人陈某甲犯走私废物罪，判处有期徒刑三年二个月，并处罚金人民币六万元。五、被告单位建某公司犯走私废物罪，判处罚金人民币五十万元。六、被告人陈某乙犯走私废物罪，判处有期徒刑三年，缓刑五年，并处罚金人民币五万元。七、被告人陈某丙犯走私废物罪，判处有期徒刑三年，缓刑四年，并处罚金人民币三万元。八、被告单位大某公司犯走私废物罪，判处罚金人民币四十万元。九、被告人张某犯走私废物罪，判处有期徒刑三年，缓刑三年，并处罚金人民币三万元。十、被告人杨某犯走私废物罪，判处有期徒刑二年，缓刑三年，并处罚金人民币五万元。十一、被告人陈某丁犯走私废物罪，判处有期徒刑二年，缓刑三年，并处罚金人民币五万元。十二、被告人陈某戊犯走私废物罪，判处有期徒刑一年六个月，缓刑二年，并处罚金人民币三万元。

**二审法院观点：**

关于上诉人刘某、吴某甲均诉辩称系从犯之理由。经查，东某公司为了本单位的利益，在本案中居中联系货主与许可证出借公司，负责制作报关单证，伪报经营单位和实际收货人，逃避海关监管，为走私进口可用作原料的限制进口类废物起到重要作用，刘某、吴某甲作为东某公司的直接负责的主管人员和直接责任人员，依法均不能认定为从犯。故该诉辩理由与查明事实不符，不能成立，不予采纳。

关于上诉人刘某、吴某甲、陈某戊均诉辩称走私进口的固体废物未造成环境污染，据此请求从轻处罚之理由。经查，本案中各上诉人及原审被告人的走私行为在客观上已严重侵犯了国家对进出口废物的贸易管控，均属情节特别严重。且涉案的废物部分被倒卖给无环保资质的企业，对环境造成了实际影响。故此节诉辩理由缺乏事实和法律依据，不能成立，不予采纳。

关于上诉人刘某诉辩称具有立功情节之理由。经查刘某主动投案后确有积极配合侦查机关调查之行为，但该行为属于本应如实供述的范围，依法不能认定为立功。故该诉辩理由缺乏事实和法律依据，不能成立，不予采纳。

关于上诉人陈某甲诉辩称其受雇于他人参与本案，系从犯，请求减轻处罚之理由。经查，本案无充分证据证实陈某甲受雇于他人从事走私废物，且陈某甲在本案中实施了走私废物的进口、接收和转卖事宜，并完成相应的货款结算、费用支付等，其行为积极主动，依法不能认定为从犯。故其诉辩理由与查明事实不符，不能成立，不予采纳。

二审法院裁定：驳回上诉，维持原判。

### 法官评析

一些单位和个人见利忘义，走私固体废物、液态废物和气态废物，严重危害了我国的环境，威胁人民的身体健康。为了遏制这种行为，1997年《中华人民共和国刑法》修订时增设了"走私固体废物罪"，《中华人民共和国刑法修正案（四）》第二条对本罪的罪状进行了修改，罪名也相应地改为"走私废物罪"。司法实践中，在审理该类案件时，需要注意以下几个问题，以厘清罪与非罪、此罪与彼罪的界限。

**一、借用他人许可证进口固体废物行为的性质认定**

走私废物罪，是指违反海关法规和国家关于固体废物、液态废物、气态废物管理的规定，逃避海关监管，将境外固体废物、液态废物、气态废物走私进境的行为。《中华人民共和国固体废物污染环境防治法》第二十五条第一款规定："禁止进口不能用作原料或者不能以无害化方式利用的固体废物；对可以用作原料的固体废物实行限制进口和自动许可进口分类管理。"因此，在司法实践中一些并不具有《限制进口类可用作原料的固体废物进口许可证》的单位或个人就会通过不正当途径去借用或租用他人的许可证，从而达到进口固体废物的目的。而另一些人明知他人无相应资质，为了谋取非法利益，仍将许可证借给他人用于申报进口国家限制进口的可用作原料的固体废物，为走私犯罪提供方便。这些行为不仅侵犯了海关管理制度和国家禁止或限制固体废物进境的制度，而且由于这样走私的固体废物往往被倒卖给无环保资质的小企业，也给我国的生态环境和民众健康带来了极大的隐患，情节严重者应构成走私废物罪。可见，本案被告人关于借用许可证行为在行业内比较普遍的辩解，并不能成为其出罪的理由。

**二、与擅自进口固体废物罪的区别**

擅自进口固体废物罪，是指未经国务院有关主管部门许可，擅自进口固体废物用作原料，造成重大环境污染事故，致使公私财产遭受重大损失或者严重危害人体健康的行为。因该罪与走私废物罪在行为方式上多有相似之处，故在司法实践中应当正确认识两罪的区别，才能准确定罪。

第一，侵犯的客体不同。走私废物罪的客体是海关监管制度和国家对境外废物入境的管理制度，系对市场经济秩序的破坏。擅自进口固体废物罪的客体除海关监管制度外，还包括环境资源保护，系对社会管理秩序的妨害。

第二，犯罪对象不同。走私废物罪的犯罪对象为国家禁止进口的废物和国家限制进口的可作原料的废物，具体形态除固体废物外，还包括液态和气态的废物。而擅自进口固体废物罪的对象则仅局限为国家限制进口的可作原料的废物，形态仅为固体废物。

第三，主观方面不同。走私废物罪的主观心理状态须是故意，即明知是国家禁止进口的或者国家限制进口的可作原料的废物，仍走私进境。而擅自进口固体废物罪对于未经许可即擅自进口主观上是故意的，但是对于造成环境的污染以及人体健康危害的结果上可能是过失的。

第四，犯罪的构成条件不同。走私废物罪属于行为犯，行为人只要走私或参与走私废物就构成犯罪；而擅自进口固体废物罪则是结果犯，要求造成重大环境污染事故，致使公私财产遭受重大损失或者严重危害人体健康才构成犯罪。因此，在走私废物罪中，造成环境污染不是定罪的必要条件，但其可以作为量刑的重要依据。比如，根据《最高人民法院、最高人民检察院关于办理走私刑事案件适用法律若干问题的解释》第十四条第二款第三项的规定，行为人走私废物的数量虽未达到前款情节严重规定的标准，但造成环境严重污染且后果特别严重的，属于情节特别严重，应当在五年以上有期徒刑这个幅度内量刑。本案中有多名被告人均提出其走私行为未造成环境污染，请求从轻处罚，但从上述分析可以看出，未实际造成环境污染并不影响本罪的认定，当然也不是可从轻处罚的法定量刑情节。

**三、主从犯的认定**

《中华人民共和国刑法》第一百五十六条规定："与走私罪犯通谋，为其提供贷款、资金、帐号、发票、证明，或者为其提供运输、保管、邮寄或者其他方便的，以走私罪的共犯论处。"

司法实践中，走私废物犯罪主体多元，往往呈现规模化、组织化的特征。有负责组织策划的主管人员，有完成部分任务的责任人，也有居间介绍、联系、工作对接的人员等。在认定主从犯时，我们应从犯罪链整体入手，综合考虑涉案人员的身份、行为与结果的因果关系、获益程度等，做到罚当其罪。本案中，多名被告人提出东某公司仅对走私废塑料行为提供帮助，应为从犯，但证据显示东某公司不仅居中联系货主与许可证出借公司，而且负责制作报关单证，伪报经营单位和实际收货人，逃避海关监管，同时还收取货主与许可证出借公司双方的费用，在走私进口废物过程中起到了重要作用，依法不能认定为从犯。

**四、案例的指导意义**

本案属于比较典型的走私废物行为，案件所涉被告较多，审理焦点涉及借用许可证行为性质的认定、与擅自进口固体废物罪的区分、主从犯的认定等，法院均进行了充分的审理及回应，其相应观点对于审理此类案件提供了有益的借鉴。

## 二、走私普通货物、物品罪

### 2.2 走私普通货物、物品罪的认定
——常某甲等走私普通货物案①

> **关 键 词**：走私故意　非法收购　未查获走私货物数额的认定
>
> **问题提出**：成品油走私犯罪中犯罪故意、行为方式及走私数额如何认定？
>
> **裁判要旨**：行为人没有合法证明，逃避监管，在明显不合理的隐蔽时间、通过探路望风等方式在非设关地运输、贩卖成品油，应认定具有走私的犯罪故意；直接向走私人非法收购走私进口的成品油，数额较大的，亦构成走私普通货物罪；对于没有查获的成品油，可以结合在案其他证据综合认定走私成品油的种类和数量，从而确定犯罪数额。

**案情简介**

公诉机关：云南省德宏傣族景颇族自治州（以下简称德宏州）人民检察院

上诉人（原审被告人）：常某甲、李某、常某乙

原审被告人：崔某

原审被告人：冯某

2018年以来，被告人常某甲、李某、常某乙一家商议在瑞丽销售走私柴油，购买了车牌号为A和B的两辆车，并进行改装，拆下后排座椅、加装塑

---

① 一审法院为云南省德宏傣族景颇族自治州中级人民法院，案号：（2019）云31刑初153号；二审法院为云南省高级人民法院，案号：（2020）云刑终223号，载中国裁判文书网，https://wenshu.court.gov.cn/website/wenshu/181107ANFZ0BXSK4/index.html?docId=aiiSJMJpIACfhi6lqbPqqN3OQ+uwWnQFd6Dt6ow6iyheyhaz9uTBVWI3IS1ZgB82WYxDfw+hRmqNn7kVuqpUjXCcke3T/Tvp6zm4EqFo5geH+BNRfAArrW4Ix6ynBiow，最后访问时间：2022年12月29日。

料储油罐,加固车身载重钢板,用于拉运走私柴油。后在瑞丽市某停车场内租用了两间仓库,购买了储油罐、加油机等加油设备,印发名片进行宣传,私设加油点进行销售。由常某甲、常某乙负责从缅甸将柴油走私入境,被告人李某负责走私柴油销售和账目管理。为防止走私柴油过程中被执法部门查缉,常某甲、李某或单独或共同实施探路。在从事走私柴油过程中,先后多次被多部门查获,受过行政处罚。

2018年10月1日凌晨,瑞丽海关缉私分局在瑞丽市某停车场抓获被告人常某甲、李某、常某乙、冯某及驾驶员王某(已释放),当场从车牌号分别为A、B、C的三辆车内共查获走私柴油为6075升,经核定偷逃税款13137.13元。经对账本进行统计,已销售柴油为2304554.73升,偷逃税款4983562.78元人民币。共计偷逃税款4996699.91元人民币。A号车登记在常某乙名下,B号车登记在常某甲名下,均用于拉运走私柴油。

同时查明,2018年9月起,被告人冯某受雇于被告人常某、李某,在仓库打杂并给大货车加油,共帮助常某甲、李某出售走私柴油282014.84升,偷逃税款609852.64元。

被告人崔某从2018年5月30日至9月25日,雇用驾驶员驾驶其车牌号分别为C、D的加装过油箱的大货车,向李某一家共计购买走私柴油143876升,拉运至保山市隆阳区,经核定偷逃税款311129.5元人民币。后崔某在保山市隆阳区被抓获。

**各方观点**

**公诉机关观点:**

常某甲、李某、常某乙、崔某、冯某的行为均构成走私普通货物罪。

**上诉人常某甲(原审被告人)观点:**

案发前当地走私盛行,没有人管,其未认识到走私柴油的违法性,其走私柴油的犯意系由他人引起,受到老乡的引诱和误导;其让李某制作的是假账本,是为吸引客户眼球,其涉案柴油的数量没有那么多;其在讯问中受到办案人员的威胁和诱导,才在相关文书上签字;其货源90%以上是在停车场内向走私人员收购,其最多只是偷逃增值税;其犯罪时间较短且获利较少,社会危害性小,请求从轻处罚。

**上诉人李某（原审被告人）观点：**

其受老乡诈骗参与走私柴油，这是其犯罪的重要原因；其为营造生意火爆的假象而制作"营销账本"，该账本的大部分记录未能与银行交易明细、微信/支付宝转账记录一一对应，其客观上无法销售这么多柴油；其走私柴油每升仅获利 5 分钱左右，不认可海关核定的偷逃税款数额；其系从犯，依法应当从轻、减轻处罚。

**上诉人常某乙（原审被告人）观点：**

其无犯罪的主观意识，对于父母经营情况不知情，只运输了一部分柴油，不应对全部涉案金额承担刑事责任；其曾因走私受过行政处罚，但不能因此否认其为初犯；其犯罪时间较短、没有获利、社会危害性小，系从犯，应从轻或减轻处罚。

此外，常某甲、李某、常某乙及各辩护人认可现场查获 6057 升柴油的核税金额，但均提出账本记录不真实，不能以账本为计核依据来认定本案偷逃税款数额。崔某的辩护人提出：崔某长期从事货运，其为降低运输成本，找李某购买柴油主要是自用；李某在销售过程中，未向崔某明示柴油系走私。冯某的辩护人提出冯某的行为不构成犯罪。

### 法院观点

**一审法院观点：**

1. 被告人常某甲等人作为有完全刑事责任能力的行为人，有丰富的社会阅历和辨别能力，对自己的行为完全有判断和选择能力。被告人常某甲、常某乙在走私过程中，曾分别或多次受到行政处罚，仍未对自己的行为有所收敛；崔某也非偶尔或初次购买走私柴油。对部分辩护人提出受人引诱、误导产生走私柴油的犯意以及社会危害性小、系初犯，可从轻处罚的辩护意见，不予采纳。

2. 侦查机关获取的账本，是常某甲、李某等人在经营走私柴油中，作为日常经营的流水记录，账本的真实性及对数据的统计在第一时间内得到了被告人常某甲和账本记录人李某的认可；且账本记录与银行交易明细、从手机提取到微信、支付宝等电子交易明细及部分证人证言及涉案人员的供述印证，亦无证据证实李某在记账时有虚假记录的必要，故公诉机关指控走私柴油的数量具有真实性。据此，常某甲、李某、常某乙应对核定共计偷逃税款

4996699.91元人民币承担刑事责任。对常某乙的辩护人提出常某乙不应对全部涉案金额承担刑事责任的意见不予采纳。

3. 本案是一起涉及家族成员的共同犯罪，常某甲夫妇在民法上互有家事代理权，并对家庭事务有同等的权利，可按共同的意愿作不同的分工，二人共同筹集资金、寻找走私柴油的途径，共同商量走私并销售柴油事宜，被告人常某甲、李某均是本案主犯。常某乙作为常某甲夫妇之子，在共同走私柴油中，具有一定的从属性；被告人冯某受雇于常某甲夫妇，在其参与销售走私柴油中，没有任何决定的权利，完全处于辅助、从属地位，是从犯，认罪态度较好，且协助走私柴油不到一个月。对被告人常某乙、冯某均认定为从犯，依法应当从轻或减轻处罚。

4. 崔某在其多次有罪供述中，明确了从其个人阅历以及柴油价格低于正常的市场价格等方面主观明知柴油系走私，再加上与李某的通话中知道是走私的柴油，且该走私行为并不受购买目的的限制。

被告人常某甲、李某、常某乙明知进口柴油入境需要向海关申报而未申报，自行或安排他人从缅甸走私入境，或向走私者直接购买后销售牟利；冯某明知是走私的柴油而帮助销售；崔某明知是走私柴油而直接购买的行为，均已构成走私普通货物罪。公诉机关指控的犯罪事实和罪名成立。被告人冯某的辩护人提出其无罪的辩护意见不能成立。本院根据常某乙、冯某的犯罪事实、情节和认罪态度，对二人予以减轻处罚。

一审法院判决：一、被告人常某甲犯走私普通货物罪，判处有期徒刑十二年，并处罚金人民币二百万元。二、被告人李某犯走私普通货物罪，判处有期徒刑十年，并处罚金人民币一百五十万元。三、被告人常某乙犯走私普通货物罪，判处有期徒刑五年，并处罚金人民币一百万元。四、被告人崔某犯走私普通货物罪，判处有期徒刑二年，并处罚金人民币三十五万元。五、被告人冯某犯走私普通货物罪，判处有期徒刑一年三个月，并处罚金人民币十五万元。六、查获的走私柴油6075升，李某、常某甲、常某乙违法所得共计76680.77元，常某甲、常某乙、崔某所有供犯罪使用的车辆，车牌号分别为A、B、C、D，塑料油罐两个，对讲机三台，手机八部，加油机等物均依法予以没收。

**二审法院观点：**

上诉人常某甲、李某、常某乙从缅甸走私柴油入境内或向走私人员收购走私柴油销售获利，冯某明知是走私柴油而帮助销售，原审被告人崔某直接向走私人员购买走私柴油，上述人员的行为均构成走私普通货物罪，应依法予以惩处。在共同犯罪中，常某甲、李某起主要作用，为主犯；常某乙、冯某起辅助、从属作用，系从犯。

关于上诉人常某甲、李某所提，二人走私柴油系受老乡诈骗，案发前当地走私盛行，对走私行为无违法性认识的上诉理由。经审查：受他人引诱实施犯罪行为非从轻或减轻处罚的法定或酌定处罚情节；二人为了获取不法利益，采取非法出入境等手段将缅甸柴油走私到国内并销售，且上诉人常某乙、常某甲因走私柴油多次受到过行政处罚，应明知走私行为的违法性。故对该上诉理由不予采纳。

关于上诉人常某甲、李某所提，李某所作的账本是假账本，是为吸引客户，该账本的大部分记录未能与银行交易明细、微信/支付宝转账记录一一对应，原判认定的走私柴油数量远超实际数量，二人在账本统计上签字系受到诱供的上诉理由。经审查：本案涉及的三个账本均系从李某处扣押，侦查机关就账本向常某甲、李某进行过认真的核对、校正，二人均认可记载内容及海关根据账本作出的统计，并签名、捺印予以确认，上述核对、校正过程均有全程录音录像证实，无证据证实二人在账目认定过程中受到诱导或逼供，二人关于账本作假系为吸引客户的辩解不合常理；李某、常某乙、崔某及证人张某均证实在销售走私柴油中部分使用现金交易，账本记录未与银行交易明细、微信/支付宝转账记录一一对应亦合理；同时，根据相关法规，没有查获成品油的，可以结合其他在案证据综合认定走私成品油的种类和数量。故对该上诉理由不予采纳，对海关核定的涉案走私柴油数量予以确认。

关于上诉人常某甲、李某所提，走私柴油货源90%以上是在停车场内向走私人员收购，最多只是偷逃增值税，走私柴油每升仅获利5分钱左右，不认可海关核定偷逃税款数额的上诉理由。经审查：依照《中华人民共和国刑法》第一百五十五条第一项的规定，直接向走私人购买走私的成品油，数额较大的，以走私罪论处，常某甲、李某向走私人员收购走私柴油的行为亦成立走私普通货物罪；根据法律规定，走私普通货物罪中规定的"应缴税额"，包括进出口货物、物品应当缴纳的进出口关税和进口环节海关代征税的税额，而不只是增值税，本案中海关按照成品油的普通税率核定偷逃应缴税额符合相关规定。故对海关核定的偷逃应缴税款数额予以确认，对相关上诉理由不予采纳。

关于上诉人常某乙所提，其对于父母经营情况不知情，不应对全部涉案金额承担刑事责任，其曾因走私受过行政处罚，但不能因此否认其为初犯，其犯罪时间较短、没有获利、社会危害性小的上诉理由。经审查：常某乙曾因走私柴油在一年内多次受过行政处罚，不能认定为初犯；常某乙与常某甲、李某事先通谋走私柴油并负责运输，应当按照走私犯罪的共犯追究刑事责任；原判已结合在案相关证据，根据常某乙参与走私的涉案金额、次数或者在走私活动中的地位、作用等情节，认定其为从犯，予以减轻处罚。故对常某乙的上诉理由不予采纳。

二审法院裁定：驳回上诉，维持原判。

### 法官评析

走私普通货物、物品罪虽是一种传统犯罪，但在近些年的司法实践中也反映出一些新的犯罪行为特点和新的司法认定问题。2019年，针对我国东南沿海、西南陆路边境等非设关地成品油走私活动猖獗，严重破坏国家进出境监管秩序的问题，最高人民法院、最高人民检察院、海关总署出台了《打击非设关地成品油走私专题研讨会会议纪要》。本案就是一起在陆路边境走私成品油的犯罪，在审理中主要涉及以下几个问题：

**一、对于走私主观故意的认定**

走私普通货物、物品罪主观上必须是故意，即行为人明知自己的行为违反国家海关监管法律法规，逃避海关监管，偷逃进出境货物的应缴税额，并且希望或者放任危害结果的发生。司法实践中行为人往往以自己主观不明知所从事的系走私行为或不明知其行为违法性作为辩解。结合此类走私犯罪的行为特点，《打击非设关地成品油走私专题研讨会会议纪要》指出："行为人没有合法证明，逃避监管，在非设关地运输、贩卖、收购、接卸成品油，有下列情形之一的，综合其他在案证据，可以认定具有走私犯罪故意，但有证据证明确属被蒙骗或者有其他相反证据的除外：（一）使用"三无"船舶、虚假船名船舶、非法改装的船舶，或者使用虚假号牌车辆、非法改装、伪装的车辆的；（二）虚假记录船舶航海日志、轮机日志，进出港未申报或者进行虚假申报的；（三）故意关闭或者删除船载AIS系统、GPS及其他导航系统存储数据，销毁手机存储数据，或者销毁成品油交易、运输单证的；（四）在明显不合理的隐蔽时间、偏僻地点过驳成品油的；（五）使用无实名登记或者无法定位的手机卡、卫星电话卡等通讯工具的；（六）使用暗号、信物进行联络、接头的；（七）交易价格明显低于同类商品国内合规市场同期价格水平且无法作出合理解释的；（八）使用控制的他人名下银行账户收付成品油交易款项的；（九）逃避、抗拒执法机关检查，或者事前制定逃避执法机关检查预案的；（十）其他可以认定具有走私犯罪故意情形的。"本案中的被告人常某甲、李某就提出案发前当地走私盛行，其对走私行为无违法性认识。但在案证据显示，本案被告人无论是运输还是向他人贩卖成品油，多是在深夜或凌晨这样明显不合理的隐蔽时间，同时还采取前车探路望风再通知走私车辆跟进的方式将成品油运输进境，足以反映出被告人具有走私的犯罪故意。此外，本案部分被告人曾因走私柴油多次受到过行政处罚，故其未认识到走私柴油违法性的辩解显然不能成立。

**二、对于走私行为方式的认定**

走私普通货物、物品罪的行为方式有多种，一般是指采用隐瞒、隐藏、伪报、蒙混、绕关等方式、方法，躲避海关监督、管理和检查，但也可以是先以合法的形式将货物、物品进口，后在未经海关许可并且未补缴应缴税额的情况下，擅自将批准进口的来料加工、来件装配、补偿贸易的原材料、零件、制成品、设备等保税货物或其他特定减税、免税进口的货物、物品，在境内销售牟利，同时，也可能是直接向走私人非法收购走私进口的货物、物品。本罪侵犯的客体是国家对普通货物、物品进出口监管、征收关税的制度。行为人的上述行为均直接或变相违反了海关相关法规，侵害了国家海关对普通货物、物品进出境的监管、关税征收制度，造成了国家相关税款的损失。本案中被告人常某甲除自己将成品油走私运输进境外，还向其他走私人员收购走私的柴油，其偷逃的"应缴税额"不仅仅是增值税，还包括进出口货物、物品应当缴纳的进出口关税和进口环节海关代征税的税额，所以依照《中华人民共和国刑法》第一百五十五条第一项"下列行为，以走私罪论处，依照本节的有关规定处罚：（一）直接向走私人非法收购国家禁止进口物品的，或者直接向走私人非法收购走私进口的其他货物、物品，数额较大的"规定，对被告人常某甲应当以走私罪论处，而本案中海关按照成品油的普通税率核定偷逃应缴税额亦符合相关规定。

### 三、对于未查获走私货物犯罪数额的认定

在司法实践中,走私普通货物、物品犯罪在很多时候都具有隐秘性和连续性,因此会存在有些走私的货物、物品未能实际查获的情况。对于这部分走私的货物、物品如何认定种类和数量,进而如何确定被告人的犯罪数额是审判中面临的一个难题。针对这一问题,《打击非设关地成品油走私专题研讨会会议纪要》指出,查获部分走私成品油的,可以按照被查获的走私成品油标准核定应缴税额;全案没有查获成品油的,可以结合其他在案证据综合认定走私成品油的种类和数量,核定应缴税额。本案中,被告人及辩护人对现场查获的6057升走私柴油的核税金额均没有异议,但对于没有实际查获的此前走私并已经销售的柴油数量以及总的走私犯罪数额提出异议。本案认定这部分犯罪数额的关键证据是由被告人李某制作的账本,其中记载了一定时期内其走私并销售柴油的数量和金额。被告人虽提出这是为吸引客户制作的假账本,但该账本系从被告人李某处扣押,侦查机关就账本向常某甲、李某进行过认真的核对、校正,并有全程录音录像证实,且账本记录与银行交易明细、从手机提取到微信、支付宝等电子交易明细及部分证人证言及涉案人员的供述可以相互印证,故法院结合在案证据综合认定被告人常某甲、李某走私柴油的数量并进而核定的涉案犯罪数额应当予以确认。

### 四、案例的指导意义

本案属于走私普通货物、物品犯罪中比较典型的案件,案件所涉被告人较多,各被告人对于主观故意的辩解、行为方式的不同以及犯罪数额的认定都比较有代表性,法院在审理中对这些焦点问题都进行了充分的论证,其相应观点为审理此类案件提供了有益的借鉴。

# 第三章　妨害对公司、企业的管理秩序罪

妨害对公司、企业的管理秩序犯罪又称为公司、企业的犯罪，指故意违反公司法、企业法的具体规定，情节严重的行为。《中华人民共和国刑法》第一百五十八条至第一百六十九条之一规定了妨害对公司、企业的管理秩序罪，共十五项条文。包括以下各罪：虚报注册资本罪，虚假出资、抽逃出资罪，欺诈发行股票、债券罪，违规披露、不披露重要信息罪，妨害清算罪，隐匿、故意销毁会计凭证、会计帐簿、财务会计报告罪，虚假破产罪，非国家工作人员受贿罪，对非国家工作人员行贿罪，对外国公职人员、国际公共组织官员行贿罪，非法经营同类营业罪，为亲友非法牟利罪，签订、履行合同失职被骗罪，国有公司、企业、事业单位人员失职罪，国有公司、企业、事业单位人员滥用职权罪，徇私舞弊低价折股、出售国有资产罪，背信损害上市公司利益罪。

社会生产规模的扩大、社会主义市场经济体制的建立与发展，促进了整个社会生产形式的更新和变化。曾经一段时间内起主导作用的企业结构形式，已远不能适应生产发展的需要，取而代之的是公司、企业形态大量出现，并且在我国经济生活中发挥越来越重要的作用。《中华人民共和国合伙企业法》《中华人民共和国独资企业法》《中华人民共和国公司法》等法律及相关法规的颁布和施行，确立了公司、企业的法律地位，同时也规范了公司、企业的设立与经营，对促进市场经济的繁荣、发展起着举足轻重的作用。《中华人民共和国刑法》中关于妨害对公司、企业的管理秩序罪部分，进一步充实、完善了我国对妨害公司、企业管理秩序犯罪的规定。

公司、企业是市场经济的产物，其设立、运行、经营、破产、清算等活动都是市场经济秩序的重要内容。因此，妨害对公司、企业的管理秩序罪都严重破坏了公司、企业的设立、运营、清算等秩序行为，侵犯了市场经济秩序，也侵犯了公司、企业的财产权益，影响生产经营活动，继而影响公司、

企业员工的物质利益，最终损害公司、企业的投资者的合法权益。因此，对于达到严重程度的侵权行为，刑法纳入犯罪体系予以认定，保护公司、企业所具有的法益不被侵害。

本章所涉各项罪名具有以下一般性特征：1. 主体要件，自然人和单位都可以成为本类犯罪的主体，就自然人主体而言，既有一般主体，也有特殊主体；2. 主观要件，大部分是故意犯罪，个别是过失犯罪；3. 客体要件，本类犯罪侵犯了国家对公司、企业的管理制度；4. 客观要件表现为违反公司法、企业法的规定，情节严重的行为。本类犯罪多为情节犯，即只有情节严重才构成犯罪，达不到法律规定的情节严重，则不构成犯罪。

## 一、隐匿、故意销毁会计凭证、会计账簿、财务会计报告罪

### 3.1 隐匿纸质会计账簿而提供电子会计账簿的行为定性
——刘某隐匿会计账簿案[1]

> **关 键 词**：隐匿纸质会计账簿　电子会计账簿
>
> **问题提出**：隐匿纸质会计账簿而提供电子会计账簿的行为是否构成隐匿会计账簿罪？
>
> **裁判要旨**：同时存在电子与纸质会计凭证、会计账簿、财务会计报告的情况下，如果符合《会计档案管理办法》所规定的"应当保存"的会计档案范围，仅保存、提供电子会计凭证、会计账簿、财务会计报告，而隐匿纸质会计凭证、会计账簿、财务会计报告的情况，不构成隐匿会计账簿罪；相反，如果不符合《会计档案管理办法》规定的，构成该罪。

---

[1] 一审法院为黑龙江省宾县人民法院，案号：（2015）宾刑初字第232号，载中国裁判文书网，https://wenshu.court.gov.cn/website/wenshu/181107ANFZ0BXSK4/index.html?docId=b44452b018cd4401962fc432dbceb583，最后访问时间：2022年8月17日。

### 案情简介

公诉机关：黑龙江省宾县人民检察院

被告人：刘某

被告人刘某任某学院网络中心负责人。2012年3月5日，该学院同某科技开发有限公司（以下简称科技公司）签订校园网络服务合同，由科技公司负责学院的网络运行和维修，收取费用并建立账目，学院对此负有监管责任。科技公司建立了手写的总账、明细账、现金账、银行账共四本账，纸质账涉及金额53万余元。2013年初钟某某任学院办公室主任后，发现学院服务中心部分收入没入账，便两次要求刘某同科技公司协调，将未入账的款项及时入账，及时补交欠缴的税款。2015年1月，刘某让网络中心的职员王某甲找会计对科技公司的纸质账目进行重新整理，王某甲找到学院会计高某对账目进行重新整理，刘某将原来科技公司的纸质账的记账凭证全部交给王某甲，由王某甲交给高某进行整理，并对未签字的票据经科技公司法定代表人远某主持进行了补签，高某将记账凭证装订成册，并按年度如实建立电子账。刘某将原来的纸质账簿放到学院图书馆楼的6楼联通废弃的机房内桌子上。2015年3月5日，哈尔滨市人民检察院将刘某等人涉嫌犯罪线索指定宾县人民检察院协办。2015年4月初，刘某让王某甲找会计看一看需要补交多少税款，王某甲便找到专职会计刘某乙看账。2015年4月8日，宾县人民检察院便到学院调查，刘某让王某甲将新建立的电子账从刘某乙处取回交给宾县人民检察院，并告诉王某甲原来的纸质账本可能在干部学院图书馆楼的6楼联通的机房内。王某甲将电子账簿取回后交给宾县人民检察院，宾县人民检察院在询问刘某时刘某供述其将纸质账本销毁，宾县人民检察院便将刘某涉嫌隐匿、故意销毁会计凭证、会计账簿线索移交宾县公安局，宾县公安局于2015年4月9日立案，宾县公安局对其进行询问时，刘某称原来纸质账忘记放到哪里，不知道能不能找到。2015年4月13日，王某甲同远某在学院图书馆6楼废弃的网通机房书桌上面找到原来的纸质账本，便将纸质账本交给宾县公安局，被宾县公安局扣押。

### 各方观点

**公诉机关观点：**

被告人刘某隐匿依法应当保存的纸质会计账簿，应当以隐匿会计账簿罪追究其刑事责任，依照《中华人民共和国刑法》第一百六十二条之一的规定处罚。

**被告人刘某及其辩护人观点：**

旧的纸质账是不全的账，刘某交给宾县人民检察院的电子新账才是同实际收入相符的账目。刘某没有躲避检查隐匿账目的意图，且重新做的新账也不是为了隐匿旧账。公诉机关指控刘某犯隐匿会计账簿罪事实不清，证据不足。

### 法院观点

被告人刘某隐匿依法应当保存的纸质会计账簿，其行为构成隐匿会计账簿罪，公诉机关指控的罪名成立。刘某所隐匿的纸质账簿内容已经包含在向检察机关提供的电子账簿之中，没有影响会计资料的保存的完整性，也没有影响会计资料的管理和使用，且能够提供线索，将原纸质账簿找到，使侦查机关查明了案件真相，刘某能够如实供述自己的犯罪行为，犯罪情节轻微，不需要判处刑罚。判处被告人刘某犯隐匿会计账簿罪，免予刑事处罚。

### 法官评析

随着计算机的普及应用，越来越多的单位、个人的记账、核算方式不仅限于纸面形式，还会制作电子形式的会计凭证、会计账簿、财务会计报告。在同时存在电子和纸质的会计账簿情况下，行为人仅隐匿、故意销毁其中一种形式的会计账簿是否构成犯罪，需要对隐匿、故意销毁会计凭证、会计账簿、财务会计报告的犯罪构成要件予以明确。

#### 一、构成要件分析

（一）客体要件

隐匿、故意销毁会计凭证、会计账簿、财务会计报告罪规定于刑法第三章第四节妨害对公司管理秩序罪中，侵犯的客体是会计管理制度。犯罪对象是"应当保存"的会计凭证、会计账簿、财务会计报告。纸质、电子形式的会计凭证、会计账簿、财务会计报告是否属于"应当保存"的范围，需依据有关财会管理法律、法规进行判断。

《中华人民共和国刑法》第一百六十二条之一规定的隐匿、故意销毁会计凭证、会计帐簿、财务会计报告罪，系1999年12月25日以刑法修正案的方式规定下来的。那么对于"依法保存"的范围需要根据1999年12月25日之后我国会计相关法律法规的具体规定予以界定。

《中华人民共和国会计法》（1993年12月29日生效）第十五条规定："会计凭证、会计帐簿、会计报表和其他会计资料，应当按照国家有关规定建立档案，妥善保管。会计档案的保管期限和销毁办法，由国务院财政部门会同有关部门制定"；此后1999年10月31日修订的《中华人民共和国会计法》（2000年7月1日生效）和2017年11月4日修正的《中华人民共和国会计法》（2017年11月4日生效）的第二十三条均规定："各单位对会计凭证、会计帐簿、财务会计报告和其他会计资料应当建立档案，妥善保管。会计档案的保管期限和销毁办法，由国务院财政部门会同有关部门制定。"从上述会计法的修订、修正过程中可以看出，虽然针对会计凭证、会计账簿、财务会计报告保管要求的法条表述有所变化，但均明确会计凭证、会计账簿、财务会计报告保管需按照国家有关规定建立档案妥善保管，而具体办法由国务院财政部门会同有关部门制定。这里所称的具体办法指的是由财政局、国家档案局发布的《会计档案管理办法》。《会计档案管理办法》是为了加强会计档案管理，统一会计档案管理制度，更好地为发展社会主义市场经济服务，根据《中华人民共和国会计法》和《中华人民共和国档案法》制定的。在1999年12月25日隐匿、故意销毁会计凭证、会计账簿、财务会计报告罪规定生效之后至今，《会计档案管理办法》于2015年12月11日经过一次修订，并于2016年1月1日生效。因为"应当保存"会计凭证、会计账簿、财务会计报告的依据《会计档案管理办法》前后发生变化，所以须分析修订前和修订后《会计档案管理办法》对于纸质和电子会计档案的规定，来明晰"应当保存"的具体范围。

1998年8月21日修订发布的《会计档案管理办法》（1999年1月1日生效）第五条规定，"会计档案是指会计凭证、会计账簿和财务报告等会计核算专业材料，是记录和反映单位经济业务的重要史料和证据"，明确会计凭证、会计账簿、财务会计报告均系会计档案。第十二条规定，"采用电子计算机进行会计核算的单位，应当保存打印出的纸质会计档案。具备采用磁带、磁盘、光盘、微缩胶片等磁性介质保存会计档案条件的，由国务院业务主管部门统一规定，并报财政部、国家档案局备案"，明确对存在电子计算机进行会计核算情况的，也应当保存打印出的纸质会计档案。即根据1999年1月1日至2016年1月1日有效的《会计档案管理办法》规定，单位、个人无论是否具有电子的会计凭证、会计账簿、财务会计报告，纸质形式的也应当打印保存，属于该罪"应当保存"的范围。

我国现行有效的《会计档案管理办法》是2015年12月11日修订后，于2016年1月1日生效的。该办法第三条规定，"会计档案是指单位在进行会计核算等过程中接收或形成的，记录和反映单位经济业务事项的，具有保存价值的文字、图表等各种形式的会计资料，包括通过计算机等电子设备形成、传输和存储的电子会计档案"，明确增加了电子形式的会计档案属于《会计档案管理办法》规定的会计档案。第八条规定："同时满足下列条件的，单位内部形成的属于归档范围的电子会计资料可仅以电子形式保存，形成电子会计档案：（一）形成的电子会计资料来源真实有效，由计算机等电子设备形成和传输；（二）使用的会计核算系统能够准确、完整、有效接收和读取电子会计资料，能够输出符合国家标准归档格式的会计凭证、会计账簿、财务会计报表等会计资料，设定了经办、审核、审批等必要的审签程序；（三）使用的电子档案管理系统能够有效接收、管理、利用电子会计档案，符合电子档案的长期保管要求，并建立了电子会计档案与相关联的其他纸质会计档案的检索关系；（四）采取有效措施，防止电子会计档案被篡改；（五）建立电子会计档案备份制度，能够有效防范自然灾害、意外事故和人为破坏的影响；（六）形成的电子会计资料不属于具有永久保存价值或者其他重要保存价值的会计档案。"上述规定了对于同时满足六个条件的电子会计资料可仅以电子形式保存，这条规定显然不同于修订前"应当保存打印出的纸质会计档案"的规定。这就意味着在2016年1月1日前后，隐匿、故意销毁会计凭证、会计账簿、财务会计报告罪中，"应当保存"的会计档案范围发生了实质性变化。即自1999年12月25日隐匿、故意销毁会计凭证、会计账簿、财务会计报告罪法条正式生效至2016年1月1日《会计档案管理办法》修订之前，"应当保存"的会计凭证、会计账簿、财务会计报告必须是纸质形式的，而对电子形式的会计资料未做硬性要求；自2016年1月1日《会计档案管理办法》修订之后至今，"应当保存"的会计凭证、会计账簿、财务会计报告不再仅限于纸质形式，而是在满足内容真实有效、核算系统准确完整、符合长期保管要求、能够防止被篡改、建立备份、不属于具有永久保存价值或者其他重要保存价值等六个条件下，可仅以电子形式保存。

（二）客观方面

该罪客观方面表现为隐匿或者故意销毁依法应当保存的会计凭证、会计账簿、财务会计报告，情节严重的行为。其中隐匿是指妨害他人依法发现会计凭证、会计账簿、财务会计报告的一切行为；销毁是指妨害会计凭证、会计账簿、财务会计报告的本来效用的一切行为。[①] 因该罪属于行政犯，"隐匿"行为宜参照财会法律法规来理解。根据《中华人民共和国会计法》第三十五条规定[②]，需判断行为人实施隐匿行为是否为了逃避有关监督检查部门依法实施的监督检查，如果行为人并没有接受监督检查部门检查或者没有接到通知，仅仅更换财会凭证保存地点，而在司法机关、行政机关等要求进行检查时，积极予以配合、毫无保留全部提供，这种情况不应当认定为隐匿会计凭证、会计账簿、财务会计报告的行为。对于"情节严重"，根据2022年5月15日生效实施的《最高人民检察院、公安部关于公安机关管辖的刑事案件立案追诉标准的规定（二）》第八条规定，存在三种严重情形：一是数额标准，会计凭证、会计账簿、财务会计报告记录的会计数额在50万元以上的；二是行为标准，应当向有关机关提供而隐匿、故意损坏或拒不交出；三是与上述情形具有同等严重程度的其他情形。

（三）主体、主观方面

该罪犯罪主体为一般主体，包括自然人和单位。任何单位和个人在办理会计事务时对依法应当保存的会计凭证、会计账簿、财务会计报告，进行隐匿、销毁，情节严重，构成犯罪的，依法均应当追究刑事责任。因此，所有依照《中华人民共和国会计法》的规定办理会计事项的单位和个人，都可以构成本罪的主体。主观方面由故意构成，司法实践中，行为人往往为了掩盖贪污、走私、偷税等犯罪行为，通过隐匿、故意销毁会计凭证、会计账簿、

---

[①] 张明楷：《刑法学》，法律出版社2021年版，第972页。
[②] 《中华人民共和国会计法》第三十五条规定，各单位必须依照有关法律、行政法规的规定，接受有关监督检查部门依法实施的监督检查，如实提供会计凭证、会计帐簿、财务会计报告和其他会计资料以及有关情况，不得拒绝、隐匿、谎报。

财务会计报告等手段，毁灭罪证，以逃避刑法处罚。但不论出于何种目的，均不影响犯罪成立。

综上，《会计档案管理办法》对"应当保存"的会计凭证、会计账簿、财务会计报告的规定前后发生变化，对于隐匿、故意销毁电子或纸质其中一种形式的会计账簿、会计凭证、财务会计报告是否构成犯罪，需要根据犯罪行为发生时间判断。如果仅隐匿、故意销毁纸质形式的会计账簿、会计凭证、财务会计报告行为，发生在 2016 年 1 月 1 日之前，达到情节严重的，构成该罪；如果发生在 2016 年 1 月 1 日之后，在电子形式的会计档案符合会计记账要求情况下，行为无法构成该罪。如果仅隐匿、故意销毁电子形式的会计账簿、会计凭证、财务会计报告行为，发生在 2016 年 1 月 1 日之前，因为《会计档案管理办法》对电子形式会计账簿、会计凭证、财务会计报告未做要求，所以不构成该罪；而如果行为发生在 2016 年 1 月 1 日之后，因为同时存在纸质和电子形式会计账簿、会计凭证、财务会计报告两种形式，而非仅以电子形式进行记账，所以亦不构成该罪。

本文所举的案例中，被告人刘某客观上在司法机关进行检查时实施了拒不交出纸质会计账簿、仅提供电子会计账簿的行为，该行为发生时间在 2016 年 1 月 1 日之前，该时间阶段规定要求纸质会计账簿是应当保存的会计凭证；主观上具有隐匿纸质会计账簿的故意，达到情节严重，构成隐匿会计账簿罪。同时裁判法院考虑到刘某所隐匿的纸质账簿内容已经包含在向检察机关提供的电子账簿之中，未影响会计资料保存的完整性，也未影响会计资料的管理和使用，且能够提供线索将原纸质账簿找到，使侦查机关查明了案件真相，对其定罪免刑也是适当的。

**二、案例的指导意义**

随着电子记账方式的普及，单位、个人越来越倾向于使用电子记账方式保存会计凭证、会计账簿、财务会计报告，不再采用传统纸质方式。根据 2016 年 1 月 1 日修订的《会计档案管理办法》规定，在满足相应的电子会计档案要求下，可以仅保存形成的电子会计凭证、会计账簿、财务会计报告，不再硬性要求保存纸质会计档案。因此，同时存在满足《会计档案管理办法》要求的纸质和电子形式会计凭证、会计账簿、财务会计报告的，在 2016 年 1 月 1 日之后，如果仅隐匿、故意销毁其中一种形式的会计凭证、会计账簿、财务会计报告，不构成隐瞒、故意销毁会计凭证、会计账簿、财务会计报告罪。

## 二、非国家工作人员受贿罪

### 3.2 国有公司、企业改制前后连续收受贿赂的定性

——王某甲受贿、非国家工作人员受贿案①

> **关 键 词**：主体认定　罪名认定　罪数形态
>
> **问题提出**：国有公司、企业改制前后连续收受贿赂的行为，应该如何定罪？
>
> **裁判要旨**：国有公司、企业改制前后连续收受贿赂的行为在犯罪主体、侵害客体上均存在实质性区别，应当分段进行考量，分别成立受贿罪和非国家工作人员受贿罪，并依法予以数罪并罚。

### 案情简介

公诉机关：山东省青州市人民检察院

被告人：王某甲

一、被告人所在公司的性质及被告人的身份

某物资集团总公司系1990年12月由政府成立的全民所有制企业，经营期限为长期。1996年，为深化企业改革，提高企业竞争力，某物资集团总公司决定对其隶属的化工轻工总公司进行改制，在保留化工轻工总公司的基础上成立顺某公司（国有控股），顺某公司股本总额为50万元，其中国有股35万元，占出资额70%，内部职工股15万元，占出资额30%，该公司成立后仍

---

① 一审法院为山东省青州市人民法院，案号：（2017）鲁0781刑初205号；二审法院为山东省潍坊市中级人民法院，案号：（2018）鲁07刑终165号，载中国裁判文书网，https://wenshu.court.gov.cn/website/wenshu/181107ANFZ0BXSK4/index.html? docId = hVmS6czW3wb4/EZ2qqgMatCJS2NJXvLcoI7ALeh8Uci2afty9Hq1Hp/dgBYosE2gmbH4dU0Rorh3JaolLrGYe5Z7XweoA7vzOXl9o95z8HZRCtgHu7A5HnjA28Dkx1gD，最后访问时间：2022年10月6日。

隶属于某物资集团总公司管理，并按规定上交管理费。同年9月24日，政府办公室批准该改制方案，并由国有资产管理局对国有资产折股的请示进行了批复，公司无形资产（许可证专营权）评估价值为105058元，由某流通企业国有资产经营公司全部收回，10万元作为国有股，剩余部分转为资本公积金；其余25万元系某化轻总公司历年欠交某物资集团总公司的管理费，由物资集团总公司收取后经由某流通企业国有资产经营公司投入货币资金。9月26日，某流通企业国有资产经营公司将某物资集团总公司的实收资本25万元作为货币资金连同上述无形资产折价10万元，共计35万元作为国家股本金投入顺某公司。

1996年10月9日，经某物资集团总公司总经理提名，集团总公司党委研究同意，王某甲被聘任为顺某公司董事长兼总经理。同日，顺某公司召开了全体股东会并选举出包括王某甲在内的董事会成员及监事；10月14日经全体董事会研究决定王某甲为顺某公司董事长（执行董事）、总经理、法定代表人。1996年10月20日，顺某公司注册成立，王某甲任法定代表人、董事长兼总经理。2000年10月8日，经顺某公司董事长提名，集团总公司党委研究同意，王某甲被聘任为顺某公司董事、总经理；次日，顺某公司召开了全体股东会并选举出包括王某甲在内的董事会成员及监事，10月14日经全体董事会研究决定聘任王某甲为顺某公司总经理，并免去其顺某公司董事长及法定代表人职务。2001年3月2日，经某物资集团总公司总经理提名，集团总公司党委研究同意，王某甲被聘任为某物资集团总公司总经理助理。

2006年9月13日，顺某公司国有股份退出，改制为由2个具有法人资质的民爆生产厂家及王某甲等47名自然人为股东的古某公司，被告人王某甲担任该公司的董事长、总经理至2014年9月。

二、关于受贿的事实

1996年至2006年春节前，被告人王某甲在担任顺某公司董事、总经理期间，利用全面负责公司经营管理的职务便利，先后多次索取或非法收受业务关系单位潍坊龙某公司、济南四某某公司工作人员所送现金共计12万元，个人占有，并在民用爆破产品采购、货款拨付等方面为以上单位谋取利益。

三、非国家工作人员受贿的事实

2006年9月，顺某公司国有股份退出，改制为企业法人与自然人参股的古某公司，被告人王某甲担任该公司的董事长、总经理至2014年10月。在此期间，被告人王某甲利用全面负责公司经营管理的职务之便，先后多次索取或非法收受龙某公司、四某某公司、泰某民爆公司等单位人员所送现金共计165.913万元，个人占有，并在民用爆破产品采购、货款拨付等方面为以上单位谋取利益。

同时查明：

2006年，顺某公司改制为古某公司，被告人王某甲作为自然人入股，在筹措资金时，经与武某公司阮某联系，武某公司于同年9月5日向顺某公司账户汇款10万元，顺某公司财务收到该款后记入科目"211其他应付款"账目。同年9月9日，王某甲通过顺某公司财务借款10万元，并写下个人借条，该借条载明："今借到人民币壹拾万元100000元（威海711款）王某甲。"该借款由财务记入"其他应收款"账后，公司财务人员向王某甲支付了面额50000元的现金支票2张。9月11日，王某甲实际提取现金10万元，个人用于投资入股等营利性活动。

在此期间，顺某公司进行公司改制过程中，由国有控股70%改为职工等参股的民营股份制企业，并更名为古某公司，新公司于2006年9月20日进行了工商登记。

同年12月，王某甲经与武某公司联系，由武某公司阮某出具了证明一份，载明"证明顺某化轻有限公司：我公司于2006年9月5日汇往贵公司的壹拾万元，是我公司借给贵公司王某甲同志的个人借款，特此证明武某爆破器材有限公司（公章）2006年12月18日阮某"。

2008年1月12日，被告人王某甲归还古某公司并经由公司财务人员于同年1月14日通过汇款方式将10万元返还武某公司。

### 各方观点

**公诉机关观点：**

应当以受贿、非国家工作人员受贿、挪用公款罪追究上诉人王某甲的刑事责任。

**上诉人（原审被告人）王某甲观点：**

原审判决认定事实不清，非法证据未予排除。

### 法院观点

**一审法院观点：**

被告人王某甲身为经国有公司批准、任命在国有控股公司从事公务的国家工作人员，利用职务上的便利，多次索取、非法收受他人财物，其行为已构成受贿罪；其身为非国有公司的负责人，利用职务上的便利，索取、非法收受他人财物，为他人谋取利益，数额巨大，其行为已构成非国家工作人员受贿罪，应予刑罚。指控其犯挪用公款罪罪名不成立，不予支持。为保障国家工作人员职务行为的廉洁性，维护公司、企业正常管理活动及社会主义市场经济公平竞争的交易秩序，打击犯罪，对被告人王某甲以受贿罪判处有期徒刑一年零六个月，并处罚金人民币十万元；以非国家工作人员受贿罪判处有期徒刑五年，决定执行有期徒刑五年四个月，并处罚金人民币十万元；继续追缴被告人王某甲违法所得，上缴国库。

**二审法院观点：**

上诉人王某甲身为国有公司中从事公务的国家工作人员，利用职务上的便利，多次索取、非法收受他人财物，数额较大，其行为已构成受贿罪；在国有企业改制变更为非国有企业后，其继续利用担任企业负责人的职务便利，多次索取、非法收受他人财物，数额巨大，其行为已构成非国家工作人员受贿罪，应予刑罚。上诉人一人犯数罪，应予并罚。关于王某甲及其辩护人所提的"原审判决认定事实不清，非法证据未予排除"的上诉理由及辩护意见，经查，一审开庭时，当庭播放讯问同步录音录像，未发现有采用刑讯逼供等非法方法收集的犯罪嫌疑人、被告人供述的情况，上诉人所提非法证据无事实和法律依据，不应排除。另查明，上诉人王某甲利用其担任的企业领导职务，在国有企业改制前和改制后，大肆收受请托人财物，为请托人谋取利益，有多名证人的证言，大量书证等予以证实，其本人在侦查机关亦供认不讳，各证据之间相互印证，足以认定其上诉理由和辩护意见无事实和法律依据，法院不予支持。

二审法院裁定：驳回上诉，维持原判。

### 法官评析

**一、罪名适用的问题**

本案的法律争议主要集中在对上诉人王某甲的罪名认定上，主要有以下两种意见：

第一种意见认为，本案上诉人王某甲的行为只能认定构成非国家工作人员受贿罪。王某甲自 2003 年至 2014 年间，利用自己在公司先后担任董事、总经理、董事长，全面负责公司经营管理的职务便利，先后多次索取或非法收受多家关系单位给予财物，此种行为虽然因为 2006 年的公司改制而在性质上发生变化，但是在这个过程中，王某甲收受贿赂的行为一直在断断续续地进行，应该说具有连续性，同时每次受贿行为均有独立性，数个行为都是基于同一犯意而产生的，因此王某甲的行为构成连续犯。对于连续犯的处罚，应当按照《最高人民检察院关于对跨越修订刑法实施日期的继续犯罪、连续犯罪以及其他同种数罪应如何具体适用刑法问题的批复》中的规定，适用其行为终了之日的罪名，因王某甲在案发时的身份系民营企业的管理人员，故对其应以非国家工作人员受贿罪一罪论处。

这种意见对于上诉人王某甲收受贿赂行为在企业改制前后发生性质上的变化的理解是正确的，但是错误地理解了连续犯的特征和内涵，并误读了最高人民检察院的相关解释，导致适用法律的错误。根据刑法理论通说，连续犯是指基于同一或概括的犯罪故意，连续多次实施数个独立的犯罪行为，触犯同一罪名的犯罪形态。值得注意的是，连续犯必须是数个行为触犯同一罪名，即行为人的行为均符合统一犯罪的基本构成。本案中，王某甲因公司改制发生了身份上的变化，从而其行为在改制前后已经分别触犯了不同的罪名，因此不符合连续犯的特征。此种意见在肯定了王某甲的数个行为前后性质发生变化的情况下，却又认定王某甲的数个行为是连续犯，得出其数行为触犯同一罪名的结论，不符合逻辑，显然是错误的。

《最高人民检察院关于对跨越修订刑法施行日期的继续犯罪、连续犯罪以及其他同种数罪应如何具体适用刑法问题的批复》规定，对于开始于 1997 年 9 月 30 日以前，继续或者连续到 1997 年 10 月 1 日以后的行为，以及在 1997 年 10 月 1 日前后分别实施的同种类数罪在新旧刑法都认为是犯罪且应当追诉的情况下，应当一概适用修订刑法一并进行追诉。对于修订刑法比原刑法所规定的构成要件和情节较为严格，或者法定刑较重的，也应当适用修订刑法，但在提起公诉时，应当提出酌情从轻处理意见。据此可以看出，上述规定是为了解决跨刑法施行日期的继续犯罪、连续犯罪以及其他同种数罪应如何具体适用刑法的问题，即针对的是"跨法犯"的问题，而本案中王某甲的行为并未跨越修订刑法施行日期，而仅仅是因为企业改制，导致其主体身份发生变化。我们认为，"跨改犯"与"跨法犯"既有相似之处，又有本质不同，不能直接等同处理。相似之处在于，前行为与后行为均基于同一犯意，二者也存在本质上的联系和连续，并均因行为跨越某个特殊时间界限而在罪名和处理上带来某些变化。但是我们更应看到二者的不同，"跨法犯"中的行为虽因法律的修订而触犯了不同的罪名，但前后行为在实质上只构成一种犯罪，而"跨改犯"中的犯罪行为在时间上虽有连续，但前后行为因为企业改制，行为主体身份变化而分别构成不同的犯罪，前后行为虽然形式相同但有实质性的区别。因此，对于"跨改犯"不能简单参照"跨法犯"的规定处理。

第二种意见认为，对上诉人王某甲的行为应认定为受贿罪和非国家工作人员受贿罪，实行数罪并罚。因为从本案案情来分析，对王某甲前后收受贿赂的行为应按照公司被改制而分段进行考量，其在企业改制前后的行为分别构成受贿罪和非国家工作人员受贿罪。

王某甲于2003年至2006年春节前在担任顺某公司董事、总经理期间，利用全面负责公司经营管理的职务便利，先后多次索取或非法收受业务关系单位潍坊龙某公司、济南四某某公司工作人员所送现金共计12万元，个人占有，并在民用爆破产品采购、货款拨付等方面为以上单位谋取利益。从犯罪构成上分析，王某甲作为国有企业的业务领导，在主体身份上符合受贿罪的要求。在客观行为上，王某甲利用自己主管公司经营的职务便利，为其他单位谋取利益并收受贿赂，对受贿的行为和结果是明知的，具有犯罪故意。在侵犯的客体上，王某甲的行为既危害了国家工作人员职务行为的廉洁性，也损害了公私财产所有权，综上，王某甲在企业改制前的行为构成了受贿罪。同样，王某甲在2006年企业改制后继续收取其他业务公司给予的贿赂构成非国家工作人员受贿罪。在这段期间内，王某甲的受贿行为与前阶段的行为性质没有变化，但是因为公司改制使得性质从国有公司变成了非国有性质企业，随之王某甲的身份也从国家工作人员变为了非国有企业工作人员，符合《中华人民共和国刑法》第一百六十三条第一款"公司、企业或者其他单位的工作人员，利用职务上的便利，索取他人财物或者非法收受他人财物，为他人谋取利益"的规定，故对王某甲在后阶段的行为应以非国家工作人员受贿罪来定罪处罚。王某甲的前后两个阶段行为，虽然在形式上基本相同，且呈连续状态，但是分别构成了不同的犯罪。两罪无论在犯罪主体还是侵害的客体上，都有实质性区别。

而犯罪主体和犯罪客体都是犯罪构成的必备要件，也是区别此罪与彼罪的重要标准。因此属于实质性的两罪，应当分别定罪并数罪并罚。

我们同意第二种意见。非国家工作人员受贿罪与受贿罪都是行为人直接故意犯罪，并具有非法占有他人财物目的，客观方面均表现为行为人利用职务上的便利，实施了索取、非法收受他人财物的行为，并在经济往来中违反国家规定，收受回扣、手续费归个人所有等。但两罪仍有实质性的明显差异：第一，犯罪主体方面，虽然两罪均是特殊主体，但非国家工作人员受贿罪只能是非国有公司、企业或其他单位的工作人员，受贿罪的主体则限定在国家工作人员范畴；第二，从侵犯的客体来看，两罪虽然都侵犯了职务行为的廉洁性，但非国家工作人员受贿同时侵犯了公平竞争的市场秩序；第三，从行为人利用职务便利的内容来看，非国家工作人员受贿罪中的利用职务上的便利，是指行为人利用其职务上主管、经营、负责或者参与本公司、企业或者本单位某项工作的便利条件，而受贿罪中行为人利用职务上的便利，是指利用从事公务的便利，即利用自己职务上主管、负责或者承办某项公共事务的职权及其所形成的便利条件，既包括利用本人职务上的职权，也包括利用职务上有隶属、制约关系的其他国家工作人员的职权；第四，从索贿的行为方式来看，非国家工作人员受贿罪中索贿行为方式要求行为人以"为他人谋取利益"为构成要件，否则不构成此罪，而受贿罪中的索贿行为方式并不要求行为人以"为他人谋取利益"为构成要件，只要有索取财物的行为即可成立犯罪；第五，从构成犯罪的数额要求来看，非国家工作人员受贿罪是典型的数额犯，只有受贿数额较大的，才能构成犯罪，而受贿罪中的索贿是行为犯，只要行为人有索贿行为，即使受贿财物未达到数额较大标准亦可构罪；第六，从案件发生的领域来看，非国家工作人员受贿罪更多地发生在市场交易活动中，存在于商品流通领域，其实质在于维护法定的市场秩序，与国家的公权力运行不一定相关，而受贿罪多发生在国家公共事务管理领域，体现的是国家的公职权力。通过以上比较可以看出，两罪有着明显的不同，有些区别是根本性的，是影响罪与非罪的构成要件上的不同，相应地，刑法对两罪的打击力度也是不同的，其中对受贿罪的打击更为严厉，也说明了对国家工作人员职务廉洁性有更高的要求。既然如此，对非国家工作人员受贿罪与受贿罪要认真区别，不能简单地将分别触犯两罪的受贿行为认定为性质同一的持续犯罪，从而得出要以一罪论处的结论。

## 二、案例的指导意义

非国家工作人员受贿罪是 2006 年《中华人民共和国刑法修正案（六）》对原公司、企业人员受贿罪进行修正而产生的罪名，在扩大了原罪名的适用主体后，非国家工作人员受贿罪与《中华人民共和国刑法》第三百八十五条所规定的受贿罪相互对照，共同构架起了贿赂犯罪的法律体系，并有着较为明确的界限。但是在司法实践中，伴随国有企业深化改革的不断推进，国有公司、企业的改制过程中，经营管理人员主体身份发生变化，对改制前后连续发生的贿赂行为如何区分罪与非罪、一罪或数罪，保证准确适用法律，关系到公正、客观评价犯罪行为，明确刑罚打击范围与力度，值得我们认真探讨。本案的审理法院对上诉人王某甲所作定罪和量刑意见是适当的，可资参考。

# 三、对非国家工作人员行贿罪

## 3.3 国家出资企业中非国家工作人员的认定

——上海某商贸有限公司等对非国家工作人员行贿、单位行贿案[1]

> **关 键 词**：主体认定　罪名认定　罪数形态
>
> **问题提出**：向国有出资企业的工作人员行贿，应该如何定罪？
>
> **裁判要旨**：国家出资企业中的国有资产监督管理机构工作人员，以及经党委或者党政联席会任命的，行使组织、领导、监督、经营、管理工作的管理人员，应当认定为国家工作人员。国家出资企业中不符合上述条件的管理人员，则不应认定为国家工作人员，其收受贿赂的行为应当依法以非国家工作人员受贿罪定罪处罚。

---

[1] 一审法院为上海市闵行区人民法院，案号：（2016）沪 0112 刑初 1472 号，载中国裁判文书网，https://wenshu.court.gov.cn/website/wenshu/181107ANFZ0BXSK4/index.html?docId=CdfYWykqskLTefxNMGQrHXkW5/aHoc/AQ4707JYdIIAD+uGV79y235/dgBYosE2gmbH4dU0RorgWyw1IP+y8AeDoDqXujOFwUL84JjLq1j8qnF+cuuTvmjyRBQr7yH0o，最后访问时间：2022 年 10 月 6 日。

## 案情简介

公诉机关：上海市闵行区人民检察院

被告单位：上海某商贸有限公司、上海某香料有限公司

被告人：赵某

2003年至2014年，被告人赵某在经营上海某商贸有限公司期间，为使该公司成为某乳业股份有限公司食品添加剂的供应商并保持业务量，分别给予时任某乳业股份有限公司副总经理、总裁郭某，技术中心奶粉项目组经理、技术中心副主任、副总裁孙某及技术中心酸奶部项目经理吴某（均已被判刑）现金、首饰及代为支付旅游费用等贿赂。具体如下：

1. 2003年至2011年间，被告人赵某向吴某行贿，先后多次给予吴某现金合计1520000元、价值人民币140894元的轿车1辆、价值人民币36000元的私车额度1份、价值人民币55000元的手镯1只、价值人民币71400元的吊坠项链1根。

2. 2003年至2012年间，被告人赵某向孙某行贿，先后多次给予孙某现金合计人民币45000元。

3. 2004年至2014年间，被告人赵某向郭某行贿，先后给予郭某冰箱1台（价值人民币22500元）、钢笔1支、相机2部等物，并为郭某及其家人安排前往多地旅游，支付旅游费用共计人民币62640元。

又查明：被告单位上海某香料有限公司在与某乳业股份有限公司业务往来过程中，为使公司成为某乳业股份有限公司香精的供应商并保持业务量，由被告人赵某于2015年6月，向时任某乳业股份有限公司副总裁兼市场总监李某（已被判刑）行贿价值人民币30万元的手镯1只。

2015年6月24日，被告人赵某在办案机关调查期间，主动交代了上述行贿事实。

再查明：吴某于1998年7月至2007年3月在某乳业股份有限公司工作，先后担任技术中心研究员、酸奶部项目经理等职务。

## 各方观点

**公诉机关观点：**

指控被告单位上海某商贸有限公司、被告人赵某犯单位行贿罪，并追加

指控被告单位上海某香料有限公司及被告人赵某犯单位行贿罪，向本院追加提起公诉。

**被告单位上海某商贸有限公司、上海某香料有限公司及被告人赵某观点：**
对指控的事实和罪名不持异议。

### 法院观点

关于被告单位上海某商贸有限公司、上海某香料有限公司及被告人赵某行贿的对象，郭某、孙某、李某在某乳业股份有限公司分别担任总裁、副总裁等职务，系经国有出资方任命或提名，具有一定的组织、领导管理职责，属于国家工作人员；吴某在某乳业股份有限公司技术中心担任研究员、项目经理等职务，主要从事技术工作，且根据检察机关提出的相关证据尚难证实其具有国家工作人员的身份，法院在吴某被控收受贿赂的案件中，根据上述情况认定吴某属于非国家工作人员，故在本案中法院亦确认吴某属非国家工作人员。

鉴于法院确认吴某为非国家工作人员，而上海某商贸有限公司给予的另两名对象郭某、孙某贿赂的价值合计不超过人民币 20 万元，尚未达到单位行贿罪的入罪标准，故上海某商贸有限公司仅构成对非国家工作人员行贿罪。对上海某商贸有限公司向两名国家工作人员行贿的事实，虽未构成犯罪，但属非法行为，法院在量刑时予以酌情考虑。

综上所述，被告单位上海某商贸有限公司及其法定代表人被告人赵某为谋取不正当利益，给予非国家工作人员钱款，共计价值人民币 182 万余元，数额较大，其行为均构成对非国家工作人员行贿罪。被告单位上海某香料有限公司及被告人赵某为谋取不正当利益，给予国家工作人员贿赂计价值人民币 30 万元，情节严重，其行为均构成单位行贿罪。被告单位上海某商贸有限公司、上海某香料有限公司及被告人赵某在被追诉前主动交代行贿行为，依法均可从宽处罚；两被告单位及赵某均具有自首情节，依法均可从轻处罚。被告人赵某在判决宣告前一人兼犯二罪，依法应当数罪并罚。

法院判决：一、被告单位上海某商贸有限公司犯对非国家工作人员行贿罪，判处罚金人民币五十万元。二、被告单位上海某香料有限公司犯单位行贿罪，判处罚金人民币十万元。三、被告人赵某犯对非国家工作人员行贿罪，判处有期徒刑一年三个月；犯单位行贿罪，判处有期徒刑六个月，决定执行有期徒刑一年六个月，缓刑二年。四、违法所得予以追缴。

**法官评析**

### 一、向国有出资企业的工作人员行贿行为的定性

司法实践中一般认为，经国家出资企业中负有管理、监督国有资产职责的组织批准或者研究决定，代表其在国有控股、参股公司及其分支机构中从事组织、领导、监督、经营、管理工作的人员，应当认定为国家工作人员。认定国有股份制企业管理人员是否收受贿赂，或向国有股份制企业管理人员行贿的行为构成何罪时，应当注意以下几点：

第一，负有管理、监督国有资产的组织范围的认定。首先，国家出资企业中的国有资产监督管理机构必然属于负有管理、监督国有资产职责的组织，其设立的目的就在于专门针对国家出资企业的国有资产进行监督管理。其次，上级或者本级国家出资企业内部的党委或党政联席会也被认为是代表国家在国家出资企业中行使管理、监督职责的组织，目前我国的国家出资企业中，党委、党政联席会的主要职责之一就在于任命企业管理人员，根据党管干部的组织原则，将其任命的人员认定为国家工作人员，保证了认定范围的正当性和正确性。最后，关于董事会和监事会的属性认定问题，由于绝大多数的企业管理人员均要经过董事会、监事会提名和批准，如果以董事会和监事会的会议记录和决议作为认定依据，也就意味着企业绝大多数人员均可认定为国家工作人员，显然与事实和立法初衷不符，且董事会、监事会不属于负有管理、监督国有资产职责的组织。

第二，组织、领导、监督、经营、管理工作的认定。应当被认定为国家工作人员的国家出资企业的管理人员，除经党委或者党政联席会批准或研究决定外，还应代表其在国有控股、参股公司及其分支机构中从事组织、领导、监督、经营、管理工作。代表性就是指代表党委对国有资产进行管理、监督，而公务行为则是有别于一般劳务性活动的管理性活动。对于职务来自公司任命而非党委任命的管理人员来说，其行使对企业的管理权限来自公司而非党委，其代表的也就是公司而非党委，故不应认定此类管理人员是国家工作人员。

第三，国有出资企业人员收受贿赂，对国有出资企业人员行贿的行为定性。国家出资企业中的国有资产监督管理机构工作人员，以及经党委或者党

政联席会任命的，行使组织、领导、监督、经营、管理工作的管理人员，应当认定为国家工作人员。国家出资企业中不符合上述条件的管理人员，则不应认定为国家工作人员，其收受贿赂的行为应当依法以非国家工作人员受贿罪定罪处罚，与之相对应，向其行贿的行为应认定为对非国家工作人员行贿罪定罪处罚。同时应当注意的是，在没有明确证据证明行为人确系党委或者党政联席会任命的管理人员的情况下，依据存疑有利于被告人原则和宽严相济的刑事政策，应当认定其不属于国家工作人员。

第四，具体到本案而言，被告单位上海某商贸有限公司、上海某香料有限公司及被告人赵某行贿的对象中，国有出资企业中的总裁、副总裁是经国有出资方任命或提名环节而担任本职务，其任职过程有国有资产监督管理机构的任命，也通过本级国有出资企业内部的党政联席会予以确认，具有组织、领导管理职责，属于国家工作人员范畴。受贿人吴某在该国有出资企业的技术中心担任研究员、项目经理等职务，主要从事技术工作，在案证据显示其的任命履职是通过社会招聘的形式完成的，其职务来自公司任命而非党委任命，行使对企业的管理权限来自公司而非党委，其代表的就是公司而非党委，故应认定吴某是非国家工作人员，相应地，在本案认定为对非国家工作人员行贿罪是适当的。

**二、案例的指导意义**

我国刑法对于贿赂犯罪的罪刑体系大体存在两套平行系统，一套系统主要围绕对公权力的治理展开，针对具有公务身份的人员认定受贿罪及对合的行贿类犯罪，另一套系统主要用以规制非国有公司、企业、单位内的贿赂行为。其中，无论是受贿行为还是行贿行为，均根据实施主体的自然人或单位属性差异，适用不同的罪名。刑法主要根据主体性质的区别规定了各种不同的受贿类犯罪与行贿类犯罪，并在入罪门槛、法定刑标准上有所差别，体现出我国刑事政策理念对于公职犯罪更为严厉的打击态度。

对非国家工作人员行贿的刑法规制，主要就是约束非公有制经济主体在商业往来中的行贿犯罪行为，因其与行贿罪的主客体及刑罚模式均存在不同，在适用时应当予以细分辨析。

商业贿赂是商业经营过程中常见的现象，在我国社会主义市场经济发展过程中，商业贿赂作为一种被扭曲的竞争手段和市场法则，被经营者认可并奉行，成了经营过程中的"潜规则"。相当多的商业贿赂行为超越了一般法律的界限，构成犯罪。经济往来中，支付各种名义的回扣、手续费曾经风行一时，并在实践中名目繁多、花样翻新。这种行为有加速商品流通、促进经济发展的一面，同时也有阻碍、破坏商品交易规则、市场经济公平秩序的一面。原则上，只要买卖双方和中间人本着诚实信用、公平交易的精神，在不违反国家政策法律的情况下，支付或取得符合法律规定的折扣、佣金，是正当的业务行为，对经济发展也是有利的，法律上也应予以承认和保护。但是在某些情况下，回扣、手续费的支付与收受会危害市场经济公平竞争机制、破坏市场经济秩序，严重的则可能构成对非国家工作人员行贿罪、非国家工作人员受贿罪等相应罪名。

对于非国家工作人员受贿罪、对非国家工作人员行贿罪等商业贿赂犯罪，近年来，国家层面已建立了一套多层次立体化的防控机制，并一直在不断完善监督机制，加大社会监督、司法监督力度，促进完善企业内部监督机制，建立守法经营的内部机制。在完善社会信用制度建设方面，先后构建了市场主体信用档案体系，建立了严格的市场准入与退出制度，建立诚信奖罚机制，规范市场主体的经营行为等。

同时，减少乃至杜绝对非国家工作人员行贿罪在内的商业贿赂犯罪，除国家层面的监督防控机制建设、营商环境建设等努力外，还要加强企业文化建设，重塑文明经营底蕴。通过建立和完善职业规范，加强行业自律，既可以降低法律资源成本，防止违法犯罪行为的扩大化，又可以提升从业人员的道德素质，在全社会积极营造治理商业贿赂的良好氛围，形成公平竞争、诚信求实的商业道德和企业文化。尤其是当前国家有关部门积极推进实施的企业合规，根据不同的企业规模、领域、发展阶段等多种因素，制定包括预防机制、识别机制和应对机制在内的刑事合规规范，对于促进公司企业规范发展、避免商业贿赂违法犯罪有着巨大作用。

## 四、签订、履行合同失职被骗罪

### 3.4 签订、履行合同失职被骗罪的认定问题
——宋某签订、履行合同失职被骗罪[1]

> **关 键 词**：直接负责的主管人员　诈骗行为要件　严重不负责任
>
> **问题提出**：国有公司、企业、事业单位中对签订、履行合同失职被骗行为承担刑事责任的主体范围如何认定？如何界定严重不负责任行为与被骗后果的因果关系？本罪是否以构成诈骗犯罪为前置要件？
>
> **裁判要旨**：本罪的犯罪主体应作限缩解释，认定为有国有公司、企业、事业单位管理人员的身份，并实际行使管理职权，对签订、履行合同负有责任的人员；成立本罪应以存在诈骗行为为前置条件，严重不负责任的失职行为包括当为、能为、不为三方面蕴意。

**案情简介**

公诉机关：北京市海淀区人民检察院

被告人：宋某

中某集团有限公司是国有独资的有限责任公司，中某供应链有限公司是中某集团有限公司的全资子公司；中某东方贸易有限公司的前身是中某建材装备有限公司，2011年更名为中某东方贸易有限公司，是中某集团有限公司

---

[1] 一审法院为北京市海淀区人民法院，案号：（2016）京0108刑初373号，载中国裁判文书网，https：//wenshu.court.gov.cn/website/wenshu/181107ANFZ0BXSK4/index.html?docId=f6sKbpPLSgQ3qrmlMMALz/c/a8ExDHPOhkrL4tn631CtF47FSLR/mZ/dgBYosE2gmbH4dU0Rorh3JaolLrGYe5Z7XweoA7vz96UyX3wjSUNBN58aBHCfKkKRUjsMdc8I，最后访问时间：2022年8月26日。

实际控制的上市公司中某国际工程股份有限公司的全资子公司。中某供应链有限公司和中某东方贸易有限公司的办公地点均位于某大厦十层。被告人宋某任中某供应链有限公司商贸物流事业部总经理、中某东方贸易有限公司商贸物流部副部长，两部门均负责钢材等大宗货物采购、销售及已签署合同的跟踪执行。宋某作为两部门最高领导，负责签订合同、部门管理等。

2012年7月至9月，冯某担任法定代表人的浩某贸易有限公司与中某供应链有限公司、中某东方贸易有限公司签订合同，委托涉案单位向恒某贸易有限公司采购钢材。被告人宋某作为商贸物流部门负责人，在签订、履行合同过程中未认真审核浩某贸易有限公司的资产状况、履约能力，放任其部门员工在浩某贸易有限公司未提供任何担保或采取任何保障措施、未审核恒某贸易有限公司出具的代领承兑汇票委托书是否真实的情况下，将本应交给合同相对方恒某贸易有限公司的多张巨额银行承兑汇票，交由浩某贸易有限公司员工转交，致使冯某以伪造恒某贸易有限公司印章的方式将其持有的汇票承兑，骗取中某供应链有限公司人民币1.16亿元。

2012年7月至8月，周某任总经理的宏某金属材料有限公司与中某供应链有限公司、中某东方贸易有限公司签订合同，委托涉案单位向国某南京有限公司采购钢材。被告人宋某作为商贸物流部门的负责人，未发现国某南京有限公司与周某存在关联关系，致使周某以隐瞒与国某南京有限公司不存在真实货物交易，将货物款占为已有的方式，骗取中某供应链有限公司人民币8004万元。

2015年4月17日，被告人宋某在公司人员陪同下到公安机关投案。

## 各方观点

**公诉机关观点：**

认为被告人宋某身为国有公司直接负责的主管人员，在签订、履行合同过程中，因严重不负责任被诈骗，致使国家利益遭受特别重大损失，其行为触犯了《中华人民共和国刑法》第一百六十七条之规定，犯罪事实清楚，证据确实、充分，应当以签订、履行合同失职被骗罪追究其刑事责任。

**被告人宋某及其辩护人观点：**

项目从考察到签订合同都是同一人负责，风控部门承担监管责任；下游公司向上游公司转交承兑汇票是公司惯例，且银行在审核、止付方面存在过失。宋某是否符合"直接负责的主管人员"主体资格、是否具有"严重不负责任"的行为存疑，损失的造成及扩大是由公司高层管理机构决策失误、延误报案时间、未采取有效的止付手段等导致，不应由宋某承担责任，且损害结果最终未能够确定；宋某具有自首、重大立功情节，系初犯，认罪态度较好，行为的社会危害性较小，一贯表现良好，故建议法院对宋某依法从轻处罚，对其判处三年以下有期徒刑并适用缓刑。

**法院观点**

被告人宋某身为国有公司直接负责的主管人员，在签订、履行合同过程中，因严重不负责任被诈骗，致使国家利益遭受特别重大损失，其行为已构成签订、履行合同失职被骗罪，应予惩处。

关于被告人宋某的辩解及其辩护人针对犯罪构成发表的相关辩护意见，经查，首先，宋某作为中某供应链有限公司和中某东方贸易有限公司两家公司商贸物流部的负责人，具有领导和管理商贸物流部的职责，对商贸物流部的业务开展情况负有直接责任，具有管理人员的身份；其次，依据公司的管理规定及授权委托，宋某有权代表公司签订商贸合同，在联络客户、开展业务等方面处于主导地位，对合同签订、履行过程中存在的问题负直接责任，因此属于直接负责的主管人员；最后，宋某在代表公司与浩某贸易有限公司和宏某金属材料有限公司开展业务过程中，没有正确履行审查、监管义务，没有认真审核客户的资质、履约能力及上游公司信息，没有对承兑汇票交接环节可能出现的风险进行有效防范，导致公司在签订履行合同过程中被骗、国家利益遭受特别重大损失。

关于被告人宋某及其辩护人提出的宋某存在责任豁免情形的辩护意见，经查，首先，2011年中某供应链有限公司和中某东方贸易有限公司便开始与冯某、周某等人合作，根据刘某等人的证言，2012年风控部门成立后主要负责审核新客户的资质情况，老客户的资质及履约能力的审核仍由商贸物流部负责；其次，浩某贸易有限公司代领承兑汇票的行为显然违反了正常的交易规则，极大地增加了公司在商业活动中的风险，宋某等人不但默许该行为存在，还将此视为公司惯例，显然在主观上具有严重过失，也是最终导致公司被骗、遭受重大损失的直接原因；最后，银行在承兑汇票时是否严格履行了审核义务、是否存在重大过失，是决定银行是否应当承担责任的依据，并不能当然否定宋某的失职行为，更不能免除宋某应承担的失职责任。

关于被告人宋某的辩护人认为宋某具有自首、立功情节的辩护意见，经查，根据公安机关出具的到案经过和办案说明，2015年4月17日应公安机关要求，宋某在中某东方贸易有限公司办公室主任赵某某的陪同下到公安机关接受调查，可以认定为自动投案，但其到案后否认自己具有失职行为，不属于如实供述自己的犯罪事实，依法不能认定为自首；2014年10月8日宋某协助公安机关指认、抓捕周某的行为系按照公司的指示实施的维护公司权益的行为，彼时其本人涉嫌签订、履行合同失职被骗罪一案尚未案发，其本人更没有被公安机关列为犯罪分子，而根据相关司法解释规定，据以认定立功的行为一般应发生在犯罪分子到案后，因此宋某的指认行为无论在行为主体上还是在行为时间上均不符合认定立功的条件。

综上，法院判决：被告人宋某犯签订、履行合同失职被骗罪，判处有期徒刑三年。

### 法官评析

**一、关于本罪的定性相关问题**

为准确认定和适用本罪，应着重注意以下问题：

（一）犯罪主体的认定

《中华人民共和国刑法》第一百六十七条规定，签订、履行合同失职被骗罪的犯罪主体为国有公司、企业、事业单位直接负责的主管人员，因此本罪是特殊主体犯罪。所谓主管人员，一般文义上是指对签订、履行合同起领导、决策、指挥作用的单位负责人，如公司总经理、经理、业务部门主管人员等。如何理解和认定本罪所规定的直接负责的主管人员，适当解释该规定的内涵和外延，存在两种不同的理论意见。

一种意见认为，《中华人民共和国刑法》第四百零六条规定了国家机关工作人员签订、履行合同失职被骗罪，该罪与本罪作为两个罪名在刑法分则上分立，是立法技术处理的结果。从立法技术周严角度考虑，签订、履行合同失职被骗罪与国家机关工作人员签订、履行合同失职被骗罪共同构成完整的国家工作人员失职被骗犯罪，故国家机关工作人员之外的国家工作人员均应视为签订、履行合同失职被骗罪的构成主体。①

另一种意见认为，直接负责的主管人员作为一个法定专用名词，源于处罚主体的规定，其内涵及外延明显窄于国家工作人员，应当将作为犯罪主体的直接负责的主管人员与作为处罚主体的直接负责的主管人员作同一理解。②

可以看出，两种意见的基本分歧在于直接负责的主管人员是否包括单位管理人员之外的其他直接责任人员。我们同意第二种意见，理由是：

首先，从刑法分则的罪名设置角度分析，直接负责的主管人员与一般的国家工作人员并非同一概念，与国家机关工作人员对应的应为国有公司、企业、事业单位的工作人员，立法上也在其他罪名设定上将后者规定为犯罪主体，如《中华人民共和国刑法》第一百六十六条所规定的为亲友非法牟利罪等。

其次，从立法解释的一致性角度分析，直接负责的主管人员概念来源于单位犯罪的规定，《中华人民共和国刑法》第三十一条规定："单位犯罪的，对单位判处罚金，并对其直接负责的主管人员和其他直接责任人员判处刑罚。本法分则和其他法律另有规定的，依照规定。"该条规定明确了对单位犯罪实施双罚制以及应承担刑事责任的个人范围。直接负责的主管人员与其他直接责任人员作为特有的法定称谓，不宜作突破解释，且立法解释的法定性、一致性要求我们在同一部法律中适用统一标准界定概念。

最后，过失行为才能构成本罪，从此方面来说，本罪的立法旨意在于追究领导者的责任，反向督促国有公司、企业、事业单位的领导、管理人员重视积极、正确履行管理职能，落实各项风险控制、防范措施，切实保护国有经济稳健运行。因此，其处罚主体限缩于有管理职能的领导者、管理者是恰当的。

由此，对本罪所规定的直接负责的主管人员的理解，应当注意把握以下两点：一是应当有国有公司、企业、事业单位管理人员的身份，实际行使管理职权，其身份不限于单位的法定代表人，分管领导以及部门、分支机构的负责人等均属管理人员范畴。二是对合同的签订、履行负有直接责任，此种

---

① 高憬宏、杨万明主编：《基层人民法院法官培训教材（实务卷·刑事审判篇）》，人民法院出版社 2005 年版，第 154 页。
② 高憬宏、杨万明主编：《基层人民法院法官培训教材（实务卷·刑事审判篇）》，人民法院出版社 2005 年版，第 156 页。

责任不在于是否具体参与合同的签订与履行，而在于是否对合同的签订与履行有法律及职务上的责任。

(二) 以存在诈骗行为为前置条件

签订、履行合同失职被骗罪从玩忽职守罪中独立出来，在客观方面的典型表现带有渎职犯罪的基本特征，即行为人在签订、履行合同过程中存在严重不负责任的行为，并因严重不负责任被骗。所谓严重不负责任被骗，是指行为人根本不履行或者不正确地履行自己主管、分管合同签订、履行合同的义务，致使他人利用合同形式骗取其单位财物的情形。因此，在本罪的构成要件中，关于诈骗行为是否需要构成诈骗罪，存在不同的观点。

一种观点认为，本罪成立要求另一方构成诈骗犯罪，即有关当事人已经被司法机关依照法定程序确认有诈骗的违法犯罪行为，完成审判程序并定罪。另一种观点则认为，有关当事人的行为经司法机关审查有证据证明属于诈骗行为即可。[1]

我们同意第二种观点，认为本罪需要以存在诈骗行为为充分要件，但无需以合同对方已被法院判决构成诈骗犯罪作为认定前提，在审查标准上只要能够认定对方当事人的行为已经涉嫌构成诈骗犯罪即可。具体理由是：

首先，如以判决成立诈骗罪作为认定前提，事实上会造成本罪定罪迟滞等困境。在刑事诉讼中，案件的发现与侦破通常会存在时间间隔，犯罪分子在实施诈骗行为后逃匿是此类犯罪的常见状态，即使行为人已到案，根据无罪推定原则，因未经法院审判并判决，也不能视为有罪，这势必造成签订、履行合同失职被骗罪的现实认定困难，显然与本罪的立法本意相冲突。

其次，诈骗犯罪最终认定的事实结果并不影响本罪的认定标准。秉持第一种观点的人可能担心，如果诈骗犯罪未经判决定罪，其认定事实与本罪可能出现偏差，在对合犯罪中就是不适当的。事实上，评价失职被骗行为是否构成犯罪的事实要件里，亦包含是否被诈骗的审查要求。本罪要求的是行为致使国家利益遭受重大损失这一结果，而这一结果的出现并不必然和诈骗犯罪的诈骗数额对应，现实中也可能出现诈骗行为的犯罪获利数额不大，但诈骗和被骗导致国家利益遭受了重大损失的情形。

最后，不能将一般的民事欺诈行为理解为本案成立前置条件的诈骗行为。

---

[1] 杨方泉：《国有公司、企业人员渎职犯罪的司法适用》，载《学术研究》2004年第8期。

在适用时也应当注意区分签订、履行合同中存在的一般的民事欺诈行为并不是本案的成立前置条件，区分标准应当以《中华人民共和国刑法》第二百二十四条所规定的犯罪手段为基础，判断合同相对方是否有以虚构的单位或者冒用他人名义签订合同；以伪造、变造、作废的票据或者其他虚假的产权证明作担保；没有实际履行能力，以先履行小额合同或者部分履行合同的方法，诱骗对方当事人继续签订和履行合同的；收受对方当事人给付的货物、货款、预付款或者担保财产后逃匿等程度同等的行为。

（三）对严重不负责任的认定

所谓严重不负责任，在签订、履行合同过程中不履行职责，即通常所谓的失职行为，失职行为包括当为、能为、不为三个层面的蕴意，即具有法定或者职务上的避免国家利益遭受损失的义务，正常履行职务本可避免损失，却不履行或者不正确履行义务。

国有公司、企业、事业单位人员在签订、履行合同过程中，因严重不负责任被诈骗。这里的"严重不负责任"在实践中表现为各种各样的行为：有的粗枝大叶，盲目轻信，不认真审查对方当事人的合同主体资格、资信情况；有的不认真审查对方的履约能力和货源情况；有的销售商品时对并非滞销甚至是紧俏的商品，让价出售或赊销，以权谋私，导致被骗；有的无视规章制度和工作纪律，擅自越权签订或者履行经济合同；有的急于推销产品，上当受骗；有的不辨真假，盲目吸收投资，同假外商签订引资合作协议等。

## 二、案例的指导意义

随着改革开放的不断深入，我国社会主义市场经济体系蓬勃发展，经济体量和增量都取得可观成绩。经济行为的活跃性也伴生出利用经济合同进行诈骗的犯罪形态，此类诈骗犯罪是利用经济合同的形式进行的，具有相当的复杂性、隐蔽性和欺骗性，同时往往也会比一般诈骗犯罪造成更严重的经济损失。诈骗犯罪能够得逞固然有多重原因，但被害单位的负责人员严重不负责任是其中的一个重要影响因素。国有公司、企业、事业单位作为国有经济的核心载体，承担着保证国有资产安全、健康、稳定运转增值的任务，但是一些国有公司、企业、事业单位的工作人员在签订、履行经济合同的过程中严重不负责任，或盲目同无资金或无货源的对象进行购销交易，或擅自将本单位资金借出受骗，或未经尽职调查草率为其他单位或个人作经济担保等，这些严重不负责任的行为最终造成国有资产的重大经济损失。鉴于这种行为具有一定的普遍性和典型性，为保护国有资产的安全，保障市场经济健康发展，《中华人民共和国刑法》第一百六十七条规定了签订、履行合同失职被骗罪。在社会主义市场经济活动中，只有事前有防范、事中有检查、事后有责任，才能完整构建国有资产安全运行的保护网，在保证经济活力的同时保障资产安全。

## 五、国有公司、企业、事业单位人员失职罪

### 3.5 "严重不负责任"在失职犯罪中的认定

——李某甲国有公司人员失职案①

> **关　键　词**：严重不负责任　失职　因果关系
>
> **问题提出**：失职犯罪中如何准确认定"严重不负责任"这一直接定性标准？
>
> **裁判要旨**："严重不负责任"是失职犯罪的条文表述形式，其构成地位为客观构成要素，可解释为不履行或不认真履行职责的行为，并可作为解释此类犯罪主观罪过的根据。"严重不负责任"行为是产生危害结果的原因，应具体考察介入因素是否阻却因果关系的实现，将失职行为与工作失误相区分。

### 案情简介

公诉机关：北京市西城区人民检察院

上诉人（原审被告人）：李某甲

被告人李某甲在担任某资租赁公司第一事业部业务经理期间，于2015年

---

① 一审法院为北京市西城区人民法院，案号：（2020）京0102刑初322号；二审法院为北京市第二中级人民法院，案号：（2021）京02刑终304号，载中国裁判文书网，https://wenshu.court.gov.cn/website/wenshu/181107ANFZ0BXSK4/index.html?docId=LPj+cEzjlIPWMHKSH3Qa0H8GabavO9z0f0UKgCvfFbc9eTPDQS/ImZ/dgBYosE2gmbH4dU0Rorh3JaolLrGYe5Z7XweoA7vzOXl9o95z8HarGqx74Cmwdq6n7yCyrwWb，最后访问时间：2022年10月8日。

1月开始负责古某电力科技有限公司1.2亿元直租融资租赁项目，负责该项目的租前尽职调查和租后跟踪管理等工作。被告人李某甲未按照公司相关规定履行尽职调查，在公司风险管理部门、评审委员会提出若干需要解决的问题后，被告人李某甲仍未进行认真核实及实地考察，使得公司与古某电力科技有限公司签订融资租赁合同，给予项目1.2亿元融资租赁款。古某电力科技有限公司实际未取得某发改委关于该项目的最终审批手续及相关部门的发电并网协议，也未将融资款用于该项目建设，某资租赁公司损失融资款1亿余元，致使国有资产遭受特别重大损失。2019年5月27日，被告人李某甲被北京市西城区监察委员会采取留置措施。

**各方观点**

**公诉机关观点：**

应当以国有公司人员失职罪追究李某甲的刑事责任。

**上诉人李某甲（原审被告人）观点：**

其只是公司的一名普通工作人员，公司刚成立时没有对其进行过培训，公司也没有书面的章程，其只是按照领导安排工作，希望法院考虑其系初犯，对其从轻处罚。

**法院观点**

**一审法院观点：**

被告人李某甲身为国有公司的工作人员，严重不负责任，致使国家利益遭受特别重大损失，其行为已构成国有公司人员失职罪，依法应予惩处。故判决：被告人李某甲犯国有公司人员失职罪，判处有期徒刑三年六个月。

**二审法院观点：**

一、李某甲存在严重失职行为

在案证据可以证实，李某甲系某光伏电站项目负责人，其在未前往古某电力科技有限公司所在地和某光伏电站项目所在地实地考察的情况下，仅凭与李某乙谈话和李某乙提供的材料即撰写同意项目进行的调查报告；在风控部门提出风险初审意见后，李某甲隐瞒古某电力科技有限公司债权人与该融资租赁项目担保人的实际控制人均为李某乙的事实，未认真核实抵押物某光伏电站的建设情况，就风险初审意见进行了答复；在项目评审会提出评审意见后，李某甲未按评审意见去核实某光伏电站项目的政府部门审批情况；在某资租赁公司放款后，李某甲未按其回复评审委员会中所述"配合运营管理部跟踪租赁标的物的供应和安装情况"，也未"驻场监督项目进度"，导致未能及时发现李某乙将融资款挪作他用。综上，李某甲作为某光伏电站项目负责人，在尽职调查、后续答复风控部门、项目评审会及租后管理等事项上，均未认真履行自己的工作职责，严重不负责任，对造成国有资产特别重大损失的后果具有不可推卸的责任。

二、李某甲的失职行为与国家利益遭受特别重大损失有刑法意义上的因果关系

在案证据证实，涉案项目融资款被李某乙挪作他用，某资租赁公司虽通过展期说明同意该笔融资款用于宁夏某项目，但系为避免国家利益遭受更大损失而不得已为之。在案证据亦证明，某资租赁公司的损失实际存在，且与李某甲的失职行为直接相关，具有刑法意义上的因果关系。某资租赁公司后续通过其他途径能否挽回损失，不影响对李某甲行为性质的评判。

三、一审法院对李某甲量刑适当

李某甲虽不是某资租赁公司的决策人，但其对涉案项目的尽职调查工作是某资租赁公司确定放款的基础，其未履行实地驻场监督是某资租赁公司未能及时止损的直接原因。一审法院考虑李某甲犯罪的事实、情节等因素，在法定刑幅度内量刑适当，二审无再予从宽处罚的情节。

综上，上诉人（原审被告人）李某甲身为国有公司的工作人员，严重不负责任，致使国家利益遭受特别重大损失，其行为已构成国有公司人员失职罪，依法应予惩处。一审法院根据李某甲犯罪的事实、性质、情节及对于社会的危害程度所作出的判决，定罪及适用法律正确，量刑适当，审判程序合法，应予维持。裁定：驳回上诉人（原审被告人）李某甲之上诉，维持原判。

### 法官评析

#### 一、对"严重不负责任"的分析

国有公司、企业、事业单位人员失职罪属于身份犯，只有特定身份的人才能构成本罪。具体而言，刑法意义上应为在国有公司、企业、事业单位中从事公务的人员，这些人员对国有公司、企业履行经营、监管义务，行为应当对国有资产负责。本案中，某资租赁公司是多家国有控股公司发起成立的，

属于国有企业性质,李某甲作为某资租赁公司的员工,负责古某电力科技有限公司的 1.2 亿元融资租赁(直租)项目,具体范围包括该项目的租前尽职调查和租后跟踪管理等工作,作为项目负责人和经理,李某甲对国有资产负有保护责任,满足了本罪的主体条件。

刑法分则对罪名的描述采用包含式的方法,即条文中不载明罪名,只规定罪状,将罪名包含在罪状之中描述。刑法第一百六十八条对本罪罪状描述是:国有公司、企业的工作人员,由于严重不负责任或者滥用职权,造成国有公司、企业破产或者严重损失,致使国家利益遭受重大损失,其中,"严重不负责任"和滥用职权的行为在罪名中被概括为"失职"。失职,意指没有尽到职责,文意上可理解为行为人不履行或不认真履行职责。这里的职责是指经营或管理的职责,具体包含两层含义:一是确定性职责,指法律、法规及规章制度对公司、企业、事业单位的人员予以明确规定的工作职责;二是概括性的职责规定,即没有明文规定,但在习惯上应遵循的责任事项。①

通说认为,本罪的主观故意只能是过失,对于滥用职权的概念界定,学理上有较为充分的讨论与观点,而"严重不负责任"这一用语在刑法分则中虽多次出现,但从词义上看,更偏向于一种口头用语。"严重不负责任"中的"严重"是指行为人的主观罪过或行为结果的过错程度要达到严重的程度,但司法解释只针对相关犯罪的危害结果规定了入罪门槛,并未对行为人的行为危害程度加以规制,在认定时存在较大主观空间。"不负责任"是指行为的外在形式,这种说法也存在较为笼统、涵盖面过广的问题,司法适用的弹性很大。这种做法的原因是立法者考虑到实践中渎职行为表现形式的多样性,所以在法条中未对"严重不负责任"的外延和内涵作出具体规定,而是留待司法部门在实践中根据具体情况加以认定。因此,合理解释"严重不负责任"这一概念的内涵和外延,对于精准打击犯罪、避免罪名滥用有着重要意义。

刑法条文将"严重不负责任"定位为实行行为,属于客观构成要素,同时也蕴含着本罪的主观方面可以通过行为人的行为予以推断得出的意思。通过司法解释的表述,我们可以将严重不负责任视为不履行或不认真履行职责的概括,"不履行"是指行为人应当履行,且能够履行,但违背职责没有履行;"不认真履行",是指在履行职责过程中,违反职责规定,马虎草率,粗

---

① 参见侯国云:《论刑法修正案对刑法第 168 条的修正》,载《法学杂志》2003 年第 2 期。

心大意。① 同时，立法在规定"严重不负责任"这一行为要素后，均规定了法定危害结果，并以结果的发生为构成要件，属于结果犯的范畴。认定的重点在于行为人的行为是否直接或必然引起危害后果，即"严重不负责任"行为是否与此类犯罪的危害后果具有因果关系的问题。

实践中，判断有无因果关系主要的障碍有三种情况：一是实行行为的类型多样，具体情况比较复杂，给判断因果关系带来困难；二是非直接导致危害结果发生的渎职犯罪与危害结果之间的因果关系不明显，造成判定具有难度；三是容易出现多因一果的情形，一项事务管理一般有多个环节、多个人员负责，也会造成判断某个行为是否具有因果关系的困难。也是基于以上这些复杂情况，在本罪的因果关系判断上，最大的难点在于法律无法在规范层面上对"严重不负责任"行为与危害结果之间是否存在因果关系作出直接的规定，必须从事实层面上根据具体的案件情形加以判断。②

一般而言，只要危害行为与危害结果之间存在"若无前者，则无后者"的条件关系，那么前者就是后者的原因，两者之间就成立因果关系。③ 同时应当注意的是，在对国有公司、企业、事业单位人员失职罪的实行行为与危害结果进行因果关系判断时，可能存在与其他类型犯罪不同的引发结果的内在原因，即负有履行职务职责的人员严重不负责任，使得行政管理秩序产生漏洞，进而对行为指向的法益形成危险的情况，后介入某种直接导致结果发生的因素并最终致使危害结果发生。在这种情况下，没有介入因素而只有严重不负责任行为不会产生危害后果，但没有严重不负责任行为在通常情况下也不会出现介入因素致使结果发生的情况，当两种以上相互独立的行为单独不能导致结果发生，但在没有意思联络的情况下，合并在一起导致了结果的发生，是因果关系的竞合。当出现某些其他介入因素时，应当通过考察行为人的行为导致结果发生的可能性大小、介入情况对结果发生的作用大小、介入情况的异常性大小等问题来判断前行为与结果之间是否存在因果关系。

在具体判断本罪行为是否符合"严重不负责任"要件时，应从以下三个方面把握：首先，行为人是否负有职责，这是不负责任的前提条件。其次，行为人在履职过程中是否不履行或不正确履行，这是不负责任的实质表现。

---

① 叶良芳：《刑法分论》，法律出版社2017年版，第414~438页。
② 李忠诚：《渎职罪实体认定与程序适用问题研究》，中国检察出版社2017年版，第81~98页。
③ 陈兴良：《刑法适用总论（上卷）》，中国人民大学出版社2017年版，第49页。

不履行职责，即行为人能够履行职责但不履行，通常表现为放弃职守。不正确履行职责，即行为人虽然履行了一定职责，但是不遵照法律法规、上级单位或者本单位内部的规章制度对其职责的要求去做，草率行事、敷衍应付等。需要强调的是，如果行为人认真履行职责义务，严格遵守职责要求和程序，即使出现了严重后果，也不能认定其是不负责任，可以理解为工作失误。最后，行为人放弃履行职责或不正确履行职责，导致重大隐患未被及时发现，或发现隐患未予纠正、未采取有效措施；对应当预见的情况未能预见，或者虽已预见但轻信能够避免而未采取有效措施，引发了重大损害结果的发生等，应认定达到"严重"程度。

本案中，李某甲作为某资租赁公司在光伏电站融资项目上的负责人，在这个项目的前期尽职调查、后续答复风控部门、后续回应项目评审会，以及放款之后的跟踪管理这四个环节均存在严重不负责任的失职行为。具体而言：其一，前期尽职调查阶段，在未前往古某电力科技有限公司所在地和某光伏电站项目所在地实地考察的情况下，仅凭与李某乙谈话和提供的材料即撰写同意项目进行的调查报告。其二，在风控部门提出风险初审意见后，李某甲隐瞒古某电力科技有限公司债权人与该融资租赁项目担保人的实际控制人均为李某乙的事实，也未认真核实抵押物光伏电站的建设情况，就风险初审意见进行了答复。其三，在项目评审会提出评审意见后，李某甲未按评审意见去核实某项目的政府部门审批情况。其四，某资租赁公司放款之后，李某甲未按其回复评审委员会中所述配合运营管理部跟踪租赁标的物的供应和安装情况，也未驻场监督项目进度，导致未能及时发现李某乙将融资款挪作他用。上述行为可以看出，李某甲违反职责管理规定的行为是导致国家利益遭受损失的重要原因，其职责范围及特定义务与国家利益遭受损失的认定也是匹配的。

**二、案例的指导意义**

作为社会主义市场经济的支柱，国有企业往往资金实力雄厚且多分布于国民经济的重要领域和关键行业，在保护国家经济安全、维护市场经济秩序方面起到举足轻重的作用。然而，对于某些国有企业，特别是大型国有企业来说，一旦出现"决策失误"，这些失败的投资经营行为就有可能给国家和人民带来巨大的财产损失。

与此同时，作为市场经济主体之一的国有企业，其经营行为本身就属于蕴含着商业风险的市场行为，不可能做到完全避免投资经营风险，实现国有资产保值增值，但合理化的商业风险不应成为相关责任人渎职行为的理由，相关责任人仍然应当需要对自己的失职行为承担相应的法律责任与不利后果。例如，《企业国有资产监督管理暂行条例》第四十一条规定，造成企业国有资产重大损失或被判处刑罚的，终身不得担任任何国有及国有控股企业的负责人。除此之外，对于因严重失职行为造成国有资产重大损失，相关负责人及直接责任人员则很有可能面临构成国企员工渎职犯罪的刑事法律风险。因此，在企业做大做强的过程中，如何保证相关人员在开展业务时知道如何尽职尽责，根据每个业务环节做好风险预案和防范工作，是一项常抓不懈的工作，是企业经营者和管理者需要随时检视、思考的问题。

# 六、国有公司、企业、事业单位人员滥用职权

### 3.6 国有公司、企业、事业单位人员主体身份的认定

——李某、王某、吴某等国有公司人员滥用职权案①

> **关 键 词**：国家工作人员　国有出资
>
> **问题提出**：如何确定国有公司、企业、事业单位人员主体身份？
>
> **裁判要旨**：对于在国有出资企业中，经过负有管理、监督国有资产职责的组织批准或者研究决定，代表其在国有控股、参股公司及其分支机构中从事组织、领导、监督、经营、管理工作的人员，应当认定为国家工作人员。

---

① 一审法院为北京市西城区人民法院，案号：（2015）西刑初字第779号；二审法院为北京市第二中级人民法院，案号：（2018）京02刑终130号，载中国裁判文书网，https：//wenshu.court.gov.cn/website/wenshu/181107ANFZ0BXSK4/index.html？docId＝MK＋xUnmVnDOfZ/iRN9wnkHSl7RexRTox3jfOQcdR2RXbCW＋pTPRLS5/dgBYosE2gJFRv2J8WjUAAEcAuoG9ZmabVgaQ1npPsuwlV1ao9dg4B5Z1NfnyyrEn3Uq5tD7UV，最后访问时间：2022年12月6日。

### 案情简介

公诉机关：北京市西城区人民检察院

上诉人（原审被告人）：李某、王某、吴某、代某

2012年9月至2013年6月间，被告人李某在担任某证券公司债券投资部业务线负责人、主持工作的副总经理职务期间，伙同担任某证券公司债券投资部投资经理的被告人王某，利用从事债券交易的职务便利，在针对"××6号"信托产品履行投资顾问职责的过程中，在购买该信托产品次级受益权且未履行报告、回避等措施的前提下，违反行业相关规定，安排某证券公司与"××6号"信托产品之间进行债券交易；被告人代某在担任银行证券公司固定收益业务线业务总监并分管债券投资部工作期间，在以亲属名义购买"××6号"信托产品次级受益权及明知被告人李某、王某等债券投资部工作人员购买该信托产品次级受益权的前提下，未采取报告、回避等措施，后在债券投资部针对"××6号"信托产品履行投资顾问职责期间，被告人代某未能认真履行业务管理及用资审批职责，未能发现被告人李某、王某使用公司自营资金违规安排某证券公司与"××6号"信托产品之间的关联交易；被告人李某、王某、代某的上述行为导致在该信托产品终止后，共向优先级受益人及次级受益人分配利益人民币1700余万元，其中次级受益人共获利1100余万元（李某获利469632.88元、王某获利391360.74元、代某获利782721.47元），致使国家利益遭受重大损失。

2013年3月至同年9月间，被告人李某在担任某证券公司债券投资部副总经理期间，伙同担任某证券公司债券投资部投资经理的被告人吴某，利用从事债券交易的职务便利，在针对"××7号"信托产品履行投资顾问职责过程中，在违规购买该信托产品次级受益权且未履行报告、回避等措施的前提下，违反行业相关规定，擅自安排某证券公司与"××7号"信托产品之间进行债券交易，导致在该信托产品终止后，共向优先级受益人及次级受益人分配利益人民币800余万元，其中次级受益人共获利人民币260万余元（李某获利87286.48元、吴某获利17455.7元），致使国家利益遭受重大损失。

被告人李某、王某、代某均于2014年9月18日被公安机关抓获；被告人吴某于2015年9月18日向公安机关投案，并已向某证券公司上缴人民币17400元。

### 各方观点

**公诉机关观点：**

被告人李某具有国家工作人员身份，被告人王某、吴某系共犯，均构成国有公司人员滥用职权罪。

**被告人李某、王某、吴某及其各自辩护人的观点：**

各被告人均非国家工作人员，不构成国有公司人员滥用职权罪。

### 法院观点

**一审法院观点：**

被告人李某作为国家出资企业中的国家工作人员，在国有资产处置过程中滥用职权，致使国家利益遭受重大损失，侵犯了国家出资企业的财产权益和社会主义市场经济秩序，已构成国有公司人员滥用职权罪，依法应予惩处；被告人王某、吴某作为国家出资企业中的员工，在国有资产处置过程中，利用各自的工作职责，分别伙同被告人李某滥用职权，致使国家利益遭受重大损失，分别与被告人李某构成国有公司人员滥用职权罪的共同犯罪，均应依法予以惩处；被告人代某作为国家出资企业中的国家工作人员，在国有资产处置过程中，由于严重不负责任，致使国家利益遭受重大损失的行为，侵犯了国家出资企业的财产权益和社会主义市场经济秩序，已构成国有公司人员失职罪，亦应依法予以惩处。鉴于被告人李某、王某、吴某、代某均因不当履职行为而获取了个人经济利益，均已构成徇私舞弊，均具备法定从重处罚情节；被告人吴某在被司法机关采取强制措施前，能主动向公安机关投案，并能如实供述主要犯罪事实，系自首，依法可从轻处罚；被告人吴某现已将绝大部分违法所得予以上缴，综合考虑其犯罪情节及悔罪表现，依法可对其宣告缓刑。

一审法院判决：一、被告人李某犯国有公司人员滥用职权罪，判处有期徒刑二年六个月。二、被告人王某犯国有公司人员滥用职权罪，判处有期徒刑二年四个月。三、被告人吴某犯国有公司人员滥用职权罪，判处有期徒刑一年四个月，缓刑二年。四、被告人代某犯国有公司人员失职罪，判处有期徒刑二年四个月。五、责令被告人李某退赔人民币五十五万六千九百一十九元三角六分、被告人王某退赔人民币三十九万一千三百六十元七角四分、被告人吴某退赔人民币五十五元七角、被告人代某退赔人民币七十八万二千七百二十一元四角七分，发还某证券公司。

**二审法院观点：**

根据某证券公司出具的相关材料，该公司系国家出资企业，2010年12月，经该公司党委批准，李某被聘任为债券投资部副总经理。根据相关司法解释，李某系经国家出资企业中负有管理、监督国有资产职责的组织批准或者研究决定，代表其在国有控股、参股公司及其分支机构中从事组织、领导、监督、经营、管理工作的人员，应当认定为国家工作人员，具备国有公司人员滥用职权罪的主体身份要件；王某、吴某作为某证券公司债券投资部投资经理，伙同李某共同购买涉案信托产品次级收益权，且在具体运作涉案信托产品过程中运用各自的职权，谋取利益，已与李某形成共同滥用职权的主观故意。

二审法院裁定：驳回上诉，维持原判。

### 法官评析

**一、国家工作人员身份的认定原则**

本案中，上诉人李某、代某任职经过了国家出资企业中负有管理、监督国有资产职责的组织批准或研究决定，属于国家工作人员。王某、吴某因共同犯罪而产生该罪主体身份。

《最高人民法院关于如何认定国有控股、参股股份有限公司中的国有公司、企业人员的解释》中指出，国有公司、企业委派到国有控股、参股公司从事公务的人员，以国有公司、企业人员论。2010年11月，最高人民法院、最高人民检察院出台《关于办理国家出资企业中职务犯罪案件具体应用法律若干问题的意见》规定，国家出资企业中的国家工作人员在公司、企业改制或者国有资产处置过程中严重不负责任或者滥用职权，致使国家利益遭受重大损失的，依照《中华人民共和国刑法》第一百六十八条的规定，以国有公司、企业人员失职罪或者国有公司、企业人员滥用职权罪定罪处罚。经国家机关、国有公司、企业、事业单位提名、推荐、任命、批准等，在国有控股、参股公司及其分支机构中从事公务的人员，应当认定为国家工作人员。另外，该意见将委派主体扩大到国有控股、参股公司中负有管理、监督国有资产职责的组织，进一步扩展了国有公司、企业中国家工作人员的范畴。上述司法解释和文件的出台，对于统一司法标准起到了积极作用。

**二、案例的指导意义**

国有控股、参股公司、企业为数众多，在这类公司、企业中负有管理职责的人员，往往掌握着巨大的权力，一旦滥用，同样会给国家、企业造成巨大的损失，社会危害性巨大。本案中，李某等人滥用职权违规进行股票交易，造成了遭受巨大的经济损失，其中有民营资本，也有国有资产，其金额也远高于立案追诉标准中给国家造成的经济损失标准，应当通过刑法予以追究。

# 第四章 破坏金融管理秩序罪

**一、破坏金融管理秩序罪概述**

破坏金融管理秩序罪,是指违反国家对银行、票据、证券、信贷、外汇、期货等有关金融管理法律、法规,破坏金融管理秩序,依法应受刑罚处罚的行为。[①]

破坏金融管理秩序罪是刑法分则第三章第四节规定的犯罪。1998年12月,全国人大常委会通过的《关于惩治骗购外汇、逃汇和非法买卖外汇犯罪的决定》,针对实践中常见多发的骗购外汇、非法买卖外汇等严重的危害金融市场的行为作了犯罪化的补充规定,扩大了破坏金融管理秩序罪中逃汇罪的犯罪主体并加重了刑罚,特别是增加了骗购外汇罪这一新的金融犯罪罪名,使我国对有关外汇方面犯罪的惩治规定更加完善。1999年12月,全国人大常委会又针对证券、期货市场中存在的一些严重的违法行为颁布了刑法修正案,增加了关于对期货交易中内幕交易、泄露内幕信息、编造并传播期货交易虚假信息、诱骗投资者买卖期货和操纵期货交易价格行为追究刑事责任的规定;并增加了对擅自设立证券、期货、保险经纪机构和伪造、变造、转让其经营许可证或者批准文件行为追究刑事责任的规定;增加了对擅自从事证券、期货经纪、保险业务的行为追究刑事责任的规定。2001年12月颁布的《中华人民共和国刑法修正案(三)》将恐怖活动犯罪增设为洗钱罪的上游犯罪质疑。2005年颁布的《中华人民共和国刑法修正案(五)》增设了妨害信用卡管理罪和窃取、收买、非法提供信用卡信息资料罪。2006年颁布的《中华人民共和国刑法修正案(六)》将贪污贿赂罪、破坏金融管理秩序罪、金融诈骗犯罪增设为洗钱罪的上游犯罪,另外对操纵证券、期货市场罪,违法发放贷款罪,吸收客户资金不入账罪,违规出具金融票证罪作了修改,增设了背信运用受托财产罪,违法运用资金罪。2009年颁布的《中华人民共和国刑法修正

---

[①] 王作富主编:《刑法分则实务研究》,中国方正出版社2013年版,第360页。

案（七）》增设了利用未公开信息交易罪，并将"明示或者暗示他人从事交易活动"补充规定为内幕交易、泄露内幕信息罪的行为方式。2021 年颁布的《中华人民共和国刑法修正案（十一）》将骗取贷款、票据承兑、金融票证罪的入罪条件之一"有其他严重情节"予以删除，只有给被害单位造成重大损失的才作为犯罪处理；将"幌骗交易""蛊惑交易""抢帽子交易"明确规定为操纵证券、期货市场的犯罪行为；修改了非法吸收公众存款罪的法定刑，加大了对非法吸收公众存款罪的惩治力度；对洗钱罪作出重要修改，主要修改内容包括：一是删除了原有洗钱罪规定的"明知"这一主观要件，降低认定标准；二是删除"协助"表述，将"自洗钱"入刑；三是完善洗钱方式有关表述，将"结算方式"修改为"支付结算方式"、将"资金汇往境外"修改为"跨境转移资产"等；四是删除了罚金的比例上下限规定。这一修改，正式将"自洗钱"入刑，使洗钱罪的犯罪主体不再局限于第三人，也包括实施特定上游犯罪的行为人。

**二、破坏金融管理秩序罪的特征**

破坏金融管理秩序罪具有以下构成特征：

（一）本节罪名保护的法益

刑法规定破坏金融管理秩序犯罪是为了保护社会主义金融管理秩序。由于金融市场的重要性和风险性，金融市场是一个高度管制的市场，有着严格的准入制度和运行规则。未经许可从事金融活动或未按规定开展金融业务，均可能破坏正常的金融市场管理秩序，所以刑法将其中危害性严重的行为规定为犯罪。

（二）客观特征

破坏金融管理秩序罪在客观方面表现为违反金融管理法律法规，以伪造、编造或者以其他方法破坏金融管理秩序，依法应受刑罚处罚的行为。

任何破坏金融管理秩序的犯罪在客观上都是违反金融管理法律法规的行为，不违反金融管理法律法规的行为，不可能构成破坏金融管理秩序罪。金融管理法律法规包括全国人大或其常委会通过的、国务院或有关部委制定的，当然还包括省级人大或政府以及金融业务部门制定的有关货币、银行、信贷、票证、期货、外汇等金融领域的规范性文件。但违反金融管理法律法规的行为并非都是犯罪，只有其中严重破坏金融管理秩序的行为才被刑法规定为犯罪，所以很多犯罪以"情节严重""数额较大"为构成要件要素。比如，骗取贷款、票据承兑、金融票证罪的入罪是给被害单位造成重大损失。

以伪造、变造的方法破坏金融管理秩序，在这种犯罪中占有相当比例，如伪造、变造金融机构许可证罪，伪造、变造金融票证罪，伪造、变造国家有价证券罪，伪造、变造股票、公司、企业债券罪等都是以伪造、变造的方法实施破坏金融管理秩序的行为。其他的方法，包括购买、出售、套转、转让、转贷、擅自发行、泄露、操纵等手段。

(三) 主体特征

破坏金融管理秩序罪的主体既可以是自然人，也可以是单位。单位作为犯罪主体的前提是刑法分则的明确规定，本节中有多个罪名规定了单位犯罪，其中逃汇罪、背信运用受托财产罪、违法运用资金罪的犯罪主体只能是单位。

破坏金融秩序的犯罪既有一般主体，也包含特殊主体，其中特殊主体构成的金融犯罪占有很大的比例，如违法发放贷款罪，违规出具金融票证罪，对违法票据承兑、付款、保证罪等的犯罪主体只能是银行或者其他金融机构的人员。利用未公开信息交易罪的主体是证券交易所、期货交易所、证券公司、期货经纪公司、基金管理公司、商业银行、保险公司等资产金融机构的从业人员，以及有关监管部门或行业协会的工作人员。在这类犯罪中，一般主体只能作为共犯构成犯罪，但实行犯必须是法定特殊主体人员。

(四) 主观特征

破坏金融管理秩序罪在主观方面表现为故意，过失不构成本节的犯罪。有的犯罪在条文中还明文规定特定犯罪目的，故必须具有特定犯罪目的，方能构成该罪，如高利转贷罪，刑法规定"以转贷牟利为目的"，这类犯罪只能由直接故意构成。

**三、破坏管理秩序罪的种类**

根据所破坏的金融管理秩序的不同，该类犯罪可以分为以下几种：

(一) 破坏货币管理秩序的犯罪

包括伪造货币罪，出售、购买运输假币罪，金融工作人员购买假币、以假币换取货币罪，持有、使用假币罪，变造假币罪。需要注意的是，在认定购买假币罪时，虽然刑法没有对本罪的购买行为进行限制，但为了自己使用而购买假币的行为，不宜认定为购买假币罪，否则会造成法定刑的不协调。为了自己使用而购买且已使用的，认定为使用假币罪，没有使用的，可认定为持有假币罪。在认定使用假币罪时，"使用"是将假币作为真币而用于流通的行为，并非所有的"利用"假币的行为都能认定为使用假币的行为，比如为达到偷盗目的，将真币调换为假币的行为，或者为了吹嘘自己的财力，将假币展示给对方看的行为，都不应认定为使用假币的行为。

（二）破坏金融机构管理秩序的犯罪

包括擅自设立金融机构罪，伪造、变造、转让金融机构经营许可证、批准文件罪。需要注意的是，合法的金融机构在许可证失效后仍经营金融业务的，不成立擅自设立金融机构罪；私下经营放贷、融资等货币业务的地下"钱庄"，不成立擅自设立金融机构罪。

（三）破坏金融票证管理秩序的犯罪

包括伪造、变造金融票证罪，妨害信用卡管理罪，窃取、收买、非法提供信用卡信息罪，伪造、变造国家有价证券罪，伪造、变造股票、公司、企业债券罪，擅自发行股票、公司、企业债券罪，非法出具金融票证罪，对违法票据承兑、付款、保证罪。需要注意的是，在妨害信用卡管理罪的认定中，对于以他人真实身份骗领信用卡的行为，司法解释规定成立妨害信用卡管理罪的前提是"违背他人意愿"，但在电信诈骗犯罪链条中，行为人征得他人同意后，利用他人身份证明申领信用卡的行为，能否成立本罪，值得思考。

（四）破坏证券、期货交易管理秩序的犯罪

包括内幕交易、泄露内幕信息罪，利用未公开信息交易罪，变造并传播证券、期货交易虚假信息罪，诱骗投资者买卖证券、期货合约罪，操纵证券、期货市场罪。需要注意的是，在审理内幕交易罪、利用未公开信息交易罪案件时，是否存在"趋同交易"行为，信息的类型以及交易行为与结果的因果关系是审查的重点，法院往往需要"倚重"相关行政部门的认定意见。此时，法官要注意行政违法行为与刑事犯罪行为的界分，以犯罪构成要件为标准开展独立审查，避免以行政认定代替法院认定。

（五）破坏外汇管理秩序的犯罪

包括逃汇罪，骗购外汇罪。

（六）破坏信贷管理秩序的犯罪

包括高利转贷罪，骗取贷款罪，违法发放贷款罪，背信运用受托财产罪，违法运用资金罪，吸收客户资金不入账罪，非法吸收公众存款罪，洗钱罪。需要注意的是，在认定骗取贷款罪时，不能将任何欺骗行为均认定为本罪中的欺骗手段，只有对金融机构放出贷款起到重要作用的欺骗行为，才能认定为本罪行为。在审理非法吸收公众存款罪时，要注意新旧法条的选择适用问题，遵循"从旧兼从轻原则"处理，在案件办理过程中，要仔细审查非法集资行为人主观上是否具有"非法占有目的"，对于资金用途进行重点审查。在洗钱罪的认定中，虽然《中华人民共和国刑法修正案（十一）》删除了"明知"这一主观要件，但仍需行为人主观上"明知"。删除"明知"只是降低了行为对象的判断标准，并未改变洗钱罪主观要件仍是故意这一事实。

# 一、出售、购买、运输假币罪

## 4.1.1 购买假币后换取真钱的行为定性

——赵某出售假币，刘某购买、出售假币，牛某购买假币案[1]

> **关 键 词**：购买后自行使用　以假换真
>
> **问题提出**：对于购买假币后使用的行为如何定性？
>
> **裁判要旨**：购买假币数额较大的，已经达到追诉标准，应当以购买假币罪定罪处罚，没有必要区分行为人购买假币是基于何种目的。购买假币后又使用的，应以购买假币罪定罪，从重处罚。

### 案情简介

公诉机关：陕西省富平县人民检察院

被告人：赵某、牛某、刘某

2017年，被告人刘某联系被告人赵某商量购买假币事宜，约定由赵某将

---

[1] 一审法院为陕西省富平县人民法院，案号：（2020）陕0528刑初9号；二审法院为陕西省渭南市中级人民法院，案号：（2020）陕05刑终133号，载中国裁判文书网，https://wenshu.court.gov.cn/website/wenshu/181107ANFZ0BXSK4/index.html?docId=yV88v1QW8KFEH0W8pO6+KPIMf/TQnYu-fUS3IT1dLZ3xKnHyPMdokqp/dgBYosE2gJFRv2J8WjUAAEcAuoG9ZmabVgaQ1npPsuwlV1ao9dg7oMX0nsmnZYLGdK2BIn5ik，最后访问时间：2022年12月6日。

假币运送至渭南交给刘某。刘某通过多种方式将购买假币的资金转给赵某。2017年9月至2019年7月6日期间，赵某多次从河南上蔡县程某夫妇（另案处理）处购买5000多张100元面额2005版假币，按照约定乘坐项城至西安的客运大巴车将假币带至渭南交给刘某，刘某以18元/张、20元/张的价格购买5000多张假币，案值50余万元，并付给赵某101500元购买假币款，被告人赵某非法获利2万余元。刘某以购买小额商品使用假币支付找回真币、冒充政府工作人员以发放养老金、老龄补贴、危房改造补贴等为由，骗取他人信任，以新钱换旧钱，将假币换成真币的方式在富平县、蒲城县、大荔县、华州区、临渭区等地使用3700余张假币，案值37余万元；以23元/张、25元/张的价格销售给被告人牛某1200张假币，案值12万元，其中221张假币被扣押，共非法获利20余万元。牛某通过在富平县、蒲城县、临渭区、大荔县、阎良区等地的街边商店、流动商贩处以购买小额商品使用假币支付找回真币的方式使用1162张假币，刘某回购30张，8张假币被扣押，非法获利8万元左右。案件审理过程中，刘某家属代为退赃5000元。

### 各方观点

**公诉机关观点：**
赵某犯出售假币罪，刘某犯购买、出售假币罪，牛某犯购买假币罪。

**被告人赵某、牛某观点：**
赵某到案后能够如实供述自己的罪行，涉案假币仅出售给刘某一人，社会危害性小，请求对其减轻处罚。牛某系初犯，请求对其从轻处罚。

### 法院观点

**一审法院观点：**
被告人赵某、刘某、牛某为牟取非法利益，明知是伪造的货币而予以出售、购买、使用，数额特别巨大，其行为分别构成出售假币罪；购买、出售假币罪；购买假币罪。应予依法惩处。刘某、牛某购买假币后使用，依法对其从重处罚。刘某主动退还部分赃款，可酌情从轻处罚。三被告人到案后能如实供述自己的罪行，愿意接受处罚，对其均可从轻处罚。

一审法院判决：一、被告人赵某犯出售假币罪，判处有期徒刑十年，并处罚金七万元；二、被告人刘某犯购买、出售假币罪，判处有期徒刑十年，并处罚金九万元；三、被告人牛某犯购买假币罪，判处有期徒刑五年，并处罚金六万元；四、被告人赵某、刘某、牛某违法所得依法继续予以追缴。

**二审法院观点：**

上诉人赵某明知是伪造的货币而予以出售，其行为已构成出售假币罪；上诉人牛某明知是伪造的货币而予以购买、使用，其行为已构成购买假币罪；原审被告人刘某明知是伪造的货币而予以购买、出售、使用，其行为已构成购买、出售假币罪。其中，赵某、刘某出售、购买假币数额特别巨大，牛某购买假币数额巨大，依法应予惩处。刘某、牛某购买假币后使用，依法应从重处罚。三被告人有坦白情节，且认罪认罚，依法可从轻处罚。原审判决认定事实清楚，证据确实、充分，适用法律正确，审判程序合法，量刑适当，应予以维持。本案在审理过程中，上诉人赵某向本院自愿申请撤回上诉，经审查，其申请符合法律规定，应予以准许。

二审法院裁定：一、准许上诉人赵某撤回上诉；二、驳回上诉人牛某的上诉，维持原判。

**法官评析**

### 一、定性基础

有学者从罪刑均衡的角度出发，提出购买假币只是危险犯，而使用假币是侵害犯，从危害结果上看，购买行为明显轻于使用行为，而购买假币罪的法定刑却比使用假币罪要重，是因为购买行为与出售行为具有一定的关联性，即为了出卖而购买假币，通常数量多、面额大，对货币流通管理制度和公共信用的侵害会更加严重，所以分属不同刑档。因此，只有行为人以出卖为目的购买假币的，才成立购买假币罪，而购买假币偏向于自用的行为人，就不成立购买假币罪。《最高人民法院关于审理伪造货币等案件具体应用法律若干问题的解释》第二条的规定并没有限制解释"购买假币"这一概念，因而会在量刑上出现不协调的情况。也有学者质疑使用假币是购买假币后的当然结果，属于不可罚的事后行为，不必对此特别规定。但这些观点没有考虑到的是，以"目的论"定罪，要求司法机关证明行为人购买假币的目的会徒增控方的负担，并且购买假币罪的法定刑之所以重于持有、使用假币罪，是因为持有假币对货币的公共信用仅具有抽象性危险，对于使用假币而言，通常数量不会太大，而且当使用假币数量巨大时，依据竞合关系从一重处罚的结果是以诈骗罪论处，最终能被判处无期徒刑。因此，购买假币数额较大的，已经达到追诉标准，应当以购买假币罪定罪处罚，没有必要区分行为人购买假币是基于何种目的。

### 二、案例的指导意义

在现实中，假币的购买行为与使用行为的联系非常紧密，经常出现手段与目的的牵连关系，通常表现为行为人购买大量假币供自己挥霍使用的情况。根据2000年最高人民法院《关于审理伪造货币等案件具体应用法律若干问题的解释》第二条第一款规定，行为人购买假币后使用，构成犯罪的，以购买假币罪从重处罚。不同于根据"牵连犯""吸收犯"等刑法原理推导的"处断的一罪"，这是典型的"法定的一罪"。

## 4.1.2 持有假币罪与购买、运输假币罪的认定标准

——于某购买、运输假币，李某运输假币案①

> **关 键 词**：购买来源清晰
>
> **问题提出**：对于购买假币后持有的行为如何定性？
>
> **裁判要旨**：当所持有的假币来源清楚时，持有假币行为就被购买假币行为所吸收，构成购买假币罪；只有假币来源不清时才构成持有假币罪。

### 案情简介

公诉机关：乌拉特前旗人民检察院

被告人：于某、李某

2016年底至2017年上半年，被告人于某多次通过QQ与一网名为"王者大地"的人联系购买约1000张假人民币，面额为10元、20元、50元不等，

---

① 一审法院为内蒙古自治区乌拉特前旗人民法院，案号：(2018)内0823刑初26号，载中国裁判文书网，https://wenshu.court.gov.cn/website/wenshu/181107ANFZ0BXSK4/index.html?docId=kq9U36fE7LrY0ti8lCZvNZvjJKUm/odGzqe + 4flJ/NH/rNEr6SK8cZ/dgBYosE2gJFRv2J8WjUAAEcAuoG9Z mabV-gaQ1npPsuwlV1ao9dg5njbOq9rXKdgFZp+F11ijG，最后访问时间：2022年12月6日。

并将少部分消费，其余存放在包头市土默特右旗其家中，后其母亲被告人李某得知被告人于某购买存放在家的假人民币后，与被告人于某共同商议将这笔假人民币到乌拉特前旗地区消费出去换取真币。2017年6月25日、6月27日，被告人于某驾驶自己的轿车带着弟弟于某甲（另案处理）、被告人李某先后到多家店铺使用面额20元的假币购买各类物品换取真币若干。2017年6月27日中午，乌拉特前旗公安局新安派出所接到被害人报案后立即沿路追赶，将被告人于某、李某抓获归案，扣押作案用车辆及被告人于某、李某共同持有、使用的面额10元的疑似假币55张、面额20元的疑似假币429张、面额50元的疑似假币8张，共计面额9530元；扣押其从被害人处换回的真币若干张；扣押从被害人处收回面额20元的疑似假币6张。案发后，乌拉特前旗公安局同时对被告人于某家进行搜查并扣押其作案用电脑，同时经中国人民银行乌拉特前旗支行鉴定，被扣押的疑似假人民币及公安机关从被害人处收回的疑似假人民币均为假币。

### 各方观点

**公诉机关观点：**
被告人于某犯购买假币罪，被告人李某犯持有、使用假币罪。

**被告人于某、李某观点：**
被告人无异议。

### 法院观点

被告人于某持有假币有具体的购买事实，持有假币的来源清楚，持有假币行为已被购买假币行为吸收，只有假币来源不清时才构成持有假币罪。因被告人李某、于某携带假币至乌拉特前旗使用假币的数额未达到构罪标准，且被告人于某在包头市使用假币的数量及数额事实不清、证据不足，故对公诉机关指控二被告人持有假币罪的罪名应予变更，指控二被告人使用假币罪的罪名不能成立。被告人于某、李某犯罪后如实供述自己的罪行，认罪态度好，依法可以从轻处罚。判决：一、被告人于某犯购买、运输假币罪，判处有期徒刑一年零五个月，并处罚金二万元；二、被告人李某犯运输假币罪，判处有期徒刑六个月，缓刑一年，并处罚金二万元；三、公安机关依法扣押的假币以及被告人于某供犯罪所用的黑色车一辆及作案用的电脑一台，依法予以没收。

> **法官评析**

### 一、当能够确定假币系购买而来时，应以购买假币罪定性

持有假币罪，是指明知是伪造的货币而故意持有。该罪侵犯的客体是国家货币管理制度。持有伪造的货币的行为危害或已经危害国家货币流通秩序，妨害国家货币管理制度。所谓持有，是指控制、掌握伪造的货币的行为。具体来说，它既可以是行为人把伪造的货币带在身上、藏在家中或其他地方，也可以是把伪造的货币委托他人保管，处于自己支配的范围之内。不管行为人持有伪造的货币的原因和目的是什么，只要能证明行为人确实掌握、控制了一定数额的伪造的货币，即符合本罪的行为特征。如果能够确定假币为购买所得，那么其"持有"的后续行为，将被"购买"这一先行行为所吸收。仅在无法确定假币来源时，才能以持有假币这一状态性犯罪来评价其罪责。

### 二、运输假币罪与持有假币罪

持有与运输是刑法上两个独立的行为，但它们之间有交叉。运输假币以持有假币为条件，持有假币有时则表现为随身携带假币。其区别在于行为人的故意内容不同。如果明知是假币而加以运输的，以运输假币罪论处；不以运输的故意而携带假币的，则应以持有假币罪论处。

### 三、案例的指导意义

持有型犯罪是一个兜底型犯罪，如果能够认定其他罪名，则不认定持有型犯罪。因为，其他行为多是在持有的基础上再进行，同时持有型犯罪相对于更进一步动作的犯罪来说，其危害性相对小，量刑也相对轻。对于持有假币罪来说，如果能够查清"假币"来源或去向，那就应当以"来罪"或"去罪"来认定。只有在无法查清时才会定"持有罪"。

## 二、持有、使用假币罪

### 4.2.1 持有、使用假币罪的罪名适用原则
——方某持有、使用假币案[1]

> 关 键 词：选择性罪名　持有假币　使用假币
>
> 问题提出：如何适用持有假币罪，使用假币罪以及持有、使用假币罪？
>
> 裁判要旨：假币犯罪案件中犯罪分子实施数个相关行为的，在确定罪名时应把握一定原则。

**案情简介**

公诉机关：北京市房山区人民检察院

被告人：方某

2014年3月至6月间，被告人方某伙同他人在北京市房山区、丰台区等地，以低价出售蔬菜、水果的方式吸引他人购买。在他人购买的过程中，被告人方某用随身携带的100元面值的假币调换他人的真币，以此方式骗取包某等人人民币共计2700元。2014年6月12日，被告人方某等人准备再次实施犯罪时被北京市公安局房山分局民警发现并抓获，当场扣押假人民币1950元。

**各方观点**

**公诉机关观点：**

被告人方某构成持有、使用假币罪。

---

[1] 一审法院为北京市房山区人民法院，案号：(2014)房刑初字第807号，载中国裁判文书网，https://wenshu.court.gov.cn/website/wenshu/181107ANFZ0BXSK4/index.html?docId=JbFeWClIELX+jhUrBQi1tVc/r7pE2wSjxec0J0V+iFjoPlurutK5z5/dgBYosE2gJFRv2J8WjUAAEcAuoG9ZmabVgaQ1npPsuwlV1ao9dg7+V3pTOQ4pt2TIGX6CVBfB，最后访问时间：2022年12月6日。

**被告人方某观点：**

被告人无异议。

### 法院观点

**一审法院观点：**

被告人方某明知是伪造的货币而持有并使用，数额较大，其行为已构成持有假币罪，应依法惩处。北京市房山区人民检察院指控被告人方某犯持有、使用假币罪的罪名有误，本院予以纠正。鉴于被告人方某到案后如实供述自己所犯罪行，认罪态度较好，有悔罪表现，可予以从轻处罚。

法院判决：一、被告人方某犯持有假币罪，判处有期徒刑七个月，并处罚金人民币一万元；二、责令被告人方某退赔人民币二千七百元，发还李某一百元、发还马某二百元、发还孙某三百元、发还包某一千一百元、发还张某二百元、发还吴某三百元、发还于某一百元、发还赵某四百元。

### 法官评析

**一、选择性罪名的适用原则**

在实践中凡使用假币必先持有假币，其持有行为并不独立于使用行为，亦不被视为使用假币的预备行为，依据吸收犯的原则，实行行为吸收预备行为，对行为人仍只定使用假币罪一罪。这一思路似乎完美地解决了本罪的定罪问题，且符合刑法学原理，但缺陷也很明显，它预设了两个前提条件，即"持有和使用的是同一宗假币"和"持有和使用假币的数额相等"，这一隐含条件将案例理想化，无助于解决前提条件之外的现实状况。显然，我们不能套用这一"万能公式"来解决现实的罪数问题。

笔者结合审判实践，归纳出五种不同情形以及相应的处理方法：

第一，行为人持有数额较大的假币，又使用了同一宗数额较大的假币。在此情形之下，由于行为人持有假币的行为已经达到追诉标准，并且使用假币的行为亦可单独成罪，应以持有、使用假币罪论处，犯罪数额依照持有和使用的假币面额不相加计算。

第二，行为人持有数额较大的假币，同时使用假币的数额也达到追诉标准，但假币的剩余部分不能达到追诉标准。虽然使用之前的持有行为已经可以成立持有假币罪，但因后来的使用行为同时触犯使用假币罪，且二者的行为对象存在交集。持有假币罪是为了惩罚那些没有证据证实行为人持有假币的来源或用途的情形下才适用的罪名，故使用假币的行为应当首先评价，以使用假币罪论处。因不能掌握行为人对剩余假币的使用意图，不宜计入使用假币罪的犯罪数额，但持有剩余的假币事实可作为量刑情节。

第三，行为人持有数额较大已达追诉标准的假币，又使用其中一部分假币，且使用的数额未达追诉标准。在此情形之下，由于使用假币罪未达追诉标准，不能成立，故应当以持有假币罪论处，使用行为可作为量刑的考虑情节，且使用的数额要计入持有假币罪。

第四，行为人持有的假币已达追诉标准，使用部分后，剩余部分与使用部分均不能达到追诉标准。在此情形之下，即使两罪皆达不到数额较大的追诉标准，也不能改变先前持有假币的事实，应当成立持有假币罪。且使用行为比单纯的持有对国家货币流通管理制度的侵害更为严重，为避免违背罪责刑相适应原则，综合评价行为人的行为，使用的数额也要计入持有假币罪并作为量刑情节予以考虑。

第五，行为人持有或使用数额较大已达追诉标准的假币，后又持有或使用不同宗数额较大已达追诉标准的假币。如触犯同一或者选择性罪名，则将犯罪数额累加计算，以一罪论处。

**二、案例的指导意义**

本罪是选择性罪名，只要实施了持有假币或使用假币行为中的一种，即构成本罪。对于两罪皆可成立的情况，在司法实践中，在罪名确定上仍不统一。以使用为目的而持有同宗假币的行为，有的定持有、使用假币罪，有的定持有假币罪，有的定使用假币罪。尽管罪名的混乱并不影响被告人的量刑轻重，但在一定程度上也暴露出两罪界限的模糊与评价标准不同的问题，这有损法律适用的统一性和裁判文书的权威性，应予以统一适用。

## 4.2.2 调包行为性质的认定

——李某盗窃案①

> **关 键 词**：使用假币　调换真币　乘人不备
>
> **问题提出**：趁被害人不备，使用假币调换真币的行为，构成盗窃罪还是持有、使用假币罪？
>
> **裁判要旨**：对于通过调包手法，使用假币调换真币来实现非法占有他人钱款目的的行为，应当认定为盗窃罪而非使用假币罪。

### 案情简介

公诉机关：安徽省岳西县人民检察院

上诉人（原审被告人）：李某

2014年3月23日，被告人李某伙同周某（在逃）一起骑摩托车至被害人吴某家。二人谎称要去某朋友家送红包，要用零钱向吴某兑换整钱。吴某表示同意，并将4000元百元面额的人民币交给李某二人，后李某二人又以不需要兑换零钱为由，趁吴某不备，将事先准备好的4000元假币调包换下吴某的4000元真币，将4000元假币还给吴某，从而窃取吴某人民币4000元。

2014年5月7日，李某二人又以同样手法窃取被害人程某人民币5000元。

### 各方观点

**公诉机关观点：**

被告人李某的行为同时触犯持有、使用假币罪和诈骗罪两个罪名，择一

---

① 一审法院为安徽省岳西县人民法院，案号：(2014) 岳刑初字第00171号；二审法院为安徽省安庆市中级人民法院，案号：(2015) 宜刑终字第00070号，载中国裁判文书网，https://wenshu.court.gov.cn/website/wenshu/181107ANFZ0BXSK4/index.html?docId=arQ0BuCRnZ824tvhwM6S+PDGKxtm86XkAxHs67gNV3rW+j46yjKh6WI3IS1ZgB82WYxDfw+hRmqNn7kVuqpUjbOSf29/sym3uwlV1ao9dg5f6aG7WsO3VKxthqxOmAhP，最后访问时间：2023年5月14日。

重罪处罚，应以持有、使用假币罪追究其刑事责任。

**被告人李某观点：**

对起诉书指控的罪名有异议，认为李某的行为不构成持有、使用假币罪，而应构成诈骗罪。

> 法院观点

**一审法院观点：**

应从被告人所采取的主要手段和被害人有无处分财物的意思等方面区分盗窃与诈骗。本案中，李某向被害人虚构用零钱兑换整钱的事实，该欺骗行为只是为其秘密窃取被害人财物创造条件或提供掩护。被害人听信李某等人编造的谎言，好心帮忙换钱，并非基于李某虚构的事实而产生错误认识，进而自愿交付并处分财物。李某趁被害人不备，采取调包的方式，用同等面额的假币将真币调换，最终取得被害人的财物，被害人对此毫不知情，对李某实现非法占有目的起决定性作用的手段是秘密窃取，故李某的行为应构成盗窃罪。

一审法院判决：一、被告人李某犯盗窃罪，判处有期徒刑一年二个月，并处罚金一万元；二、扣押于公安机关的一千四百三十元返还给被害人程某，责令被告人李某继续退赔七千五百七十元。

**二审法院观点：**

上诉人李某伙同他人以非法占有为目的，采用秘密手段，窃取他人财物，数额较大，其行为已构成盗窃罪。针对李某上诉提出其构成诈骗罪而不构成盗窃罪的理由，应从行为人采取的主要手段和被害人有无处分财物意识方面区分盗窃与诈骗。本案中，李某等人向被害人虚构用零钱换整钱包红包的事实，该行为只是为盗窃创造条件或作掩护；被害人只是听信李某等人编造的谎言，好心帮忙兑换钱，并非基于其二人虚构的事实产生错误认识自愿交付而处分自己的财物。李某等人趁被害人不备，采取调包的方式，用同等面额的假币将真币调换，最终取得被害人的财物，被害人对此毫不知情。李某等人获取财物时起决定性作用的手段是秘密窃取，诱骗被害人用整钱换零钱包红包系实施盗窃的辅助手段，只是为盗窃创造条件或作掩护，李某的行为符合盗窃罪的犯罪构成要件。原判考虑到李某系流窜盗窃作案，且因故意犯罪被判处有期徒刑，刑罚执行完毕后，五年内再犯应当判处有期徒刑以上刑罚之罪，系累犯，依法应当从重处罚；李某庭审中自愿认罪，依法可以酌情从轻处罚等量刑情节，对李某的量刑适当，审判程序合法。但原判对李某先期给付被害人的 200 元未计算在被害人的实际损失中、扣押于公安机关的李某持有的银行卡中 300 元未判决追缴、扣押于公安机关的作案工具摩托车一辆未判决没收不当。鉴于李某在二审期间有明显的悔罪表现，可以再予以从轻处罚。

二审法院判决：一、撤销一审判决的第一项、第二项；二、上诉人李某犯盗窃罪，判处有期徒刑一年一个月，并处罚金人民币一万元；三、扣押于公安机关的一千七百三十元返还给被害人程某，责令被告人李某继续退赔七千零七十元；四、扣押于公安机关的作案工具摩托车一辆予以没收。

### 法官评析

#### 一、定性

涉案犯罪行为仅构成盗窃罪一罪，使用假币调包并不成立使用假币罪，因为利用假币不等同于使用假币。具体理由如下：一是李某在被害人不知情的情况下，转移他人财物，据为己有，用假币调包只是为了掩盖盗窃的事实，不影响盗窃罪的成立；二是虽然调包的行为确实将假币置于流通的风险之中，但"调包"不符合真币通常之使用方法，没有发挥货币一般等价物的作用，也没有置于流通，因此也就不成立使用假币罪。

如果无法认定使用假币罪，那么能否适用持有假币罪呢？在本案中，调包行为实现了对假币从"控制"到"脱离控制"状态的转换，不符合一般意义上的连续持有，但持有假币罪作为抽象危险犯类型，只存在既遂，即从被告人开始调包的那一刻，持有假币罪就已经既遂，且被告人明知是假币，还用来从事不法活动。既然单纯持有都规定为犯罪，举轻以明重，那么持有假币进行调包，直接将假币置于流通的风险之中，更应认定为持有假币罪。

笔者倾向于认为两罪是牵连犯的关系。在本案中，被告人实际上实施了两个独立的犯罪行为，一个是静态的持有行为，一个是动态的调包行为，不能因为犯罪过程的连续性，就否定二者的独立性，基于此，可以排除想象竞合犯；被告人的盗窃罪与持有假币罪都是出于同一个犯罪意图，即非法占有他人财产，而且持有假币是手段，盗窃是目的，即通过假币调包的手段，达到转移财产的目的,属于典型的牵连关系。

**二、案例的指导意义**

对于通过调包手法,使用假币调换真币来实现非法占有他人钱款目的的行为,在司法实践中定性不一,认定盗窃罪以及持有、使用假币罪的案例都不少见,理论界对于这种做法的定性,也有不同意见。对此应予统一适用。笔者认同该案例的裁判,行为人在被害人不知情的情况下,用假币替换真币,同时触犯盗窃罪和持有假币罪,两罪成立牵连犯。

## 三、骗取贷款、票据承兑、金融票证罪

### 4.3 骗取贷款、票据承兑、金融票证罪中对金融机构的认定
——徐某甲骗取贷款案[①]

> 关 键 词:金融机构贷款
>
> 问题提出:何种性质的机构能成为骗取贷款罪的犯罪对象?
>
> 裁判要旨:在骗取贷款、票据承兑、金融票证罪中,并非所有机构都能够作为该罪的被害单位,应将其精准限定于银行或者其他金融机构。

**案情简介**

公诉机关:北京市海淀区人民检察院

上诉人(原审被告人):徐某甲、海某公司

---

[①] 一审法院为北京市海淀区人民法院,案号:(2016)京 0108 刑初 1131 号;二审法院为北京市第一中级人民法院,案号:(2018)京 01 刑终 14 号,载中国裁判文书网,https://wenshu.court.gov.cn/website/wenshu/181107ANFZ0BXSK4/index.html?docId=pkJD1aFRguqjNGQlEzuknLdtYYUJC9WpcsrX7EdY70+/6pcV97jmcZ/dgBYosE2gJFRv2J8WjUAAEcAuoG9ZmabVgaQ1npPsuwlV1ao9dg7TF0Uwk25+GOcOTt-KxJfqZ,最后访问时间:2022 年 12 月 6 日。

被告单位海某公司成立于1997年5月，被告人徐某甲系该公司法定代表人、董事长，负责全面经营管理。2012年起受市场环境影响，海某公司的经营出现困难，为缓解资金紧张的局面、继续维持经营，徐某甲一方面以海某公司及其本人和徐某乙、张某等个人名义向多家银行及小额贷款公司借款供海某公司使用；另一方面利用多家银行与海某公司的合作关系，在海某公司承担连带保证责任或提供质押担保的情况下，开展为海某公司的下游经销商户提供经营性贷款的业务，隐瞒海某公司的实际经营及负债状况，指派海某公司业务人员与下游经销商户私下达成协议，以先进货后付款、给商户无息使用部分资金或由海某公司承担合作期间贷款利息等不同条件，诱使多名商户以其个人或商户名义向银行或小额贷款公司贷款供海某公司使用，具体情况如下：

1. 2013年9月至2014年6月，被告单位海某公司及被告人徐某甲以张某甲等9名商户的名义向A银行贷款总计人民币2000万元；上述贷款以商户向海某公司支付货款的形式汇入海某公司账户，其中海某公司返还商户现金人民币377万元、向商户实际发货人民币255426元。

2. 2013年10月至2014年1月，被告单位海某公司及被告人徐某甲以刘某甲等48名商户的名义向B银行贷款总计人民币1626万元；上述贷款以商户向海某公司支付货款的形式汇入海某公司账户，其中海某公司返还商户现金人民币466万元、向商户实际发货人民币2986728.88元。

3. 2014年1月至8月，被告单位海某公司及被告人徐某甲以刘某乙等106名商户的名义向C银行贷款总计人民币8920万元；上述贷款以商户向海某公司支付货款的形式汇入海某公司账户，其中海某公司返还商户现金人民币1046.22万元、向商户实际发货人民币4188268.55元。

4. 2014年7月至9月，被告单位海某公司及被告人徐某甲以崔某等11名商户的名义向D银行贷款总计人民币259.7万元；上述贷款以商户向海某公司支付货款的形式汇入海某公司账户，海某公司未向商户返还现金、亦未实际发货。

5. 2013年9月至2014年6月，被告单位海某公司及被告人徐某甲以张某乙等9名商户名义向E小额贷款公司贷款总计人民币1700万元；上述贷款以商户向海某公司支付货款的形式汇入海某公司账户，其中海某公司返还商户现金人民币20万元、向商户实际发货人民币560394元。

综上，被告单位海某公司及被告人徐某甲以下游经销商户名义向银行及小额贷款公司贷款总计人民币 14505.7 万元，实际向商户发货总计人民币 7990817.43 元，剩余人民币 137066182.57 元未按照办理贷款时向银行及小额贷款公司承诺的用途使用。经营期间，海某公司以下游经销商户名义向银行及小额贷款公司还款总计人民币 32605046.95 元，2014 年 10 月海某公司资金链断裂，停止还贷和供货。经公安机关网上追逃，被告人徐某甲于 2015 年 8 月 18 日主动向公安机关投案，并如实供述了上述犯罪事实。

### 各方观点

**公诉机关观点：**

被告单位海某公司（以下简称海某公司）、被告人徐某甲构成骗取贷款罪。

**上诉人徐某甲（原审被告人）观点：**

一审判决认定骗取贷款的数额有误，量刑过重。一审法院以徐某甲与海某公司未如实向涉案金融机构告知海某公司经营困境，以及海某公司及徐某甲擅自改变款项的实际使用用途等事实系认定事实错误；本案中银行、商户、海某公司均明确知道此种合作方式，以及当中各方的权利义务，徐某甲及海某公司不存在欺骗商户或者银行的行为；海某公司后期未能全部供货系因贷款到账后，货物存在质押、查封等因素导致客观上无法供货。因此，徐某甲及海某公司不是在贷款时就具有不供货的主观故意，一审判决属于客观归罪。一审法院在认定徐某甲存在自首情节的前提下，判决徐某甲 6 年有期徒刑，未充分考虑从轻处罚的情节，量刑明显过重。综上，请求二审法院依法从轻判处。

### 法院观点

**一审法院观点：**

被告单位海某公司及其直接负责的主管人员被告人徐某甲，隐瞒公司经营已经陷入困境的实际情况，指使其下游经销商户虚构事实、谎报贷款用途，以欺骗手段取得银行及其他金融机构贷款，情节特别严重，其行为已构成骗取贷款罪，应予惩处。唯指控数额计算有误，依法予以纠正。鉴于被告单位海某公司的诉讼代表人当庭对公诉机关指控的犯罪事实和罪名予以否认，即便其法定代表人具有自动投案情节，被告单位亦不符合自首的成立条件；被告人徐某甲犯罪以后自动向公安机关投案，并如实供述自己的罪行，具有自首情节，对其依法从轻处罚。

一审法院判决：一、被告单位海某公司犯骗取贷款罪，判处罚金人民币五百万元；二、被告人徐某甲犯骗取贷款罪，判处有期徒刑六年，罚金人民币一百万元。

**二审法院观点：**

被告单位海某公司及其直接负责的主管人员被告人徐某甲，隐瞒公司经营已经陷入困境的实际情况，指使其下游经销商户虚构事实、谎报贷款用途，以欺骗手段取得银行贷款，情节特别严重，其行为已构成骗取贷款罪，依法应予惩处。鉴于上诉人徐某甲具有自首情节，应依法对其从轻处罚。一审判决认定海某公司、徐某甲骗取银行贷款的行为构成骗取贷款罪的事实清楚，证据确实、充分，审判程序合法；唯认定海某公司、徐某甲骗取 E 小额贷款公司贷款的行为构成骗取贷款罪不当，予以改判。

二审法院判决：一、撤销一审判决；二、被告单位海某公司犯骗取贷款罪，判处罚金人民币四百万元；三、被告人徐某甲犯骗取贷款罪，判处有期徒刑四年，并处罚金人民币八十万元。

### 法官评析

**一、"小额贷款公司"不属于"金融机构"**

首先，金融业行政主管机关并未明确小额贷款公司的金融机构地位。小额贷款公司经省级政府批准后设立，其性质是由自然人、企业法人与其他社会组织投资设立，不吸收公众存款，经营小额贷款业务的有限责任公司或股份有限公司。不可否认，小额贷款公司的贷款业务具有金融业务的功能和作用，在 2009 年中国人民银行编制的《金融机构编码规范》为小额贷款公司制定了编码这一金融许可证所必需的要素内容，甚至在中国人民银行关于金融统计工作的有关文件通知中，一度明确将小额贷款公司作为其他金融机构纳入金融统计。但在《中华人民共和国银行业监督管理法》《中国银保监会非银行金融机构行政许可事项实施办法》《银行保险机构许可证管理办法》等规定中所列举的金融机构均不包含小额贷款公司。客观上小额贷款公司经营区域和融资途径均被严格限制，其成立不经国家金融监督管理总局批准，亦未获得金融许可证，不同于我国金融机构特许经营的一般特征。尽管现实中，要求官方正式赋予小额贷款公司金融机构地位的呼声高涨，但至今其金融机构的地位并未得到国家金融监督管理总局的确认。故目前小额贷款公司是否属于金融机构在行政领域并非毫无争议。本案中，北京市金融工作局的函件也仅是明确了"小额贷款公司具有金融机构的功能和作用，监管机构参照金融机构对其监管"，而未明确小额贷款公司即为金融机构。

其次，刑法作为保障法，在没有特殊规定的情况下，所作判决不应当与其他部门法存在明显冲突。通过调取、参阅多份民事裁判文书，从相关民事审判实践来看，对于小额贷款公司涉及的贷款纠纷多认定为属于民间借贷纠纷，适用了《最高人民法院关于审理民间借贷案件适用法律若干问题的规定》，而该规定第一条第二款明确"经金融监管部门批准设立的从事贷款业务的金融机构及其分支机构，因发放贷款等相关金融业务引发的纠纷，不适用本规定"。故在民事审判实践中，亦未毫无争议地将小额贷款公司视为金融机构。

最后，根据刑法体系解释的原理，如果认定小额贷款公司系金融机构，成为本案的被害单位，必然导致小额贷款公司符合其他金融机构作为犯罪主体的罪名要求。换言之，小额贷款公司若能成为骗取贷款罪的被骗单位，则其亦将符合违法发放贷款罪等罪名的犯罪主体要求。在相关行政法规、部门规章等均未明确其金融机构性质的前提下，根据罪刑法定原则、秉持刑法谦抑态度，至少现阶段，在刑事审判中不应将小额贷款公司视为金融机构。综上，一审判决认定被告单位海某公司、被告人徐某甲骗取乾某公司人民币1700万元贷款，并实际发货人民币560394元的行为构成骗取贷款罪不当，对于该部分事实和数额，应不予认定。

## 二、案例的指导意义

根据《中华人民共和国刑法》第一百七十五条之一的规定，构成骗取贷款罪的犯罪对象必须是银行或者其他金融机构，而现阶段认定小额贷款公司系其他金融机构并无充分依据。因此，从小额贷款公司获得贷款的行为不应认定为骗取贷款罪。

## 四、非法吸收公众存款罪

### 4.4 对行为人是否具有非法占有目的的认定
——韦某集资诈骗案[1]

> **关 键 词**：非法占有目的　损害结果　因果关系
>
> **问题提出**：客观上未实际取得集资款的控制权、使用权，能否排除被告人主观上具有非法占有目的？
>
> **裁判要旨**：行为人以诈骗方法非法集资，并造成损害结果的，在认定其是否具有非法占有目的时，应当重点关注损害结果与犯罪行为之间的因果关系，避免客观归罪。

### 案情简介

公诉机关：广西壮族自治区南宁市人民检察院

被告人：韦某

卢某实际控制的深圳某金融公司违反国家金融管理法律规定，通过卢某控制、蔡某共同管理的该公司广西分公司、新疆分公司等公司向社会公开宣传投资产品。2014年以来，在卢某的授意下，被告人韦某违反国家金融管理法律规定，通过其负责的深圳某金融公司广西分公司、新疆分公司、深圳某金融服务公司以及广西分公司等公司，向社会公开宣传其销售的投资产品，以定期支付高额回报为诱饵，吸引社会不特定人员签订相关合同，购买各类虚假投资产品。受害人购买其销售的投资产品后，按照合同约定将资金转入深圳某珠宝公司、珠海横琴新区某商品经营公司深圳分公司等合同指定账户。

---

[1] 一审法院为广西壮族自治区南宁市中级人民法院，案号：（2019）桂01刑初97号，载中国裁判文书网，https://wenshu.court.gov.cn/website/wenshu/181107ANFZ0BXSK4/index.html?docId=672e6748d36f4efaa42cacb1003f758c，最后访问时间：2022年8月24日。

蔡某实际管理的深圳某珠宝公司、广西某资产管理公司等公司收到上述公司转入的资金后，卢某、蔡某并没有按照合同约定的用途使用，而是将大部分款项通过蔡某、蔡某乙的个人账户转移至他人个人账户使用，造成大量本金无法返还。

经查明，已受理广西集资参与人韦某甲、邓某等735人报案，投资金额共计16590万元、已取得收益款607.453859万元、损失金额15987.546141万元；已受理新疆集资参与人甘某、柴某等346人报案，投资金额共计10434.2万元、已取得收益款1487.528032万元、损失金额8946.671968万元。

自2020年9月18日至今，已受理广西新增集资参与人布某等50人报案，投资金额共计610万元、已取得收益款35.263952万元，损失金额574.736048万元。

从案发至今，已受理深圳集资参与人尚某等10人报案，投资金额共计224万元，已取得收益款17.9532万元，损失金额226.0468万元。

另查明，被告人韦某于2019年4月12日被抓获。

**各方观点**

**公诉机关观点：**
被告人韦某的行为构成集资诈骗罪。

**被告人韦某及其辩护人观点：**
其参与了非法吸收公众存款，其行为并没有转变为集资诈骗，根据认定集资诈骗的有关规定，明知和放任违法行为不属于认定条件。其所在的公司不是用资方，就算使用了资金也与公司没有关系。卢某是其领导，其不知道卢某和蔡某不按合同使用投资款的问题，钱款是进入广西某资产管理公司的，其并没有在该公司任职，没有权力去审批和监管，就算其知道，也不存在放任之说。财务的审批单很不规范，公司领导栏的签字并不是其本人的签名，需要进行鉴定，即便签字是其本人，也是对广西分公司钱款的使用，并不是合同规定标的公司的钱款。因此，在事实和法律上，其都不构成集资诈骗罪，可能涉及的罪名是非法吸收公众存款罪。

**法院观点**

关于如何评价韦某行为的问题。经查，在案证据能够证实韦某在卢某的安排下，管理深圳某金融公司广西分公司、新疆分公司和深圳某金融服务公司及广西分公司等公司，并授意前述公司员工公开宣传理财产品向不特定人吸收公众存款，而前述公司并未取得相关金融资质。销售基金所得款项经多次转手，最终被转到卢某、蔡某等人名下后，韦某并没有实际取得集资款的控制权、使用权，其所获取的工资、车辆等福利亦是根据卢某、蔡某等人的安排。但韦某作为涉案基金产品销售公司的主要管理人员，对整个非法吸收公众存款活动的持续性进行起到了关键作用。故对于韦某的行为应以非法吸收公众存款罪定罪处罚，且是主犯，公诉机关指控罪名不当，予以纠正。

据在案陈某、韦某乙等人的证言及相关书证反映，韦某系涉案公司的主要管理人员，不能仅凭韦某未出现在相关公司的工商登记资料中就否定其未负责管理相关涉案公司。辩护人所提材料并不能证明韦某在非法吸收公众存款活动中处于从属地位，不予采纳。

韦某归案后，如实供述了其作为涉案公司主要管理人员在整个非吸活动中所实施的相关行为，庭审时认罪态度好，亦能认识到自己行为所导致的后果，辩护人所提韦某认罪态度好、归案后如实供述，可以从轻处罚的辩护意见正确，予以采纳。

被告人韦某违反国家规定，非法吸收公众存款，扰乱金融秩序，数额巨大，其行为已构成非法吸收公众存款罪。公诉机关指控罪名不当，予以纠正。在共同犯罪中，韦某积极参与实施犯罪，起主要作用，是主犯，应当按照其所参与的全部犯罪处罚。韦某归案后如实供述其罪行，可以从轻处罚。

法院判决：一、被告人韦某犯非法吸收公众存款罪，判处有期徒刑九年三个月，并处罚金人民币二十万元。二、责令被告人韦某退赔各集资参与人损失。三、查封在案的被告人财产，变现后所得款项，用于退赔集资参与人损失，不足部分继续追缴。

### 法官评析

是否具有非法占有目的，是区分集资诈骗罪与非法吸收公众存款罪的关键所在，同时又是司法认定当中的一个难点。《最高人民法院关于审理非法集资刑事案件具体应用法律若干问题的解释》第七条第二款以列举方式对"以非法占有为目的"作了规定，基本上涵盖了司法实践中常见、多发的情况，具有很强的指导意义。然而，每一个案件都是不可被复制的，犯罪模式、犯罪方法也不是一成不变的，以非法占有为目的的表现形式也越来越复杂。所以，该司法解释同时强调，集资诈骗罪中的非法占有目的，应当区分情形进行具体认定。一般认为，认定行为人是否具有非法占有目的，应当坚持主客观相一致的原则，既要避免以诈骗方法的认定替代非法占有目的的认定，又要避免单纯根据损失结果客观归罪，同时也不能仅凭行为人自己的供述，而是应当根据案件具体情况具体分析。

**一、客观上的诈骗方法不应直接转化为主观上的非法占有目的**

非法吸收公众存款罪，是指违反国家金融管理法规实施非法吸收公众存款或变相吸收公众存款，扰乱金融秩序的行为。集资诈骗罪，则是指以非法占有为目的，使用诈骗方法非法集资的行为。从客观要件上看，两者相同之处都是非法吸收不特定对象的钱款，不同之处在于非法吸收公众存款罪不以行为人实施诈骗行为为前提。由此带来的问题是，能否通过使用诈骗方法直接推定行为人具有非法占有目的，成为两罪的区分标准。应当说，通过诈骗行为推定具有非法占有目的，在普通诈骗犯罪中是具有合理性的。例如，甲虚构自己可以低价买到海关罚没物品的能力，以需要缴纳合作保证金为名义，骗取被害人大量钱款，后又将该钱款交给自称海关工作人员的乙。甲虚构自己能力的行为，已经反映出其主观上具有非法占有的故意，虽然最终甲没有占有被害人的钱款，而是交由乙占有，但这被认为是甲对赃款的处置，不影响对其的定罪。就集资诈骗罪而言，仅有诈骗行为则不一定能认定具有非法占有目的。集资诈骗罪与非法吸收公众存款罪在吸收公众存款的表现形式上基本是一致的，而且构成非法吸收公众存款罪的四个要件——非法性、公开性、利诱性、社会性——中利诱性显然就包含诈骗的成分。若行为人最终不是为了非法占有，即便利用诈骗手段非法集资，也不能认定为集资诈骗罪，只能认定为非法吸收公众存款罪。[①]

联系到本案，韦某在卢某的安排下管理公司，并授意公司员工以定期支付高额回报为诱饵，吸引社会不特定人员签订相关合同，购买相关投资产品。在此过程中，韦某虽然有使用诈骗方法非法集资的行为，但并不能据此直接推定韦某具有非法占有目的，是否构成集资诈骗罪尚不确定。

---

① 刘志伟：《非法集资行为的法律规则：理念检视与路径转换》，载《江西财经大学学报》2016年第1期。

## 二、客观上的损害结果不能直接等同于主观上的非法占有目的

通过《最高人民法院关于审理非法集资刑事案件具体应用法律若干问题的解释》第七条第二款规定的可以认定"以非法占有为目的"的情形不难看出，行为人客观上造成的损害结果是推定其主观上非法占有故意的重要依据。这种认定模式是比较合理的，在司法实践中被普遍适用。也有观点认为，这种以结果为导向的识别方法容易演变为客观归罪，因为行为人在某些情况下根本无法预见到损害结果的发生，对自己进行的集资行为抱着侥幸心理，希望能够盈利进而归还欠款。但是，根本无法预见属于行为人的主观心态，项目能否盈利，不同的人有不同的看法，还是需要通过客观行为来认定。当然，为了避免客观归罪的情况发生，就需要重点关注损害结果与犯罪行为之间的关系。在本案中，韦某虽然实施了非法集资行为，但销售基金所得款项经多次转手，最终被转到卢某、蔡某等人名下，韦某并没有实际取得集资款的控制权、使用权，其所获取的工资、车辆等福利亦是根据卢某、蔡某等人的安排。换言之，造成被害人钱款损失的后果，并不是韦某非法集资行为直接导致，且韦某没有实际占有被害人钱款。因此，法院最终认定韦某构成非法吸收公众存款罪，而非集资诈骗罪。

## 三、案例的指导意义

非法吸收公众存款罪是涉众型经济犯罪中非常重要的一个罪名，社会危害性很大，与集资诈骗罪相比较，最根本的区别就在于行为人是否具有非法占有目的。尽管相关司法解释对如何认定"以非法占有为目的"作了详细的规定，但仍然要结合具体案件情况具体分析，才能确保定罪及量刑适当。应当说，非法吸收公众存款罪与集资诈骗罪在基本的行为方式上是共通的，不能说只要有诈骗方法，就一定构成后罪。判断是否具有非法占有目的，既要考虑行为人的主观认知，也要考虑犯罪行为造成的客观结果，客观结果在一定程度上可以反映出行为人的主观故意，但两者不能简单画等号。本案中，法院审理认为，被告人韦某没有实际取得集资款的控制权、使用权，且没有其他违法所得，据以认定韦某不具有非法占有目的，应当认定为非法吸收公众存款罪，具有一定的指导借鉴意义。

## 五、伪造、变造金融票证罪

### 4.5 伪造、变造金融票证罪中的牵连关系认定

——王某、黄某伪造、变造金融票证，窃取、收买、非法提供信用卡信息，信用卡诈骗案[①]

> 关 键 词：窃取信用卡信息　伪造信用卡　诈骗　牵连关系
>
> 问题提出：窃取信用卡信息并伪造信用卡后实施骗取他人钱财的行为如何定性？
>
> 裁判要旨：行为人窃取、收买提供信用卡信息，并将上述信息用于伪造信用卡，又将伪造的信用卡用于诈骗的，并不当然全部构成牵连关系，对于不构成牵连关系的部分，仍应按照刑法规定单独定罪处罚。

**案情简介**

公诉机关：广西壮族自治区柳州市城中区人民检察院

上诉人（原审被告人）：王某

上诉人（原审被告人）：黄某

原审被告人：唐某

一、窃取信用卡信息、伪造金融票证事实

2015年10月至2016年3月，被告人王某分别与黄某、唐某经预谋后，王某通过网上购买改装后的POS机（多功能终端机器），POS机内安装手机

---

[①] 一审法院为广西壮族自治区柳州市城中区人民法院；二审法院为广西壮族自治区柳州市中级人民法院，案号：(2018)桂02刑终19号，载中国裁判文书网，https://wenshu.court.gov.cn/website/wenshu/181107ANFZ0BXSK4/index.html?docId=f51e37c8ce144c1bb73ea8bd0031c732，最后访问时间：2022年8月24日。

SIM卡（手机用户所持有的用户识别卡）及磁道信息发射器、密码采集器，随后王某将3台改装后的POS机提供给黄某、将1台改装后的POS机提供给唐某，用于投放至商户或者个人刷卡消费或套现，通过改装后的POS机内的装置将刷卡人银行卡的磁道信息及密码发送至王某手机上，从而窃取刷卡人的银行卡信息。王某自己亦单独投放POS机以窃取他人银行卡信息。经查实：王某手机中有获取的他人信用卡信息38条（已扣除重复获取及从王某被扣原卡的信息），其中王某伙同黄某窃取被害人江某等人的银行卡信息共计15条，伙同唐某窃取被害人黎某等人的银行卡信息共计10条；王某利用窃取到的信用卡信息伪造出的银行卡10张（不包含已用于实施信用卡诈骗的3张）。另外，黄某利用网上购买到他人的银行卡轨道信息，自行伪造银行卡2张。

二、信用卡诈骗罪事实

2016年1月17日，被告人王某伙同黄某利用提供给某市海鲜大排档使用的POS机窃取到被害人潘某的银行卡信息，由王某提供该银行卡信息给黄某，黄某利用制卡器复制出被害人潘某的交通银行信用卡，并由黄某通过他人的POS机套现盗刷卡内人民币31899元，除去黄某支付给他人的套现手续费3000元，王某获利28399元，黄某获利500元。

2016年1月23日，被告人王某伙同黄某利用提供给某市海鲜大排档使用的POS机窃取到的被害人田某的交通银行卡信息，由王某自行伪造出银行卡，由黄某帮忙配合查询卡内额度，最后盗刷被害人卡内人民币7530.16元。

2016年3月1日，被告人王某利用在网上购买的被害人刘某的交通银行信用卡信息，伪造银行卡并盗刷卡内人民币19800元，最终到账10000元。次日刘某向银行提起消费争议。

2016年3月6日、8日，被告人王某、唐某先后被公安机关抓获归案。同年4月6日，被告人黄某被公安机关抓获归案。公安机关从被告人王某处依法扣押了银行卡、磁条卡共计61张，POS机7台，电烙铁1把，写码器1个，手机2台，笔记本电脑1台；从被告人黄某处依法扣押制卡器1台，手机4台，银行卡4张；从被告人唐某处依法扣押银行卡1张，手机1台，POS机1台，从其家中扣押电脑1台；从证人黄某某处依法扣押POS机2台。

## 各方观点

**公诉机关观点：**

被告人王某、黄某犯伪造金融票证罪、窃取信用卡信息罪、信用卡诈骗罪；被告人唐某犯窃取信用卡信息罪。

**上诉人王某（原审被告人）观点：**

其窃取他人信用卡信息、伪造信用卡，之后窃取相应金额的行为，两者具有手段与目的的牵连关系，应按牵连犯从一重罪处理的原则以信用卡诈骗罪定罪及处罚。其伪造了三张银行卡，并盗取相应的金额，构成信用卡诈骗。涉案信息与实际被盗取的银行卡信息是否必然一致没有呈现，伪造的行为和伪造的结果在案证据不充分、确凿，只应以信用卡诈骗进行定罪处罚，不应对其数罪并罚。

**上诉人黄某（原审被告人）观点：**

其对窃取的信用卡信息一直未实际掌握，未实施信用卡诈骗活动，不应以窃取信用卡信息罪、伪造金融票证罪、信用卡诈骗罪对其数罪并罚；其伪造的信用卡已挂失，不可能取款套现。

**原审被告人唐某观点：**

自己一直未获得信息，也未制作出信用卡，不构成犯罪。

## 法院观点

**一审法院观点：**

窃取信用卡信息侵犯的是国家信用卡制度和他人对信用卡资料所享有的隐私权，伪造金融票证罪侵犯的是国家的金融票证管理制度，信用卡诈骗罪既对信用卡管理体制造成损害，同时也给银行及信用卡有关关系人的财物所有权产生损害。依照法律规定，窃取信用卡信息或者伪造信用卡达到一定数量，本身就构成独立的犯罪，本案被告人王某、黄某的行为前后所侵犯的法益存在本质的差别，后行为并不是前面犯罪行为的自然延续，前面所实施的行为已构成犯罪行为的既遂。在完成前因的情况下实施了另一新行为，侵犯了新的法益，突破了前面所实施行为包含的范围，应认定为构成他罪。具体体现在本案中，只有使用窃取到的信息来制作伪卡并且使用该伪卡进行信用卡诈骗活动，该行为才能作为牵连犯罪择一重罪处罚。此外，因制作伪卡必须需要有相应的信用卡信息，故该部分的信息内容不管其是收买还是窃取均为伪造金融票证罪所包含，可不作独立评价。其余的行为均应按刑法的规定认定为独立犯罪。因此，王某、黄某的行为不仅构成信用卡诈骗罪，还构成伪造金融票证罪及窃取信用卡信息罪。

一审法院判决：一、被告人王某犯伪造金融票证罪，判处有期徒刑五年六个月，并处罚金人民币五万元；犯窃取信用卡信息罪，判处有期徒刑四年，并处罚金人民币三万元；犯信用卡诈骗罪，判处有期徒刑四年，并处罚金人民币五万元。数罪并罚，决定执行有期徒刑十二年，并处罚金人民币十三万元。二、被告人黄某犯伪造金融票证罪，判处有期徒刑二年，并处罚金二万元；犯窃取信用卡信息罪，判处有期徒刑三年，并处罚金二万五千元；犯信用卡诈骗罪，判处有期徒刑三年，并处罚金三万元。数罪并罚，决定执行有期徒刑七年，并处罚金人民币七万五千元。三、被告人唐某犯窃取信用卡信息罪，判处有期徒刑二年六个月，并处罚金二万元。四、责令被告人王某、黄某共同退赔。五、被告人王某被扣押在案的银行卡、磁条卡共计61张，POS机7台，电烙铁1把，写码器1个，手机2台，笔记本电脑1台，除王某本人银行卡及未改装POS机外，其余予以没收，上缴国库；从被告人黄某处依法扣押制卡器1台，手机4台，银行卡4张，除其本人银行卡外，其余予以没收，上缴国库；从被告人唐某处依法扣押银行卡1张，手机1台，POS机1台，从其家中扣押电脑1台，除其个人银行卡1张、电脑一台外，其余予以没收，上缴国库；从证人黄某某处依法扣押王某投放的POS机2台予以没收，上缴国库。

**二审法院观点：**

关于上诉人王某、黄某提出的一审定罪有误的有关辩解，经查，该辩解在原审中王某、黄某业已提出，原审判决已对此辩解详细评判，所作评述与查明事实相符且于法有据，同意原审的定罪意见不再赘述。同时认为，窃取信用卡信息后未用于伪造成信用卡的信息与伪造信用卡的行为之间，以及窃取信用卡信息后伪造成信用卡但未用于信用卡诈骗，与使用伪造的信用卡进行信用卡诈骗的行为之间不存在牵连关系，如认定为牵连犯择一重罪处罚，则不能对上述犯罪行为作充分评价，与刑法的罪责刑相适应原则不符，亦于法无据。因此，原判定罪意见正确，予以支持，王某、黄某所提原判定罪有误的意见与法律规定不符，不予采纳。

二审法院裁定：驳回上诉，维持原判。

**法官评析**

司法实践中，行为人伪造、变造金融票证通常是为了实施其他犯罪做准备，如为了实施信用卡诈骗、票据诈骗等犯罪，伪造、变造信用卡、票据等。当目的行为与手段行为、原因行为与结果行为存在牵连关系时，就构成了牵连犯。根据我国目前主流的刑法理论，除非法律有特殊规定[①]，对于牵连犯应当择一重罪处罚。本案的要点是窃取信用卡信息并伪造信用卡后实施骗取他人钱财行为的定性问题，涉及窃取信用卡信息罪、信用卡诈骗罪与伪造、变造金融票证罪的界限问题，关键是正确分析窃取信用卡信息、伪造信用卡和诈骗行为之间的内在联系，准确适用牵连犯的处罚原则，对被告人的行为进行认定。

### 一、对牵连关系的认定

通说认为，牵连犯是指以实施某一犯罪为目的，而其犯罪的方法或者结果又触犯其他罪名的情况。牵连犯属于实质的数罪、处断的一罪。牵连关系是指牵连犯的数个行为之间所具有的手段行为与目的行为，或者原因行为与结果行为之间的关系，这种关系是内在的、不可分割的联系，也是认定牵连犯的关键问题。如何认定牵连关系，理论界有不同的学说。主观说认为，数个行为之间是否有牵连关系应当以行为人的主观意图为标准。"其所以成立一罪者，系行为人曾在手段与结果之关系下，预见数个行为故也。"[②] 该学说表面上看似对被告人有利，被告人可以选择对自己有利的方向，对其实施的数个行为作出选择性的辩解，从而获得刑罚上的减免，但其弊端在于被告人可能会陷入主观归罪的泥淖。客观说认为，应当从纯粹客观外在判断的视角，将那些具有通常性、当然性、密切联系性、伴随性的情形认定为牵连关系，但何谓纯粹客观外在的判断，理论界同样存在分歧，难以形成定论，而且在其发展过程中也出现了绝对化、片面化的错误，容易造成客观归罪。折衷说

---

① 例如，《中华人民共和国刑法》第一百五十七条第二款规定："以暴力、威胁方法抗拒缉私的，以走私罪和本法第二百七十七条规定的阻碍国家机关工作人员依法执行职务罪，依照数罪并罚的规定处罚。"又如，《中华人民共和国刑法》第一百七十一条第三款规定："伪造货币并出售或者运输伪造的货币的，依照本法第一百七十条的规定定罪从重处罚。"

② 吴振兴：《罪数形态论》，中国检察出版社1999年版，第277页。

综合客观说和主观说两种学说的观点，主张牵连关系是主观因素即主观上的牵连关系与客观因素即客观上的牵连关系的统一，成为当前刑法学界认可的主流观点。

本案中，被告人王某、黄某等人通过网上购买改装后的POS机窃取刷卡人的银行卡信息，伪造信用卡又通过他人的POS机套现盗刷卡，实施了符合数个独立罪名构成要件的行为，分别触犯了窃取信用卡信息罪、伪造金融票证罪、信用卡诈骗罪。一般认为，上述几个犯罪行为之间可以存在牵连关系。同时，根据王某、黄某等人的供述，其窃取信用卡信息、伪造信用卡都是为了实施信用卡诈骗，存在目的行为与手段行为的牵连关系，应当认定为一罪。但事实上，以王某为例，其非法获取他人信用卡信息共计38条，利用上述信息伪造出的银行卡数量为12张，其中2张银行卡用于之后的信用卡诈骗犯罪，数个行为之间存在不完全重合的牵连关系。

对此，有观点认为，既然王某等人供述窃取信用卡信息、伪造信用卡，都是为了实施信用卡诈骗，那在没有直接证据证明被告人还有其他犯罪目的的情况下，应当对被告人作出有利的解释，不应简单地否定这种主观上的牵连关系，而且客观上王某等人确实利用窃取的信息伪造了信用卡并用于诈骗犯罪，至于最后没有形成完全重合的对应关系，则是犯罪未遂的问题。这种观点是值得商榷的，客观行为是对主观故意的直接反映，牵连犯是实质的数罪，既然行为人实施了数个行为，且已分别构成不同的罪名，那就可以证明存在数个犯罪故意，而且数个犯罪故意之间本来也不存在所谓的吸收或牵连关系。当然，在牵连犯的认定上，行为人的主观故意确实是一个需要着重考虑的问题，"从一定意义上讲，最终的犯罪目的是协调牵连犯数行为的精神纽带，也是统帅牵连犯数个目的的灵魂"[1]。还有观点认为，从实践出发，被告人窃取的每一条信用卡信息资料未必都能伪造成信用卡，伪造的信用卡未必都能使用，在使用过程中未必都能诈骗成功。窃取信用卡信息资料后部分伪造信用卡并部分使用成功的，属于常态；而窃取信用卡信息资料后全部伪造信用卡并全部使用成功的，属于"理想状态"。无论是常态还是"理想状态"，即使每种行为都构成犯罪，也应按照牵连犯处理原则从一重处。如果对于窃取信用卡信息资料后全部伪造信用卡并全部使用成功的情形，认定为牵

---

[1] 行江：《牵连关系新论》，载《政法论丛》2005年第1期。

连犯并从一重处,那么对仅有部分伪造信用卡、部分使用成功的情形更应该考虑以牵连犯从一重处。该观点同时指出,出于量刑均衡的考虑,应当将其他轻罪行为作为从重量刑情节考虑。上述观点很值得借鉴,但仅从量刑上对其他轻罪行为进行评价的做法,也只是在法定刑幅度内从重处罚,有轻纵行为人之嫌,且单一罪名的量刑空间毕竟有限,司法裁判者还是要面临量刑均衡的问题。

因此,需要根据个案具体情况,在被告人的主观认知与案件的客观事实之间寻找平衡点,既要严格遵循刑法关于牵连犯的规定,避免不当加重被告人的刑事责任,又要坚持刑法全面评价的原则,防止放纵犯罪。本案将只有使用窃取到的信息来制作伪卡并且使用该伪卡进行信用卡诈骗活动的部分,作为牵连犯进行处罚,无疑是更为稳妥的。

**二、对牵连犯的处罚**

关于牵连犯的处罚原则,理论上主要有三种学说:第一种是从一重处断说。该说认为,对于牵连犯,应当以其数行为触犯的不同罪名之中较重的一个定罪处罚。这是我国传统刑法理论所认可的观点,当然对此的批评声音也最多。第二种是从一重重处断说。该说认为,在从一重罪定罪的基础上,在该罪的法定刑内从重处罚,从定罪和量刑两个维度考量对牵连犯的处罚,以此弥补从一重罪处罚上的缺陷。在量刑方式上,该说又分为从一重从重处罚和从一重加重处罚。第三种是数罪并罚说。该说认为,既然牵连犯是实质的数罪,行为人犯数罪就应当承担数罪的刑罚,这才符合罪刑相当原则。数罪并罚便于司法操作,有助于维护司法的统一和公正,进一步弥补了从一重处罚和从一重重处罚的不足,近几年研究者和支持者日趋增多。需要说明的是,上述不同的处罚原则在我国刑法当中是并存的,因此这些争论或将持续存在。回归到司法实践,目前一般的做法是,对于牵连犯,除法律有特殊规定外,原则上仍按照择一重罪处罚。

就本案而言,王某等人先后实施了窃取信用卡信息资料、伪造信用卡、使用伪造的信用卡的行为,分别触犯了窃取信用卡信息、伪造金融票证、信用卡诈骗三个罪名。以王某为例,除单独构成犯罪的情况外,就窃取信用卡信息罪而言,窃取信用卡信息资料的条数达到"数量巨大",应处3年以上10年以下有期徒刑,并处罚金;就伪造金融票证罪而言,伪造金融票证的张数系"情节严重",应处5年以上10年以下有期徒刑,并处罚金;就信用卡诈骗罪而言，诈骗数额较大，应处 5 年以下有期徒刑或者拘役，并处罚金。比较而言，以伪造金融票证罪定罪处罚较重，故对王某应当以伪造金融票证罪定罪处罚。

**三、案例的指导意义**

伪造、变造金融票证是一个典型的手段行为，行为人通常先实施伪造、变造金融票证的行为，再实施票据诈骗、金融凭证诈骗、信用证诈骗和信用卡诈骗等行为，给牵连犯的适用提供了很大的空间。在此种情形下，要根据具体情况具体处理。行为人窃取、收买提供信用卡信息，并将上述信息用于伪造信用卡，又将伪造的信用卡用于诈骗的，并不当然全部构成牵连关系，对于不构成牵连关系的部分，仍应按照刑法规定单独定罪处罚。

# 六、妨害信用卡管理罪

## 4.6 违背他人意愿申领信用卡的行为定性

——翟某、吴某妨害信用卡管理案[1]

> **关 键 词**：违背他人意愿　信用卡　行为定性　举证责任
>
> **问题提出**：在一般商业经济活动中，如何准确界定违背他人意愿申领信用卡的行为？
>
> **裁判要旨**：在他人不知情的情况下，行为人以他人名义申领信用卡的，都可推定为"违背他人意愿"，除非行为人能够提供相反证据证明。

---

[1] 一审法院为河南省商城县人民法院，案号：（2020）豫 1524 刑初 204 号；二审法院为河南省信阳市中级人民法院，案号：（2021）豫 15 刑终 189 号，载中国裁判文书网，https://wenshu.court.gov.cn/website/wenshu/181107ANFZ0BXSK4/index.html? docId=0f8c07ec2c3c46ccbc91adf001008129，最后访问时间：2022 年 8 月 24 日。

## 案情简介

公诉机关：河南省商城县人民检察院

上诉人（原审被告人）：翟某

原审被告人：吴某

河南某汽车销售有限公司在向中国银行郑州某支行申请并缴纳保证金后，经上级银行批准，取得信用卡专项分期贷款担保业务。被告人翟某在担任该公司法定代表人、占股70%期间，采取持有客户偿贷储蓄卡套现，再将款打入骗领的客户信用卡偿付客户到期专项分期贷款的方式经营业务、管理公司。2016年8月至2018年12月，该公司在为商城县某汽车销售有限公司的购车客户办理信用卡专项分期贷款业务时，公司从事家访的工作人员按照被告人翟某授意的经营方式，在家访时以种种理由诱使客户在空白信用卡申请资料、信用卡专项分期贷款合同等资料上签字，且未将该合同留一份给客户，也未告知客户办理的是购车信用卡专项分期贷款业务，然后由公司内勤将上述资料中的金额、地址、联系方式等内容填写完整，其中收卡地址、客户联系方式均填写为公司办公地址和该公司购买的手机号码，并擅自增加部分客户专项分期贷款额度，在客户不知情的情况下，公司以客户名义申领中国银行信用卡，并将该卡激活。同时，公司收集保管客户按要求办理的偿贷储蓄卡和密码，客户按公司要求，每月按期将款打入该卡用于偿还分期贷款，且均认为购车贷款为普通按揭分期贷款。按照被告人翟某安排，从事贷后催收工作的被告人吴某，持有客户储蓄卡和信用卡，并通过POS机将客户储蓄卡中偿贷资金套现后，打入客户信用卡偿付到期贷款，其中，因挪用客户部分偿贷资金和擅自增加的分期贷款额度用于公司经营未按期偿贷后，造成客户贷款逾期损失并被银行纳入黑名单、所抵押在银行的车辆手续等无法取回。被告人翟某采取上述方式授意工作人员违背他人意愿，使用其居民身份证等身份证明申领信用卡85张，非法持有他人储蓄卡85张；被告人吴某将该储蓄卡、信用卡各85张非法持有。截至2018年12月，二被告人非法持有、骗领信用卡行为导致公司挪用被害人部分偿贷资金未予偿还款计1.6471万元；挪用含增加分期贷款额度在内的部分偿贷资金未予偿还款计3.4828万元（均不含逾期利息、滞纳金、手续费）。

案发后，被告人翟某、吴某经侦查机关电话通知后自动到案，如实供述了主要犯罪事实；二人均无违法犯罪前科；被告人翟某通过亲属支付商城县某汽车销售有限公司法定代表人陈某人民币10万元，并通过向陈某出具借条借款43.0732万元方式请求陈某代其偿付挪用客户逾期贷款，取得陈某谅解；被告人吴某在审查起诉阶段自愿认罪认罚且签字具结，符合适用社区矫正条件；原判建议公诉机关调整对被告人吴某的量刑。

**各方观点**

**公诉机关观点：**

被告人翟某、吴某构成妨害信用卡管理罪。1. 上诉人翟某以偿还贷款为理由授意工作人员收集保管客户按要求办理的偿贷储蓄卡85张，授意公司工作人员以各种理由诱骗客户在空白信用卡申请表上签名，所谓购车客户签名的空白合同未经客户追认依法不生效。上诉人翟某在客户不知情的情况下公司以客户名义申领信用卡85张并将该卡激活，严重破坏了国家对信用卡的管理制度，与正常的商业交易安排、汽车分期贷款融资业务模式有着本质区别，该行为系严重的违法犯罪，应予依法惩处。2. 上诉人翟某非法持有他人信用卡、骗领信用卡均是其个人行为，并无证据证明公司其他有决策权的人员按照决策程序共同决定实施本案犯罪行为。刑法未规定妨害信用卡管理罪为单位犯罪，上诉人非法持有他人信用卡、骗领信用卡的行为依法应认定为个人犯罪。

**上诉人（原审被告人）翟某观点：**

1. 其开展的汽车销售信用卡专项分期贷款担保业务系合法行为。其公司向银行支付了数百万元资金担保，需要统一掌握客户信用卡和储蓄卡，以统一协调资金按时分期偿还贷款。在申请办理信用卡过程中其公司与客户间形成了民事委托关系，其公司协助客户办理、持有客户信用卡、储蓄卡及收取合理服务费合法，且该行为系行业内普遍存在的商业交易模式。2. 涉案汽车分期贷款融资业务行为应系公司行为，持有购车客户信用卡的系公司而非其个人，原判认定其非法持有客户信用卡与事实不符。3. 公司与购车人余某、岳某签订的《汽车贷款服务合同》《贷款账户使用协议》，约定公司持有、管理使用贷款客户的信用卡、储蓄卡，包括修改密码、在账户内转移款项。证明公司持有管理客户信用卡合法。4. 郑州市法院两份生效民事判决认定公司为客户向中国银行贷款提供担保及公司与贷款客户《汽车贷款服务合同》合法有效。原判认定其骗领和非法持有客户信用卡，与上述民事判决相冲突。

**法院观点**

**一审法院观点：**

被告人翟某非法持有他人信用卡 85 张，使用虚假的身份证明骗领他人信用卡 85 张；被告人吴某非法持有他人信用卡 170 张，均数量巨大，二被告人的行为均构成妨害信用卡管理罪，且造成购车人经济损失 5.1299 万元。公司工作人员蒙骗客户办理信用卡申请手续，在客户不知情的情况下，骗领客户信用卡，并使用购买的手机号激活，违背了持卡人真实意思表示，且均是在被告人翟某所授意的经营方式及具体安排下实施的。被告人翟某的行为系使用虚假的身份证明骗领信用卡；被告人翟某利用非法持有的信用卡及私设密码，指使工作人员擅自增加持卡人信用卡专项分期贷款额度挪用于公司经营，系非法持有他人信用卡。被告人翟某案发后退还信用卡，并非犯罪中止，仅系量刑情节。在办理信用卡申请资料时，案涉购车客户疏于注意义务，涉事银行审查不严，汽车经销商帮助被告人所在企业收集被害人储蓄卡，均存在一定过错，可酌情减轻对被告人的处罚。

一审法院判决：一、被告人翟某犯妨害信用卡管理罪，判处有期徒刑三年六个月，并处罚金人民币六万元。二、被告人吴某犯妨害信用卡管理罪，判处有期徒刑二年，缓刑二年，并处罚金人民币二万元。三、责令被告人翟某、吴某返还被害人人民币五万一千二百九十九元。

**二审法院观点：**

上诉人翟某在全面经营管理公司运营期间，授意、指使原审被告人吴某等工作人员在汽车销售信用卡专项分期贷款及担保业务中，蒙骗客户办理信用卡申请手续，在客户不知情的情况下，骗领客户信用卡，并使用非法购买的手机号激活，挪用客户偿贷资金和挪用增加的客户信用卡专项分期贷款额度资金用于公司经营，其行为违背了作为购车客户的持卡人的真实意思表示，上诉人翟某非法持有他人信用卡 85 张、使用虚假的身份证明骗领他人信用卡 85 张，原审被告人吴某非法持有他人信用卡 170 张，均数量巨大，其二人的行为均构成妨害信用卡管理罪。上诉人及辩护人提出已通过签订《汽车贷款服务合同》《贷款账户使用协议》而合法持有、管理客户信用卡的上诉理由，与庭审查明的上诉人以偿还贷款为理由授意工作人员收集保管客户按要求办理的偿贷储蓄卡及授意公司工作人员以各种理由诱骗客户在空白信用卡申请表上签名，客户对申办信用卡并不知情、对空白合同并不认可等事实不符，该上诉理由不能成立；上诉人翟某非法持有他人信用卡、骗领信用卡的行为，并非公司按照决策程序共同决定实施的单位行为，该行为不属于单位犯罪，且刑法未规定妨害信用卡管理罪为单位犯罪。上诉人及辩护人提出应按单位犯罪处理的上诉理由不能成立。

二审法院裁定：驳回上诉，维持原判。

### 法官评析

本案主要涉及的是两个问题：一是违背他人意愿申领信用卡的行为定性；二是抗辩事由的举证责任。

**一、违背他人意愿申领信用卡的行为定性**

《中华人民共和国刑法》第一百七十七条之一第一款规定，有下列情形之一，妨害信用卡管理的，处三年以下有期徒刑或者拘役，并处或者单处一万元以上十万元以下罚金；数量巨大或者有其他严重情节的，处三年以上十年以下有期徒刑，并处二万元以上二十万元以下罚金：（一）明知是伪造的信用卡而持有、运输的，或者明知是伪造的空白信用卡而持有、运输，数量较大的；（二）非法持有他人信用卡，数量较大的；（三）使用虚假的身份证明骗领信用卡的；（四）出售、购买、为他人提供伪造的信用卡或者以虚假的身份证明骗领的信用卡的。其中，虚假的身份证明是指不真实的身份证明。如果放任行为人使用不真实的身份信息申领信用卡，将会导致金融机构无法按照该身份信息寻找到该行为人，进而扰乱正常的信用卡管理秩序。同时，根据相关司法解释①，使用虚假的身份证明骗领信用卡，还包括行为人违背他人意愿申领信用卡的情形。在上述情形中，行为人用来申领信用卡的他人的身份证明材料可能是虚假的，也可能是真实的。如果身份证明是虚假的，当然构成本罪；如果身份证明是真实的，则要着重考虑"违背他人意愿"这一要素。

---

① 《最高人民法院、最高人民检察院关于办理妨害信用卡管理刑事案件具体应用法律若干问题的解释》第二条第三款规定：违背他人意愿，使用其居民身份证、军官证、士兵证、港澳居民往来内地通行证、台湾居民来往大陆通行证、护照等身份证明申领信用卡的，或者使用伪造、变造的身份证明申领信用卡的，应当认定为刑法第一百七十七条之一第一款第三项规定的"使用虚假的身份证明骗领信用卡"。

这是因为，虽然信用卡具有很强的身份属性，原则上应当由本人申领和使用，但法律并没有绝对禁止行为人取得他人同意后，以他人名义申领信用卡的行为，即使他人事先不知情，如果事后进行确认的，也可能构成违法性阻却事由。①

简单来说，违背他人意愿就是指违背他人办理信用卡的真实意思表示。在司法实践中，主要有以下几种情形：

第一，他人没有申领信用卡的意思表示，行为人以他人的名义向银行申领信用卡。这属于典型的违背他人意愿的表现形式。这里需要明确的是，行为人通过欺骗或胁迫等手段，诱使或迫使他人作出办卡的意思表示，仍应视为不真实的意思表示。

第二，行为人通过窃取、购买等非法手段获取他人的身份信息并申领信用卡。在这种场合下，行为人取得他人身份信息这一行为本身就违背了他人的意思表示，后续申领信用卡的行为更加应当认定为违背他人意愿。同时，行为人还可能构成侵犯公民个人信息罪、买卖身份证件罪等其他罪名，与妨害信用卡管理罪构成牵连关系。

第三，行为人通过购买他人自愿出售的身份信息并申领信用卡。与上述第二种情形不同的是，他人出售身份信息是自愿的，虽然该出售行为违反了相关法律规定，是无效的，但他人的意思表示是客观存在的。对行为人来说，是认定为"违背他人意愿"还是认定为"非法持有"有不同意见。有观点认为，他人自愿将自己的身份信息出售给行为人，表明其不反对行为人利用其身份信息从事任何活动，当然也包括犯罪，尽管出售行为是违法的，但意思表示是真实的，行为人当然不属于"违背他人意愿"，但其持有他人信用卡，仍应认定为没有合法依据，属于"非法持有"。还有观点认为，如果认为他人出售自己的身份信息时就已经认识到行为人将用于犯罪活动，那他人与行为人就应当构成共同犯罪，但司法实践中为了防止打击面扩大化，通常不会这样认定。据此，即便他人出售身份信息属于违法行为，也不能直接推定他

---

① 当然，这种情形还可能会被认定为妨害信用卡管理罪，只是法律适用有所不同。如柳某信用卡诈骗、妨害信用卡管理案［(2017) 豫15刑终517号］，二审法院改判认为，柳某在向中国银行申请涉案的13张信用卡时，使用了该13人的真实居民身份证件，仅是在公司任职及收入方面进行了虚假证明，且该13人事后进行了激活和确认，原审认定违背该13人意愿骗取信用卡的证据不足。故原审认为柳某行为属于使用虚假身份证明骗取信用卡数量巨大，属于适用法律错误。但柳某非法持有他人信用卡数量较大，其行为构成妨害信用卡管理罪。

当然同意行为人将身份信息用于犯罪活动。在此情况下，行为人申领信用卡就应认定为"违背他人意愿"。

本案中，被告人翟某指使公司工作人员诱使客户在空白信用卡申请资料上签字，将收卡地址、客户联系方式填写为公司办公地址和该公司购买的手机号码，后以客户名义申领中国银行信用卡，并将该卡激活用于公司经营。在此过程中，无论是申办信用卡，还是信用卡额度资金的去向，客户都是不知情的，显然属于违背客户真实意思表示的行为。因此，被告人翟某系使用虚假的身份证明骗领信用卡，构成妨害信用卡管理罪。

**二、抗辩事由的举证责任**

一般来讲，被告人有罪、无罪或者罪轻的事实，应当由公诉机关承担证明责任。被告人既没有义务向法庭证明自己有罪，也没有义务向法庭证明自己无罪，换句话讲，被告人可以仅对公诉机关提供的证据发表意见，而不用提供任何证据。也即，刑事诉讼活动不适用"谁主张，谁举证"的原则。而且根据无罪推定原则，如果在案证据无法形成完整的证明链条，或者不能排除合理性怀疑，法庭应当作出有利于被告人的裁判。当然，也存在例外情况。刑法通说认为，巨额财产来源不明罪实行举证责任倒置，被告人必须提供证据说明财产来源的真实性，否则就构成该罪名。

关于抗辩事由的举证责任，我国刑法和刑事诉讼法没有明确规定，但司法实务中一般要求被告人承担举证责任，主要是为了避免案件陷入循环论证的困境。就妨害信用卡管理罪而言，行为人应当承担证明他人有申领信用卡意思表示的责任，如果无法提供证据证明，则公诉机关可以据此推定行为人构成违背他人意愿。理由为：妨害信用卡管理罪所保护的法益是国家正常的信用卡管理制度。根据相关规定，个人申领银行卡（储值卡除外），应当向发卡银行提供公安部门规定的本人有效身份证件，经发卡银行审查合格后，为其开立记名账户。换言之，申领信用卡必须是本人，不能由他人代替，这是持卡人应当履行的义务。因此，在被告人无法提供证据证明取得他人同意或确认的情况下，司法机关推定被告人违背他人意愿，并无不当。而且，在此类案件中，持卡人的信息通常不准确、不完整，如果被告人只是提出抗辩，但并未提供相关证据证明，将导致最终难以查证。这种情况下，由公诉机关承担举证不能的责任，显然是不符合客观实际的。

联系本案来看，被告人翟某及其辩护人提出公司与客户在申请办理信用卡过程中形成了民事委托关系，协助客户办理信用卡、持有管理客户信用卡均系合法，并提供《汽车贷款服务合同》《贷款账户使用协议》等证据予以佐证。但上述证据，经查系被告人翟某指使公司工作人员诱骗客户签署的空白合同，不是客户的真实意思表示，依法应认定为无效，因此翟某的抗辩事由不能成立。

### 三、案例的指导意义

近几年，各类信用卡犯罪不断发生并呈上升趋势，妨害信用卡管理罪作为其中之一，发展态势尤为严重。该罪的犯罪对象不仅包括"假"信用卡，也包括违背他人意愿开立的"真"信用卡，行为方式上既包括持有，也包括开立。违背他人意愿申领信用卡，关键是对"违背他人意愿"的判断，这里的"意愿"应理解为他人开卡的真实意思表示。从妨害信用卡管理罪法益保护的角度出发，除非有相反证据证明，行为人以他人名义申领信用卡的，都可推定为"违背他人意愿"；如果举证不能，行为人要承担不利的后果。

## 七、内幕交易、泄露内幕信息罪

### 4.7 对"明示或暗示他人从事上述交易活动"的解析定位及罪名适用
——王某、李某内幕交易案①

> **关 键 词**：明示、暗示他人从事上述交易活动　共同犯罪　选择性罪名适用
>
> **问题提出**：内幕知情人明示、暗示他人从事买入或者卖出该证券，或者从事与该内幕信息有关的期货交易，或者泄露该信息，但他人没有从事上述交易活动，内幕知情人是否构成犯罪？

---

① 一审法院为北京市第二中级人民法院，案号：（2019）京02刑初141号；二审法院为北京市高级人民法院，案号：（2020）京刑终55号，载中国裁判文书网，https://wenshu.court.gov.cn/website/wenshu/181107ANFZ0BXSK4/index.html?docId=25ad05c265f54fe59ab2ac6c0009f0e5，最后访问时间：2022年8月24日。

> **裁判要旨**：内幕知情人只要实施了明示、暗示他人从事上述交易活动的行为，就构成内幕交易、泄露内幕信息罪，至于他人是否从事上述交易活动，不影响对内幕知情人的定性。至于内幕知情人与他人是否构成共同犯罪，仍要按照共犯理论来判断。

### 案情简介

公诉机关：北京市人民检察院第二分院

上诉人（原审被告人）：王某

上诉人（原审被告人）：李某

2014年底，国家电网下属某节能公司的总经理郭某为实现公司资产证券化，安排时任公司财务资产部主任的被告人王某联系券商提供咨询服务，王某通过被告人李某介绍了某证券工作人员季某。2015年3月至9月，季某及其下属刘某向某节能公司提供了多种上市方案，推荐"借壳"上市，筛选出国家电网旗下多家上市公司作为"壳资源"，建议将重庆某电力公司、某电气公司作为"借壳"首选。郭某安排王某了解"壳资源"公司的资产情况。郭某倾向于"借壳"某电气公司，但被国家电网产业发展部财务资产处处长江某否决。"借壳"重庆某电力公司需要与某区政府商谈。

2015年10月26日，郭某召开某节能公司上市准备工作会，研究委托券商、与某区政府商谈等问题。会后，郭某安排王某了解重庆某电力公司的资产情况；11月6日，重庆某电力公司间接控股股东国网重庆市电力公司总经理路某应郭某要求，指派该公司财务部主任陈某到北京向郭某介绍重庆某电力公司，王某参加中午聚餐，陈某在席间提到"借壳"重庆某电力公司需要取得某区政府的同意；12月29日8时25分，郭某、某节能公司办公室主任樊某、总会计师夏某等人从北京飞往重庆商谈"借壳"事宜，夏某在飞机起飞前电话通知王某因到重庆出差故而取消原计划前往天津的行程；12月29日下午，郭某等人先后与某区政府、重庆某电力公司及其控股股东会商，取得对方对"借壳"的支持；12月30日，重庆某电力公司停牌。2016年2月25日，重庆某电力公司发布与某节能公司重组的公告。经证监会认定，该公告事项属于证券法规定的内幕信息，敏感期为2015年10月26日至2016年2月

25 日，王某系内幕信息知情人。

2015 年 11 月 11 日晚，被告人王某、李某以夫妻名义与樊某聚餐；11 月 12 日，李某向其借用的焦某证券账户转入人民币 200 万元（以下币种均为人民币），后于当日 9 时 34 分至 38 分全仓买入重庆某电力公司股票 7.42 万股，成交金额 199.79 万余元；12 月 29 日 8 时 21 分王某拨打李某电话，8 时 40 分李某给王某回电话，9 时 31 分李某将其通过焦某证券账户持有的某集团股票亏本清仓，9 时 34 分至 37 分买入重庆某电力公司股票 6.91 万股，成交金额 212.61 万余元。综上，李某在内幕信息敏感期买入重庆某电力公司股票成交金额共计 412.4 万余元。

2018 年 12 月 19 日，被告人王某、李某被抓获归案。

## 各方观点

**公诉机关观点：**

被告人王某、李某构成内幕交易罪。

**上诉人王某（原审被告人）观点：**

其虽然与李某关系密切，但没有泄露内幕信息，二人不存在通谋；李某炒股多年，并非从其处得知关键信息，因此其不构成犯罪。

**上诉人李某（原审被告人）观点：**

王某没有向其泄露内幕信息，二人不存在通谋；其购买重庆某电力公司股票是基于个人对股市的分析判断，未从他人处非法获取内幕信息从事内幕交易，不构成犯罪。

## 法院观点

**一审法院观点：**

被告人王某、李某利用王某在工作中获知的内幕信息，在内幕信息公开前买入相关证券，二人的行为均已构成内幕交易罪，且系情节特别严重，依法均应予惩处。北京市人民检察院第二分院指控王某、李某犯内幕交易罪的事实清楚，证据确实、充分，指控的罪名成立，建议量刑幅度适当，对公诉机关的意见予以采纳。

李某为取得李某、杨某之女法律上的抚养权，与王某商量后登记离婚。此后，王某在李某交易某电力股票前后，多次为李某归还信用卡，二人还以夫妻名义参加同事聚会，共同探亲、出行旅游，王某以母亲身份帮忙照顾孩子。李某与王某虽登记离婚，但在经济、生活上仍保持密切联系，李某属于与内幕信息知情人员关系密切的人员。

李某购买重庆某电力公司股票可能的消息来源有四：个人分析、季某泄露、樊某泄露、王某泄露。结合在案证据：

1. 李某通过为王某推荐券商，很早就了解到了某节能公司具有资产上市的意向。国家电网下属有多家上市公司，某节能公司存在"借壳"重庆某电力公司、某电气公司等多种选择。某节能公司筹划"借壳"重庆某电力公司内幕信息形成后，李某与内幕信息知情人频繁接触，并在次日股票开市后借用他人证券账户，果断买入重庆某电力股票。考虑到"借壳"路径的多样性，李某与内幕信息知情人员接触的频繁性，接触时间与交易时间前后的紧密性，买入重庆某电力股票的果断性和异常性，李某辩称购买重庆某电力股票是基于个人对股市的分析判断缺乏正当合理性。

2. 内幕信息形成之前，郭某倾向于"借壳"某电气公司，该意见被否决。2015年10月26日至12月29日，某节能公司启动与重庆某电力公司重大资产重组工作，重庆电力安排陈某向某节能公司介绍重庆某电力公司，后某节能公司前往重庆与政府、重庆某电力公司及其控股股东进行磋商。该阶段并无券商介入，某节能公司也未将信息透漏给券商。根据季某的证言和李某的供述，季某认为某节能公司迟迟未启动"借壳"工作，曾一度判断本次"借壳"可能就"黄了"。故李某购买重庆某电力股票不可能从季某处获知内幕信息。

3. 2015年11月11日晚，王某、李某和樊某聚餐。此前樊某与李某并不熟悉，樊某向李某泄露内幕信息既无证据支持，也严重不合情理。李某供称其听樊某对王某说"这次'借壳'上市你们财务部门辛苦了"，王某供称席间樊某说"要上市了，你们财务部门会很忙"。对此，樊某予以否认。

4. 李某购买某电力股票前后与王某频繁联络、接触，2015年11月11日晚二人以夫妻名义与樊某聚餐，次日李某将200万元资金转入其借用的焦某证券账户，并在股市开市后全仓买入重庆某电力股票；12月29日8时21分、8时40分许李某与王某通话，后于当日股市开市后亏本清仓持有的某集团股票，连续买入重庆某电力股票。李某股票异常交易无正当理由或正当信息来源，应认定其从王某处非法获取了某节能公司与重庆某电力公司重大资产重组的内幕信息。

王某知晓李某炒股并从事与资本市场相关的工作，仍向李某泄露内幕信息，能够预见其行为将导致李某内幕交易的危害后果。二人虽登记离婚，但在经济、生活上保持密切联系，不再是截然分明的泄露内幕信息、内幕交易上游犯罪和下游犯罪的关系，而是形成共同利用内幕信息进行证券交易的合意，对王某也应按照内幕交易罪定罪惩处。

一审法院判决：一、被告人王某犯内幕交易罪，判处有期徒刑五年，并处罚金人民币一万元。二、被告人李某犯内幕交易罪，判处有期徒刑五年，并处罚金人民币一万元。

**二审法院观点：**

在案证据显示，李某通过为王某推荐券商，很早就了解到某节能公司具有资产上市的意向。国家电网下属有多家上市公司，某节能公司存在"借壳"重庆某电力公司、某电气公司等多种选择。某节能公司筹划"借壳"重庆某电力公司内幕信息形成后，在内幕信息敏感期内，李某购买重庆某电力股票前后与内幕信息知情人王某频繁联络、接触。2015 年 11 月 11 日晚二人以夫妻名义与樊某聚餐，次日李某将 200 万元资金转入其借用的焦某证券账户，并在股市开市后全仓买入重庆某电力股票；12 月 29 日 8 时 21 分、8 时 40 分许李某与王某通话，后于当日股市开市后，将其通过焦某证券账户持有的某集团股票亏本清仓，连续买入重庆某电力股票。考虑到"借壳"路径的多样性，李某与内幕信息知情人员接触的频繁性，接触时间与交易时间前后的紧密性，借用他人证券账户的隐蔽性，买入重庆某电力股票的果断性，李某与该内幕信息有关的股票交易行为明显异常，且无正当理由或者正当信息来源，应认定李某从王某处非法获取了某节能公司与重庆某电力公司重大资产重组的内幕信息。二上诉人及各自辩护人关于李某购买重庆某电力股票系基于个人对股市的分析判断的辩解及辩护意见，不予采纳。

李某利用非法获取的内幕信息，在内幕信息尚未公开前买入相关股票，成交金额共计 412.4 万余元，属于情节特别严重，其行为已构成内幕交易罪。王某明知李某炒股并从事与资本市场相关的工作，仍明示、暗示已从其处非法获取内幕信息的李某，从事相关证券交易活动，对王某也应按照内幕交易罪定罪惩处。

二审法院裁定：驳回王某、李某的上诉，维持原判。

## 法官评析

通说认为，我国刑法关于内幕交易、泄露内幕信息罪的罪状表述包括三种行为方式，一是"买入或者卖出该证券，或者从事与该内幕信息有关的期货交易"，二是"泄露该信息"，三是"明示、暗示他人从事上述交易活动"。不难看出，前两种情形分别对应典型意义上的"内幕交易"和"泄露内幕信息"，作为内幕交易、泄露内幕信息罪两种基本的行为方式，均无可厚非。对于上述第三种情形，需要加以强调的是，这不是对共同犯罪的特别说明，而是对该罪的犯罪构成的规定，不能相互混淆。当然，这种行为方式应该归属于"内幕交易"还是"泄露内幕信息"，抑或是两者兼而有之，仍有讨论的必要。

### 一、对"明示或暗示他人从事上述交易活动"的解析及罪名选择适用

（一）解析与定位

在司法实践中，如果内幕信息知情人"明示或暗示他人从事交易活动"，但最终没有发生"他人从事交易活动"的结果，那么知情人被追究刑事责任的可能性将会很小，这是不容回避的事实。个中原因在此不作讨论。由此带来的问题是，我们不自觉地将"他人从事上述交易活动"当作适用该条款的前提条件，也就是说该条款规定的是这样一个行为方式，即内幕信息知情人明示、暗示他人+他人从事上述交易活动。但是，将成立共同犯罪作为一个犯罪构成的要件，似乎也不应是立法的本意。因为即使没有规定这个条款，内幕知情人伙同明示、暗示他人从事上述交易活动，成立共同犯罪也是没有任何障碍的。[1] 既然刑法单独规定了该条款，就应当严格按照法律条文的字面含义进行理解，刑法在此评价的是知情人明示、暗示他人从事上述交易活动这一行为本身，而不是知情人与他人共同实施犯罪的状态。这是因为，"明示或暗示他人从事上述交易活动"是成立内幕交易、泄露内幕信息罪的客观要件之一，属于犯罪构成范畴。犯罪构成解决的是构成犯罪的具体规格和标准问题，而共同犯罪是犯罪成立后的一种违法形态，将犯罪形态作为是否构成犯罪的要件，逻辑关系上是相互矛盾的。因此，知情人只要实施了明示、暗示

---

[1] 有观点认为，如果他人并不知道自己在利用内幕信息进行交易活动，内幕知情人与他人没有共同犯罪的故意，这种情形与该条款规定的内容是相符合的。但是，这无疑是对该条款的适用作了限制性解释，而且这种情形完全可以适用片面共犯的理论，没有单独设立该条款的必要。

他人从事上述交易活动的行为，就构成内幕交易、泄露内幕信息罪，至于他人是否从事上述交易活动，并不影响对知情人的定性。至于知情人与他人是否构成共同犯罪，则是需要单独考虑的问题，仍要按照共犯理论来判断。就本案而言，王某明示、暗示李某购买重庆某电力股票，其行为已经构成内幕交易、泄露内幕信息罪（具体罪名选择适用见下文），李某购买股票，其行为构成内幕交易罪，同时二人在购买股票的过程中形成犯意联络，符合共犯的认定标准，因此在内幕交易罪的范围内构成共同犯罪。进而言之，如果王某明示、暗示李某购买股票，但李某最终没有购买该股票，王某仍然单独构成内幕交易、泄露内幕信息罪。如此认定，才符合刑法规定的本意。

（二）罪名适用

按照一般理解，明示、暗示的内容应当既包括知情人让他人从事交易活动的意思，也包括知情人将内幕信息泄露给他人的意思，否则他人从事的交易活动与内幕信息就没有直接的关系，知情人也不会因此受到刑法的责难。因此，向他人泄露内幕信息是明示、暗示他人从事交易活动的充要条件，如果认定知情人存在明示、暗示他人从事交易活动的行为，那么知情人必然同样存在泄露内幕信息的行为。既然本罪是一个选择性罪名，从坚持全面评价的原则出发，对知情人科以内幕交易、泄露内幕信息罪，而不只是内幕交易罪，似乎再合适不过。但是，司法实践中一般都是将上述行为认定为内幕交易罪，对泄露内幕信息的行为不再单独评价。对此，我们可以这样理解：从主观方面来说，知情人是以让他人从事上述交易活动为目的，而不单是为了将内幕信息泄露给他人；从客观方面来说，知情人虽然事实上存在泄露内幕信息的行为，但这只是"明示、暗示"手段行为的一部分，应当整体统一进行评价，知情人所积极追求的结果，即"他人从事上述交易活动"才是刑法评价的重点。就本案而言，李某在王某的明示、暗示下购买了股票，李某当然构成内幕交易罪（既遂），王某主观上积极追求李某从事内幕交易，客观上实施了明示、暗示李某的行为，应当构成内幕交易罪（既遂），且二人存在共同实施犯罪的故意，应认定为共同犯罪。但是，如果李某最终没有购买股票，则李某不构成犯罪，对王某的处理存在三种情况。一是按照主客观相一致的原则，由于王某积极追求的他人从事内幕交易的结果未实际发生，王某的行为构成内幕交易罪（未遂）；二是鉴于本罪系选择性罪名，王某的行为已完全符合泄露内幕信息罪的构成要件，且系犯罪既遂，对其内幕交易行为（未遂）

不再评价；三是王某的行为既构成内幕交易罪（未遂），又构成泄露内幕信息罪（既遂），根据犯罪既遂、未遂处理原则，王某应当被认定为泄露内幕信息罪（既遂），并将内幕交易罪（未遂）作为量刑情节考虑。我们认为，第三种处理意见对王某的行为进行了全面、客观的评价，罪责刑相适应，更为妥当。

**二、案例的指导意义**

内幕交易、泄露内幕信息的行为严重扰乱证券、期货市场的正常管理秩序，侵害证券、期货投资人的合法利益，历来是刑法在金融犯罪领域严厉打击的对象。经过持续多年的高压执法态势，内幕信息知情人直接从事内幕交易，或单纯泄露内幕信息的情形明显减少，而通过向他人泄露内幕信息、明示或暗示他人从事上述交易活动的情形逐渐增多，已经成为该犯罪行为的常态。作为一个选择性罪名，内幕交易、泄露内幕信息罪既可以概括适用，也可以分解适用，从刑法罪刑相当原则的角度出发，如何准确适用该罪名无疑是司法实务界不得不研究的问题。这一问题在"明示或暗示他人从事上述交易活动"的语境下尤为突出，又因为涉及行为人与他人是否构成共同犯罪，以及既遂、未遂等犯罪形态问题，很容易成为控辩双方争议的焦点，司法机关需要引起重视。

## 八、利用未公开信息交易罪

### 4.8 利用未公开信息交易罪的认定
——张某、郭某利用未公开信息交易案[1]

> 关 键 词：未公开信息　职务便利　因果关系
>
> 问题提出：如何认定利用非公开信息交易罪？
>
> 裁判要旨：利用非公开信息交易罪的犯罪主体是通过职务行为能够掌握相关信息的金融机构、监管机构及行业协会从业人员，一般主体只有在共同犯罪中才能构成本罪；在客观方面，法院重点审查的内容是：非公开信息的认定、来源以及其与相关证券、期货交易是否存在因果关系。

### 案情简介

公诉机关：北京市人民检察院第二分院

被告人：张某、郭某

2009年12月至2015年9月间，被告人郭某先后担任某1基金管理有限公司（以下简称某1基金公司）、某2基金管理股份有限公司（以下简称某2基金公司）基金经理，负责管理某领先企业混合型证券投资基金（以下简称某领先基金）、某优质增长股票型证券投资基金（2015年8月7日转型为某优质增长混合型证券投资基金，以下均简称某优质基金）基金账户，掌握基金投资股票的名称、买卖时机等信息。经中国证监会（以下简称证监会）认定，

---

[1] 一审法院为北京市第二中级人民法院，案号（2020）京02刑初1号，载中国裁判文书网，https://wenshu.court.gov.cn/website/wenshu/181107ANFZ0BXSK4/index.html?docId=7mxCG1kfqFKrmJCfZDd43o7IF/SKonTttbNBNNePK/crTlhovZVL/5O3qNaLMqsJEjxqvsRAZ9JE3z3XhifmxiN05NRB6QgWvb77MR4zDn69I/kgvj22s/hIg8V+Zva9，最后访问时间：2022年10月8日。

上述信息属于内幕信息以外的其他未公开信息。其间，郭某违反《中华人民共和国证券法》等法律法规，利用因职务便利获取的未公开信息，伙同被告人张某，通过张某及其妻杨某名下两个证券账户，先于或同期于郭某管理的基金账户买入或卖出相同股票，成交额共计人民币9700余万元（以下币种均为人民币），非法获利共计737.079987万元。

证监会经调查发现郭某、张某利用未公开信息交易股票的事实，对郭某、张某作出没收违法所得、罚款共计1095.782292万元的行政处罚，并将犯罪线索移交公安机关立案侦查。2018年9月27日，郭某、张某经侦查人员电话通知后到案。郭某、张某履行完毕上述行政处罚决定，另向司法机关缴纳案款463.3505万元。

### 各方观点

**公诉机关观点：**

张某、郭某的行为均构成利用未公开信息交易罪，建议对二人均判处三年以下有期徒刑，可以适用缓刑，并处罚金。

**被告人张某、郭某观点：**

对公诉机关指控的事实、罪名及量刑建议均不持异议。

### 法院观点

被告人郭某、张某为非法获利，利用郭某担任基金管理公司基金经理的职务便利获取的内幕信息以外的其他未公开信息，违反规定，从事相关交易活动，情节严重，二人的行为均已构成利用未公开信息交易罪，依法应予惩处。北京市人民检察院第二分院指控郭某、张某犯利用未公开信息交易罪的事实清楚，证据确实、充分，指控的罪名成立，建议的量刑幅度适当，郭某、张某对此没有异议，法院对公诉机关的意见予以采纳。郭某、张某均无前科劣迹，到案后能逐步如实供述所犯罪行，认罪认罚、积极缴纳案款，可对二人从轻处罚。郭某、张某符合缓刑的法定条件，可对二人宣告缓刑。

法院判决：一、被告人郭某犯利用未公开信息交易罪，判处有期徒刑二年十个月，缓刑三年，并处罚金人民币四百一十一万零二百六十四元零角三分。二、被告人张某犯利用未公开信息交易罪，判处有期徒刑二年十个月，缓刑三年，并处罚金人民币四百一十一万零二百六十四元零角二分。三、被告人郭某、张某在行政处罚程序中缴纳的案款，折抵刑事判决应追缴的违法所得以及所判处的部分罚金后，剩余罚金四百六十三万三千五百零五元已扣押在案，依法上缴国库。

> **法官评析**

为打击证券、期货市场中的"老鼠仓"① 行为，《中华人民共和国刑法修正案（七）》新增设了利用未公开信息交易罪，司法实践中，法官审理该类案件，在构成要件层面，需要注意以下几个主要问题，以厘清罪与非罪、此罪与彼罪的界限。

### 一、本罪犯罪主体特定：金融机构、监管机构及行业协会从业人员

利用未公开信息交易罪并非任何自然人均能构成，而是特定身份者才能构成的犯罪，系特殊主体犯罪，即证券交易所、期货交易所、证券公司、期货经纪公司、基金管理公司、商业银行、保险公司等资产金融机构的从业人员，以及有关监管部门或行业协会的工作人员。该部分人员由于职务关系，会先于一般社会公众掌握证券、期货交易的特殊信息，具有利用该信息从事相关交易、损害投资者资金安全、扰乱市场公平交易秩序的可能。本罪的犯罪主体包括三类：一是对客户负有信义义务的金融机构的工作人员，这些主体利用金融机构的交易信息或其他信息，可能构成违反信义义务，侵害客户的利益。二是金融市场基础设施的工作人员，此类机构为市场提供基础服务，因此获取了市场上的基础信息，例如证券交易所、期货交易所、中国证券登记结算公司等，该类人员从事"老鼠仓"交易损害了市场公平、公正的交易秩序，亦损害了这类机构的公正性和公信力。三是监管机构的工作人员，在监管过程中获得了大量未公开信息，如果其将这些信息用于获取私利，势必造成交易的不公平，最终侵害其他散户的利益。本案中的被告人郭某作为基金管理公司的基金经理，在履行管理相关基金账户的职务过程中，掌握了基金投资股票的名称、买卖时机等未公开的信息，属于上述第一类犯罪主体，符合本罪的主体条件。张某虽然是金融机构工作人员，但是本案涉及的信息并非其职务能够获取的信息，因此只能认定为一般主体。一般主体只有通过

---

① "老鼠仓"是一个从国外传进来的证券业术语，即"先跑的鼠"，原意是指证券市场上一旦有某种消息会对股价的涨跌产生明显影响，总有一些最先获知这一消息的人能够在交易中获利或者逃避风险。因此，从原意来看，"老鼠仓"的实质就是内幕交易。

与特殊主体共同实施犯罪才能构成本罪。

**二、本罪客观方面：行为人因职务便利获取了未公开信息，其从事的证券、期货交易与获取的未公开信息存在因果关系**

（一）未公开信息系内幕信息以外的其他未公开的信息

根据2019年《最高人民法院、最高人民检察院关于办理利用未公开信息交易刑事案件适用法律若干问题的解释》第一条之规定，本罪中的未公开信息包括：（1）证券、期货的投资决策、交易执行信息；（2）证券持仓数量及变化、资金数量及变化、交易动向信息；（3）其他可能影响证券、期货交易活动的信息。司法解释采取了不完全列举的解释方式。实践中，面对层出不穷的新情况、新类型，法院在审查行为人所利用的信息是否属于本罪中的"未公开信息"时，应将落脚点放在该信息是否"可能影响证券、期货交易活动"，具体来说有两个基本的衡量标准。第一个标准是具有未公开性，即未公开信息在一定的时间内只有一部分人能够得知，并且对信息采取了一定的保密措施防止其泄露。第二个标准是具有价格影响性，未公开信息必须能够对证券、期货的市场价格产生具有明确指向性的影响。具体包括由金融机构相关人员掌握的涉及交易投资具体信息的投资决策信息，以及由证券交易所、证券监管机构或行业协会掌握的涉及证券交易、变动等影响价格的监管信息和行业信息，不应包括由上市公司掌握的上市公司经营类信息以及由相关监管部门掌握的宏观调控政策信息。

实践中，鉴于证券交易的专业性，司法人员难以从专业角度判断涉案信息是否属于本罪中的"非公开性"。对此，司法解释规定"内幕信息以外的其他未公开的信息难以认定的，司法机关可以在有关行政主（监）管部门的认定意见的基础上，根据案件事实和法律规定作出认定"。本案中，经行政监管部门——证监会认定，郭某担任基金经理期间，因管理基金掌握的基金投资股票名称、数量、价位、买卖时机等信息，属于内幕信息以外的其他未公开信息。这些信息一是属于非公开的信息；二是掌握该信息后如果先于或同期于郭某管理的基金账户交易，对于相关股票的交易价格能够产生影响，属于"可能影响证券、期货交易活动"的信息。

（二）未公开信息系通过职务便利获取

本罪在客观方面强调的是利用本人职务便利了解的内幕信息以外的未公开信息，如果其所利用的信息并非通过职务便利知悉，则可能不构成本罪。

但是在共同犯罪中,利用部分行为人通过职务便利获取的"非公开信息"进行交易的,亦属于本罪的规制范围。本案中,郭某作为基金公司的基金经理,管理该公司部分基金账户,其工作职责包括制定投资策略,选择投资品种,掌握了相关基金账户投资股票名称和投资时机等。张某虽为金融机构工作人员,但涉案非公开信息并非通过其职务便利获取,而是郭某通过职务便利获取,张某提供其本人及妻子名下交易账户且部分出资,二人利用郭某获取的信息共同实施相关证券交易行为,在共犯类型上,郭某应属于正犯,张某属于帮助犯。

(三) 未公开信息与交易行为存在因果关系

行为人构成利用未公开信息交易罪,必须是从事与该信息相关的证券、期货交易活动或明示、暗示他人从事相关交易活动。反之,如果行为人自己或明示、暗示他人从事的证券、期货交易活动与其所获取的未公开信息没有任何关联,则不能以利用未公开信息交易罪追究其刑事责任。司法实践中,往往由中国证监会以"认定函"的形式出具意见,认定涉案账户和金融机构在证券、期货交易时机及交易品种上存在关联,即涉案账户符合先于或同期于金融机构买入或卖出同一只股票或同一份期货,也就是存在"趋同交易"。本案中证监会出具的"认定函"认定杨某、张某证券账户先于或同期于郭某管理的基金账户买入或卖出同一只股票,与郭某掌握的未公开信息之间具有关联性。

**三、案例的指导意义**

本案是一起利用非公开信息交易共同犯罪的典型案例。在犯罪主体方面,本案二被告人,郭某符合本罪要求的特殊主体身份,张某属于一般主体,在共同犯罪中,郭某属于本罪的实行犯,张某作为帮助犯方构成本罪;在客观认定方面,法院围绕信息是否属于本罪中的非公开信息,信息是否系通过职务便利取得以及相关证券、期货交易与获取的信息是否存在因果关系这几个重要问题展开审理,以准确认定案件性质,其为审理该类案件提供了参考思维路径。

## 九、操纵证券、期货市场罪

### 4.9 不以成交为目的，频繁申报、撤单或者大额申报、撤单，误导投资者作出投资决策，影响证券交易价格、交易量，并进行与申报相反的交易，情节严重的，构成操纵证券市场罪

——唐某甲、唐某乙、唐某丙操纵证券、期货市场案[①]

> **关 键 词**：" 虚晃交易"　操纵行为　违法所得
>
> **问题提出**：" 虚晃交易"行为是否构成操纵证券、期货市场罪？
>
> **裁判要旨**：行为人主观上具有操纵证券、期货市场的故意，客观上实施了"虚晃交易"行为，属于操纵证券、期货市场行为；操纵行为的违法所得，不是从撤回申报、反向操作交易后才计算，应以与犯罪紧密相关的建仓时间为起点计算实际收益；在共同犯罪中，整体犯罪达到"情节特别严重"的，对于参与程度较低的人员，可降低认定为"情节严重"。

### 案情简介

公诉机关：上海市人民检察院第一分院

被告人：唐某甲、唐某乙、唐某丙

2012年5月至2013年1月间，被告人唐某甲实际控制"杨某""王某甲""朱某""赵某""闵某""申某""陈某""伍某""杨某"等证券账户；被告人唐某乙实际控制"苏某""张某"等证券账户。其间，唐某甲伙同唐

---

[①] 一审法院为上海市第一中级人民法院，案号：(2019)沪01刑初19号，载中国裁判文书网，https：//wenshu.court.gov.cn/website/wenshu/181107ANFZ0BXSK4/index.html? docId = Np7NlKPz4l2zcaOsuNH6qHx82osWOLzqdZ50a2y6EgmX + NHFhMQiuZO3qNaLMqsJEjxqvsRAZ9JE3z3XhifmxiN05NRB6QgWvb77MR4zDn4zZxOr3YBAhRCb4vjjqH8M，最后访问时间：2022年8月1日。

某乙、唐某丙，不以成交为目的，频繁申报、撤单或大额申报、撤单，影响股票交易价格与交易量，并进行与申报相反的交易。

2012年5月9日、10日、14日，被告人唐某甲、唐某乙控制账户组撤回申报买入"华某实业"股票量分别占当日该股票总申报买入量的57.02%、55.62%、61.10%，撤回申报金额分别为9000余万元、3.5亿余元、2.5亿余元。同年5月7日至23日，唐某甲、唐某乙控制账户组通过实施与虚假申报相反的交易行为，违法所得金额共计425.77万余元。

2012年5月3日、4日，被告人唐某甲控制账户组撤回申报买入A股票量分别占当日该股票总申报买入量的56.29%、52.47%，撤回申报金额分别为4亿余元、4.5亿余元。同年4月24日至5月7日，唐某甲、唐某乙控制账户组通过实施与虚假申报相反的交易行为，违法所得金额共计1369.14万余元。

2012年6月5日至2013年1月8日，被告人唐某甲控制账户组在B股票交易中存在虚假申报撤单等行为；其中，2012年8月24日，唐某甲控制账户组撤回申报卖出B股票量占当日该股票总申报卖出量的52.33%，撤回申报金额1.1亿余元。其间，唐某甲控制账户组通过实施与虚假申报相反的交易行为等，违法所得金额共计786.29万余元。

前述交易中，被告人唐某甲、唐某乙控制账户组违法所得共计2581.21万余元。其中，唐某甲控制账户组违法所得2440.87万余元，唐某乙控制账户组违法所得140.33万余元。唐某丙在明知唐某甲存在操纵证券市场行为的情况下，仍接受唐某甲的安排多次从事涉案股票交易。

2018年6月12日，被告人唐某甲返回境内投案；同年6月19日、26日，被告人唐某乙、唐某丙分别向侦查机关投案。三名被告人到案后如实供述了基本犯罪事实。一审审理过程中，唐某甲向侦查机关检举揭发他人犯罪行为，经查证属实。

### 各方观点

**公诉机关观点：**

被告人唐某甲、唐某乙、唐某丙采用当日连续申报买入或卖出并在成交前撤回申报等手法操纵证券市场，其行为构成操纵证券市场罪，且情节特别严重。

**被告人唐某甲、唐某乙、唐某丙观点：**

唐某甲提出，其一次性撤回申报 B 股票并非出于虚假申报目的。其辩护人提出如下辩护意见：（1）不应将虚假申报 B 股票一节事实认定为操纵证券市场罪。唐某甲于 2012 年 8 月 24 日虚假申报卖出 B 股票过程中，并未进行与申报相反的交易，也未从中获利，且该节事实已被行政处罚，不应当重复计算数额。（2）违法所得认定有误。涉案三只股票的操纵区间认定有误；涉案股票的浮盈、浮亏不应计入违法所得，即使计算账面获利，区间也应限定为操纵当日。（3）唐某甲系从境外回国投案自首，具有自首、立功情节，愿意退赔违法所得并缴纳罚金，且患有抑郁症、严重高血压等疾病，请求对其从宽处罚，适用缓刑。

被告人唐某乙辩护人提出：（1）指控 B 股票操纵区间及违法所得的计算区间与另外两只涉案股票的认定标准不一致。B 股票的操纵区间应认定为 2012 年 8 月 14 日至 2012 年 9 月 5 日，指控操纵区间显然将前期买卖该只股票的行为与具体操纵行为间的因果关系不当扩大，未区分合法买卖行为与非法操纵行为。（2）唐某乙并未控制王某 3 账户。唐某甲才系该账户的实际控制人。（3）唐某乙系从犯，有自首情节，认罪、悔罪态度较好，且愿意退赔违法所得和退缴罚金，请求对其从轻、减轻处罚并适用缓刑。

被告人唐某丙辩护人提出：（1）本案认定操纵证券市场的时间范围不宜过分扩大，首次撤单申报比例超标日之前已经完成的交易部分不应纳入违法所得计算范围。（2）虚假申报相关涉案股票的行为与市场价格波动间没有因果关系，相应获利金额应从全案违法所得数额中予以去除。（3）唐某丙系从犯，有自首情节，主观恶性较小，请求对其依法从轻处罚。

三名被告人的辩护人均提出，本案操纵证券市场行为未达到情节特别严重程度。理由如下：其一，相较于明示性操纵行为，虚假申报操纵行为对证券市场的影响具有间接性，且影响力度小、周期短，对市场的控制力较弱，实害性较低。其二，涉案三只股票的撤单比例仅略超出追诉标准，涉案股票在具体操纵日与同期大盘指数偏离度较小，操纵日市场价量并未明显异常。其三，本案违法所得未达到 1000 万元，唐某乙实际控制账户组违法所得金额刚达到入罪标准。

> **法院观点**

一、关于指控操纵 B 股票一节能否认定为操纵证券市场犯罪

法院认为，应认定该节事实构成操纵证券市场罪。主要理由是：（1）被告人唐某甲控制账户组存在虚假申报交易 B 股票行为。指控时间段内，唐某甲控制账户组不以成交为目的，对 B 股票频繁申报、撤单或者大额申报、撤单，且 2012 年 8 月 24 日当天，累计撤回申报卖出量达到同期该股票总申报卖出量 50% 以上，撤回申报金额在 1000 万元以上，误导投资者作出投资决策，影响该股票的交易价格与交易量。（2）指控时间段内，唐某甲控制账户组进行了与虚假申报相反的交易等行为，操纵 B 股票获利的意图明显，且获取了巨额利益。

二、关于王某甲证券账户的实际控制人

法院认为，应认定系被告人唐某甲而非唐某乙实际控制王某甲证券账户。主要理由是：（1）唐某甲、唐某乙的供述相互印证，证明王某甲账户系唐某甲控制使用，账户内资金归属于唐某甲。（2）司法会计鉴定意见书及附件反映，王某甲证券账户的资金来源、去向为唐某甲实际控制的其他账户。王某甲证券账户资金主要源于张某账户，资金去向主要为王某乙账户。而在案证据反映，张某 2 证券账户及银行卡、王某乙证券账户及银行卡均系唐某甲实际控制。（3）王某甲证券账户操作的 IP 地址与唐某甲的出行记录相吻合。

三、关于违法所得数额认定

法院认为，对操纵证券市场违法所得数额的认定，应以与涉案股票操纵行为实质关联的股票建仓时间以及出售时间等为范围来计算违法所得，而非仅认定实施操纵行为当日的违法所得。同时，从本案来看，操纵证券市场违法所得数额以实际获利金额认定更为妥当，鉴于本案被告人实际获利金额略高于指控数额，不再增加认定。

四、关于是否认定情节特别严重

法院认为，被告人唐某甲应对全案操纵证券市场事实承担刑事责任，涉及违法所得金额 2580 余万元；被告人唐某乙应对其参与的操纵证券市场事实承担刑事责任，涉及违法所得金额 1790 余万元；两人均系情节特别严重。鉴于唐某丙仅接受唐某甲指令多次参与涉案股票交易，故认定其操纵证券市场情节严重。

综上，被告人唐某甲伙同被告人唐某乙、唐某丙，不以成交为目的，频繁申报、撤单或者大额申报、撤单，误导投资者作出投资决策，影响证券交易价格、交易量，并进行与申报相反的交易，其行为均已构成操纵证券市场罪。其中，唐某甲、唐某乙属于情节特别严重，唐某丙属于情节严重。唐某甲因操纵 B 股票一节曾受行政处罚并不影响本案犯罪事实的认定，但在具体执行时应将对应的已执行违法所得及罚款数额予以折抵。唐某甲在共同操纵证券市场犯罪中起主要作用，应认定为主犯；唐某乙、唐某丙在共同操纵证券市场犯罪中起次要、辅助作用，系从犯。唐某甲、唐某乙、唐某丙均能主动到案，且到案后均对基本犯罪事实如实供述，故认定三名被告人均具有自首情节。唐某甲在审理期间，检举揭发他人犯罪事实，经查证属实，具有立功表现。唐某甲、唐某乙、唐某丙能退缴操纵证券市场全部违法所得及预缴全部罚金，在量刑时予以考虑。综合全案事实、情节，对唐某甲、唐某乙减轻处罚，对唐某丙从轻处罚，辩护人的相关辩护意见予以采纳；但对唐某甲、唐某乙不宜适用缓刑。

法院判决：一、被告人唐某甲犯操纵证券市场罪，判处有期徒刑三年六个月，并处罚金人民币二千四百五十万元。二、被告人唐某乙犯操纵证券市场罪，判处有期徒刑一年八个月，并处罚金人民币一百五十万元。三、被告人唐某丙犯操纵证券市场罪，判处有期徒刑一年，缓刑一年，并处罚金人民币十万元。四、操纵证券市场违法所得予以追缴。

**法官评析**

2021 年 3 月 1 日起施行的《中华人民共和国刑法修正案（十一）》将"幌骗交易""蛊惑交易""抢帽子交易"明确规定为操纵证券、期货市场的犯罪行为，本案审理时尚无上述立法变化。根据 2019 年《最高人民法院、最高人民检察院关于办理操纵证券、期货市场刑事案件适用法律若干问题的解释》第一条第五项之规定，本案涉及的"幌骗交易"属于《中华人民共和国刑法》第一百八十二条规定的"以其他方法操纵证券、期货市场"的行为。本案在审理时的争议焦点主要集中在以下三个方面：一是操纵证券市场的认定问题；二是违法所得的计算问题；三是情节特别严重的认定问题。

## 一、定性方面：操纵证券市场行为的认定

（一）主观上存在操纵证券市场的故意

操纵证券、期货市场罪的犯罪目的一般是获取不正当利益或转嫁风险，但该目的不是犯罪必备构成要件，客观上未实现该目的不影响本罪的成立。行为人的主观故意内容是区分罪与非罪的重要因素。证券、期货交易作为一种投机交易，交易者都希望在预期价位走高时以低价位买入，在预期价位走低时以高价位卖出。如果投资者为实现上述预期，通过研究、预测价格走向后，然后大量购买即将价格走高的证券、期货，或者大量卖出价格即将走低的证券、期货，后市场走向确如预期，投资者因此获利或避免了经济损失，其行为虽然客观上会对市场交易价格和数量产生影响，但这是正常、合法的投资行为，不属于操纵证券、期货市场的行为。但有的人为实现非法获利或转嫁风险之目的，人为操作导致交易价格和交易数量发生变化后，再进行反向操作，则其主观上具有操纵市场的故意。

（二）客观上存在频繁申报、撤单或者大额申报、撤单，进行虚假申报相反的交易行为

"虚晃交易"主要存在两种手段类型：一是为抬高股票交易价格，频繁或大额申报买入，误导其他投资者买入引发交易价格上涨，后撤回买入申报并操作卖出证券、期货；二是为压低股票交易价格，频繁或大额申报卖出，误导其他投资者卖出引发交易价格下跌，后撤回卖出申报并操作买入证券、期货。两种行为手段均由"正、反"两种操作组成，"申报买入、操作卖出""申报卖出、操作买入"，虚晃一枪，人为操纵交易价格涨跌。本案中，涉及"华某实业"、A、B 三只股票，对于前二者，行为人控制多个账户申报大量买入，后撤回申报，影响股票交易价格与交易量，再控制账户实施与申报相反的交易行为，违法所得金额共计 1700 余万元；对于 B 股票，行为人控制账户组申报大量卖出，后撤回申报，影响股票交易价格与交易量，再控制账户组实施与申报相反的交易行为，违法所得 780 余万元。

## 二、违法所得的计算

行为人因操纵行为所产生的违法所得，一方面影响其法定刑档的适用，另一方面影响追缴数额的确定。本案中，围绕违法所得，控辩双方存在争议，控方认为应以建仓之后相应股票的实际获利计算违法所得，辩方认为应以撤回申报的操纵日之后产生的收益计算违法所得，在操纵日之前的股票交易属

于正常交易，与操纵行为不存在因果关系，故应从违法所得中予以扣除。对此，笔者认为，操纵证券、期货市场的行为系由一系列具体行为组合而成，行为人为实施操纵行为而控制一系列账户、建仓等行为均是为犯罪准备条件的犯罪预备行为，行为人实施虚假申报为犯罪着手行为，实施反向操作后实行行为终结，故应以与犯罪行为相关的建仓时间为起点，此后发生的实际收益均属于违法所得，辩方以操纵日为起点计算违法所得观点，明显割裂了犯罪进程，不当缩小了违法所得范围。本案中，行为人控制账户组进行建仓的行为、此后在控制账户内实施的相关行为均为操纵行为的一部分，不存在所谓正常证券交易行为，故应以建仓时间为起点到案发时涉案股票的实际收益计算行为人的违法所得。

### 三、"情节严重"与"情节特别严重"的认定

根据2019年《最高人民法院、最高人民检察院关于办理操纵证券、期货市场刑事案件适用法律若干问题的解释》第二条第六项、第七项之规定，"虚晃交易"情节严重的情形包括"当日累计撤回申报量达到同期该证券、期货合约总申报量百分之五十以上，且证券撤回申报额在1000万元以上、撤回申报的期货合约占用保证金数额在五百万元以上的"以及"违法所得数额在一百万元以上"。情节特别严重的情形是"违法所得数额在一千万元"。在共同犯罪中，各行为人仅对其参与的部分犯罪行为承担责任。

本案中，唐某甲、唐某乙的违法所得均在1000万元以上，据此认定二人为"情节特别严重"。与唐某甲与唐某乙事先共谋、事中紧密协作、事后共享收益这种紧密的共同犯罪关系不同，唐某丙并非全面、深入参与共同犯罪，而是偶然性地介入了犯罪过程，其明知实施的是操纵证券市场的行为，受唐某甲指令多次参与涉案股票交易，因此不能要求其对全部犯罪结果承担责任，但查清其具体行为所对应之犯罪结果亦不现实。一方面，唐某丙参与行为所对应之违法所得不明，不能据此认定其"情节特别严重"或"情节严重"；另一方面，唐某丙参与的行为是否达到"当日累计撤回申报量达到同期该证券、期货合约总申报量百分之五十以上，且证券撤回申报额在一千万元以上"亦不清楚，但其参与的犯罪行为整体上确实达到了"情节特别严重"的结果，结合其多次参与的情况，仅认定其为"情节严重"。

### 四、案例的指导意义

本案属于典型的"虚晃交易"型操纵证券市场的行为，本案的审理焦点

涉及操纵行为的认定、违法所得的计算、情节严重与情节特别严重的认定，法院均进行了充分的审理及回应，其相应观点对于审理此类案件，提供了有益的借鉴。

## 十、违法发放贷款罪

### 4.10 商业银行经党委会讨论决议，向关系人以外人员违法发放贷款数额巨大的，构成违法发放贷款罪

——A 商业银行股份有限公司、孟某、黄某违法发放贷款案①

> 关 键 词：单位犯罪　违法性　损失计算
>
> 问题提出：单位犯违法发放贷款罪如何认定？
>
> 裁判要旨：以单位名义实施的为单位谋取利益的犯罪，对于犯罪行为是否体现单位意志的审查，要根据该单位的实际决策惯例来确定，党委会作出的决定亦代表单位意志；在贷款违法性认定上，"违反国家规定"必须在法定范畴内认定，但不排除结合具体的可操作性规定文件进行审查；在犯罪结果的认定上，案发后行为人通过民事诉讼积极追回的钱款应当在认定损失时予以扣减。

**案情简介**

公诉机关：本溪市溪湖区人民检察院

上诉单位（原审被告单位）：A 商业银行股份有限公司（或称 A 银行）

---

① 一审法院为辽宁省本溪市溪湖区人民法院，案号：（2019）辽 0503 刑初 206 号；二审法院为辽宁省本溪市中级人民法院，案号：（2020）辽 05 刑终 107 号，载中国裁判文书网，https：//wenshu.court.gov.cn/website/wenshu/181107ANFZ0BXSK4/index.html? docId = OeNWgfeGz7a0cgGLuazJrODdVMw-bVDceiD/4H3ITyeSctJT + MccpLZO3qNaLMqsJEjxqvsRAZ9JE3z3XhifmxiN05NRB6QgWvb77MR4zDn74QEEAYfP/FWaaI/4UW4Wd，最后访问时间：2022 年 8 月 11 日。

上诉人：孟某、黄某

2014年12月，时任A商业银行股份有限公司行长的黄某，安排该行信贷人员向B建材城办理发放抵押贷款3000万元、向宋某发放抵押贷款1000万元。其中宋某个人1000万元贷款经该行副行长杜某、客户营销中心经理孙某1、信贷员柳某等人贷前调查，怀疑该笔贷款用途不实，疑为借名贷款，认为抵押物评估价值过高且不易变现，并多次提醒该行主要领导。但时任A商业银行股份有限公司法定代表人、董事长孟某，行长黄某在明知任某为实际使用人的情况下，主持召开该行党委会，以为完成年度放贷指标、帮助银行盈利为由，研究通过了发放该笔贷款的决定。后该行违反国家规定发放此笔贷款，经公安机关侦查证实，借款人为宋某个人的1000万元贷款确为借名贷款，实际使用人为任某（因骗取贷款犯罪，已被依法判处有期徒刑），且贷款用途不实。任某将1000万元贷款用于偿还个人债务，至本案立案前上述贷款未偿还。

另查明，以上贷款日期从2014年12月28日至2016年12月20日，贷款以任某提供的总面积为1180.82平方米的24处商场商铺作抵押，经本溪市C房产土地评估有限公司评估，抵押物评估总价值为2007.394万元。贷款合同约定借款人按月偿还贷款利息，分期还款。因借款人偿还利息39.69万元后于2015年5月21日开始欠息，上诉单位A商业银行股份有限公司于2015年8月向人民法院提起民事诉讼，追索欠款本息。人民法院经审理下达民事判决后，上诉单位A商业银行股份有限公司向法院申请执行。2019年9月，经法院裁定，以抵押商铺抵顶贷款本金1000万元和利息44万元，尚有部分利息未收回。

再查明，上诉人孟某、黄某均经侦查机关电话传唤到案，如实供述了犯罪事实。

### 各方观点

**公诉机关观点：**

被告单位A商业银行股份有限公司、被告人孟某、黄某均犯违法发放贷款罪。

**上诉单位（原审被告单位）A商业银行股份有限公司及其辩护人观点：**

1. 犯罪主体认定错误，该笔贷款没有经过董事会研究批准，仅有党委会研究记录不能认定该笔贷款体现了单位意志。2. A银行党委作出决议的行为与本案 1000 万元借名贷款的结果并不存在客观上的因果关系。3. A 银行向宋某发放 1000 万元贷款没有主观上的故意和过失。4. 贷款本金已收回，未造成损失。本单位无罪。

**上诉人孟某（原审被告人）观点：**

1. 本案贷款按正常程序办理，贷款有抵押物，符合农村信用社贷款流程的相关规定。2. A 银行不构成单位犯罪。从犯罪主体上看，A 银行党委与 A 银行系两个独立主体，A 银行党委的行为后果不应由 A 银行承担；从犯罪主观方面看，A 银行发放贷款的行为没有犯罪故意，没有刑法上的期待可能性；从犯罪客观方面看，A 银行党委作出决议的行为不构成犯罪，党委会决议在贷款发放中不起决定性作用。3. 党委书记不构成上诉单位直接负责的主管人员。4. 上诉人孟某、黄某不构成共同犯罪。综上所述，请求改判上诉人无罪或者依法免予刑事处罚。

**上诉人黄某（原审被告人）的观点：**

贷款是党委会研究决策的，其严格执行党委会发放贷款的决议；原判决适用法律错误，认定违反国家规定缺乏法律依据；黄某不具有违法发放贷款的主观故意；有自首情节，贷款本金没有损失，原判量刑过重，请改判无罪或免予刑事处罚。

### 法院观点

**一审法院观点：**

被告单位 A 商业银行股份有限公司违反国家规定发放贷款，数额巨大，其行为构成违法发放贷款罪；被告人孟某、黄某为被告单位直接负责的主管人员，其行为均构成违法发放贷款罪。公诉机关指控罪名成立。被告人孟某、黄某共同故意犯罪，是共同犯罪。被告人孟某犯罪以后自动投案，如实供述自己的罪行，是自首，可以从轻处罚。被告人黄某到案后能够如实供述自己的罪行，是坦白，对其可以酌情从轻处罚。

一审法院判决：被告单位 A 商业银行股份有限公司、被告人孟某、被告人黄某均犯违法发放贷款罪，判处被告单位罚金人民币三十万元；判处被告人孟某有期徒刑二年六个月，缓刑三年，并处罚金人民币二万元；判处被告人黄某有期徒刑三年，缓刑三年，并处罚金人民币二万五千元。

**二审法院观点：**

上诉单位 A 商业银行股份有限公司违反国家规定发放贷款，数额巨大，其行为构成违法发放贷款罪；上诉人孟某、黄某为 A 商业银行股份有限公司直接负责的主管人员，违反国家规定发放贷款，数额巨大，其行为均构成违法发放贷款罪。上诉人孟某、黄某共同故意犯罪，是共同犯罪。上诉人孟某、黄某犯罪以后经侦查机关电话传唤到案，如实供述罪行，均系自首。视本案具体情节，上诉单位 A 商业银行股份有限公司、上诉人孟某、黄某犯罪情节轻微，均应免予刑事处罚。

经查，A 商业银行股份有限公司在经营过程中，由党委会研究决定发放数额巨大的贷款，是上诉单位的惯例和实际决策状况，涉案贷款亦由党委会决策和确定；上诉人孟某、黄某作为上诉单位直接负责的主管人员，在下属工作人员明确提出反对意见后，明知他人借名贷款，对贷款用途不明、抵押物评估价值过高等问题未尽审查义务，违反《中华人民共和国商业银行法》等相关国家规定，决定发放涉案贷款，导致贷款在案发前未能收回，且损失部分贷款利息，上诉单位和上诉人均构成违法发放贷款罪。

根据本案的犯罪事实、性质、社会危害程度，考虑到上诉单位 A 商业银行股份有限公司贷款本金和少部分利息在案发后已收回，上诉人孟某、黄某犯罪情节轻微，且具有自首情节，原判量刑不当，应予调整。

二审法院判决：一、维持一审判决第一项、第二项、第三项定性部分；二、撤销一审判决第一项、第二项、第三项量刑部分；三、上诉单位 A 商业银行股份有限公司犯违法发放贷款罪，免予刑事处罚；四、上诉人孟某犯违法发放贷款罪，免予刑事处罚；五、上诉人黄某犯违法发放贷款罪，免予刑事处罚。

**法官评析**

本案中商业银行负责人明知他人借名贷款，在下属工作人员明确提出反对意见后，对贷款用途不明、抵押物评估价值过高等问题未尽审查义务，通过单位党委会决议，向关系人以外的其他人发放贷款，导致贷款在案发前未能收回，且损失部分贷款利息，被指控犯违法发放贷款罪。在本案的认定中主要涉及以下几个问题：

**一、犯罪主体认定**

单位犯罪必须同时具备三个条件：一是单位决策；二是以单位名义；三是为单位谋取利益。所谓单位决策，是指由单位的决策机构按照单位的决策程序决定，体现的是单位的整体意志。本案中，涉案贷款系以被告单位名义向外放出，贷款利息亦归被告单位所有，故满足上述第二个、第三个条件不存在争议。但关于上述第一个条件，本案被告单位提出该笔贷款没有经过董事会研究批准，仅有党委会研究记录不能认定该笔贷款体现了单位意志。A 商业银行股份有限公司作为股份制企业，从法律应然层面上看，股东大会、董事会为其决策机构，但该单位在经营过程中党委会研究决定发放数额巨大的贷款属于惯例，涉案贷款亦由党委会决策和确定。因此，党委会研究决定的内容实际上体现的就是其单位意志。综上，本案违法发放的 1000 万元贷款，系被告单位经过集体决策程序决定的，以被告单位名义向外发放，贷款利息归单位所有，应认定为单位犯罪。违法发放贷款可以发生在贷前调查、贷时审查、贷后检查各个环节。本案涉及的 1000 万元违法发放，问题出现在贷时审查决策环节，被告人黄某作为该银行行长、被告人孟某作为该银行法定代表人、董事长均为该行高层管理、决策人员，主导了此次决策过程，属于单位犯罪中直接负责的主管人员，依法应承担责任。

**二、违法发放贷款行为的违法性认定**

本罪中的"违反国家规定发放贷款"，是指违反法律、行政法规有关贷款发放条件、程序、期限等规定，向关系人或关系人以外的其他人发放贷款。应当注意的是，金融活动种类繁多，情况复杂，法律法规只作一些原则性的规定，司法实践中认定行为人是否违反、究竟如何违反法律法规，往往需要结合对法律法规的原则性规定具体化和落实化的规章及各银行的业务规则加以确定，如对于借款人的资信、用途、还款能力如何审查应结合各银行的操作规程。《中华人民共和国商业银行法》第三十五条第一款规定："商业银行贷款，应当对借款人的借款用途、偿还能力、还款方式等情况进行严格审查。"第三十六条第一款规定："商业银行贷款，借款人应当提供担保。商业银行应当对保证人的偿还能力，抵押物、质物的权属和价值以及实现抵押权、质权的可行性进行严格审查。"本案中，被告单位的行为违反了《中华人民共和国商业银行法》的上述规定。同时从实际操作层面考察，行为人办理商业贷款中所直接依据贷款通则以及本行的规章制度，尽管在规章位阶上与刑法

第九十六条之"国家规定"规定主体不完全符合，但作为上位法的《中华人民共和国商业银行法》有具体操作规范，在上位法明确规定的情况下，这些规定只要与上位法不存在规定内容上的冲突，其本身即应视为上位法的有机组成部分，因而本案中被告单位的行为是符合违法性要件的。

### 三、犯罪后果认定

违法发放贷款，数额巨大或者造成重大损失的才构成犯罪。按照本案审理时有效的 2010 年《最高人民检察院、公安部关于公安机关管辖的刑事立案追诉标准的规定（二）》[①]第四十二条之规定，银行或者其他金融机构及其工作人员违反国家规定发放贷款，涉嫌下列情形之一的，应予立案追诉：（1）违法发放贷款，数额在一百万元以上的；（2）违法发放贷款，造成直接经济损失数额在二十万元以上的。2001 年《全国法院审理金融犯罪案件工作座谈会纪要》[②]中指出"关于违法发放贷款罪。银行或者其他金融机构工作人员违反法律、行政法规规定，向关系人以外的其他人发放贷款，造成 50—100 万元以上损失的，可以认定为'造成重大损失'；造成 300—500 万元以上损失的，可以认定为'造成特别重大损失'"。根据该纪要，单位实施违法发放贷款，造成损失构成犯罪的数额标准，按照个人实施上述犯罪的数额标准二至四倍掌握。综上，关于单位犯违法发放贷款罪，"数额巨大"的标准为 100 万元以上，"造成重大经济损失的"数额标准为 100 万元至 400 万元以上。

本案中，被告人及辩护人提出了本案银行不存在本金损失，故不构成犯罪的意见。需要指出的是，关于"数额巨大"，是以违法发放的实际贷款金额计算，关于"造成重大损失"，应当是指立案时造成的没有归还的贷款本息数额。案发后，司法机关依法将贷款追回、挽回了损失的，不能认定为违法发放贷款的行为没有造成损失，不影响对行为人的定罪，可在量刑时酌情考虑。但行为人主动挽回或者积极挽回的经济损失或行为人所在单位、上级主管部门通过民事诉讼途径挽回的经济损失，在处理时一般应当予以扣减。本案中，立案后被告单位违法发放贷款的行为，满足了"数额巨大"的条件，同时也

---

[①] 2022 年 5 月 15 日施行的《最高人民检察院、公安部关于公安机关管辖的刑事案件立案追诉标准的规定（二）》第三十七条规定，银行或者其他金融机构及其工作人员违反国家规定发放贷款，涉嫌下列情形之一的，应予立案追诉：（一）违法发放贷款，数额在二百万元以上的；（二）违法发放贷款，造成直接经济损失数额在五十万元以上的。

[②] 刘志伟编：《刑法规范总整理》，法律出版社 2021 年版，第 487 页。

满足"造成重大损失"的入罪条件，但在一审宣判前，被告单位通过民事诉讼途径追回了贷款本金和部分利息，此部分应在计算犯罪行为损失后果时予以扣减，故被告单位的犯罪行为没有"造成重大损失"，但属于"数额巨大"，依法构成违法发放贷款罪。

### 四、案例的指导意义

本案是一起商业银行行长、董事长明知他人借名贷款，存在贷款用途不明、抵押物评估价值过高问题，为了完成年度贷款指标和单位盈利，通过单位党委会研究决议向他人发放贷款的行为。在审理过程中，针对被告单位、被告人及辩护人的辩解和辩护意见，法院围绕犯罪主体的认定、贷款违法性以及犯罪结果进行了重点审查，厘清了定性争议，对影响定性和量刑的问题均进行了充分考虑，对于此类案件的审查重点确定、法律适用提供了重要参考。

## 十一、违规出具金融票证罪

### 4.11 违规出具金融票证罪的构成要件分析

——刘某、廖某违规出具金融票证案[①]

> **关 键 词：** 主体身份　违规出具
>
> **问题提出：** 如何理解违规出具金融票证罪的犯罪构成？
>
> **裁判要旨：** 准确把握违规出具金融票证罪的构成要件，从行为主体和具体实行行为认定被告人构成本罪。

---

① 一审法院为广西壮族自治区桂林市七星区人民法院，案号：（2019）桂 0305 刑初 111 号；二审法院为广西壮族自治区桂林市中级人民法院，案号：（2020）桂 03 刑终 122 号，载中国裁判文书网，https://wenshu.court.gov.cn/website/wenshu/181107ANFZ0BXSK4/index.html?docId=EeOUo0kvtCItWZMRht+9/8XJOdoa3GWuquokDh47OtjIeJt39LdC+ZO3qNaLMqsJEjxqvsRAZ9JE3z3XhifmxiN05NRB6QgWvb77MR4zDn4AgOnY+7JP4gLdIBIbJIir，最后访问时间：2022 年 9 月 20 日。

### 案情简介

公诉机关：广西壮族自治区桂林市七星区人民检察院

上诉人（原审被告人）：刘某、廖某

被告人刘某于2010年6月至2014年2月在甲银行乙支行（以下简称乙支行）担任支行行长期间，经朋友介绍认识了广西某轮汽车贸易有限公司股东唐某。2011年底，唐某提出其公司想向甲银行贷款用于广西某轮汽车贸易有限公司的4S店建设和二手车市场建设。经上报甲银行总行，通过授信调查后，总行同意放贷2.65亿元人民币（保证金为40%的1.65亿元银行承兑汇票，1亿元贷款）给广西某轮汽车贸易有限公司。时任乙支行业务科经理被告人廖某和客户经理屈某受刘某指派具体经办该项业务。

甲银行信贷业务实行AB岗工作制，A岗为业务主办，B岗负责配合协办，但至于B岗人员该如何具体协办，当时甲银行并无明确细致的规定和要求。在该笔业务的授信调查中，屈某作为A岗客户经理直接负责联系客户，调查收集客户材料及写报告，对客户调查材料真实性负责。被告人廖某当时作为业务科经理主要对授信业务材料进行形式审查，并不参与直接调查，因乙支行信贷客户经理少而业务向总行报审又必须有B岗人员签字，廖某便临时以B岗人员的名义在前期授信调查的《关于广西某轮汽车贸易有限公司申请26500万元综合授信的风险评价报告》信贷员处和屈某一起签字。在以后的用信阶段，在《某市商业银行银行承兑汇票调查情况表》的调查结论处与信贷员一起签字，但其并未真正作为B岗人员履职。

在对广西某轮汽车贸易有限公司的授信调查中，作为信贷业务直接经办人的A岗人员屈某因对贷款某程项目建设调查不够深入细致，未发现该公司的建设某程项目缺乏报建应有的法律文件，而作为业务科经理的廖某和支行行长的刘某也未能发现这一情况，便于2011年11月29日在《甲银行授信业务审批表》上签字，让不符合授信要求的广西某轮汽车贸易有限公司在上报甲银行总行后，于2011年12月通过了总行的授信审批。在随后的银行承兑汇票签发用信阶段，被告人廖某在已知广西某轮汽车贸易有限公司2011年12月20日、21日和2012年6月20日的承兑汇票申请已不能提供商业发票的情况下，仍未引起足够重视，对该公司贷款的真实用途未做进一步调查核实，依然在2012年12月20日这笔1.65亿元人民币银行承兑汇票审批表上签字

"同意呈领导审批";被告人刘某在已知广西某轮汽车贸易有限公司2011年12月20日、21日申请的承兑汇票并非用于某程项目建设,而是用于还贷的情况下,再次签字同意出具2012年6月20日、12月20日这两笔1.65亿元人民币的银行承兑汇票,导致12月20日这笔银行承兑汇票最后有0.99亿元的银行承兑资金未能及时偿还(有某信置业有限责任公司位于阳朔县的10.5万平方米土地使用权抵押担保)。

二被告人上述行为违反了相关法律有关票据的签发、承兑要有真实贸易背景条款的规定。为此,2018年9月5日,中国银行业监督管理委员会桂林监管分局对被告人刘某处以终身禁止从事银行业工作的行政处罚;因违法行为轻微并及时纠正,积极进行风险化解处置,主动减轻违法行为危害后果,对被告人廖某不予行政处罚。

案发后,被告人刘某、廖某被公安机关于2017年2月5日口头传唤归案。

### 各方观点

**公诉机关观点:**

被告人刘某、廖某身为银行工作人员,违反规定为他人出具承兑汇票,数额1.65亿元人民币,情节严重,应当以违规出具金融票证罪追究其刑事责任。

**上诉人(原审被告人)刘某观点:**

出票人广西某轮汽车贸易有限公司将涉案汇票款项用于还款等其他用途,系出票人自由,基于票据行为的无因性,银行对票据资金无监管职责,上诉人不应对出票人该行为导致不能及时还贷的结果负责;甲银行对涉案票据的承兑不属出具票据行为,将承兑行为纳入出具票据范围属类推解释,违反罪刑法定原则;刘某已尽到审慎注意义务,且其他类似票据行为均未作为犯罪处理,原判定罪量刑失当,有违公平原则,请求判决上诉人无罪。

**上诉人(原审被告人)廖某观点:**

因错误认定广西某轮汽车贸易有限公司不符合授信条件,从而加重了廖某审查注意义务,在涉案授信用信业务中,廖某职责仅为形式审查且已尽责履职,不属本罪中的"违规";将出具票据行为扩大解释为包括银行的承兑行为,违反罪刑法定原则;涉案票据承兑业务早于2012年12月20日完成,本案直至2018年才立案侦查,已过追诉时效,依法应当撤销案件;廖某并非涉案承兑汇票业务的直接经办人,且已尽审慎注意义务,不具有犯罪故意,涉案票据业务也未造成实际损失,监管部门也仅对上诉人的涉案错误免予行政处罚,其他类似票据行为只作行政违法处理,上诉人即使构成犯罪,也应免予刑事处罚。

### 法院观点

**一审法院观点:**

被告人刘某、廖某身为银行工作人员,违反规定为他人出具承兑汇票,数额1.65亿元人民币,情节严重,其行为已构成违规出具金融票证罪,依法应予惩处。

违规出具金融票证罪是指银行或者其他金融机构的工作人员违反规定,为他人出具信用证、票据、保函、存单、资信证明,情节严重的行为。商业汇票是票据的一种,出票人是银行以外的企业和其他组织,包括银行承兑汇票和商业承兑汇票两种,而银行承兑汇票具有企业信用转变为银行信用的担保功能。该种汇票的出票人虽非银行,但该汇票只有在经银行承兑后,才成为实质上的承诺付款担保,汇票的出票人才能算正式完成票据制作的全部流程,收款人才能凭借该票据向付款人申请付款,同时银行也会因此承担更高风险。出于保护金融市场管理秩序及银行信用资金的角度考虑,应当将违规出具金融票证罪中的出具解释为包括承兑行为在内的签发票据行为。因此,对被告人和辩护人认为,违规出具票据行为里的出具只是票据行为中的出票行为,而不包括承兑行为,以致被告人廖某不构成本罪行为主体的辩解不予采纳。

违规出具金融票证罪主观方面为故意,即明知出具金融票证的行为不符合有关规定仍为之。客观上表现就是,违反金融法律、法规和金融机构内部有关信用证、票据、保函、存单、资信证明管理规定的出具条件和程序,开出上述代表银行信用的特定凭据与证明的行为。本案中,被告人廖某已发现汇票申请公司存在不符合汇票申请的情况,而被告人刘某业已发现申请公司用承兑汇票贷出的款项非用于某程项目建设,但二人皆未能履行好自己所在岗位的审查把关职责,仍继续同意给申请公司签发承兑汇票,因此二被告人存在主观上明知出具承兑汇票不符规定,而客观上仍违规出具承兑汇票的行为,其行为特征符合违规出具金融票证罪的犯罪构成要件。二被告人在公安机关口头通知后自动归案,系自首,依法可从轻处罚。

一审法院判决：一、被告人刘某犯违规出具金融票证罪，判处有期徒刑三年，缓刑三年；二、被告人廖某犯违规出具金融票证罪，判处有期徒刑一年六个月，缓刑二年。

**二审法院观点：**

对银行的承兑行为是否属于违规出具金融票证罪中的出具行为的问题。银行承兑汇票的出票人诚然是出票企业，但该汇票经银行承兑后，承兑银行即为汇票的主债务人，负有到期无条件交付票款的责任，其实质是将企业信用转化为银行信用，承兑银行在票据行为中负有保证责任，该票据也只有在经银行承兑后才真正具备汇票的付款功能，银行的承兑系银行承兑汇票中不可或缺的核心环节，银行承兑签注行为依法属于银行承兑汇票的出具范畴，上诉人及辩护人的该上诉和辩护意见不予采纳。

对刘某及辩护人提出广西某轮汽车贸易有限公司将涉案汇票款项用于还款等其他用途，银行无监管职责，不应承担相应责任的意见。经查，银行与广西某轮汽车贸易有限公司就涉案票据款项在授信阶段已书面约定了专门的用途，且相关金融法律法规及银行内部管理细则均对授信资金用途的监管作了相应规定，银行对涉案票据款项用途具有不可推卸的监管职责，故该上诉和辩护意见不予采纳。

对上诉人及辩护人提出二上诉人已尽审慎注意义务，没有违反规定，不构成违规出具金融票证罪的上诉和辩护意见。经查，在涉案票据的授信审批过程中，刘某身为行长，又为涉案业务的引荐介绍人，对涉案汇票业务贸易背景真实性审核不严负有相应的领导责任，特别是其明知广西某轮汽车贸易有限公司违反资金约定用途将款项用于还款的情况下，仍对用信申请签发承兑，严重违反审慎经营规则，其应负审查不严、把关不力的直接责任。廖某在参与涉案汇票业务审查中，虽作为B岗人员临时协办，但本着签字即负责原则，以及其作为业务科科长参与涉案汇票业务审查，对贸易背景真实性审核不严，应负审查不到位责任，特别是其明知未取得和核实广西某轮汽车贸易有限公司税收发票等相关文件的情况下，仍违规同意向广西某轮汽车贸易有限公司签发银行承兑汇票，严重违反审慎经营规则。二上诉人明知广西某轮汽车贸易有限公司涉案承兑汇票业务不符合规定，仍违规出具银行承兑汇票，其行为均符合违规出具金融票证罪的构成要件，故该上诉和辩护意见与查明事实不符，不予采纳。

对廖某辩护人提出本案已过追诉时效的问题。经查，涉案汇票的银行承兑虽于 2012 年 12 月 20 日完成，但涉及本案的相关事项，柳州市公安机关已于 2017 年 7 月以吴某涉嫌犯诈骗罪立案侦查，且本案属情节严重，最高刑期为五年有期徒刑，故本案未过追诉时效。

对廖某及辩护人提出即使构成犯罪，鉴于其情节轻微，请求免予刑事处罚的上诉和辩护意见。因廖某违规出具银行承兑汇票的涉案金额超亿元，严重扰乱了金融管理秩序，且原判综合考量廖某自首及本案实际情况，对其未免予刑事处罚而宣告缓刑，并无不当，上诉人及辩护人在没有新的正当理由情况下再提出该要求，不予采纳。

二审法院裁定：驳回上诉，维持原判。

### 法官评析

《中华人民共和国刑法》第一百八十八条第一款规定，违规出具金融票证罪是指银行或者其他金融机构的工作人员违反规定，为他人出具信用证或者其他保函、票据、存单、资信证明，情节严重的，处五年以下有期徒刑或者拘役；情节特别严重的，处五年以上有期徒刑。根据法条规定可知，本罪的构成要件为"银行或者其他金融机构的工作人员+违反规定+出具票证+情节严重"。在此着重就前三个要件进行分析。

#### 一、行为主体：银行或者其他金融机构的工作人员

本罪的主体是特殊主体，即银行或者其他金融机构及其工作人员。这里规定的"银行"是广义的银行，包括中国人民银行、各商业银行、政策性银行以及其他在我国境内设立的中外合资银行和外资银行。"其他金融机构"，是指除银行外的其他金融机构，主要包括公募基金、私募基金、信托、证券、保险等。本罪为身份犯，不具备身份一般不会构成实行犯，但因与具备身份人员共同实施犯罪则可能构成本罪的共犯。本案中刘某为银行行长，廖某为银行业务经理，具备构成本罪的主体身份。

#### 二、对违反规定的理解

此处对于"规定"，通常有两种观点，一种认为是指出具与信用证或者其他保函等相关的法律、法规；另一种认为除法律、法规外，还包括国家机关发布的规范性文件，也包括其他位阶较低的规范性文件，甚至可以包括金融机构内部的规则、规章。从立法本意以及实践来看，通常采纳的为第二种观

点。本案中，刘某、廖某明知广西某轮汽车贸易有限公司违反资金约定用途将款项用于还款，以及未取得和核实税收发票等相关文件的情况下，仍违规同意向该公司签发银行承兑汇票，严重违反审慎经营规则。其二人行为违反了《中华人民共和国票据法》第一百零四条以及其所在银行的内部规定。此外，二人在宣判前因该行为被桂林银监分局行政处罚的事实亦能印证二人违反了与本罪相关的法律、法规、规范性文件。

**三、对于出具的理解**

在本罪中，"出具"就是指银行"开出"金融票证的意思。但"开出"或者"出具"应该如何理解目前没有明确的解释，致使在实践中争议较大，且分歧主要集中在银行票据的"承兑"上。有观点认为，银行承兑汇票的"出具行为"就是票据法中的"出票行为"，金融机构工作人员在签发的银行承兑汇票上的"承兑行为"不是"出具行为"，因而违规"承兑行为"不属于"违规出具"。此处也是本案中控辩双方争议较大的焦点问题。笔者认为，对此问题应作实质性理解。

承兑汇票指办理过承兑手续的汇票，是货币市场的信用交易工具之一。承兑汇票与汇票最大的不同，在于此汇票经过较有财力第三者承诺兑现的保证，也就是债权人并不直接向债务人兑现，而是由此第三者兑现。目前承兑汇票主要分为银行承兑汇票和商业承兑汇票，其中银行承兑汇票通常承兑者为银行，凡经银行承兑之汇票，其票据之主债务人为承兑银行，亦即该银行负担汇票付款之责。银行承兑汇票的出票人并非银行本身，但该种商业汇票只有在经银行承兑后，才能在市场上流通，银行承兑汇票的出票行为经由银行"承兑"后，企业信用实际就转变为银行信用。在现实生活中，收款人往往关注的是该票据是否由银行承兑，至于出票人或者背书人并不在意，这也从侧面印证银行的承兑在汇票流通领域的重要性。因此，"承兑行为"属于"出具行为"的涵盖范围，认定"出具行为"包含银行承兑汇票中银行的"承兑行为"并无不当。

**四、案例的指导意义**

对于涉及银行业信用的问题我们需要加以重视。此外，经检索全国部分法院涉及该罪名的判决情况发现，涉及该罪名的被告人往往同时还触犯贪污、受贿等职务犯罪的罪名。因此，虽然此罪名在审判实践中出现频率不高，但应引起足够重视。

## 十二、洗钱罪

### 4.12 "他洗钱"犯罪中，仍需行为人主观上"明知"

——梅某洗钱案①

> **关 键 词**："他洗钱"　明知
>
> **问题提出**：洗钱罪法条修改后，"他洗钱"犯罪是否还需要行为人"明知"？
>
> **裁判要旨**：洗钱罪法条修改后虽然删除了"明知"这一表述，但行为人要构成本罪仍需在主观上系"明知"。删除"明知"只是降低了行为对象的判断标准，但并未改变洗钱罪主观要件仍是故意这一事实。

**案情简介**

公诉机关：广州市天河区人民检察院

上诉人（原审被告人）：梅某

2011年6月至2014年9月间，被告人梅某在明知其丈夫黄某（另案处理）交给其保管的资金是黄某涉嫌受贿犯罪所得的情况下，为黄某掩饰、隐瞒其受贿财物的来源和性质，经与黄某共同商议后，梅某用黄某交给其保管的犯罪所得的资金，以其本人或亲属名义先后在广州市、乌鲁木齐市购买多套房产（经审计，购买房产价值共计人民币64300942元，支付购买房产产生

---

① 一审法院为广东省广州市天河区人民法院，案号：（2015）穗天法刑初字第1558号；二审法院为广东省广州市中级人民法院，案号：（2017）粤01刑终712号，载中国裁判文书网，https://wenshu.court.gov.cn/website/wenshu/181107ANFZ0BXSK4/index.html? docId = 8yAVlAKarxa6c0UgfK opcui4HTt8kOxBkwT2u + WA0DFNL8BTwS5oT5O3qNaLMqsJEjxqvsRAZ9JE3z3XhifmxiN05NRB6QgWvb77MR4z Dn5Hvv/u/S+TyHc9XufcMctE，最后访问时间：2022年9月22日。

的其他费用共计人民币 435324.27 元）；以其亲戚名义在广州市购买地下室和车位（经审计，价值共计人民币 442424 元）；以其本人名义在广州市购买汽车 2 辆（经审计，价值共计人民币 1051000 元）；其间梅某还将涉案的犯罪所得用于购买银行理财产品等（经审计，合计人民币 5474586.21 元、港币 38.61 元、美元 4.41 元）。经统计从 2011 年至案发，被告人梅某协助其丈夫黄某洗钱的数额合计人民币 71704276.48 元、港币 38.61 元、美元 4.41 元。2014 年 9 月 28 日，梅某在罪行尚未被司法机关发觉的情况下，主动到广州市番禺区人民检察院投案自首。

另查明，被告人梅某家属已向广州市番禺区人民检察院及广州市中级人民法院退缴赃款合计人民币 8891 万元。

**各方观点**

**公诉机关观点：**

被告人梅某明知是他人受贿犯罪所得，仍提供资金账户并通过买房、投资等方式，掩饰、隐瞒该违法所得的来源和性质，数额达到人民币 71704276.48 元、港币 38.61 元、美元 4.41 元，情节严重，其行为已构成洗钱罪。

**上诉人（原审被告人）梅某观点：**

梅某对于本案所涉财产的来源认知能力不足，因其丈夫黄某一直谎称是生意赚取的，梅某仅是怀疑，而非客观上准确知道是受贿所得；梅某与黄某结婚以来，到 2012 年才知悉黄某公务员的身份，梅某对购买部分房产、车辆等的款项是不知情的；涉案的犯罪数额不应包含个人合法财产，其支付购房购车的款项中应减去自己的合法财产收入、贷款金额及租金等；梅某帮助黄某处理赃款的目的在于逃避司法机关查明犯罪、追究犯罪所得及收益的活动，结合梅某主客观的行为，符合掩饰、隐瞒犯罪所得罪；而洗钱罪系通过将大量的黑钱进入经济领域，其侵犯的是金融管理秩序；梅某的主观恶意较轻，案发后退赃 8891 万元，其及黄某并没有造成经济损失，涉案的财产全部得以弥补。

**法院观点**

**一审法院观点：**

被告人梅某明知是他人受贿犯罪所得，仍提供资金账户并通过买房、投资等方式，掩饰、隐瞒该违法所得的来源和性质，数额达到人民币71704276.48元、港币38.61元、美元4.41元，情节严重，其行为已构成洗钱罪。梅某犯罪以后自动投案，如实供述犯罪事实，是自首，且其家属在案发后已向广州市番禺区人民检察院及广州市中级人民法院退缴赃款人民币8891万元，可以减轻处罚。梅某为其丈夫黄某掩饰、隐瞒受贿款来源及性质而所犯洗钱罪主观恶性及社会危害性较小，酌情从轻处罚。

一审法院判决：被告人梅某犯洗钱罪，判处有期徒刑三年，并处罚金人民币四百万元。

**二审法院观点：**

梅某与黄某均是居住境内的中国籍公民，其两人却前往我国香港特别行政区办理结婚手续，显然有意隐瞒婚姻状况；梅某办理结婚手续的见证人是黄某至亲，梅某亦多次供述其常与对黄某行贿之人相聚吃饭，再结合梅某与黄某认识不久即共同生活、黄某将大量的受贿款交与梅某保管和处理等情形，可见黄某是高度信赖梅某的，不存在黄某向梅某隐瞒其国家工作人员身份的理由；梅某在2008年、2010年，刻意借用其远在外地的近亲属身份购买豪宅，亦说明其知道购房款项来源的不合法、具有隐匿财产来源的意图；此外，梅某亦供述其与黄某交往后就知道他任职于广州市国土部门，又供述黄某在2010年就告知其任职情况。综上，认定梅某于2011年前已清楚知道黄某国家工作人员身份、涉案巨款源于黄某利用其职务便利受贿所得的证据充分。因此，梅某及其辩护人关于梅某对涉案赃款来源认知能力不足、不知情的意见没有事实依据。

梅某的近亲属均证实梅某从2007年与黄某共同生活后就停止工作，生活费用为黄某承担；梅某亦多次供述其于2005年在广州工作时认识黄某，交往不久即恋爱、同居及停止工作，一直由黄某给付生活费用，其亦供述婚前的积蓄极少；此外，黄某身为国家工作人员，收入中等，故黄某、梅某均不可能以其合法收入支付购买涉案豪宅、豪车等消费、投资；对此，黄某、梅某亦多次供述上述资金均源于黄某受贿或索贿所得。由此可见，梅某、黄某所购之豪宅等赃物的资金均源于贿款,赃物出租所得之租金亦为犯罪所得孳息,梅某及其辩护人认为赃物中有其个人合法财产的意见并不成立。

梅某明知黄某交付之巨额款项源于受贿所得,为掩饰、隐瞒该来源或帮助黄某逃避法律追究,梅某直接以其名义购买豪宅、理财产品的方式来转换对犯罪所得的占有,又以其近亲属名义购买豪宅的方式转移犯罪所得,因此,梅某具有帮助犯罪行为人逃避刑事追究、占有犯罪所得之目的,客观上实施了掩饰、隐瞒犯罪所得系受贿所得的来源和性质的行为,符合洗钱罪的特征。《中华人民共和国刑法》第三百一十二条关于掩饰、隐瞒犯罪所得、犯罪所得收益罪的规定,与第一百九十一条关于洗钱罪的规定,是一般法与特别法的关系,梅某实施了资金的转移占有、改变性质的行为,且犯罪所涉对象为贪污贿赂犯罪所得财产,符合洗钱罪的特征,依法应以洗钱罪论处。

依照《中华人民共和国刑法》规定,对情节严重的洗钱罪所处的财产刑,应处洗钱数额百分之五以上的罚金,故原审法院已考虑到梅某洗钱数额7000余万元,对其并处罚金符合量刑幅度的最低限度,已是酌情从轻处罚。综上,梅某及其辩护人的上诉、辩护意见均不成立。

上诉人梅某明知是受贿犯罪的违法所得,以转换、转换占有等方式,掩饰、隐瞒犯罪违法所得的来源、性质,情节严重,其行为已构成洗钱罪。梅某犯罪以后自动投案,如实供述自己的罪行,是自首,依法可减轻处罚。涉案的赃款均已退赃,依法可酌情从轻处罚。原判认定事实和适用法律正确,量刑适当,审判程序合法,应予维持。

二审法院裁定:驳回上诉,维持原判。

**法官评析**

### 一、洗钱犯罪"明知"的认定

《中华人民共和国刑法修正案(十一)》第十四条对《中华人民共和国刑法》第一百九十一条洗钱罪进行了修改,主要修改内容包括:一是删除了原有洗钱罪规定的"明知"这一主观要件,降低认定标准;二是删除"协助"表述,将"自洗钱"入刑;三是完善洗钱方式有关表述,将"结算方式"修改为"支付结算方式","资金汇往境外"修改为"跨境转移资产"等;四是删除了罚金的比例上下限规定。此次修改,正式将"自洗钱"入刑,使洗钱罪的犯罪主体不再局限于第三人,也包括实施特定上游犯罪的行为人。

将"自洗钱"入刑，删除了"明知"这一表述，致使在实践中如何认定洗钱罪的主观要件变得较为模糊。在"自洗钱"犯罪中，洗钱行为本身就是建立在"明知"的基础上，行为人本身对自己实施的上游犯罪以及收益就处于"明知"状态，对行为人本身是否"明知"无需再加以证明。对于"他洗钱"中是否需要行为人"明知"还存在争议，目前多数观点认为法条虽删除了"明知"这一表述，但仍需行为人主观上"明知"，删除"明知"只是降低了行为对象的判断标准，但并未改变洗钱罪主观要件仍是故意这一事实，这也是法条修改后的暗含之意。

法条规定，"为掩饰、隐瞒毒品犯罪、黑社会性质的组织犯罪、恐怖活动犯罪、走私犯罪、贪污贿赂犯罪、破坏金融管理秩序犯罪、金融诈骗犯罪的所得及其产生的收益的来源和性质"，实施洗钱行为的，构成本罪。此处的"为"就暗含"明知"之意。"为"是"为了"，表现出行为人的主观目的，即对于该罪规定的上游犯罪中的违法所得和产生的收益要有所认识，才符合"为"的本意。所以笔者认为，无论从立法本意，还是犯罪构成，抑或是法条暗含之意来看，构成"他洗钱"犯罪仍然需要行为人"明知"。

如何根据证据推导出行为人"明知"，亦是认定构成本罪的另一焦点问题。由于行为人的"明知"为主观要件，对于行为人主动供述其所洗赃款来源于七种上游犯罪的违法所得及收益，则可对其"明知"直接认定。但如果行为人不认罪，对于行为人是否"明知"则需要根据证据进行推定。洗钱罪的司法解释列举了六种适用刑事推定的方式间接认定"明知"的具体情形，此外还单列第七项"其他可以认定行为人明知的情形"。这表明在实践中，如果没有相反的证据证明行为人不"明知"，而行为人又实施了上述所列行为，则可以推定其"明知"。

### 二、本案中"明知"的认定

本案中，被告人梅某认罪，一审法院认定其构成自首，此时对于梅某"明知"的认定为直接认定。在二审审理期间梅某及其辩护人辩称并不准确知晓赃款为黄某受贿所得，抛开其辩解无证据支持不谈，现有证据足以推定其对黄某交给其的钱款性质"明知"。本案证据能够证明梅某和黄某二人系夫妻关系，梅某知晓黄某的职业为国家公务员，知晓其薪资收入，并多次同行贿人吃饭。在此情况下，梅某将黄某交给其的7000余万元钱款用于购买房产、车辆等，部分房产还落于他人名下，而黄某交给梅某的钱款远远超出其工资收入。根据以上事实，完全能够推定梅某对于黄某交给其钱款的性质"明知"，能够认定梅某构成洗钱罪。

### 三、案例的指导意义

2021年3月19日，最高人民检察院第四检察厅、中国人民银行反洗钱局负责人就联合发布惩治洗钱犯罪典型案例答记者问时提到，2020年，全国检察机关共批准逮捕洗钱犯罪221人，提起公诉707人，较2019年分别上升106.5%和368.2%。[①] 随着总体国家安全观的确立，我国对反洗钱重要性的认识显著提升，反洗钱是维护国家安全体系的重要组成部分，应从国家战略高度重视反洗钱，并且在顶层进行制度设计。

---

① 《依法从严惩治洗钱违法犯罪 维护金融安全和司法秩序——最高人民检察院第四检察厅、中国人民银行反洗钱局负责人就联合发布惩治洗钱犯罪典型案例答记者问》，载中国人民银行网站，http://www.pbc.gov.cn/goutongjiaoliu/113456/113469/4210740/index.html，最后访问时间：2023年7月15日。

# 第五章  金融诈骗罪

**一、金融诈骗罪概述**

金融诈骗罪，是刑法分则第三章第五节规定的犯罪，指在金融领域内以非法占有为目的，采取虚构事实、隐瞒真相的方式骗取银行等金融机构或者个人财产，严重破坏市场金融秩序的犯罪行为的总称。

金融诈骗犯罪相较于普通经济犯罪而言，首先，涉案金额巨大，在王某等人犯集资诈骗罪一案中，王某等人使用诈骗方法非法集资，造成200余名集资参与人共计财产损失5000余万元；其次，诈骗手段隐蔽，往往以合法形式掩盖非法目的，现阶段的金融诈骗犯罪已经不仅限于货币、信贷、信用证、保险等传统金融领域，还会延伸到数字藏品等新兴金融业务上，犯罪人利用被害人金融知识不足、投资缺乏理性、盲目逐利的特点，为其非法的诈骗行为披上所谓金融创新的合法外衣，更具隐蔽性；最后，危害后果严重，以集资诈骗罪为例，犯罪行为完成后，犯罪人通常会携款"跑路"，造成此类案件追赃挽损难度极大，集资参与人的损失得不到有效弥补。

**二、金融诈骗罪的认定**

金融诈骗罪在犯罪事实认定以及法律适用方面主要有以下两方面难点：

一是非法占有目的的认定。金融诈骗罪均要求行为人具有非法占有目的，认定行为人是否具有非法占有目的，应当坚持主客观一致的原则，既要避免单纯根据损失结果客观归罪，也不能仅凭被告人的供述与辩解否认其行为不具有非法占有目的。通常对于行为人通过诈骗的方法非法获取的资金，造成数额较大资金不能归还，并具有下列情形之一的，可以认定为具有非法占有的目的：

1. 明知没有归还能力而大量骗取资金的；
2. 非法获取资金后逃跑的；
3. 肆意挥霍骗取资金的；

4. 使用骗取的资金进行违法犯罪活动的；

5. 抽逃、转移资金、隐匿财产，以逃避返还资金的；

6. 隐匿、销毁账目，或者搞假破产、假倒闭，以逃避返还资金的；

7. 其他非法占有资金、拒不返还的行为。但是，在处理具体案件的时候，有证据证明行为人不具有非法占有目的的，不能单纯以财产不能归还就按金融诈骗罪处罚。

二是犯罪数额的认定。对于金融诈骗罪而言，犯罪数额是该类罪的主要量刑依据，因此在认定犯罪数额时，应当以行为人实际取得的数额计算。对于行为人为实施金融诈骗行为而支付的费用，例如回扣、中介费、手续费等，应当认定为行为人为实施犯罪行为而付出的成本，不应从犯罪数额中予以扣除。对于行为人在案发前已退还的数额，应当从犯罪数额中予以扣除。

### 三、具体罪名的认定

1. 集资诈骗罪

《中华人民共和国刑法修正案（十一）》一是将该罪的法定刑由三档调整为二档。二是删除了罚金数额标准。三是增加一款，对该罪单位犯罪的内容专门作出规定。司法实践中，关于集资诈骗罪的认定难点，主要体现在犯罪数额的认定标准以及利息是否计算两方面。对于集资诈骗罪而言，犯罪数额应当以行为人实际取得的数额计算，非法集资的规模或者标的可以作为量刑情节予以考量，且同上文所述，案发前已返还部分不应计入犯罪数额；对于利息而言，原则上应当计入犯罪数额，但考虑到在实践中很难要求集资参与人在损失的本金未得以弥补时将利息退出，且在多数非法集资案件中，支付本金时已扣除利息部分，因此认定扣除利息之后的本金作为犯罪数额更为适宜。

2. 贷款诈骗罪

依据现阶段审理司法实践，贷款诈骗罪在认定时要严格区分贷款诈骗与民事贷款纠纷的区别。对于通过合法途径取得贷款，行为人仅未按照规定的用途使用贷款且到期后无法归还的行为，不宜认定为贷款诈骗罪。贷款诈骗罪的认定应重点审查行为人是否在不具备贷款条件的情况下采取了欺骗的手段、银行等金融机构是否因此陷入错误认识而向行为人放贷，对于行为人在案发时有偿还能力以及行为人无法归还贷款是因为经营不善等意志以外的原因，应当综合全案证据谨慎认定为犯罪。

### 3. 票据诈骗罪

司法实践中，签发空头支票骗取他人财物的行为定性有所争议，应当根据签发空头支票的时间进行区分，对于先签发空头支票后取得财物或者二者同时进行的，应当认定为票据诈骗罪；对于先取得财物，而后签发空头支票用于担保、拖延还款等目的的，应当认定为合同诈骗罪。

### 4. 信用证诈骗罪

对于利用信用证诈骗银行打包贷款的行为，首先应当区分利用信用证行为的合法性，如果使用合法取得的信用证诈骗银行打包贷款，应当按照犯罪主体的不同认定为贷款诈骗罪或者合同诈骗罪；如果是使用伪造、变造、作废或者是骗取的信用证诈骗银行打包贷款的，应当构成信用证诈骗罪。

### 5. 信用卡诈骗罪

《中华人民共和国刑法修正案（五）》将使用以虚假身份证明骗领的信用卡的行为增列为犯罪。关于信用卡诈骗罪的认定，对于行为人为了取得信用卡或者获取更高额度的信用卡而对自己的收入情况等申请信用卡需要审核的内容作不实陈述的行为，因行为人主观上并无非法占有的目的，不应认定为骗领信用卡而作为犯罪处理。此外，对于行为人将其信用卡给他人使用的情形，因使用人不具有非法占有行为人财物的目的，不能机械适用冒用他人信用卡的规定作为犯罪处理。

### 6. 保险诈骗罪

鉴于司法实践中保险诈骗类犯罪的主体较为复杂，不仅包括法条中规定的与保险合同有关的投保人、被保险人、受益人或者保险事故的鉴定人、证明人等，还可能出现与保险合同无关的第三人，因此在罪名确立、共犯认定等方面有时会出现争议。对于保险诈骗共同正犯的认定，如果无身份者与有特定主体身份的人员共同实施了骗取保险金的实行行为，那么无身份者能够构成保险诈骗罪的共同正犯。

## 一、集资诈骗罪

### 5.1 集资诈骗罪中非法占有目的的认定
——王某、郭某、余某集资诈骗案[①]

> **关 键 词**：资金无法归还　非法占有目的　退赔责任
>
> **问题提出**：如何认定行为人具有非法占有目的以及共同犯罪中行为人需承担的退赔责任？
>
> **裁判要旨**：吸收资金是否能归还集资参与人是认定行为人具有非法占有目的的重要标准，同时要综合考虑各被告人在犯罪中所起的作用和获利等情况确定退赔责任。

**案情简介**

公诉机关：北京市海淀区人民检察院

上诉人（原审被告人）：王某、郭某

2015年4月29日，被告人王某、郭某成立某投资管理有限公司。自2016年以来，被告人王某、郭某雇用尚某（另案处理）、被告人余某等人，以某投资管理有限公司与某石材公司合作开展矿山项目的名义，面向社会不特定对象公开宣传，并许以高额利息回报，通过签订合同书等形式向社会公众非法集资总计人民币5000余万元。

---

[①] 一审法院为北京市海淀区人民法院，案号：（2019）京0108刑初1947号；二审法院为北京市第一中级人民法院，案号：（2020）京01刑终477号，载中国裁判文书网，https://wenshu.court.gov.cn/website/wenshu/181107ANFZ0BXSK4/index.html?docId=1Atz40WDHWhB5y3iC+5LQSnZsfCrHGMrid-Nr6qK2zTmEG+PeSGg8aGI3IS1ZgB82WYxDfw+hRmqNn7kVuqpUjbOSf29/sym3uwlV1ao9dg7cJqYOn4nQvBquYsjIh1Nh，最后访问时间：2023年5月14日。

### 各方观点

**公诉机关观点：**

被告人王某、郭某以非法占有为目的，使用诈骗方法非法集资，数额特别巨大，其行为均已构成集资诈骗罪，应予惩处；被告人余某作为某投资管理有限公司销售经理助理，变相吸收公众存款，扰乱金融秩序，数额巨大，其行为已构成非法吸收公众存款罪，应予惩处。

**上诉人（原审被告人）王某观点：**

王某吸收的资金主要用于投资矿山项目，故王某不构成集资诈骗罪，且应将其实际投入的资金从其犯罪数额中扣除。

**上诉人（原审被告人）郭某观点：**

郭某吸收资金的用途系投资矿山项目，且其长期在湖南负责矿山项目，未实施诈骗行为，不构成集资诈骗罪；郭某到案后如实供述自己的罪行，系从犯，请求法庭对郭某再予从轻处罚。

### 法院观点

**一审法院观点：**

首先，被告人王某、郭某集资后用于生产经营活动与筹集资金规模明显不成比例，致使大部分集资款不能返还。根据司法鉴定意见，王某、郭某收取已经报案的240余名报案人的集资金额为5600余万元，上述资金中仅有1200余万元支付给刘某用于收购矿山项目，剩余款项均未实际用于生产经营活动。其次，司法鉴定意见显示，被告人王某、郭某通过刘某投入的矿山项目，直到2018年被告人被抓都没有获得投资盈利。另根据证人证言，公司累计开工不到半年时间，剩余时间均停工，没有实现盈利。以上均说明该笔投入不具备支付本息的现实可能性。再次，根据司法鉴定意见，被告人王某、郭某在犯罪期间归还本息主要通过借新还旧来实现。最后，根据被告人王某的供述、同案犯尚某的供述及司法鉴定意见，除融资款中部分用于归还郭某的个人债务外，另有25%至36%的总额比例作为尚某融资团队的房租、提成支出，同时返息比例又高达18%甚至24%，融资成本及个人支出所占比例过高。综上，上述证据足以证明被告人王某、郭某明知无归还能力而大量骗取资金，导致大量被害人财产损失的事实。另被告人虽投入了部分资金用于矿山项目，但该投入与王某、郭某支付的融资提成、返息等性质一致，均为其犯罪成本，不应在犯罪金额中扣除。

一审法院判决：一、被告人王某犯集资诈骗罪，判处有期徒刑十三年，罚金人民币二十万元；二、被告人郭某犯集资诈骗罪，判处有期徒刑十三年，罚金人民币二十万元；三、被告人余某犯非法吸收公众存款罪，判处有期徒刑三年，罚金人民币五万元；四、责令被告人王某、郭某以本案认定的全部犯罪金额承担退赔责任，被告人余某退赔违法所得，上述退赔款发还各被害人。

**二审法院观点：**

第一，王某、郭某未经相关部门批准，通过尚某以发传单等方式吸收不特定公众资金，目前已经报案的240余名投资人的金额为5600余万元。第二，王某、郭某吸收的资金除1200余万元用于对外宣传的矿山项目外，剩余钱款均未实际用于生产经营活动。第三，被告人供述以及证人证言证实，矿山项目一直未有实际盈利，且累计开工不足半年。第四，王某、郭某吸收的资金中部分用于偿还郭某的个人债务，另有25%至36%的总额比例作为尚某融资团队的房租、提成支出，同时返息比例又高达18%甚至24%，在矿山项目一直未盈利的情况下，如此高额的融资成本不具备支付本息的现实可能性。第五，王某、郭某在犯罪期间归还投资人本息亦主要通过借新还旧来实现。综上，王某、郭某的行为属于资金成本使用过高，生产经营活动的盈利能力不具有支付本息的现实可能性，且归还本息主要通过借新还旧来实现的情形。根据《最高人民法院关于审理非法集资刑事案件具体应用法律若干问题的解释》第七条的规定，能够认定王某、郭某在非法吸收资金的过程中具有非法占有的目的，王某、郭某构成集资诈骗罪。另查：王某、郭某虽投入了部分资金用于矿山项目，但该投入与二人支付的融资提成、返息等性质一致，均为其犯罪成本，不应在犯罪金额中扣除。故上诉人王某、郭某及其辩护人的上诉理由和辩护意见，不予采纳。

上诉人王某、郭某以非法占有为目的，使用诈骗方法非法集资，其行为均已构成集资诈骗罪，原审被告人余某变相吸收公众存款，扰乱金融秩序，其行为已构成非法吸收公众存款罪。王某、郭某所犯集资诈骗罪数额特别巨大，余某所犯非法吸收公众存款罪数额巨大，依法均应予以惩处。一审法院根据王某、郭某、余某犯罪的事实、犯罪的性质、情节及对于社会的危害程度所作出的判决，事实清楚，证据确实、充分，定罪及适用法律正确，量刑适当，审判程序合法，应予维持。

二审法院裁定：驳回上诉，维持原判。

### 法官评析

#### 一、集资诈骗罪中非法占有目的的认定

当前，非法集资新发案件所涉行业较多，投融资类中介机构、互联网金融平台、房地产、养老等重点行业案件持续高发。在非法集资类案件中，占比较大的罪名为集资诈骗罪和非法吸收公众存款罪。这两个罪名具有较多的相似之处：犯罪主体都是一般主体；客观方面都是非法募集公众资金的行为；都侵犯了社会主义市场经济秩序，扰乱了国家的金融管理秩序等。而二者的核心区别在于行为人是否有非法占有的目的，即是否有诈骗的故意。在法庭审理案件中，这既是控辩双方争论的焦点，也是最终认定构成何罪的难点。

实践中，犯罪行为人往往选择隐藏真实的主观意图，不愿直接供认或者编造一系列难以查清的资金去向和用途企图逃脱罪责，因此对于其具有"非法占有目的"往往通过客观事实加以推定的方式来予以认定。《最高人民法院关于审理非法集资刑事案件具体应用法律若干问题的解释》第七条第二款规定，使用诈骗方法非法集资，具有下列情形之一的，可以认定为"以非法占有为目的"：集资后不用于生产经营活动或者用于生产经营活动与筹集资金规模明显不成比例，致使集资款不能返还的；肆意挥霍集资款，致使集资款不能返还的；携带集资款逃匿的；将集资款用于违法犯罪活动的；抽逃、转移资金、隐匿财产，逃避返还资金的；隐匿、销毁账目，或者搞假破产、假倒闭，逃避返还资金的；拒不交代资金去向，逃避返还资金的；其他可以认定非法占有目的的情形。上述情形肯定了刑事推定在证明集资诈骗罪中非法占有目的的可行性。在实践中，以前三项认定被告人具有"非法占有目的"的情形较多，其核心内涵为重点审核行为人所吸收资金的去向。

以本案为例，王某、郭某对外宣传的经营事项为投资矿山业务，但其在该项目中的投资仅占吸收资金的五分之一，且该项目因环保问题被暂停，根本不具备开工条件，王某、郭某为诱骗投资人出资还多次组织投资人前往公司参观，并营造出虚假的经营环境以赢得信任。吸收资金的剩余部分，除被告人用于偿还个人借款外，还给中间人支付了高额的佣金。在对外宣称的项

目根本不具备盈利的前提下，王某、郭某仍向公众虚构投资前景，并不断以"借新还旧"的方式吸收资金，致使吸收的资金无法归还，应当能够认定二人具有"非法占有目的"。

但吸收的资金未用于实际的生产经营是否就具有"非法占有目的"，还需要根据具体情况进行判断。例如，《最高人民法院关于审理非法集资刑事案件具体应用法律若干问题的解释》第七条第二款规定可以认定为"以非法占有为目的"的前两种情形中，需要以"致使集资款不能返还的"为前提条件。这就意味着如果吸收资金后虽未用于对外宣称的投资项目，但资金并未灭失，仍有极大兑付可能的，一般不宜认定具有非法占有的目的。比如说行为人以对外投资某一具体项目为由向公众吸收资金，但实际并未用于对外投资，而是以公司的名义购买了房产且自始没有转移财产，案发时房产价值亦能基本兑付投资人的资金，这种情况就不应认定行为人构成集资诈骗罪。

**二、非法集资类案件的退赔责任**

在集资诈骗罪中还有一个争议较大的问题就是退赔责任。《最高人民法院关于审理非法集资刑事案件具体应用法律若干问题的解释》第七条第三款还规定，集资诈骗罪中的非法占有目的，应当区分情形进行具体认定。行为人部分非法集资行为具有非法占有目的的，对该部分非法集资行为所涉集资款以集资诈骗罪定罪处罚；非法集资共同犯罪中部分行为人具有非法占有目的，其他行为人没有非法占有集资款的共同故意和行为的，对具有非法占有目的的行为人以集资诈骗罪定罪处罚。这就意味着在同一个犯罪中具有非法占有目的的行为人定集资诈骗罪，而不具有非法占有目的的行为人可能涉嫌其他罪名，如非法吸收公众存款罪。

实践中，组织者、决策者一般认定为集资诈骗罪，普通业务员一般认定为非法吸收公众存款罪，但在判决退赔集资款时存在两种观点。第一种观点认为，无论行为人构成集资诈骗罪还是非法吸收公众存款罪，都是非法集资行为的共犯，按照共犯理论应共同承担退赔责任。第二种观点认为，应按照行为人在犯罪中所起到的作用、地位、参与程度、吸收资金的数额等综合认定退赔数额，即使对于均构成集资诈骗罪的行为人如有必要也应进行区分。各地的生效判决中上述两种观点均有体现，但以笔者的研究和观察范围为限，近期持第二种观点的比例有所增高，笔者也认为第二种观点更为合理。虽共同犯罪主要解决的是入罪问题，但量刑时仍应综合考虑每个人在犯罪中所起的作用来确定具体的刑期。持第一种观点的人认为共同犯罪应承担连带责任，但连带责任系民法中的概念，刑法中并无明确的规定，故虽然退赔责任并非刑罚种类，但会对犯罪行为人今后的生活造成重大影响，应慎重认定。如不予以区分，在现今非法集资类案件涉案金额动辄上百亿元的背景下，让主要负责人与普通员工承担同样的退赔数额显然有失公允，也不符合罪刑相适应原则。

**三、案例的指导意义**

非法集资作为典型的涉众型违法经济犯罪，往往涉及区域广泛、集资参与者众多，案件处置难度很大。同时，犯罪分子常常经营不善或侵吞、挥霍及转移资产，造成案件最终挽损率普遍偏低，严重损害人民群众利益，扰乱国家正常经济金融秩序。在今后一段时期，防范和打击非法集资的工作任务仍较为艰巨。

# 二、贷款诈骗罪

## 5.2 贷款诈骗罪中非法占有目的的认定

——朱某贷款诈骗案[①]

> **关 键 词**：使用虚假的经济合同　非法占有目的
>
> **问题提出**：在贷款诈骗罪中如何认定行为人具有非法占有目的？
>
> **裁判要旨**：认定贷款诈骗时，除需要行为人具有虚构事实、隐瞒真相的客观行为外，更应重点考量其是否具有非法占有的主观故意。

---

① 一审法院为北京市第一中级人民法院，案号：（2019）京01刑初70号；二审法院为北京市高级人民法院，案号：（2020）京刑终68号，载中国裁判文书网，https://wenshu.court.gov.cn/website/wenshu/181107ANFZ0BXSK4/index.html? docId = XLrP06vRhcEtb7Qp1PVTDmzUwJhWQvSVy9L2y7RSffz73BZd0outK2I3IS1ZgB82WYxDfw + hRmqNn7kVuqpUjbOSf29/sym3uwlV1ao9dg5IcJ + gvgaxVX/1qe7bqFPv，最后访问时间：2023年5月14日。

## 案情简介

公诉机关：北京市人民检察院第一分院

上诉人（原审被告人）：朱某

被告人朱某系北京某食品有限公司、北京某餐饮有限公司的法定代表人，两家公司均对外负有债务。2012年10月，朱某代表两家公司与某银行北京分行签订采购卡分期业务合作协议，某银行为支付北京某食品有限公司生产酱油、醋等产品款项的借款人授予担保授信额度人民币3000万元，后朱某在北京市海淀区等地，虚构刘某甲等15人系北京某食品有限公司的6家下游企业员工的事实，在北京某食品有限公司与6家下游企业并无真实交易的情况下，向某银行北京分行提交了虚假的销售代理合同，并为刘某甲等人借款1500万元提供连带责任担保，北京某食品有限公司在某银行开立的账户实际获得贷款1369.5万元，朱某将钱款用于归还个人及公司债务。截至案发时，尚未归还的钱款共计1000余万元。

2018年9月12日，被告人朱某被公安机关抓获。

## 各方观点

**公诉机关观点：**

被告人朱某以非法占有为目的，虚构事实、隐瞒真相，诈骗银行贷款，数额特别巨大，其行为触犯了《中华人民共和国刑法》第一百九十三条第二项，犯罪事实清楚，证据确实、充分，应当以贷款诈骗罪追究其刑事责任。

**上诉人（原审被告人）朱某观点：**

2012年10月，北京某餐饮有限公司的员工在陈某的安排下，参加了某银行北京分行的见面会，因项目不合规，某银行北京分行宣布该项目取消，所签合同作废，后某银行北京分行违规向商户的15名员工发放了不需要担保的每人100万元人民币额度的透支消费信用卡，某银行北京分行信用卡部的内部人员将透支钱款转入郭某私自办理的北京某食品有限公司账户；起诉书指控朱某虚构北京某食品有限公司下游的15名商户的事实不能成立，朱某未现场教唆或欺骗商户在申请表和交易确认请款单上签字，而刘某了解事实情况，并在事后获得利益，刘某按照被告人的要求组织其他人签字的事实，只有刘某一人的证言,系孤证;某银行北京分行基于商户个人信誉和北京某食品有限公司的担保提供授信额度,采购卡的本质系信用卡借款而非贷款;朱某为北京某食品有限公司向银行借款,钱款到账后被郭某占有,而北京某食品有限公司欠郭某的钱,故本案只能构成单位犯罪,朱某作为自然人不符合贷款诈骗罪的主体要件;某银行北京分行无法收回借款后,未向公安机关报案,而是通过民事诉讼向借款人和担保人主张还款,故银行未认为其在该业务中被骗。综上,请求法庭宣告被告人朱某无罪。

## 法院观点

**一审法院观点:**

对于被告人朱某所提其没有实施贷款诈骗行为,也不知道钱款去向,因项目不合规,2012年10月签订的采购卡分期业务合作协议已作废,后某银行违规为商户的15名员工办理信用卡,并将透支钱款转入郭某办理的北京某食品有限公司账户,请求法院宣告其无罪的辩解及其申请证人出庭、调取证据的诉讼请求及其辩护人所提起诉书指控朱某虚构北京某食品有限公司下游的15名商户的事实不能成立,朱某未现场教唆或欺骗商户在申请表和交易确认请款单上签字,而刘某了解事实情况,并在事后获得利益,刘某按照朱某的要求组织其他人签字的事实,只有刘某一人的证言,系孤证的辩护意见,经查:经庭审举证、质证的证人证言、书证证明,朱某于2012年6月以孟某等人的名义向某公司借款2000万元,并以北京某食品有限公司的资产提供担保,后郭某代朱某偿还了部分利息;同年10月,朱某为归还某公司的借款本息及郭某垫付的钱款,通过郭某联系某银行富力城支行的陈某,以北京某食品有限公司、北京某餐饮有限公司作为担保方,与某银行北京分行签订采购卡分期业务合作协议,并通过刘某联系15人冒充所谓的北京某食品有限公司下游企业员工办理采购卡业务,北京某食品有限公司为1500万元借款提供连带担保,后将涉案1300万余元转入朱某在某银行开立的北京某食品有限公司账户,朱某将该账户U盾、印鉴交给郭某使用;同年12月7日,郭某在贷款进入北京某食品有限公司账户后,向苍南县某中学账户转账450万元,某银行富力城支行的工作人员按内部规定就该笔业务电话联系朱某进行核实,其余大部分钱款通过网银转入郭某个人账户或偿还郭某向其他公司所借贷款保证金的本息,故朱某客观上实施了虚构事实、隐瞒真相的行为,主观上明知贷款用于归还北京某食品有限公司的债务，对涉案钱款具有非法占有目的，其行为符合贷款诈骗罪的构成要件。

对于被告人朱某的辩护人所提朱某为北京某食品有限公司向银行借款，钱款到账后被郭某占有，而北京某食品有限公司欠郭某的钱，故本案只能构成单位犯罪，朱某作为自然人不符合贷款诈骗罪的主体要件的辩护意见，经查：朱某以北京某食品有限公司的名义在采购卡分期业务合作协议、担保承诺函、销售代理合同等文件上盖章，且涉案贷款转入北京某食品有限公司账户，故本案中贷款诈骗的行为可以代表单位意志，违法所得归单位所有，确系单位行为。我国刑法对此行为未规定追究单位的刑事责任，但对于公司、企业等单位实施刑法规定的危害社会的行为，刑法分则和其他法律未规定追究单位的刑事责任的，对组织、策划、实施该危害行为的人可依法追究刑事责任，故朱某系组织、策划、实施贷款诈骗的人员，依法可追究其刑事责任。

对于被告人朱某的辩护人所提某银行北京分行无法收回借款后，未向公安机关报案，而是通过民事诉讼向借款人和担保人主张还款，故某银行未认为其在该业务中被诈骗的辩护意见，经查：2013年至2018年期间，某银行北京分行向北京某食品有限公司、北京某餐饮有限公司、朱某及15名借款人提起民事诉讼，部分借款人收到法院传票后以信用卡诈骗罪的罪名向公安机关报案，公安机关接到被害人报案、发现犯罪事实后，有义务依法立案侦查，故本案系公诉案件，某银行是否报案并不影响认定犯罪。且北京市西城区人民法院经审理认为，某银行北京分行提起的诉讼涉嫌经济犯罪，依法应当裁定驳回起诉，故某银行北京分行无法通过民事途径进行救济，其系朱某贷款诈骗行为的被害单位。

对于被告人朱某的辩护人所提某银行北京分行基于商户个人信誉和北京某食品有限公司的担保提供授信额度，采购卡的本质系信用卡借款而非贷款的辩护意见，经查：在案证据证明，某银行北京分行办理的采购卡业务需要北京某食品有限公司提供连带担保，15名借款人对所获钱款的使用时间、方式、数额无自主决定权，在某银行北京分行审批通过后，按照协议约定扣除8.7%的手续费，剩余钱款全部转入北京某食品有限公司账户用于购买销售代理合同约定的酱油、醋等货物，故采购卡虽在形式上是信用卡，但其本质属于贷款业务，被告人朱某的辩护人所提该项辩护意见，缺乏事实及法律依据，本院不予采纳。

一审法院认为，被告人朱某以非法占有为目的，虚构事实、隐瞒真相，骗取银行贷款，其行为已构成贷款诈骗罪。

一审法院判决：被告人朱某犯贷款诈骗罪，判处无期徒刑，剥夺政治权利终身，并处没收个人全部财产；与前罪所犯信用卡诈骗罪判处有期徒刑五年，罚金人民币五万元并罚，决定执行无期徒刑，剥夺政治权利终身，并处没收个人全部财产；责令被告人朱某退赔人民币一千零四十六万三千四百一十八元六角二分，发还被害单位某银行北京分行。

**二审法院观点：**

对于朱某及其辩护人所提一审判决认定事实不清、朱某不构成贷款诈骗罪的上诉理由和辩护意见，经查：首先，在案的书证、证人证言等大量证据证明，朱某与某银行签订了采购卡分期业务协议，并通过刘某找到15名虚假的借款人参与面签环节，还提供了其签名盖章的承诺担保函、销售代理合同，其行为符合贷款诈骗罪规定的"使用虚假的经济合同"的情形；其次，朱某在某银行办理一般账户，后将账户U盾交给郭某使用，在贷款进入北京某食品有限公司账户后，其中100余万元偿还某公司的利息，300万元偿还其他公司的本金，这两部分钱款支出用于偿还北京某食品有限公司债务，另外730万元转入郭某账户，郭某在贷款下发前后共为朱某偿还欠款600余万元。朱某与郭某签订的还款协议及公证书可以证明其对个人债务表示认可，朱某为了偿还公司及个人债务，将贷款账户交给郭某支配使用，其主观上对贷款具有非法占有目的，朱某的上述行为符合贷款诈骗罪的犯罪构成。

对于朱某的辩护人所提一审法院未有效保障被告人的诉讼权利一节，经查：一审法院审理期间，根据朱某的取证申请，为查明案件事实，准确认定犯罪金额，合议庭先后向多家单位发函调取了大量证据，充分保障了被告人的诉讼权利。

上诉人朱某以非法占有为目的，虚构事实、隐瞒真相，骗取银行贷款，其行为已构成贷款诈骗罪，且犯罪数额特别巨大，依法应予惩处。朱某曾因犯信用卡诈骗罪被判处刑罚，刑罚执行完毕前发现其有漏罪，依法对其实行数罪并罚。一审法院根据朱某犯罪的事实、犯罪的性质、情节和对于社会的危害程度所作的刑事判决，事实清楚，证据确实、充分，定罪正确，量刑适当,审判程序合法,应予维持。

二审法院裁定:驳回上诉,维持原判。

> **法官评析**

### 一、贷款诈骗罪中非法占有目的的认定

本罪侵犯的客体是双重客体,既侵犯银行或者其他金融机构对贷款的所有权,又侵犯国家金融管理制度。诈骗贷款行为不仅侵犯了银行等金融机构的财产所有权,而且必然影响银行等金融机构贷款业务和其他金融业务的正常进行,破坏我国金融秩序的稳定。因此,诈骗贷款行为同时侵犯了银行等金融机构的贷款所有权以及国家的贷款管理制度,具有比一般诈骗行为更大的社会危害性。

《中华人民共和国刑法》第一百九十三条规定,有下列情形之一,以非法占有为目的,诈骗银行或者其他金融机构的贷款,数额达到起刑点的,构成本罪:(一)编造引进资金、项目等虚假理由的;(二)使用虚假的经济合同的;(三)使用虚假的证明文件的;(四)使用虚假的产权证明作担保或者超出抵押物价值重复担保的;(五)以其他方法诈骗贷款的。

本罪在客观方面表现为采用虚构事实、隐瞒真相的方法诈骗银行或者其他金融机构的贷款,数额较大的行为。本案中法院认定朱某的行为符合贷款诈骗罪规定的"使用虚假的经济合同"的情形。但同时也应注意到,本罪在主观上由故意构成,且以非法占有为目的。至于行为人非法占有贷款的动机是挥霍享受还是转移隐匿,都不影响本罪的构成。反之,如果行为人不具有非法占有的目的,即使其在申请贷款时使用了欺骗手段,也不能按犯罪处理,这也是区别罪与非罪的重要标准。在认定本罪时,不能简单以是否能够按期偿还贷款作为认定非法占有目的的标准。在司法实践中,对于行为人通过诈骗的方法非法获取资金,造成数额较大资金不能归还,并具有下列情形之一的,可以认定为具有非法占有的目的:(一)明知没有归还能力而大量骗取资金的;(二)非法获取资金后逃跑的;(三)肆意挥霍骗取资金的;(四)使用骗取的资金进行违法犯罪活动的;(五)抽逃、转移资金、隐匿财产,以逃避返还资金的;(六)隐匿、销毁账目,或者搞假破产、假倒闭,以逃避返还资金的;(七)其他非法占有资金、拒不返还的行为。但是,在处理具体案件的时候,对于有证据证明行为人不具有非法占有目的的,不能单纯以财产不

能归还就按金融诈骗罪处罚。

**二、本案非法占有目的的认定**

本案中,朱某在向银行贷款时已经背负巨额债务,其虚构多人系北京某食品有限公司的 6 家下游企业员工的事实,在北京某食品有限公司与 6 家下游企业并无真实交易的情况下,向某银行北京分行提交了虚假的销售代理合同,获取银行的信任并骗取银行 1000 余万元的贷款。朱某获取贷款后,并未用于其和银行约定的生产经营支出,而是全部用于偿还其个人以及其名下公司的债务,直到其判决生效时,其向银行的贷款无法得到偿还,符合上述认定非法占有目的的条件,能够认定朱某构成贷款诈骗罪。

**三、案例的指导意义**

一些企业或者个人通过贷款诈骗恶意逃废金融债务,不仅破坏了贷款使用的整体效益,而且对金融机构信贷资产的所有权、信贷资产安全造成了严重威胁,破坏我国金融秩序的稳定,必须依法打击。自身贷款,要履约偿还,恶意转移、隐匿财产等贷款诈骗违法犯罪行为必将受到法律制裁。

## 三、票据诈骗罪

### 5.3 票据诈骗罪与合同诈骗罪之区分

——王某票据诈骗、合同诈骗案[1]

> 关 键 词:票据诈骗　合同诈骗
>
> 问题提出:签发空头支票骗取他人财物的行为构成票据诈骗罪还是合同诈骗罪?

---

[1] 一审法院为北京市海淀区人民法院,案号:(2016)京 0108 刑初 530 号,载中国裁判文书网, https://wenshu.court.gov.cn/website/wenshu/181107ANFZ0BXSK4/index.html? docId = 0776834f7e8f4efea2b6a76a000d842f,最后访问时间:2022 年 9 月 12 日。

> **裁判要旨**：对于签发空头支票骗取他人财物的犯罪行为，应当根据签发空头支票的时间进行区分，对于先签发空头支票后取得财物或者二者同时进行的，应当认定为票据诈骗罪；对于先取得财物，而后签发空头支票用于担保、拖延还款等目的的，应当认定为合同诈骗罪。

## 案情简介

公诉机关：北京市海淀区人民检察院

被告人：王某

被告人王某于2013年7月至8月间，以使用空头支票、密码错误支票的结账方式骗取被害人任某手机34部，共计价值人民币16万元。

被告人王某于2013年7月至8月间，以空头支票和填写不规范的支票，骗取被害人杨某人民币9.4万元。案发前被告人王某及亲属退赔被害人杨某人民币2万元。

被告人王某于2013年7月间，骗取被害人赵某手机22部，共计价值人民币100980元。案发前，被告人王某及其亲属退赔被害人赵某人民币2万元。

## 各方观点

**公诉机关观点：**

被告人王某的行为构成票据诈骗罪、合同诈骗罪。

**被告人王某观点：**

对指控的合同诈骗犯罪事实提出异议。

## 法院观点

被告人王某使用空头支票，骗取他人财物，数额巨大，其行为已构成票据诈骗罪。被告人王某以非法占有为目的，在签订、履行合同的过程中，骗取对方当事人财物，数额较大，其行为亦已构成合同诈骗罪，应与其所犯票据诈骗罪并罚。

关于辩护人认为被告人王某票据诈骗犯罪数额有误及被告人王某不构成

合同诈骗罪的辩护意见，经查：首先，被告人王某在曾明确供述其资金于2013年初出现问题，在已经没有实际履行能力的情况下，其仍以空头支票的方式从被害人杨某处提取货物，表面看来，银行的退票原因是填写不规范，但被告人王某实际上知晓该支票账户空头，该支票亦不可能在银行得到承兑，对此，在案亦有证人郭某的证言予以佐证，故王某票据诈骗的犯罪故意明显；其次，被告人王某在资金出现问题，没有实际履行能力的情况下，仍以延期支票的方式从被害人处提取货物并销售，所得货款亦未用于清偿债务，可见被告人王某在签订、履行合同的过程中非法占有目的明显，其行为符合合同诈骗罪的构成要件。辩护人的相关辩护意见，无其他证据支持，且与在案证据证明的事实不符，不予采纳。被告人王某犯罪以后自动投案，如实供述自己的罪行，系自首，依法对其从轻处罚。

综上，法院判决：一、被告人王某犯票据诈骗罪，判处有期徒刑五年六个月，罚金人民币五万元；犯合同诈骗罪，判处有期徒刑一年六个月，罚金人民币二万元，决定执行有期徒刑六年，罚金人民币七万元。二、责令被告人王某退赔被害人任某人民币十六万元，退赔被害人杨某人民币七万四千元，退赔被害人赵某人民币八万零九百八十元。

### 法官评析

空头支票是指行为人所签发的支票金额超过其在付款人处实有的存款金额的支票，所谓付款人就是指签发空头支票的行为人开立账户的银行或者其他金融机构。简单来讲，行为人签发的金额超过其在银行的存款金额的支票就是空头支票。如本案所示，对于使用空头支票骗取他人财物的犯罪行为，在司法实践中通常涉及以下两类罪名：一是诈骗罪，依据行为方式的不同，又可分别构成诈骗罪、合同诈骗罪、信用卡诈骗罪等罪名；二是《中华人民共和国刑法》第一百九十四条规定的签发空头支票或者与其预留印鉴不符的支票，骗取财物继而构成票据诈骗罪的情形。对于诈骗罪与票据诈骗罪的认定，有观点提出，诈骗罪与票据诈骗罪是法条竞合的关系，一般应择一重处，骗取货物与使用空头支票付款的先后不应影响票据诈骗罪的成立。笔者认为，上述观点虽然明确了诈骗与票据诈骗行为之间的包容关系，但却忽略了两者具体行为方式方面的区别，对于使用空头支票骗取他人财物的行为不可一味适用择一重处的原则，仍需具体情形具体分析。

### 一、诈骗罪与票据诈骗罪的联系与区别

关于两罪的联系，从本质上讲均属于欺骗行为，均要求行为人以非法占有为目的，实施虚构事实、隐瞒真相的行为，使被害人陷入错误认识，主动交付财物，造成财产损失，可以说票据诈骗罪是诈骗罪的一种特殊情形；关于区别，两罪在犯罪主体、客体与客观构成要件方面均有所不同，票据诈骗罪只能发生在票据交易活动中，具体表现为《中华人民共和国刑法》第一百九十四条规定的五种使用金融票据的情形，而诈骗罪对于行为方式没有特殊要求，行为人只要实施了虚构事实或者隐瞒真相的行为即可构成诈骗罪。

### 二、不同情形下使用空头支票骗取财物行为的定性

对使用空头支票的诈骗行为进行定性，首先，应当厘清诈骗罪与票据诈骗罪在犯罪客体及客观构成要件方面的区别。票据诈骗罪之所以作为一种特殊形式的诈骗独立成罪，关键在于国家对于票据管理秩序的特殊保护。换言之，在票据诈骗罪中，行为人虽然也实施了虚构事实或隐瞒真相的行为，但真正促使对方自愿交付财物的原因，应当是对方主观上认为行为人出具的票据是真实且有效的。也就是说，票据诈骗罪中的使用票据与取得财物应当具有刑法学上的因果关系。[1] 其次，应当区分票据在犯罪中的具体用途来进行认定，票据的主要功能在于支付与结算，如果行为人虚构或者隐瞒的是票据的支付与结算能力，对方主观上认定行为人出具的票据是真实、有效的，进而交付财物，此种情形属于行为人直接使用票据的支付、结算功能骗取财物，是典型的票据诈骗犯罪。与此相对应的是，行为人未使用票据的支付与结算功能，而是仅将票据作为向对方展示其支付能力、资金实力的手段，为的是使对方产生充分的信任进而交付财物，或者双方约定不将票据进行兑现而只是作为一种担保交付对方，[2] 此时票据对于对方自愿交付财物没有直接的影响，行为人侵犯的法益并非票据诈骗罪所保护的票据管理秩序，而是票据担保背后的经济关系。[3] 因此，在行为人仅使用票据彰显经济实力或者用作担保又或是拖延还款时间的情况下，票据在犯罪中仅起到辅助、间接的作用，此

---

[1] 李寅：《诈骗罪与票据诈骗罪之辨析——不同情形下签发空头支票行为性质的认定》，载《法制与社会》2020年第2期。

[2] 《中华人民共和国刑法》第二百二十四条规定，以伪造、变造、作废的票据或者其他虚假的产权证明作担保的，构成合同诈骗罪。

[3] 田宏杰：《票据诈骗罪客观行为研究》，载《中国人民公安大学学报（社会科学版）》2003年第3期。

时该行为不宜用票据诈骗罪进行评价，用普通诈骗犯罪更为适宜。

综上，如果行为人虚构或者隐瞒的是票据的支付与结算功能，对方因此给付财物，应当认定为票据诈骗罪；反之，如果在行为人已经取得财物的情况下，为达到掩饰犯罪、拖延还款等目的使用空头支票，鉴于对方给付财物并非由于行为人出具的票据，此时应当认定为普通诈骗犯罪。在司法实践中，应当以行为人签发空头支票与对方交付财物的时间进行区分：如果行为人在对方交付财物之前签发空头支票或者二者同时进行，应当构成票据诈骗罪；如果对方先交付财物，而后行为人签发空头支票用于担保、拖延还款等，则应当构成诈骗罪或者合同诈骗罪。

就本案而言，在前两起事实中，王某明知支票账户空头、其签发支票无法在银行得到承兑的情况下，仍使用空头支票骗取被害人信任，让被害人主观上认为王某出具的系真实、有效的支票，王某也因此取得被害人给付的财物，王某的行为构成票据诈骗罪；在第三起事实中，王某在资金出现问题，没有实际履行能力的情况下，仍以延期支票的方式从被害人处提取货物并销售，王某向被害人出具空头支票仅是为了拖延还款，并非直接骗取钱款，因此王某的行为构成合同诈骗罪。

**三、案例的指导意义**

金融票据在便捷市场交易的同时，也易滋生利用空头支票诈骗等违法犯罪活动。鉴于目前司法实践中对于票据诈骗罪与合同诈骗罪的认定还有所争议，本文以王某票据诈骗罪、合同诈骗罪一案为切入点，探讨不同情形下使用空头支票骗取财物行为的定性，以期为司法实践中解决此类案件定性提供参考。

## 四、信用证诈骗罪

### 5.4 利用信用证诈骗银行打包贷款行为定性
——林某、翁某信用证诈骗案[1]

| 关 键 词： | 信用证诈骗　贷款诈骗 |
| --- | --- |
| 问题提出： | 利用信用证诈骗银行打包贷款的行为构成信用证诈骗罪还是贷款诈骗罪？ |
| 裁判要旨： | 对于利用信用证诈骗银行打包贷款的行为，首先应当区分利用信用证行为的合法性，如果使用合法取得的信用证诈骗银行打包贷款，应当按照犯罪主体的不同认定为贷款诈骗罪或者合同诈骗罪；如果是使用伪造、变造、作废或者是骗取的信用证诈骗银行打包贷款的，应当构成信用证诈骗罪。 |

**案情简介**

公诉机关：浙江省宁波市鄞州区人民检察院

被告人：林某、翁某

被告人林某系某福公司法定代表人。2012年7月，被告人林某与被告人翁某经事先预谋，在某福公司无实际货物进出口的情况下，由被告人翁某出面，找到孙某，由孙某为某福公司代理开具信用证，并向孙某提供一份虚假的某福公司与T公司之间的销售合同，该合同载明货物为切割机，金额为50万美元。而后，经孙某联系，两被告人以T公司名义与香港某控股集团签订一份代理开具信用证合同，约定接证方为某福公司，开证金额为50万美元，

---

[1] 一审法院为浙江省宁波市鄞州区人民法院，案号：（2014）甬鄞刑初字第425号，载中国裁判文书网，https://wenshu.court.gov.cn/website/wenshu/181107ANFZ0BXSK4/index.html?docId=0b75853e00564b249534cd7022ac2e8a，最后访问时间：2022年9月12日。

信用证有效期为 180 天，接证银行为 A 银行，开证费用为第一次开证总金额的 10.5%，其中第一笔 6% 在合约生效时支付。同年 7 月下旬，被告人林某、翁某分别向孙某支付开证费用各 95900 元。嗣后，国外 B 银行向某福公司的开户行 A 银行开具了信用证，该信用证描述受益人为某福公司，票面金额为 499200 美元，货物为切割机，并规定全套海运提单、商业发票等单据作为承兑信用证项下款项的必备要件之一。

被告人林某、翁某继而以某福公司名义，向 C 银行申请办理出口信用证押汇，并向 C 银行递交信用证和伪造的全套发货单据，C 银行审核单据后向开证行寄单。2012 年 8 月 21 日，应 C 银行要求，被告人林某、翁某向 C 银行提交《最高额保证合同》，由朱某、林某等人担保。2012 年 9 月 12 日，C 银行收到开证行承兑电文，表示只要单据与信用证相符，其行会于 2013 年 2 月 23 日到期付款。当日，被告人林某、翁某便以某福公司名义向 C 银行递交正式书面押汇申请书。2012 年 9 月 14 日，C 银行将该信用证票面金额的实际结汇金额合计人民币 2827980 元划拨至某福公司账户，两被告人随即于 2012 年 9 月 17 日将上述款项从账户转出。被告人翁某以所谓"借款"的名义，支取其中 1163990 元并汇至其所经营的某酒业商行账户，后由被告人翁某支配使用。剩余款项由被告人林某支配使用，其中 150 万元用于归还欠公司会计陈某的借款。

2012 年 10 月 8 日，C 银行收到国外开证行回复，以提单由不存在的公司提供、无船务信息为由撤销承兑。C 银行即联系被告人林某、翁某，要求还款，后被告人林某向 C 银行账户归还款项约 5 万元，翁某向 C 银行账户归还款项 64 万余元，剩余款项则以各种理由进行拖延。自 2013 年 1 月 15 日起，C 银行无法联系被告人翁某。自同年 2 月 18 日起，C 银行无法联系被告人林某。

2013 年 3 月 12 日，C 银行向宁波市公安局鄞州分局经侦大队报案。同年 3 月 15 日，经侦大队立案侦查，在侦查过程中发现，被告人林某、翁某均已改变原联系方式且不知去向。后两被告人向 C 银行归还的款项 69 万余元已被公安机关冻结。同年 5 月 15 日，被告人翁某在宁波市鄞州区被公安机关抓获。同年 5 月 21 日，被告人林某在宁波市江北区被公安机关抓获。

### 各方观点

**公诉机关观点：**

被告人林某、翁某结伙利用信用证诈骗银行贷款，数额特别巨大，其行为均构成信用证诈骗罪。

**被告人林某观点：**

系被告人翁某利用其向银行借款，且所借款项均用于公司生产经营。

**被告人翁某观点：**

其未实际参与信用证诈骗，仅起介绍作用，其支付给林某 95900 元是借款利息，而非孙某的手续费。

### 法院观点

被告人林某、翁某及其辩护人关于其未实际参与信用证诈骗，无信用证诈骗主观故意的辩解、辩护意见。经查，被告人林某、翁某协商虚构出口业务，利用信用证骗取银行押汇款，该事实有两被告人在侦查阶段的供述及证人孙某、崔某、卢某、江某、陈某等人的证言予以证实，且有售货合同、押汇申请书、银行账户交易详单等证据予以佐证，证据之间能够相互印证，足以认定。被告人林某、翁某在骗取银行押汇款后，将款项大部分用于偿还债务，在银行催促还款时，未采取实质上的补救措施，并继而藏匿且改变原联系方式，足以认定两被告人具有逃避返还、非法占有的主观故意，故对被告人林某、翁某及其辩护人的上述辩解、辩护意见，均不予采信。另根据证人崔某及卢某的证言，经银行催缴，两被告人已在案发前主动向银行归还款项合计人民币 69 万余元，已归还部分可在诈骗金额中予以扣除，故两被告人诈骗金额应认定为 210 余万元。

被告人林某及其辩护人关于款项系用于公司经营的辩解、辩护意见，经查，证人陈某的证言、银行交易凭证、借条及被告人林某在公安机关的多次供述等证据均证实，其骗取押汇款并由其个人支配使用，其虽在庭审时辩称该款项系用于购买面料并向合作公司出货，但无法说明合作公司名称及具体订单情况，也未能提供相应证据予以证实，故对被告人林某及其辩护人就此提出的辩解、辩护意见，不予采信。

被告人翁某关于其给林某 95900 元系借款利息的辩解意见，经查，被告人翁某通过其前妻杭某将95900元手续费汇至孙某账户，该事实有同案犯林某的供述，证人孙某、陈某的证言为证，且有孙某个人账户明细单予以佐证，亦与代理开具信用证合同所约定的第一笔手续费金额基本相符，证据之间能够相互印证，足以认定。故被告人翁某该辩解意见，不予采信。

被告人林某、翁某以非法占有为目的，合伙捏造虚假贸易背景，骗开信用证，并利用信用证及伪造信用证附随单据，非法获取银行资金210余万元，诈骗数额巨大，其行为均已构成信用证诈骗罪。被告人翁某辩护人关于被告人在提供足额担保的情况下，用合法取得的信用证向银行办理贷款，未骗取信用证项下款项，不构成信用证诈骗罪及本案系单位犯罪的辩护意见。首先，信用证诈骗罪的客体是国家的金融管理秩序，使用骗取的信用证进行诈骗活动，并不限于行为人利用信用证的支付功能直接骗取信用证项下的款项，也包括利用信用证的信用功能，将骗取的信用证用于抵押、质押或担保等进而骗取贷款。其次，信用证诈骗包括使用伪造、变造的信用证或者附随的单据、文件进行诈骗活动及骗取信用证进行诈骗活动等情形。本案中，两被告人虚构贸易业务，让他人代为开具信用证，并提交伪造提单等货运单据，骗得银行押汇款，之后逃避返还资金并潜逃，符合信用证诈骗罪客观方面特征，其是否提供担保不影响该罪成立。最后，某福公司虽系信用证押汇业务的申请主体，但两被告人在未经其他公司股东同意的情况下，私自决定以公司名义办理信用证押汇业务，且实际的受益人亦为被告人个人，应认定为个人犯罪。故被告人翁某的辩护人就此提出的辩护意见，均不予采信。

根据两被告人犯罪的事实、犯罪的性质、情节和对于社会的危害程度，法院判决：一、被告人林某犯信用证诈骗罪，判处有期徒刑九年，并处罚金人民币二十万元。二、被告人翁某犯信用证诈骗罪，判处有期徒刑八年，并处罚金人民币十五万元。三、责令被告人林某、翁某继续退赔相关被害单位的经济损失。

**法官评析**

信用证打包贷款是银行为信用证受益人提供的一种短期融资服务，可以解决出口商自有资金不足的问题，推动国际贸易顺利开展。在司法实践中，利用信用证诈骗银行打包贷款的犯罪行为时有发生，目前实务界对该行为的认定仍存在争议，本案例以一起典型的信用证诈骗案为切入点来探讨上述犯罪行为的定性，以期为此类犯罪行为司法认定的统一提供裨益。

一、利用信用证诈骗银行打包贷款行为的分类

目前司法实践中对于合法取得信用证后以此诈骗银行打包贷款的行为不构成信用证骗罪，而应当根据犯罪主体的不同认定为贷款诈骗罪或者合同诈骗罪已无争议。本案例所探讨的利用信用证诈骗银行打包贷款是指利用非法手段获得信用证，并以此申请银行打包贷款进行诈骗的行为，目前司法实践中关于该行为主要有以下两种情形：

情形一：行为人使用伪造、变造的信用证或者附随的单据、文件或者使用作废的信用证作为担保，诈骗银行打包贷款。

情形二：行为人为诈骗银行打包贷款，采取虚构贸易业务等手段骗开信用证用作担保。

本案中，林某、翁某虚构贸易业务，让他人代为开具信用证，应当认定为骗取信用证，此后二人伪造提单等货运单据，使用骗取的信用证骗取银行押汇款，并逃避偿还义务，林某、翁某的行为符合情形二的客观构成要件，应当认定为诈骗银行打包贷款，骗取信用证用作担保的情形。

二、利用信用证诈骗银行打包贷款行为的定性

利用信用证诈骗银行打包贷款行为的争议焦点主要在于定性，即该行为构成信用证诈骗罪还是贷款诈骗罪。对此，理论界有不同看法。第一种观点认为上述行为最终目的是使银行陷入错误认识，进而发放贷款，而被骗银行非信用证当事双方，因此该行为未侵犯信用证管理秩序，不构成信用证诈骗罪，应成立贷款诈骗罪；第二种观点认为该行为既符合信用证诈骗罪的构成要件，又能够成立贷款诈骗罪，且两个罪名之间具有交叉或者重叠的关系，属于法条竞合，按照特别法优于一般法的原则，应当认定为信用证诈骗罪；第三种观点认为行为人一共实施了非法取得信用证和骗取银行贷款两个行为，两行为之间存在手段与目的的关系，应当构成牵连犯，依据牵连犯择一重处的原则，应当构成信用证诈骗罪。

笔者认为，利用信用证诈骗银行打包贷款的行为实质上仍属于诈骗银行贷款，只是该类骗贷行为是以非法取得的信用证作为担保实施的。具体分析，关于该行为是否仅构成贷款诈骗罪，首先，该行为客观上完全符合信用证诈骗罪的构成要件；其次，非法取得信用证的行为在客观上已经侵犯了信用证管理秩序，不能简单以发放贷款的银行非信用证当事双方来否认该事实，因

此从行为侵犯的客体角度否认构成信用证诈骗罪的观点是无法成立的。关于该行为是否构成牵连犯，牵连犯需要存在数个能独立构成犯罪的行为，且犯罪行为之间存在手段与目的、原因与结果的关系，对于使用非法取得的信用证骗取银行贷款的行为，非法取得信用证只是骗取贷款的工具，应当视为骗取贷款的一个环节，而非一个独立的犯罪行为，如果理解为两个独立的犯罪行为，那么使用虚假的经济合同骗取银行贷款的行为也可成立合同诈骗罪与贷款诈骗罪的牵连犯，这显然是不合适的。因此，使用非法取得的信用证骗取银行贷款的行为在实质上仍属于一个行为，不构成牵连犯。关于该行为是否属于法条竞合，相较于贷款诈骗罪而言，信用证诈骗罪属于特殊法条，且两罪名在具体内容上存在交叉、重叠关系，竞合的产生是由于立法的细化规定，体现了立法者对金融诈骗类行为的价值判断，因此属于法条竞合，应当按照特别法优于一般法的原则认定为信用证诈骗罪。[①]

综上，对于利用信用证作为抵押诈骗银行贷款的行为，如果是合法取得信用证，那么该行为应当认定为贷款诈骗罪或者合同诈骗罪；如果是通过非法途径（使用伪造、变造、作废的信用证或者骗取信用证等方式）取得信用证，那么该行为应当认定为信用证诈骗罪。

**三、案例的指导意义**

在国际贸易活动中，买卖双方由于在语言文字、市场环境、外贸政策等多种因素的影响下，均面临较大的商业信用风险。为有效降低交易风险，信用证作为由银行出具的承诺有条件付款的书面文件，因以银行信用取代了商业信用，作为结算方式在当下的国际贸易中被广泛应用，但这也为不法分子利用信用证实施犯罪行为提供了可乘之机，如本案所示，利用信用证诈骗银行打包贷款便是其中常见的犯罪方式。案例通过对该类犯罪行为进行分类以及定性分析，以期为司法实践中此类犯罪的认定提供帮助。

---

[①] 王玉珏：《透视利用信用证打包贷款实施诈骗的行为》，载《新疆社会科学》2012 年第 3 期。

## 五、信用卡诈骗罪

### 5.5 盗刷他人网络借贷产品行为定性
——王某盗窃、信用卡诈骗案[①]

> **关 键 词**：盗骗交织　盗刷　网络借贷
>
> **问题提出**：盗刷他人网络借贷产品的行为属于诈骗行为还是盗窃行为？
>
> **裁判要旨**：私自使用他人网络借贷产品借款后转款行为应直接视为对他人财产权益的侵害，该财产转移过程他人并不知情，亦无交付意愿，应认定为盗窃罪。

### 案情简介

公诉机关：北京市海淀区人民检察院

上诉人（原审被告人）：王某

2017年10月3日凌晨2时许，被告人王某趁被害人逯某熟睡之际利用A网络借贷产品借款人民币26604元，后转入自己的账户。

2017年10月6日凌晨1时许，被告人王某在深圳市某酒店，趁被害人逯某熟睡之际利用A网络借贷产品借款人民币3403元，后转入自己的账户；利用B网络借贷产品借款人民币2万元，打入被害人甲银行信用卡中，后转入自己的账户。上述钱款共计人民币50007元。

2017年10月6日凌晨2时许，被告人王某冒用被害人的乙银行信用卡借款1万元，先转入被害人的账户，后转入自己的账户。

---

[①] 一审法院为北京市海淀区人民法院，案号：（2018）京0108刑初948号；二审法院为北京市第一中级人民法院，案号：（2019）京01刑终160号，载中国裁判文书网，https://wenshu.court.gov.cn/website/wenshu/181107ANFZ0BXSK4/index.html?docId=680434733d80471c9fecaa230010b1cd，最后访问时间：2022年3月24日。

后被告人王某于 2017 年 11 月 3 日被公安机关抓获归案，涉案钱款均未退赔。

### 各方观点

**公诉机关观点：**

被告人王某的行为构成诈骗罪、信用卡诈骗罪。

**上诉人（原审被告人）王某观点：**

对指控的事实和罪名均提出异议，辩称钱不是其偷转的，是逯某主动给其的。

### 法院观点

**一审法院观点：**

被告人王某以非法占有为目的，盗窃他人财物，数额较大，其行为已构成盗窃罪，应予惩处；王某冒用他人信用卡，进行信用卡诈骗活动，数额较大，其行为已构成信用卡诈骗罪，应与其所犯盗窃罪并罚。北京市海淀区人民检察院指控被告人王某犯有诈骗罪、信用卡诈骗罪的事实清楚，证据确凿，唯指控罪名不当，依法予以更正。

本案中，控辩双方对被害人逯某通过其账户向被告人王某转账涉案款项并无异议，双方争议焦点为该钱款是王某隐瞒逯某秘密获取还是逯某主动向其支付。支持前者的证据有被告人王某的供述、被害人逯某在侦查阶段及当庭陈述、对话录音，并有深夜转账时间、账户账单删除记录等证据予以佐证；支持后者的证据为王某在侦查阶段及当庭辩解，其称所有钱款为逯某主动向其支付、认罪供述及录音均系逯某授意下作出、账户记录系逯某自行删除。法庭经综合审查认为，辩方以上辩解、辩护意见、质证意见明显有违常理，且与在案证据不符，不足以形成合理怀疑；反观控方证据，存在内在联系，证据形成的结论指向唯一，足以排除一切合理怀疑。故可以认定被告人王某实施了公诉机关指控的犯罪行为。

而在罪名适用上，本案中涉及网络借贷产品的借款行为虽系由王某实施，但基于"信用贷款"的产品性质、结构，在被害人逯某已经完成前期注册、验证后，平台方无需核实涉案借款行为是否系被害人本人作出，可依照被告人指令直接放款，还款义务即告成立并由被害人负担，故涉案网络借贷产品所属平台方并非本案被害人，王某私自借款后转款行为应直接视为对被害人逯某财产权益的侵害，该财产转移过程被害人并不知情，亦无交付意愿，故应以盗窃罪论处。

关于辩方提出的被告人王某曾通过其账户向被害人转款、所得钱款用于两人共同消费不构成犯罪的辩解及辩护意见，与在案账户转账记录等证据及现行法律明显不符，不予采纳。

一审法院判决：一、被告人王某犯盗窃罪，判处有期徒刑二年六个月，罚金人民币二万元；犯信用卡诈骗罪，判处有期徒刑十个月，罚金人民币二万元，决定执行有期徒刑三年，罚金人民币四万元。二、责令被告人王某退赔被害人逯某人民币六万零七元。

**二审法院观点：**

对于上诉人王某所提涉案款项系被害人主动给予的，其没有实施一审判决所涉犯罪事实的上诉理由，经查：经一审法院庭审举证、质证的被害人陈述、通话录音、账户删除记录及王某在侦查阶段的供述均证实，王某趁被害人不备，窃取或冒用信息获得被害人钱款，上述证据证明内容具体稳定，能够相互印证，不存在矛盾之处，王某所作辩解有违常理，其亦不能举证证明，故相关上诉理由缺乏事实依据与证据支持，不予采纳。

对于上诉人王某所提其向被害人归还钱款的上诉理由，经查：王某所提辩解内容在被害人账户转账记录等相关证据中没有反映，且被害人亦不认可，在案缺乏证据予以支持，故相关上诉理由不予支持。

二审法院裁定：驳回上诉，维持原判。

### 法官评析

互联网时代下，网络借贷产品因其无需担保、审核快捷、放款迅速等特点而被广泛普及。但诸多网络借贷产品在便捷人们生活的同时，也引发了很多新型网络犯罪，盗骗交织是此类新型犯罪的重要特点。目前司法实践中对于盗刷他人第三方支付软件的行为已达成较为统一的意见，即通过掌握、重置他人手机中第三方支付软件交易密码等方式控制他人第三方支付软件账户后使用他人余额或者使用绑定的他人银行卡的行为应当认定为盗窃罪，而非诈骗罪。但是由于网络借贷产品的金融性质目前没有明确界定，以及此类盗刷行为存在盗骗交织特点，盗刷网络借贷产品的行为可能涉及的罪名在司法实践中还存在一定争议，因此拟通过本案对盗刷他人网络借贷产品行为可能涉及的三个罪名进行定性分析，为统一此类行为的性质认定提供借鉴。

**一、盗刷他人网络借贷产品行为定性分析**

（一）贷款诈骗罪

本案涉及的网络借贷产品是用于个人消费的网络借款服务产品，借款按日计息，随借随还，因其具有贷款性质，目前司法实践中已有将网络借贷产品的运营平台公司认定为金融机构进而将此类盗刷行为认定为贷款诈骗罪的判例。但也由此引发了诸多争议，贷款诈骗罪的客体是银行或者其他金融机构，此类盗刷行为是否涉及贷款诈骗犯罪，关键是查明网络借贷产品所属企业法人是否属于金融机构范畴。目前通用的金融机构定义为银行、证券、保险、信托、基金等单位，《金融机构编码规范》也再次明确了中国金融机构的涵盖范围，没有将上述网络借贷产品所属的平台公司列入金融机构范围。根据在国家企业信用信息公示网查到的上述两公司的经营范围，目前将其列为金融机构还有争议，为了防止金融机构范围扩大化，两家公司虽具有金融机构的某些特征，但目前来说还是不具备认定为金融机构的条件。另外，如下所述，此类行为并不完全符合诈骗罪的基本构造，因此此类盗刷行为不宜认定为贷款诈骗罪。

（二）诈骗罪

否认了网络借贷产品所属企业法人的金融机构属性后，那么认定盗刷他人网络借贷产品行为定性的关键就是判断案件的被害人。目前司法实务中一些判例将此类行为的被害人认定为网络借贷产品所属的平台方，继而将此类行为认定为诈骗罪，主要理由是行为人使用他人网络借贷产品账户，实施了虚构其为用户本人或者得到本人授权的事实，从而让网络借贷产品所属的平台方产生了借款行为是用户本人的意思表示的错误认识，进而进行了错误的放贷行为，因此应当认定为诈骗罪。此观点比照了冒用他人身份在ATM机（自动取款机）上使用他人信用卡应当认定为信用卡诈骗罪的规定，认为ATM机和所属银行可以成为被骗的对象，进而将网络借贷产品所属的平台方认定为可以被骗的客体。但需要注意的是，司法实践中，认为智能程序、机器不可能存在错误认识，成立诈骗罪还是应以欺骗自然人的意识为前提的观点仍是主流观点，故认定ATM机和所属银行可以被骗的上述规定主要被视为一种法律拟制性规定。故此类盗刷行为并不符合被害人陷入错误认识，自愿交付财物的诈骗罪基本构造，不宜认定为诈骗罪。

（三）盗窃罪

鉴于网络借贷产品平台方在用户注册时已经对用户的身份、银行卡信息等资料进行了审核、验证，确定无误后才会授权用户使用平台产品以及享受平台服务，此授权完成后平台和用户之间便已经建立了一种快捷服务通道。此后用户账户在使用平台进行转账、理财、借贷等平台服务时，平台基本无义务对用户身份进行核验，即此后，用户在平台上的操作行为均默认为用户本人行为或经本人同意的行为，此种快捷服务模式已经广为交易双方接受，金融监管部门亦予以认可，刑事审判实践亦不应认为平台方需附加对后续操作行为的审核义务。[1] 因此，平台方的网络借贷产品接收用户借款指令后没有审核即放款的行为系正常提供服务，不能认定为产生认识错误。此类盗刷借款的行为实际损害的是平台用户的财产权利，因为用户有妥善保管平台账户、密码的义务，用户保管不当导致他人登录用户账户并以其名义进行操作产生的损失应由用户本人承担，所以盗刷网络借贷产品的用户应当认定为此类盗刷行为的被害人。盗刷行为人在被害人不知情的情况下，操作被害人网络借贷产品以被害人名义进行借款操作继而非法占有被害人钱款，上述行为违背被害人意志，且系以秘密方式进行，被害人并非陷入错误认识而交付钱款，因此应当认定为盗窃罪。

就本案而言，由网络借贷产品产生的借款行为虽系由王某实施，但基于这些产品的性质、结构，在被害人逯某已经完成前期注册、验证后，平台方无需核实涉案借款行为是否系被害人本人作出，可依照被告人指令直接放款，还款义务即告成立并由被害人负担，故平台方并非本案被害人，王某私自借款后转款行为应直接视为对被害人逯某财产权益的侵害，该财产转移过程被害人并不知情，亦无交付意愿，故应认定为盗窃罪。

**二、案例的指导意义**

随着网络支付方式的普及，各类涉第三方支付的网络服务平台应运而生，人们可以随时在线上进行转账、理财甚至借贷操作。但随之也出现了一系列新型的涉网络支付犯罪。类似于盗刷信用卡的盗刷他人网络借贷产品就是其

---

[1] 李立峰、唐慧、徐旭：《获取他人密码通过第三方平台转账如何定性》，载《检察日报》2019年2月19日。

中之一，目前司法实践中对于此类盗刷行为的认定标准有不同的观点，根据目前的刑法理论与客观实践，笔者认为，认定为盗窃罪更为妥当。

## 六、保险诈骗罪

### 5.6 保险诈骗共同正犯的认定

——纪某诈骗、保险诈骗案①

> **关 键 词：** 保险诈骗　共同正犯
>
> **问题提出：** 无身份者能否构成保险诈骗罪的共同正犯？
>
> **裁判要旨：** 在保险诈骗罪中，如果无身份者与有特定主体身份的人员共同实施了骗取保险金的实行行为，那么无身份者能够构成保险诈骗罪的共同正犯。

#### 案情简介

公诉机关：北京市海淀区人民检察院

上诉人（原审被告人）：纪某

一、2013 年至 2018 年间，被告人纪某在多地伙同他人多次编造未曾发生的保险事故，骗取被害单位保险金共计人民币 67242 元。具体事实分述如下：

1. 2013 年 9 月 13 日，被告人纪某与投保人宋某（另案处理）共谋，由被告人纪某驾驶小轿车故意与宋某驾驶的小轿车相撞，后谎称发生事故，骗取保险公司保险金人民币 7300 元。

2. 2013 年 10 月 14 日，被告人纪某与投保人王某甲（另案处理）共谋，

---

① 一审法院为北京市海淀区人民法院，案号：（2020）京 0108 刑初 1511 号；二审法院为北京市第一中级人民法院，案号：（2021）京 01 刑终 197 号，载中国裁判文书网，https：//wenshu.court.gov.cn/website/wenshu/181107ANFZ0BXSK4/index.html？docId＝239f8d5cf8a64c27ac0aacf700094a8f，最后访问时间：2022 年 8 月 26 日。

由被告人纪某驾驶小轿车故意与王某甲驾驶的小轿车相撞，后谎称发生事故，骗取保险公司保险金人民币4820元。

3. 2014年11月12日，被告人纪某与投保人王某甲（另案处理）共谋，由被告人纪某驾驶小轿车故意与王某甲驾驶的小轿车相撞，后谎称发生事故，骗取保险公司保险金人民币7750元。

4. 2016年3月21日，被告人纪某作为被保险人，与高某共谋，由被告人纪某驾驶小轿车故意与高某驾驶的小轿车相撞，后谎称发生事故，骗取保险公司保险金人民币4322元。

5. 2016年4月27日，被告人纪某与投保人宋某共谋，由被告人纪某驾驶小轿车故意与宋某驾驶的小轿车相撞，后谎称发生事故，骗取保险公司保险金人民币9065元。

6. 2016年5月4日，投保人武某联系被告人纪某意图免费修车，被告人纪某找来高某配合伪造事故，由武某驾驶小轿车故意与高某驾驶的小轿车相撞，后谎称发生事故，骗取保险公司保险金人民币5500元。

7. 2016年10月21日，被告人纪某作为被保险人，驾驶小轿车故意与张某所有的小轿车相撞，后谎称发生事故，骗取保险公司保险金人民币9995元。

8. 2016年11月10日，被告人纪某作为被保险人，与宋某共谋，由被告人纪某驾驶小轿车故意与宋某驾驶的小轿车相撞，后谎称发生事故，骗取保险公司保险金人民币8590元。

9. 2017年3月31日，被告人纪某作为投保人，与杨某（另案处理）共谋，由被告人纪某驾驶的小轿车故意与杨某驾驶的小轿车相撞，后谎称发生事故，骗取保险公司保险金人民币9900元。

二、2014年至2018年间，被告人纪某在本市海淀区、西城区等地，伙同他人多次虚构未曾发生的事故，骗取被害单位钱款人民币27430.1元。具体事实分述如下：

1. 2014年1月16日，被告人纪某与胡某共谋，由被告人纪某驾驶小轿车故意与胡某驾驶的小轿车相撞，后谎称发生事故，骗取保险公司保险金人民币1780元（投保人：武某）。

2. 2015年12月2日，被告人纪某驾驶小轿车，伪造一起事故，后报案谎称与驾驶电动自行车骑行的平某发生剐蹭，从而骗取保险公司保险金人民币2688元（投保人：武某）。

3. 2016 年 7 月 13 日，被告人纪某与杨某共谋，由被告人纪某驾驶小轿车故意与杨某驾驶的小轿车相撞，后谎称发生事故，骗取保险公司保险金人民币 18220 元（投保人：王某乙）。

4. 2018 年 7 月 19 日，被告人纪某与王某甲共谋，由被告人纪某驾驶小轿车伪造一起事故，后以王某甲名义报案，骗取保险公司保险金人民币 4742.1 元（投保人：武某）。

2020 年 1 月 1 日，被告人纪某被公安机关抓获归案，后如实供述了上述主要事实。本案侦查阶段，被告人纪某在家属的帮助下积极退赔保险公司人民币 540885.44 元和人民币 15 万元。

## 各方观点

**公诉机关观点：**

被告人纪某的行为构成保险诈骗罪、诈骗罪。

**上诉人（原审被告人）纪某观点：**

对公诉机关指控的事实及罪名均无异议。其辩护人认为，被告人纪某系初犯、偶犯，无前科劣迹；具有如实供述的法定从轻处罚情节；到案后亦积极签署认罪认罚具结书；本案中诈骗数额较小，且被告人纪某已超额退赔并取得被害单位谅解，应免予刑事处罚；被告人纪某在宋某所参与的三起保险诈骗中，应认定为从犯，同时其亦超额退赔并获得被害单位谅解；被告人纪某此次涉案主要是为了帮朋友忙，主观恶性及社会危害性均较小。综上，希望法庭能对被告人纪某从轻处罚并适用缓刑。

## 法院观点

**一审法院观点：**

被告人纪某作为投保人或者被保险人，或者与其他多名投保人、被保险人共谋，多次编造未曾发生的保险事故骗取保险金，数额较大，其行为已构成保险诈骗罪，应予惩处；被告人纪某亦多次虚构未曾发生的保险事故骗取被害单位钱款，且数额较大，其行为亦构成诈骗罪，应与其所犯保险诈骗罪数罪并罚。经查，虽然系同案犯宋某等人主动找到被告人纪某，提议低价或者免费修车、上车险在先，但根据被告人纪某的供述、同案犯宋某等人的供述以及其他相关证据可知，被告人纪某在涉案的多起事故中均起策划、协调乃至直接实施的作用，并大多从中直接获利，可见其在指控事实中所起的作用均属必要且不可或缺，故不应将其认定为从犯；另通过相关证据和指控查明的多起事实可见，被告人纪某利用从事个体经营汽车维修的机会，以近乎相同的手段方式实施了一系列涉案事实，社会危害性较大，公诉机关仅是因保险诈骗罪对犯罪主体的身份具有特殊要求而将纪某所实施的涉案行为分为保险诈骗罪和诈骗罪起诉，故不宜再对被告人纪某的诈骗行为作区别对待而免予刑事处罚。鉴于被告人纪某在到案后如实供述涉案事实，积极签署认罪认罚具结书，结合其已在家属帮助下积极赔偿被害单位全部损失的情节，依法对其从轻处罚。

一审法院判决：被告人纪某犯保险诈骗罪，判处有期徒刑一年十个月，罚金人民币二万元；被告人纪某犯诈骗罪，判处有期徒刑六个月，罚金人民币一万元；决定执行有期徒刑二年，罚金人民币三万元。

**二审法院观点：**

上诉人纪某作为投保人或者被保险人，或者与其他多名投保人、被保险人共谋，多次编造未曾发生的保险事故骗取保险金，数额较大，其行为已构成保险诈骗罪，依法应予惩处；纪某亦多次虚构未曾发生的保险事故骗取被害单位钱款，数额较大，其行为亦构成诈骗罪，应与其所犯保险诈骗罪数罪并罚。鉴于纪某到案后如实供述自己的罪行，自愿认罪认罚，其亲属代其赔偿被害单位全部损失，依法可对其从轻处罚。一审法院根据纪某犯罪的事实，犯罪的性质、情节及对于社会的危害程度所作出的判决，事实清楚，证据确实、充分，定罪及适用法律正确，量刑适当，审判程序合法，应予维持。纪某撤回上诉的申请，符合法律规定。

二审法院裁定：准许上诉人纪某撤回上诉。

### 法官评析

随着经济社会的发展，我国的保险行业进入快速发展期，各类骗取保险金的犯罪行为也随之而来。保险诈骗不仅严重危害了我国的保险秩序，也损害了保险公司的经济利益。保险诈骗罪自入刑以来，理论研究多集中于立法完善、犯罪形态等方面，鉴于司法实践中保险诈骗类犯罪的主体较为复杂，不仅包括法条中规定的与保险合同有关的投保人、被保险人、受益人或者保险事故的鉴定人、证明人等，还可能出现与保险合同无关的第三人，因此在罪名确立、共犯认定等方面有时会出现争议。本文以一起典型的保险诈骗案件为切入点，探讨司法实践中易出现争议的保险诈骗共同犯罪的认定问题，以期对此类案件的司法认定提供裨益。

**一、保险诈骗类犯罪的主体分类**

我国刑法明确规定了保险诈骗罪的犯罪主体包括投保人、被保险人或者受益人，鉴于此类犯罪的特殊性，犯罪行为往往无法由单个主体独立完成，通常是由多个不同主体共同配合才能实施犯罪，因此我国刑法又规定了将保险事故的鉴定人、证明人、财产评估人以保险诈骗的共犯论处的情形。① 综上，我国刑法对于保险诈骗罪的犯罪主体有严格要求，即应当为与保险合同有关联之人。就本案而言，被告人在多起犯罪事实中均不具有上述主体身份，即被告人与涉案的保险合同无实质关联，为厘清保险诈骗类犯罪的主体身份，以便准确认定罪名，将此类犯罪可能涉及的主体分为以下五类：一是法条明文规定的投保人、被保险人或者受益人；二是保险公司的工作人员，考虑到保险公司的工作人员与投保人、被保险人或者受益人共同谋划、相互勾结骗取保险金的情形，此时保险公司的工作人员虽不属于保险诈骗罪法条规定的主体，但依据共同犯罪的原理，应当与投保人等法定主体一并构成保险诈骗罪的共犯；三是保险事故的鉴定人、证明人、财产评估人，如故意提供虚假的证明文件，为保险诈骗完成提供帮助，亦应当以保险诈骗罪的共犯论处；四是如本案所示无特定身份的人，即与保险合同无任何关联的人员。在本案中，纪某在多起犯罪事实中非保险公司工作人员，亦不具有投保人、被保险人或者受益人身份，也非保险事故的鉴定人、证明人、财产评估人。在第一部分事实中，纪某与具有保险诈骗罪主体身份的投保人、被保险人或者受益人共谋，故意伪造交通事故骗取保险金，在第二部分事实中，纪某伙同其他无特定身份人员，故意伪造交通事故骗取保险金，关于纪某上述行为的性质，均属于骗保行为毋庸置疑，但关于此类混合主体共同实施的诈骗犯罪是否构成保险诈骗罪以及共犯认定问题，后文将予以重点分析。

**二、保险诈骗共同犯罪中正犯与共犯的区分**

目前我国刑法界关于正犯与狭义共犯（以下所称共犯均为狭义共犯）的

---

① 《中华人民共和国刑法》第一百九十八条第四款规定，保险事故的鉴定人、证明人、财产评估人故意提供虚假的证明文件，为他人诈骗提供条件的，以保险诈骗的共犯论处。

定义还有所争议。关于二者的概念，有学者认为，共同正犯是二人以上共同故意实施犯罪构成客观方面的犯罪行为。① 有学者提出，认定正犯的时候，应当以不法为重心，处理共同犯罪案件时，先从不法层面判断是否成立共同犯罪，然后从责任层面分别判断各参与人是否有责任以及应当承担何种责任。② 目前的主流观点认为，共犯的成立应当以正犯已着手实施犯罪为前提。对于保险诈骗罪而言，共同正犯应当是以非法占有为目的基于共同骗取保险金的犯罪故意完整地实施整个保险诈骗行为的主体，如参与保险诈骗的行为人仅是部分参与，事实上起到的是教唆或者帮助的作用，则构成共犯，即共犯相对于正犯而言，在整个共同犯罪中起到的是辅助性的作用，是行为人出于某种教唆和帮助其他正犯进行保险诈骗犯罪活动的主观故意动机而实施了某种相应行为。③

### 三、无身份人员是否能够构成保险诈骗罪的共同正犯

司法实践中，无特定身份人员能够构成保险诈骗罪的共犯已无争议。需要讨论的是该类人员能否同样构成保险诈骗罪的共同正犯，即无身份人员与具有主体身份的人共同参与保险诈骗犯罪，如果无身份人员直接实施了骗保的犯罪行为，该人员是否属于共同正犯在司法实践中尚有争议，理论界也是众说纷纭。

观点一：否定论。由于我国刑法明确规定了保险诈骗罪属于特殊身份犯，实行行为仅能由具有特定主体身份的人员实施，即没有特定身份的人不可能实施法律要求犯罪主体具有特殊身份的犯罪的实行行为。换言之，无特定身份人员是无法参与保险诈骗罪的实行行为的，因此不能构成保险诈骗罪的共同正犯。

观点二：肯定论。在特殊主体身份犯罪中，无特定身份人员虽无法独立、完整地完成犯罪的实行行为，但可以参与实施其中部分实行行为，在共同犯罪中各行为人如具有共同的犯罪故意则也可构成共同正犯，即无特定身份人员与具有主体身份人员共同实施某一犯罪的部分实行行为，如果主观上具有共同的犯罪故意，客观上符合该罪的构成要件，则该无身份者亦可构成该罪的共同正犯。在保险诈骗罪中，无身份人员与具有主体身份人员共同实施了骗保的违法犯罪行为，且具有共同的犯罪故意，则该无身份人员构成保险诈

---

① 陈兴良：《论我国刑法中的共同正犯》，载《法学研究》1987年第4期。
② 张明楷：《共同犯罪的认定方法》，载《法学研究》2014年第3期。
③ 杨梅：《保险诈骗共同犯罪研究》，扬州大学2022年硕士学位论文。

骗罪的共同正犯。

观点三：折中论。无身份人员能否构成特殊主体身份犯罪的共同正犯，需要视情况而定。如果无身份人员能够实施该罪的实行行为，则能够构成该罪的共同正犯，反之如无法实施实行行为，则不能构成共同正犯。在一些身份犯罪中，如丢失枪支不报罪等，只能由特定身份者完成实行行为，因此无身份人员无法构成该罪的共同正犯，而对于强奸罪而言，虽女性不具有该罪的主体身份，但如果女性实施了帮助实行犯控制被害人等行为，此时无身份的女性也能构成该罪的共同正犯。① 对于保险诈骗罪而言，无身份人员能够与有主体身份的人员共同参与实施骗取保险金的实行行为，因此能够构成保险诈骗罪的共同正犯。

综上，笔者认为，对于无身份者能否构成保险诈骗罪的共同正犯，不能一概予以肯定或者否认，应当视无身份者的参与程度而定。如果无身份者能够与有主体身份的人员共同直接参与到保险诈骗罪的实行行为中，那么无身份者能够构成该罪的共同正犯。保险诈骗罪的实行行为应当从行为人基于骗取保险金的主观故意，要求保险公司支付保险金时开始认定，对于刑法规定的保险诈骗罪的五种表现形式应当认定为犯罪预备行为，仅当保险公司的实际利益受到较为紧迫的侵害时才能认定为实行行为。就本案而言，纪某在多起保险诈骗事实中均起到策划、协调乃至直接实施的作用，并大多从中直接获利，其在共同犯罪中所起的作用均属必要且不可或缺，纪某虽不具有与保险诈骗罪有关的主体身份，但在多起事实中均伙同投保人等具有主体身份的人员直接参与了骗取保险金的实行行为，因此构成保险诈骗罪的共同正犯。

### 四、案例的指导意义

保险诈骗罪因对犯罪主体有特殊要求，多个复杂主体共同参与的案件在司法实践中经常出现。本案例旨在通过对涉保险诈骗类犯罪的主体进行分类，提出无身份者在保险诈骗共同犯罪中的认定争议，最终通过分析确定无身份者能够认定为保险诈骗罪共同正犯的标准，以期对保险诈骗共同犯罪的司法认定提供参考。

---

① 杨梅：《保险诈骗共同犯罪研究》，扬州大学2022年硕士学位论文。

# 第六章 危害税收征管罪

刑法分则第六章规范的是危害税收征管的犯罪，对应《中华人民共和国刑法》第二百零一条至第二百一十二条，本章规定所打击的对象为各类危害税收征收管理的行为。我国有财产税、所得税等多个税种，纳税主体既包括个人，又包括企业等社会团体；既有生产者，又包括流通环节的销售者和购买者。为了保障税收目的的实现，国家近些年来实行以票控税，由此可见，发票在税收管理中的重要作用，因此，本章所保护的法益既包括国家税收征管制度，又包括国家对特定发票及其他发票的管理制度。本章部分罪名之间的界限不是很清楚，部分罪名之间存在吸收关系，司法实践中，本章罪名主要呈现出以下特点：

1. 犯罪手段隐蔽，取证较为困难

以虚开类犯罪及非法买卖增值税专用发票犯罪为例，在犯罪形态上往往是一对一进行交易，犯罪信息很难被知晓，而公安机关不像税务机关那样具备税务监控条件，不便于犯罪行为的监控。而且犯罪分子为了逃避侦查，犯罪手法也与时俱进，手段更加隐蔽，往往不留账目或即时销毁账目，给侦查取证工作带来了较大的困难。

2. 行为人为逃避打击，往往以合法形式掩盖非法目的

随着经济的发展，涉税类犯罪手段在不断翻新，为了逃避打击，往往会设计"合法"的外衣。比如，时下兴起的税务筹划机构通过改变税收性质及合理利用税收洼地降税的方式，帮助客户逃避缴纳个人所得税款。我国税收制度针对高收入人群最高适用45%的个人所得税税率，而税务筹划机构利用分拆收入、个人独资企业的核定征收等看似"合法"的方式进行避税，实则为逃税的违法犯罪行为。再如，骗取出口退税的犯罪分子为得到出口退税款的利益，往往会通过制作假手续、假冒报关的方式，披上"合法"的外衣，给犯罪的侦破工作带来不小难度。

3. 犯罪行为涉及多部门管辖

我国税收征收管理法和税收部门法对各税种的规定较为细碎，如环境保护税不仅需要税务机关的征收管理，还需要生态环境主管部门提供相关的数据；水资源税的征收，还需要水务部门的配合。因此，在涉及逃税罪的追诉过程中，公安机关不仅要与税务机关对接，可能还需要其他机关予以配合。实践中，无论是税务机关还是其他部门，对公安机关的业务不熟，所提供的材料未必符合追诉犯罪的标准，这也增加了司法机关对犯罪认定的难度。

虽然《中华人民共和国刑法》对各类涉税类犯罪的规定较为全面，但近些年来我国涉税类犯罪案件数量多且案值大。综合司法机关的裁判情况来看，存在裁判思路不统一、同类犯罪行为认定标准不同的现象，具体如下：

1. 对于"虚开"行为理解不一

《中华人民共和国刑法》第二百零五条规定了虚开增值税专用发票、用于骗取出口退税、抵扣税款发票罪；第二百零五条之一规定了虚开发票罪，其中涉及虚开行为的就有虚开增值税专用发票、虚开抵扣税款的发票、虚开普通发票，而非法买卖增值税专用发票往往也伴随着虚开行为，对于虚开行为的理解，实践中争议比较大，对虚开行为的裁判尺度把握不一。那么，如何理解虚开行为？

如果仅从字面理解，所有不真实的开票行为都可以归纳为虚开，包括无中生有，也包括有中不实，甚至是货票不符。在刑法意义上，对于虚开的学理解释有行为犯说，即行为人无论出于何种目的，只要实施了虚开行为，就破坏了国家的税收管理制度，构成犯罪；危险犯说，即虚开行为达到骗取国家税款的危险程度，才构成犯罪；结果犯说，即虚开行为只有给国家税款造成损失，才构成犯罪；目的犯说，即行为人若要构成本罪应当具有特定的目的，关于该目的的解释有人认为是偷逃税款的目的，有人认为是骗取国家税款的目的，说法不一。实践中，对于虚开行为，有的是为了骗取抵扣国家税款，有的则是为了融资贷款等需求，客观上可能未造成国家税款损失。

刑法对于虚开行为的量刑最高可达无期徒刑，因此应当对虚开作限缩解释，在诸种不实的虚开行为中，只有那种以利用增值税专用发票进行虚假抵扣税款的行为，才能被认定为刑法意义上的虚开，只有这样才能做到罪责刑相适应。

2. 犯罪行为侵害法益界限模糊，容易导致法律适用错误

随着市场经济的发展，各类税收违法犯罪行为越发智能化，违法犯罪手段隐蔽性强，涉及的实体多、区域广，增加了税务机关、司法机关的办案难度。例如石化行业的"变票"案件，行为人为了逃避缴纳消费税款，利用注册成立的空壳贸易公司或其他地域的贸易公司，将石化企业开出的非成品油增值税发票改变为成品油增值税发票，进而逃避缴纳生产环节的消费税。实践中，涉税企业的逃税行为可能更复杂，涉及的利益链条可能会跨省市，给税务监管和稽查带来了不小的困难。此类犯罪往往隐蔽性强，而且犯罪过程中伴随着虚开增值税专用发票的行为，很容易导致司法机关侦查方向的偏离。

此外，《中华人民共和国刑法》第二百零四条第二款规定："纳税人缴纳税款后，采取前款规定的欺骗方法，骗取所缴纳的税款的，依照本法第二百零一条的规定定罪处罚；骗取税款超过所缴纳的税款部分，依照前款的规定处罚。"但实践中，对该部分条款的理解有不同的观点。有观点认为，骗取出口退税罪，只有在没有缴纳税款的情况下才能成立。纳税人缴纳税款后，采取假报出口等方式骗取出口退税，所骗数额未超过缴纳数额的部分，以逃税罪定罪处罚，超过部分，以骗取出口退税罪定罪处罚，并与逃税罪数罪并罚。也有观点认为，如果行为人骗取出口退税累计数额超过所缴纳的数额，对于超过部分以骗取出口退税罪与逃税罪数罪并罚，在学理上可以解释得通，但如果行为人一次性骗取出口退税的金额就已经超过所缴纳的税额，如果再数罪并罚就与罪数理论相违背了。因此，学理上的不同观点也会对司法机关适用法律产生影响，需要办案人员根据具体案情来斟酌判断。

针对本章的罪名，刑法既保护税收实体的征收管理，如逃税罪，也保护发票的管理制度，典型的如伪造、出售伪造的增值税专用发票罪、非法出售增值税专用发票罪。我国税务征收采取以票控税，行为人通过犯罪手段逃避缴纳税款的同时，也侵害了发票的管理制度，在法益侵害的认定上具有复杂性。这就要求司法机关在适用法律时具体情况具体分析，认真厘清侵害的法益，才能作出正确的裁判。

3. 罪名之间处罚幅度不同，容易导致罪刑不相适应的局面

《中华人民共和国刑法》第二百零一条规定了逃税罪的构成要件，即采取

欺骗、隐瞒手段进行虚假申报或者不申报，逃避缴纳税款数额较大并且占应纳税额10%以上，构成本罪。也就是说，逃税罪的构成要件既有数额标准，也有比例标准。但实践中，不同规模的企业负税能力不同，这就导致不同负税能力的企业入罪标准不同的问题。例如：一家小企业逃税5万元达到了应纳税额10%以上，构成犯罪；但一家大型企业逃税数额500万元却未达到应纳税额的10%，不构成犯罪。这就导致实际逃税数额小但比例高就有罪而绝对数额大但比例低却无罪的现象，不仅与税收公平原则相悖，而且并不利于打击犯罪。

在刑事处罚的设定上，也存在对发票管理的处罚重于税收实体处罚的情况。如《中华人民共和国刑法》第二百零一条规定的逃税罪，法定最高刑为七年有期徒刑，而非法出售增值税专用发票的行为最高可判处无期徒刑，从侵害后果上看，行为人的逃税行为会直接导致国家税款减少，而非法出售发票的行为则未必会导致税收利益的流失，危害后果与刑罚不统一的问题也增加了司法机关适用法律的难度。此外，《中华人民共和国刑法》第二百零一条第二款规定了扣缴义务人对于已收、已扣的税款扣而不缴的刑事责任，但没有对扣缴义务人不履行扣缴义务的规制。如果扣缴义务人故意不履行代扣代缴义务导致税款损失的，因不属于《中华人民共和国刑法》第二百零一条规定的情形，难以用该条文追究扣缴义务人的刑事责任。

为了有效打击犯罪，堵塞犯罪的漏洞，让犯罪分子得到应有的惩处，同时让税务机关与公安机关的衔接更有效率，可以从以下几方面出发予以改进：

1. 完善刑法与税法规范的有效衔接

虽然我国刑法对于涉税类犯罪的规定较为详细，但未与税收征收管理法完全做到有效衔接。比如，《中华人民共和国税收征收管理法》第七十八条规定了未经税务机关依法委托征收税款的，除责令退还收取的财物外，要依法给予行政处罚，构成犯罪的，要依法追究刑事责任。但对于此条规定，刑法并无直接对应的法条。因此，可以通过法条对比的方式，完善刑法与税收征收管理法的衔接，让司法机关在打击犯罪过程中更加有的放矢。

2. 通过立法加强对危害税收行为的源头控制

目前我国只规定了危害税收征管的重罪规范，注重犯罪行为的打击与治理，但缺乏对危害税收行为的源头控制。按照一般纳税程序，行为人需先填报纳税申报表进行纳税申报，后计算应缴纳的数额。然而在此过程中，不少犯罪分子为了逃避缴纳税款，进行虚假申报。虽然税收征收管理法对虚假申报的行政责任进行了规定，但刑事立法缺少与之相对应的内容，只有当逃税的事实查清后才可以进行处罚，具有一定的滞后性。如果在刑法中明确虚假申报的刑事责任，就可以从源头上降低违法犯罪行为的发生率，从而起到控制犯罪的作用。

3. 完善刑事立法，堵塞法律漏洞

对于《中华人民共和国刑法》第二百零一条规定的逃税罪，可以通过立法改善目前"数额+比例"的入罪模式，同时对扣缴义务人应扣未扣的情形进行刑法规制。同时，对于不同罪名之间刑期的规定，在衡量社会危害性和危害后果后进行平衡；对于罚金刑的规制，可以将"并处罚金"的规定进行细化，明确罚金刑的犯罪，此外，针对具体职业情况，可以增加相应的资格刑，如职业禁止、资格剥夺等，从而通过多元化的手段惩处犯罪。

综上，伴随着我国税收制度的改革，纳税人的税负进一步降低，但逃避税现象却屡见不鲜。究其原因，一方面犯罪手段越发智能化与隐蔽化，犯罪分子存在侥幸心理；另一方面我们的法律法规需进一步健全。故在司法裁判时，在充分审查证据的基础上，认清侵害的法益，进一步结合行为人的主观故意及客观行为予以判断，才能做到罚当其罪、罪与责的互相统一。

## 一、逃税罪

### 6.1 成品油销售活动中"变票"行为的定性
——杨某逃税案①

> **关 键 词**：虚开增值税专用发票 "变票"逃税
>
> **问题提出**：行为人成立贸易公司，为了帮助他人逃避缴纳消费税，在客观上实施了虚开增值税专用发票的行为，所虚开发票业已用于申报抵扣，应当将行为人认定为虚开增值税专用发票罪还是逃税罪？
>
> **裁判要旨**：行为人新注册成立了贸易公司，为了达成帮下游公司偷逃消费税的目的，通过获取上游公司虚开的品目为沥青的增值税专用发票，转而向下游公司虚开税目为燃料油的增值税专用发票，即实施了所谓的"变票"行为。同时，行为人在客观上实施了虚开增值税专用发票的行为，且所虚开的增值税专用发票已实际用于认证抵扣，在判定行为人构成何罪时，既要依据行为人的犯罪手段、犯罪方式，又要审查行为人的主观目的。如果行为人虽然在客观上实施了虚开增值税专用发票的行为，但没有实际的增值税款损失，且行为人在主观上是为了帮助他人偷逃消费税，应当认定行为人构成逃税罪。

---

① 一审法院为安徽省亳州市人民法院，案号：（2019）皖16刑初27号，载中国裁判文书网，https://wenshu.court.gov.cn/website/wenshu/181107ANFZ0BXSK4/index.html? docId = pL2llrin25YHjNl6mrOd//3XNt0D38Ul + Q5Q + AD7SSKxlqHUG5reiZO3qNaLMqsJJpPYSsZQ6ODdK7WThfKTi01wBcXpQHPf8pNJ8JM1zrWZgeeilZJEsKW9za8Y9pe/，最后访问时间：2022年8月9日。

**案情简介**

公诉机关：安徽省亳州市人民检察院

被告人：杨某

2015年5月、6月，被告人杨某使用严某和刘某的身份信息分别注册成立了亳州市A贸易有限公司（以下简称A公司）和亳州市B贸易有限公司（以下简称B公司）并实际经营。2015年7月至10月间，该两公司在未实际经营沥青、燃料油的情况下，采取虚构货物交易、变更货物品名的方式，从上游企业山东C公司（以下简称C公司）、江苏D石油化工有限公司（以下简称D公司）、泰州E石油化工有限公司（以下简称E公司）、泰州市F有限公司（以下简称F公司）、泰州G石化有限公司（以下简称G公司）、大连H石油化工有限公司（以下简称H公司）等获取沥青增值税专用发票，向下游企业上海I石油化工有限公司（以下简称I公司）、上海J石油化工有限公司（以下简称J公司）、淄博K化工有限公司（以下简称K公司）、泰州L商贸有限公司（以下简称L公司）等开具燃料油增值税专用发票，从中牟取利益。杨某实际控制的A公司和B公司为他人虚开增值税专用发票合计826份，价税合计10829.830142万元，虚开税款合计1573.5650599万元，致使消费税偷逃4223.1248724万元，从中获利117.628499万元。具体犯罪事实如下：

1. 2015年9月29日，I公司四次共转款1015.43984万元至B公司账户，B公司扣除15.43743万元至朱某账户后（该账户为杨某使用），余款1000.00241万元通过C公司转入淄博某润公司，淄博某润公司于同日将1015万元转回至I公司，存在资金回流情况。B公司取得C公司虚开的沥青增值税专用发票86份，价税合计1000.00241万元。I公司取得B公司虚开的3430.54吨燃料油增值税专用发票87份，价税合计1015.43984万元，存在"变票"情况。I公司取得B公司虚开的增值税专用发票已网上认证。经核算，上述"变票"行为致使消费税偷逃417.839772万元，杨某从中获利15.43743万元。

2. 2015年10月28日，淄博某润公司和付某1账户（该账户为杨某使用）共四次转入K公司账户241.55681万元，K公司账户转入B公司账户242万元，B公司扣除2.91万元转至贵某账户（该账户为杨某使用）后，转入F公司238.71632万元，该公司于同日汇入付某1账户242万元，存在资金回流情况。B 公司取得 F 公司虚开的沥青增值税专用发票 21 份，价税合计 238.71632 万元，其中税额 34.685282 万元，K 公司取得 B 公司虚开的 631.22 吨燃料油增值税专用发票 22 份，价税合计 241.55681 万元，其中税额 35.097992 万元，存在"变票"情况。K 公司取得 B 公司虚开的燃料油增值税专用发票 22 份均已网上认证。经核算，上述"变票"行为致使消费税偷逃 76.882596 万元，杨某从中获利 3.28368 万元。

3. 2015 年 10 月 29 日，L 公司分别转入 B 公司和 A 公司账户 3498 万元和 3816 万元，B 公司和 A 公司同日转入 G 公司账户 7245 万元，同日 G 公司分两次将 7325.5 万元又汇入 L 公司，存在资金回流情况。B 公司和 A 公司分别取得 G 公司虚开的沥青增值税专用发票 30 份（价税 3465 万元）和 33 份（价税 3779.99998 万元）。L 公司分别取得 B 公司虚开的 11000 吨燃料油增值税专用发票 298 份（价税 3498 万元）、A 公司虚开的 12000 吨燃料油增值税专用发票 237 份（价税 3816 万元），存在"变票"情况。L 公司取得的开票日期为 2015 年 10 月 27 日、28 日的增值税专用发票均已认证抵扣。经核算，上述"变票"行为致使消费税偷逃 2801.4 万元，杨某从中获利 69 万元。

4. 2015 年 10 月 9 日，J 公司转入 B 公司 270 万元，B 公司将该款扣除 4.5 万元至浩某的账户后，将余款 265 万元转给 D 公司。B 公司取得 D 公司虚开的沥青增值税专用发票 3 份，价税合计 258.92514 万元，其中税额 37.621601 万元。J 公司取得 B 公司虚开的 977.076 吨燃料油增值税专用发票 23 份，价税合计 263.81052 万元，其中税款 38.331441 万元，存在"变票"情况。J 公司取得的 B 公司开具的 23 份增值税专用发票已申报抵扣。经核算，上述"变票"行为致使消费税偷逃 119.0078568 万元，杨某从中获利 5 万元。

5. 2015 年 10 月 16 日、10 月 20 日，G 公司分别转入 L 公司账户 850.179645 万元和 559.01677 万元，该款同日被转入 A 公司账户，A 公司同日分别转入 H 公司 839.6836 万元和 552.0165 万元，H 公司于 10 月 20 日和 21 日分别将 800 万元和 500 万元转入山东某石化公司。2015 年 10 月 16 日、20 日，A 公司取得 H 公司虚开的沥青增值税专用发票 2 份，价税分别为 839.6836 万元和 552.01656 万元，A 公司于 2015 年 10 月 20 日、23 日开具给 L 公司 4431.44 吨燃料油增值税专用发票 108 份，价税 1409.2 万元，存在"变票"情况。L 公司取得的开票日期为 2015 年 10 月的增值税专用发票均已认证抵扣。经核算，上述"变票"行为致使消费税偷逃 539.749392 万元，杨某从中获利 14.99685 万元。

6. I 公司于 2015 年 10 月 22 日转入 B 公司资金 585.822972 万元，B 公司扣除 9.8 万元转入浩某账户后，将其余 575.912433 万元转入 E 公司。B 公司取得 E 公司虚开的沥青增值税专用发票 50 份，价税合计 575.912433 万元。I 公司取得 B 公司虚开的 2202.342 吨燃料油增值税专用发票 51 份，价税合计 585.822972 万元，存在"变票"情况。I 公司取得的 51 份燃料油增值税专用发票均已网上认证。经核算，上述"变票"行为致使消费税偷逃 268.2452556 万元，杨某从中获利 9.910539 万元。

### 各方观点

**公诉机关观点：**

被告人杨某在没有实物交易的情况下，以其实际经营的贸易公司为多家下游公司开具燃料油增值税专用发票 1100 余份，价税合计 13000 余万元，其中税额合计 1900 余万元，从中收取提成 100 余万元。在为他人虚开增值税专用发票的同时，杨某为掩饰无实际货物交易的事实，采取支付好处费给对方的方式，分别以多家运输有限公司为自己控制的贸易公司开具货物运输业增值税专用发票共计 12 份，价税合计 97.58 余万元，其中税款合计 9.67 余万元，此 12 份发票已抵扣税款。杨某虚开增值税专用发票，数额巨大，其行为触犯了《中华人民共和国刑法》第二百零五条的规定，应当以虚开增值税专用发票罪追究其刑事责任。

**被告人杨某观点：**

其主观上没有骗取国家增值税税款的故意，客观上没有造成国家税款的损失，其向下游公司开具增值税专用发票的行为不构成虚开增值税专用发票罪，因为上下游公司之间存在真实交易，应以逃税罪定罪处罚；其具有坦白情节，请求从轻处罚。

### 法院观点

**一、关于本案是否有真实货物交易的问题**

被告人杨某控制的贸易公司和上下游公司之间均不存在任何真实货物交易，杨某在没有任何实际货物交易的情况下，通过虚构购销合同，制造货票合一的交易假象。综合全案证据足以证实，相关购销合同均系杨某为"变票"

而虚构。双方之间没有任何签订合同、购销油品的真实意思表示和实际行为。相关购销合同、增值税发票、资金流水等并不能掩盖杨某公司与上下游公司无实际货物交易的实质,故涉案的增值税专用发票均是虚开的。对杨某及其辩护人此节辩解理由和辩护意见不予采纳。

**二、关于杨某为他人虚开增值税专用发票的行为定性问题**

本案中杨某为他人虚开增值税专用发票的行为模式为:杨某以其实际经营的贸易公司与上下游公司签订虚假的购销合同,从上游公司取得虚假开具的沥青增值税专用发票,通过"变票"向下游公司虚假开具燃料油增值税专用发票,杨某从"变票"行为中收取"好处费",下游公司实现从生产燃料油公司"转变"为流通燃料油公司的目的,从而逃避缴纳消费税。经核算,上述"变票"行为致使消费税偷逃 4223.1248724 万元。

杨某的"变票"行为有通过虚构交易环节虚假开具增值税专用发票并进行抵扣的行为。但杨某通过"变票"向下游公司虚开增值税专用发票并不是为了利用增值税专用发票的抵扣功能从国家骗取税款,而是为了帮助下游公司从生产燃料油公司"转变"为流通燃料油公司,进而逃避缴纳消费税,即上述虚构交易环节、虚开增值税专用发票、"变票"的行为,都是最终实现逃避缴纳消费税的手段。下游公司从杨某公司取得的虚开增值税专用发票用于抵扣,因其抵扣的税款是其在上一交易环节所缴纳的增值税,故在增值税专用发票整个流转线条上不存在增值税被骗的结果,即国家税款实质上没有被骗取。因此,杨某虽然实施了虚开增值税专用发票的行为,但其主观上不具有骗取国家税款的目的,客观上也没有造成国家税款被骗取,其行为不构成虚开增值税专用发票罪。对公诉机关指控杨某犯虚开增值税专用发票罪不予支持。

杨某主观上是为了帮助下游公司逃避缴纳消费税,客观上实施了虚构货物交易、开具增值税专用发票、"变票"等欺骗行为,致使消费税偷逃 4223.1248724 万元。杨某实际控制的 A 公司和 B 公司均是"空壳"公司,不具有实际补缴偷逃税款的能力。杨某的行为致使消费税偷逃达 4223.1248724 万元,已远超应纳税额 30% 以上,其行为符合逃税罪的构成要件,应以逃税罪追究刑事责任。对杨某关于其构成逃税罪的辩解理由予以采纳,对辩护人关于杨某虚开增值税专用发票的行为不构成犯罪的辩护意见不予采纳。

### 三、关于杨某安排他人为自己虚开增值税专用发票的行为定性问题

杨某安排运输公司为其实际经营的贸易公司虚开货物运输业增值税专用发票共计 12 份，价税合计 97.58 余万元，税额合计 9.670142 万元。在案证据仅有杨某本人供述将从运输公司取得的两份金额 15 万多元的货物运输增值税发票用于抵扣贸易公司的税款。经补充侦查后，亦不能证实杨某利用增值税专用发票的抵扣功能骗取了国家税款，造成国家税款损失。现有证据不足以认定杨某让他人为自己虚开增值税专用发票的行为构成虚开增值税专用发票罪，对公诉机关该部分指控不予支持。

法院判决：一、被告人杨某犯逃税罪，判处有期徒刑六年，并处罚金人民币二十万元。二、被告人杨某所欠税款由税务部门依法追缴。三、扣押在案的杨某现金五万二千二百五十元用于折抵其违法所得一百一十七万六千二百八十四元九角九分，违法所得中的不足部分继续追缴，并上缴国库；扣押在案的其他物品由扣押机关依法处置。

**法官评析**

#### 一、虚开增值税专用发票与逃税行为的对比

（一）关于刑事立法领域

与普通发票相比，增值税专用发票不仅具有记载经营活动的功能，更具有凭票依法抵扣税款的功能，因此，虚开增值税专用发票的行为可导致税款的流失。刑法之所以将虚开增值税专用发票行为规定为犯罪，即因为国家实行增值税专用发票制度以后，一些不法分子利用增值税专用发票能够抵扣税款的功能，虚开增值税专用发票用以套取国家税款。该行为不仅扰乱了正常的增值税专用发票管理秩序，更造成国家税款损失，具有极大的社会危害性。虽然《中华人民共和国刑法》对虚开增值税专用发票罪采用的是简单罪状描述，但构成本罪要求行为人主观上具有骗取国家税款目的，更符合立法时立法者对本罪的认知，也更符合罪责刑相适应原则。

（二）税法领域的区别比较

关于增值税和消费税的税种区别在于：第一，增值税属于价外税，增值税是在商品的流通过程中计征，增值税专用发票不仅具有凭票抵税的功能，而且具备记载经济事项的功能，而消费税属于价内税。第二，根据《中华人民共和国刑法》第二百零一条规定，行为人涉嫌逃税的案件，应当先由税务

机关对纳税人实施税务稽查并作出税法处理、处罚决定，如果行为人未能按照税务机关决定补交税款的，公安机关可以对行为人开展刑事案件调查程序，税务机关如果不处理的，司法机关不得直接追究行为人的刑事责任。而对于虚开增值税专用发票的案件，公安机关不必经过税务机关的查处，可以直接以刑事案件立案侦查。

我国的消费税纳税主体多在生产企业的生产环节，仅有少数情形在生产后的其他环节缴纳消费税，如卷烟除在生产环节缴税外，还在批发环节缴纳消费税；金、银、铂、钻首饰品仅在零售环节缴纳消费税；超豪华小汽车除在生产环节交税外，还在零售环节缴纳消费税。对于本案而言，杨某利用注册成立的贸易公司，在没有真实交易的情况下接受了上游企业虚开的品目为沥青的增值税专用发票，后通过"变票"的方式虚开品目为燃料油的增值税专用发票，经过杨某的"变票"行为，非消费税纳税项目发票变为了应税项目的发票，从而达到了帮助下游公司逃避缴纳消费税的目的。

**二、逃税行为的司法认定**

本案的争议焦点在于如何对杨某的行为进行司法认定。从犯罪手段来看，杨某先后通过注册的空壳公司实施了虚开增值税专用发票的行为，而且开票数额巨大，所开发票已被下游公司用于抵扣。其行为表面符合虚开增值税专用发票的特征，但进一步分析，如果杨某的行为构成虚开增值税专用发票罪，其在客观上不但要具有虚假开票的行为，在主观上也应当具有通过虚假开票逃避缴纳增值税的目的，最终造成了国家增值税款的流失，根据《最高人民法院关于虚开增值税专用发票定罪量刑标准有关问题的通知》第二条规定，也能够看出司法实践中虚开增值税专用发票的量刑均以虚开的数额或者造成的增值税款损失为依据。而本案中，杨某向下游公司虚开增值税专用发票并非要帮助下游公司偷逃增值税，而是意在通过"变票"的行为帮助下游公司由生产企业变为流通企业，达到逃避缴纳消费税的目的，故杨某的行为符合逃税罪的构成要件。

从最终结果来看，杨某的行为导致下游公司实现从生产燃料油公司"转变"为流通燃料油公司的目的，从而逃避缴纳消费税4000余万元。虽然下游公司从杨某公司取得的虚开的增值税专用发票用于抵扣，因其抵扣的税款是其在上一交易环节所缴纳的增值税，在增值税专用发票整个流转线条上不存在增值税被骗的结果，即增值税税款实质上没有被骗取，故不应当认定杨某的行为构成虚开增值税专用发票罪。

　　需要说明的是，虽然虚开增值税专用发票罪与逃税罪保护法益的具体内容有所不同，但二者并非对立的关系。本案中，杨某既实施了虚开增值税专用发票的行为，又实施了逃税的行为，但其主观上还是帮助下游公司逃避缴纳消费税。如果杨某通过上游运输公司虚开的增值税专用发票经查证属实，且杨某的行为确实为偷逃增值税税款，那么应当对杨某以虚开增值税专用发票罪和逃税罪数罪并罚。除了本案涉及的虚开增值税专用发票行为和偷逃消费税的情况，如果杨某的公司确实有在生产经营，比如存在一定的真实业务收入，而其又接受了上游运输公司虚开的增值税专用发票的行为，利用虚开的增值税专用发票进行了公司的成本扣除，那么杨某的行为还涉嫌偷逃企业所得税税款。

## 三、案例的指导意义

　　综上所述，对行为人的定罪处罚，不能仅从手段和方式进行司法裁判，而是应当从侵害的法益、主观目的、行为手段等因素综合考虑后作出，只有这样才能做到罚当其罪，罪、责、刑相适应。

## 二、骗取出口退税罪

### 6.2 司法实践中关于骗取出口退税罪与虚开用于骗取出口退税、抵扣税款发票罪的比较分析

——刘某虚开用于骗取出口退税、抵扣税款发票案①

> 关 键 词：骗取出口退税　犯意联络　虚开发票
>
> 问题提出：行为人客观上实施了虚开发票行为，所虚开发票已用于骗取出口退税，应当对行为人认定为骗取出口退税罪还是骗取出口退税、抵扣税款发票罪？
>
> 裁判要旨：行为人客观上实施了虚开发票行为，且所虚开的发票已实际用于骗取出口退税，在判定行为人构成何罪时，既要审查行为人所实施的犯罪手段、犯罪方式，又要审查行为人的主观目的。行为人虽然在客观上实施了虚开发票的行为，而且所开发票最终被用于骗取出口退税，但如果在案证据不足以证实行为人具有骗取出口退税的故意，应当认定为虚开用于骗取出口退税、抵扣税款发票罪。

### 案情简介

公诉机关：湖南省沅江市人民检察院

被告人：刘某

被告人刘某在山东省某市经营某动物养殖专业合作社，合作社的经营范

---

① 一审法院为湖南省沅江市人民法院，案号：（2021）湘 0981 刑初 481 号，载中国裁判文书网，https://wenshu.court.gov.cn/website/wenshu/181217BMTKHNT2W0/index.html？pageId＝8e0f18fcf0809e0b5de687523de1dd2d&s21＝2021%E6%B9%980981%E5%88%91%E5%88%9D481%E5%8F%B7，最后访问时间：2022 年 8 月 6 日。

围为养貂、收貂、卖貂皮。2018 年 10 月至 2019 年 6 月期间，被告人刘某向沅江市某甲皮草有限公司、沅江市某乙皮草有限公司、沅江市涌某皮草有限公司销售水貂皮约 21 万张，货款金额约 3000 万元，获利约 21 万元。同时，被告人刘某为维系生意，按沅江市某甲皮草有限公司、沅江市某乙皮草有限公司、沅江市涌某皮草有限公司相关人员要求，以合作社的名义向上述三家公司开具了与实际货物购销金额、数量不符的增值税普通发票 90 张，金额合计 72764258 元，其中虚开金额约为 4200 万元，该 90 张发票于 2018 年 10 月至 2019 年 6 月期间被沅江市涌某皮草有限公司、沅江市某甲皮草有限公司、沅江市某乙皮草有限公司用于申报抵扣进项税款。

被告人刘某于 2021 年 5 月 12 日主动投案自首。被告人刘某到案后退缴违法所得 21 万元。

### 各方观点

**公诉机关观点：**

被告人刘某伙同刘某波、胡某林等人取得虚开的农副产品增值税普通发票后骗取出口退税，数额特别巨大，其行为已触犯《中华人民共和国刑法》第二百零四条第一款的规定，应当以骗取出口退税罪追究其刑事责任。被告人刘某自首到案，依法可以减轻处罚。被告人刘某认罪认罚，可以从宽处理。被告人刘某在共同犯罪中起次要作用，应认定为从犯，建议判处被告人刘某有期徒刑四年至六年。

**被告人刘某观点：**

对公诉机关指控的事实及量刑建议没有异议且签字具结，在庭审中提出不明知刘某波等人是否骗取出口退税，其不构成骗取出口退税罪。即使构成犯罪，其作用较轻，也应当构成他人骗取出口退税罪的从犯。其自首到案，系从犯，积极退赃，认罪认罚，请求从轻处罚。

### 法院观点

被告人刘某为他人虚开与实际货物购销金额不符的用于骗取出口退税、抵扣税款的发票，税款数额特别巨大，其行为已构成虚开用于骗取出口退税、抵扣税款发票罪，公诉机关指控被告人刘某犯骗取出口退税罪的罪名不当，予以纠正。被告人刘某主动投案并如实供述自己的罪行，系自首，依法可以减轻处罚。被告人刘某已退缴违法所得，可酌情从轻处罚。被告人刘某认罪认罚，依法可以从宽处罚。

关于公诉机关指控被告人刘某以其养殖专业合作社名义向沅江市某甲皮草有限公司等3家公司虚开发票金额72764258元的意见。经查，被告人刘某及同案人刘某波在供述中均声称双方存在约3000万元的真实货物交易，现有证据不足以确定双方没有真实货物交易，依据从疑时有利于被告人原则，应对被告人刘某虚开发票的犯罪数额核减3000余万元，认定为4200余万元。对公诉机关指控被告人刘某虚开发票金额合计72764258元的意见，予以纠正。

关于公诉机关及辩护人认为被告人刘某犯骗取出口退税罪且系他人犯罪的从犯的意见，被告人刘某辩解称其不明知刘某波等人骗取出口退税、不构成骗取出口退税罪的辩解意见。经查，在案证据不足以证明被告人刘某主观上具有与他人共同骗取出口退税的故意，其客观上也没有参与、实施骗取出口退税的行为，故公诉机关及辩护人认为被告人刘某构成他人骗取出口退税罪从犯的意见不成立，不予采纳，被告人刘某辩解称不构成骗取出口退税罪的辩解意见成立，予以采纳。

法院判决：一、被告人刘某犯虚开用于骗取出口退税、抵扣税款发票罪，判处有期徒刑五年，并处罚金人民币十万元；二、被告人刘某向沅江市某局退缴的违法所得人民币二十一万元予以没收，上缴国库。

### 法官评析

本案属于典型的将虚开的发票用于骗取出口退税的情形。本案涉及两个罪名，一个是虚开用于骗取出口退税、抵扣税款发票罪，另一个是骗取出口退税罪。根据《中华人民共和国刑法》第二百零五条第三款规定，虚开用于骗取出口退税、抵扣税款发票罪，是指虚开除增值税专用发票外的，具有出口退税、抵扣税款功能的收付款凭证或者完税凭证的行为；骗取出口退税罪是指以假报出口或者其他欺骗手段，骗取国家出口退税款的行为。下面分别对上述两个罪名进行解析：

**一、虚开用于骗取出口退税、抵扣税款发票**

首先，该罪要求行为人主观上具有逃避缴纳税款的故意，即行为人如果主观上出于提高企业经营业绩，客观上没有逃避缴纳税款行为的就不构成本罪。该罪客观上要求行为人实施了虚开除增值税专用发票以外的其他发票或具有税款抵扣功能凭证的行为，此时，就需要明确相关发票和抵扣凭证的范围。

根据《中华人民共和国增值税暂行条例》第八条规定，可以作为进项税进项抵扣的有：增值税专用发票，机动车销售统一发票，海关专用缴款书，通行费、国内旅客运输增值税电子普通发票，农产品收购发票。也就是说，只有取得上述类型的发票，才可以作为进项税进行增值税的抵扣。需要说明的是，运输类发票包括税务局管理和发售的，从事运输经营活动的单位和个人领购的，并且发生在经营活动时开具的所有运输发票，包括公路运输发票等；农产品收购发票一般是农产品收购方自行开具，相关发票也是经税务机关管理的与销售农产品有关的普通发票。除普通发票外，海关专用缴款书作为海关对进出口货物、物品征税的凭证，由出入境的海关填发，可以作为抵扣税款的凭证。

其次，相关发票或凭证的受票方必须是经进出口经营备案的增值税一般纳税人。增值税的纳税人可以分为一般纳税人与小规模纳税人，增值税一般纳税人采用一般计税方法，即通过增值税销项税减去进项税的方法来计算应纳税额，销项税是纳税人按照销售货物、劳务、服务、无形资产、不动产的价格和适用税率计算得出，进项税是一般纳税人接收或购买相关劳务、服务等产品时所支付的税额。

与一般纳税人不同的是，增值税小规模纳税人并不是通过增值税销项兼进项的方式计算缴纳税额，而是直接用应税销售额乘以征收率所得。一方面，小规模纳税人应税销售额在500万元以下，有些小规模纳税人的核算并不健全，因此直接简化小规模纳税人的税款征收方式是照顾了纳税人的；另一方面，小规模纳税人的征收率一般在3%或5%，征收率比增值税的基本税率低很多，是国家经过测算后得出的。因此，并不会因为计算方式的问题而加重小规模纳税人的税负。

根据《中华人民共和国增值税暂行条例》第十一条规定，我国出口货物的税率为零，对于小规模纳税人，纳税人只是根据销售额和征收率计算应纳税额，因为其没有交过进项税，所以在出口时只需要把其应纳税额免除，就可以做到税负为零，不涉及出口退税；而对于一般纳税人而言，在货物出口时仅免除销项税额并不能使纳税人税负清零，还需要退还纳税人在以前环节缴纳过的增值税，即外销免销项的同时退还进项，这样才能使纳税人税负为零，即所谓的出口退税。我国实行进出口贸易公司登记备案制度，未进行登记的只能委托出口，增值税出口退税的主体一般是经进出口贸易备案的贸易企业或生产企业。此外，增值税的一般纳税人和出口商品的企业即使持有运输类发票、机动车销售统一发票等，也不能一律用于出口退税、抵扣税款，条件是必须用于生产经营和出口商品。

最后，虚开行为是指虚开用于骗取出口退税、抵扣税款发票犯罪的客观方面，也是认定该罪的关键。虚开发票的本质是发票上填写的票面金额大于实际商品交易金额或者经营数额。虚开一般指为他人虚开、为自己虚开、让他人为自己虚开、介绍他人虚开。一般分为两种情况：一是在有商品交易或提供了劳务、服务的情况下，开具的发票金额大于实际发生的商品交易数额或经营数额；二是在根本没有商品交易或根本没有提供劳务的情况下，凭空填开了发票票面的行为。

在本案中，被告人刘某向沅江市某甲皮草有限公司、沅江市某乙皮草有限公司、沅江市涌某皮草有限公司销售水貂皮约21万张，货款金额约3000万元，也就是说刘某和沅江市某甲皮草有限公司、沅江市某乙皮草有限公司、沅江市涌某皮草有限公司是有正常经营往来的。此后，刘某为维系生意，按沅江市某甲皮草有限公司、沅江市某乙皮草有限公司、沅江市涌某皮草有限公司相关人员要求，为上述三家公司开具了与实际货物购销金额、数量不符的增值税普通发票，虚开金额约为4200万元。因此，被告人刘某的行为符合虚开用于骗取出口退税、抵扣税款发票罪的构成要件。

**二、骗取出口退税罪**

出口退税是指国家对出口货物予以退还或者免征国内生产、流通环节的增值税和消费税制度。主要包括两类：一是退还已纳的国内税款，即企业在商品报关出口时，退还其生产该商品已纳的国内增值税和消费税；二是退还进口税，即出口产品企业用进口原料或半成品加工制成产品出口时，退还其已纳的原材料进口增值税和消费税，此种方式适用于购进境外材料加工，加工完成后出口销售的情形。

出口退税制度的本质即其立法精神在于：一是消除国际贸易中商品进出口环节的双重征税，实行出口全退税，进口足额征税；二是创造公平的国际贸易竞争环境，让各国出口商品零税率地进入国际市场进行公平竞争，即生产地通过出口退税的方式让税负清零，在消费地全额征税的方式。出口退税的原则是：多征多退，少征少退；不征不退，全征全退；退征一致，彻底退税。即通过出口退税制度，将出口商品在出口以前所征的国内增值税和消费税和原材料进口相关税费全额退还。

由此，出口退税的实现，关键在于以下两个层面：一是在前出口环节货物实际征税的完成，即货物已被实际征收增值税、消费税等国内税金。二是在出口环节货物实际出口的完成，具体包括：第一，货物已经报关离境；第二，出口收汇并已核销；第三，货物已在财务上作销售处理。也就是说，只有在满足上述条件的情况下，才会涉及出口退税的问题。

《中华人民共和国刑法》第二百零四条规定，以假报出口或者其他欺骗手段，骗取国家出口退税款的行为，数额较大的，构成骗取出口退税罪。《最高人民法院关于审理骗取出口退税刑事案件具体应用法律若干问题的解释》第一条对假报出口行为作出了详细规定，即：伪造或者签订虚假的买卖合同；以伪造、变造或者其他手段取得出口货物报关单、出口收汇核销单、出口货物专用缴款书等有关出口退税单据、凭证；虚开、伪造、非法购买增值税专用发票或者其他可以用于出口退税的发票；其他虚构已税货物出口事实的行为。同时第二条又规定了"其他欺骗手段"，包括：骗取出口货物退税资格的；将未纳税货物或者免税货物作为已税货物出口的；虽有货物出口，但虚构该出口货物的品名、数量、单价等要素，骗取未实际纳税部分出口退税款的；以其他欺骗手段骗取出口退税款的。

从以上规定不难看出，骗取出口退税罪所侵害的法益，是对国家出口退税制度的破坏，这同样也是各种骗取出口退税行为进行欺诈的着力点，常见的骗取出口退税的类型主要包括以下几类：（1）没有货物出口假报出口的；（2）真实货物和虚假货物出口混杂，通过以少报多骗取出口退税的；（3）用低税率商品假冒高税率商品进行退税的；（4）用同一批货物反复用于出口退税的。为了达到骗取税款的目的，行为人在出口前一般具有虚开增值税专用发票或其他用于抵扣税款发票的行为。

基于司法实务中行为人犯罪手段的多样化，无论表现为什么行为样态，只要行为人在主观上具有骗取出口退税的意图，在客观上针对出口退税的资格、条件、税率等前置法规定环节和条件实施欺骗的行为，就属于在实质上假报出口退税，一旦达到法定的追诉标准，应当以骗取出口退税罪论处。

此外，行为人以骗取出口退税之形，行逃避税款缴纳义务之实的，应当按照逃税罪论处。如果行为人骗取的出口退税款高于行为人已纳税款，则不容置疑的是，与已纳税款等额的骗取出口退税行为构成逃税罪，超过已纳税款部分的骗取退税实质上属于骗取出口退税罪，故而《中华人民共和国刑法》第二百零四条第二款后段规定，"骗取税款超过所缴纳的税款部分"，"依照前款的规定"即骗取出口退税罪处罚。

但问题在于，骗取与已纳税款等额税款而构成的逃税罪与骗取超过已纳税款部分而构成的骗取出口退税罪，实乃一个骗取出口退税行为，故而属于一行为同时触犯两罪。逃税罪与骗取出口退税罪虽然都系税务犯罪，但基于前置法定性与刑事法定量相统一的刑事犯罪认定机制，实乃犯罪构成上既无包容关系亦无交叉关系的两罪，不能依据《中华人民共和国刑法》第六十九条的数罪并罚原则予以并罚，因为数罪并罚原则适用的前提是数行为独立地构成实质上的数罪，而是应当按照想象竞合犯即想象数罪的处罚原则，从一重罪处断。

**三、本案中被告人刘某的行为辨析**

要分析一个人构成何种犯罪，既要从其主观方面去分析，看其有无犯罪的故意，如果有犯罪故意的，究竟是哪一种的犯罪故意，也要看行为人在犯意支配下所实施的犯罪手段与方式，具体侵害了哪种法益。在综合分析行为人主观犯罪故意与客观犯罪手段的前提下定罪，才符合罪刑法定的要求。

本案中，合作社的经营范围为养貂、收貂、卖貂皮。也就是说，刘某所经营的合作社存在正常经营业务，其并没有注册成立的空壳公司进行虚开发票，所以说在认定刘某的虚开行为时，对于有实际业务支持的发票，不应纳入犯罪中进行考虑，故不应当计算在虚开犯罪数额中。

刘某除正常经营外，为了维系生意，按沅江市某甲皮草有限公司、沅江市某乙皮草有限公司、沅江市涌某皮草有限公司相关人员要求，进行了虚开发票的犯罪行为。从刘某的主观方面来看，其向下游公司虚开发票的目的是维系双方的长期合作关系，而作为一个正常人，应当认识到虚开发票就是为了抵扣税款，从而达到帮助对方逃避缴纳税款的目的。从客观行为上看，开具了与实际货物购销金额、数量不符的增值税普通发票90张，金额合计72764258元，其中虚开金额约为4200万元。因此，通过对刘某主观方面和客观行为的分析，对其行为应按虚开用于骗取出口退税、抵扣税款发票定罪处罚。

当然，刘某的下游受票方将其虚开的发票用于虚假抵扣，最终实施了骗取出口退税的行为，构成骗取出口退税罪。因为在案并无证据证明刘某就受票方骗取出口退税的行为知情，所以刘某并没有骗取出口退税的犯罪故意，也就不构成骗取出口退税罪。

**四、案例的指导意义**

本案例的指导意义在于对行为人主观目的的审查的重要性，尤其在行为人实施的客观行为构成两个或以上罪名时，对主观目的的审查将决定行为人构成何种犯罪。本案中行为人客观上实施了虚开发票行为，且所虚开的发票已实际用于骗取出口退税，但究其主观意图，在案证据不足以证实行为人具有骗取出口退税的故意，应当认定为虚开用于骗取出口退税、抵扣税款发票罪。

## 三、虚开增值税专用发票、用于骗取出口退税、抵扣税款发票罪

### 6.3 关于虚开增值税专用发票罪中虚开行为的认定

——王某虚开增值税专用发票案[①]

> 关 键 词：虚开　再审　无罪
>
> 问题提出：《中华人民共和国刑法》第二百零五条规定了虚开增值税专用发票罪，将其放在危害税收征管罪的章节中进行列示，并对虚开增值税专用发票入罪金额作了规定。但在司法实践中，行为人虚开增值税专用发票的目的并不都是偷逃税款。如果行为人并非基于抵扣税款的故意虚开增值税专票，能否认定为犯罪？

---

① 原审法院为山东省沂源县人民法院，案号：（2014）沂刑初字第75号；再审法院为山东省高级人民法院，案号：（2021）鲁刑再4号，载中国裁判文书网，https://wenshu.court.gov.cn/website/wenshu/181107ANFZ0BXSK4/index.html? docId = 65c60449b6734c86af33ada500acff1d，最后访问时间：2022年8月7日。

> **裁判要旨**：《全国人民代表大会常务委员会关于惩治虚开、伪造和非法出售增值税专用发票犯罪的决定》出台的目的在于惩治通过虚开增值税专用发票危害增值税制度的行为，保护我国增值税税收基础。此后，随着社会发展，实践中的虚开增值税专用发票行为开始多样化，出现了有真实交易的代开行为、不会造成增值税流失的虚开行为、为虚增利润而虚构交易造成的虚开行为等。这些行为与为骗取抵扣增值税税款的虚开增值税专用发票行为在社会危害性上有显著不同，也超出了虚开增值税专用发票罪的立法目的。因此，如果行为人虚开增值税专用发票时不以抵扣税款为目的，未造成国家增值税损失的虚开行为不以犯罪论处，也就不构成虚开增值税专用发票罪。

### 案情简介

原公诉机关：山东省沂源县人民检察院

被告人：王某

被告人王某是山东临朐C公司（以下简称C公司）销售科的职工，同时也有自己的货车经营运输业务。王某从C公司承揽运输业务，给A公司和B公司运输油井水泥，因为结算运费需要为A公司和B公司出具具有抵扣税款功能的运输发票，刚开始被告人王某从税务机关开具发票，后来被告人王某在与郭某及沂源县D物流有限公司（以下简称D公司）无实际业务往来的情况下，自2010年6月开始，以支付票面金额4.6%开票费的方式，从郭某的D公司多次开具运输发票，至2010年12月共开具票面金额人民币2396828元的货运发票，虚开税款数额167777.96元已全部被抵扣。

案发后，被告人王某于2011年6月17日主动到临朐县公安局经侦大队投案自首。沂源县公安局追缴了被告人王某骗取的税款。

### 各方观点

**原审公诉机关观点：**

被告人王某让他人为其代开可用于抵扣税款的运输发票，虚开税款数额

167777.96 元，其行为构成虚开用于抵扣税款发票罪，应当追究刑事责任。

**王某在原审中的观点：**

其开票目的不是抵扣税款，其行为符合偷税罪的特征，不构成虚开用于抵扣税款发票罪；被告人王某退缴了被抵扣的税款，可对被告人予以减轻处罚。

**再审公诉机关观点：**

原审宣判后，公诉机关未抗诉，被告人王某未上诉，判决发生法律效力。后王某不服，先后向沂源县人民法院和淄博市中级人民法院申诉，均被驳回，又向山东省高级人民法院申诉，由山东省高级人民法院立案再审审理。

首先，构成虚开增值税专用发票罪，要求行为人主观上具有骗取税款的目的。本案中 C 公司、受票方均能证实王某进行了真实运输业务，没有证据指向王某有超额开具发票行为，因此在案证据不能证实王某主观上有骗取税款的故意。

其次，构成本罪，客观上应当造成国家税款损失。虽然王某找 D 公司开出的发票被实际用于抵扣，但受票公司真实委托了运输业务，并且按照发票金额支付了运输费用，因此取得发票后根据当时税收法律规定，享有抵扣税款的权利，没有证据证明三家公司的抵扣行为造成国家税款流失。

最后，没有骗税目的的找他人代开发票行为与以骗税为目的的虚开犯罪行为的社会危害性不可相提并论，在不能证明被告人有骗取抵扣税款或帮助他人骗取抵扣税款故意的情况下，仅凭找其他公司代开发票的行为就认定构成此类犯罪不符合立法本意，也不符合主客观相一致原则和罪责刑相适应原则。综上，王某的行为不应认定为虚开用于抵扣税款发票罪，原审判决适用法律确有不当。建议法院依法予以改判。

**王某在再审中的观点：**

王某有真实的运输业务，且开票目的是结算运费而不是骗取抵扣税款，实际上其本人也没有抵扣税款，不存在骗取税款的动机；王某所开发票数额与实际运费数额相符，收货单位依法抵扣税款不属于税款流失。故被告人王某不构成虚开用于抵扣税款发票罪，依法应改判无罪。

### 法院观点

**原审法院观点：**

被告人王某让他人为其代开可用于抵扣税款的运输发票，虚开税款数额167777.96元，其行为构成虚开用于抵扣税款发票罪，应当追究刑事责任。公诉机关指控的犯罪事实与罪名成立。被告人王某因虚开用于抵扣税款发票致使国家税款被骗取16万余元，属于其他严重情节。被告人王某于案发后主动投案，如实供述其罪行，系自首，依法可以减轻处罚；鉴于被告人王某退缴了被抵扣的税款，可酌情从轻处罚。被告人王某的辩护人以此为由要求对被告人王某减轻处罚的辩护意见成立，予以采纳。

关于辩护人提出的被告人的开票目的不是抵扣税款，其行为符合逃税罪的特征，不构成虚开用于抵扣税款发票罪等辩护意见，被告人王某虽实际发生了货物运输业务，但其不具有自开票资格，本应到当地税务部门开具运输发票，其却为了少缴税款而让不具有代开票资格的他人为自己代开具有抵扣税款功能的发票，且致使开出的发票被实际用于抵扣，其行为危害了税收征管制度，其目的行为与结果行为分别触犯了逃税罪和虚开用于抵扣税款发票罪，成立牵连犯，应从一重罪即按虚开用于抵扣税款发票罪定罪处罚，故其辩护意见不符合法律规定，不予采纳。

原审法院判决：被告人王某犯虚开用于抵扣税款发票罪，判处有期徒刑二年，缓刑二年，并处罚金人民币十万元。

**再审法院观点：**

本案涉及虚开用于抵扣税款发票罪的认定问题。构成虚开用于抵扣税款发票罪，主观方面应当具有骗取抵扣税款的目的，在客观方面表现为"虚开"，即没有货物购销或者没有提供、接受应税劳务而为他人、为自己、让他人为自己、介绍他人开具增值税专用发票，并造成国家增值税款损失的行为。

首先，C公司、受票单位均能证实被告人王某提供了真实的运输业务，不存在无真实货物交易虚开增值税专用发票的行为，且开具的增值税专用发票都是按照真实的运费数额开具的。其开发票的目的是与收货单位结算运费，而不是抵扣税款。原审判决也认可王某实际发生了货物运输业务。因此，在案证据不能证实王某主观上有骗取抵扣税款的故意。

其次，本案客观上并未造成国家税款的流失。如前所述，被告人王某为受票单位提供了真实的运输业务，开具的运费发票数额也与真实的运费数额相符。而受票单位 A 公司和 B 公司作为一般纳税人具备抵扣税款的资格，根据《中华人民共和国增值税暂行条例》第八条的规定，依法享有按 7% 的扣除率抵扣进项税款的权利。原审判决认定的 "A 公司和 B 公司用上述发票抵扣税款 167777.96 元" 系依法抵扣，并未造成国家税款的损失。

综上，被告人王某主观上没有骗取抵扣税款的犯罪故意，客观上既没有用于自己抵扣税款，也没有让他人以此非法抵扣国家税款，没有造成国家税款的损失，不构成虚开用于抵扣税款发票罪。原审判决适用法律不当，应予纠正。山东省人民检察院关于 "王某的行为不构成虚开用于抵扣税款发票罪，建议依法改判无罪" 的出庭意见，原审被告人王某及其辩护人 "主观上不存在骗取税款的动机，客观上未造成国家税款流失。被告人不构成虚开用于抵扣税款发票罪，依法应改判无罪" 的辩解和辩护意见应予采纳。

原审被告人王某的行为虽然不构成虚开用于抵扣税款发票罪，但其应到当地税务部门开具运输发票，却让不具有代开票资格的 D 公司为自己代开具有抵扣税款功能的发票，且比税务机关开票税率低，少缴了部分营业税款。其行为危害了税收征管制度，具有行政违法性。

再审法院判决：撤销原审判决，改判原审被告人王某无罪。

**法官评析**

《中华人民共和国刑法》第二百零五条第三款对虚开增值税专用发票罪的罪状作了表述，即有为他人虚开、为自己虚开、让他人为自己虚开、介绍他人虚开行为之一，数额、情节达到一定程度的，构成虚开增值税专用发票罪。如果仅从字面理解，行为人如果实施了虚开增值税专用发票的行为且数额达标就可以构成犯罪，但是司法实践中，曾出现对虚开增值税专用发票罪属于目的犯还是行为犯的争论，为此也出现了不同的判例。因此，我们不能仅依据刑法规定的罪状来判断，还要综合考察立法目的、制定背景及刑法的基本原理来进行判断。

### 一、从立法的目的角度分析

我国刑法规定的虚开增值税专用发票罪，是我国税制改革、实行增值税专用发票抵扣税款制度之后出现的新型经济犯罪。与普通发票相比，增值税专用发票不仅具有记载经营活动的功能，更具有凭票依法抵扣税款的功能。

因此，破坏增值税税收秩序的基础，就是破坏增值税专用发票的管理制度。在增值税专用发票制度实行初期，即有一些不法分子利用增值税专用发票抵扣税款的这一功能，虚开增值税专用发票，套取国家税款。该行为不仅扰乱了正常的增值税专用发票管理秩序，更造成国家税款损失，社会危害很大。

虚开增值税专用发票罪系为了惩治虚开、伪造和非法出售增值税专用发票和其他发票进行偷税、骗税等犯罪活动，保障国家税收而制定。因此，设立虚开增值税专用发票罪的立法目的就是解决实践中乱开票、伪造发票事件频发的问题。从立法目的上看，虚开增值税专用发票罪的打击对象就是逃避缴纳增值税款的虚开专票行为。因此，为了严厉整治上述乱象，对骗取国家增值税税款的问题应当从重打击。

**二、从罪责刑相适应的角度分析**

从罪责刑相适应原则分析，虚开增值税专用发票罪的实行行为应有严重的社会危害性。《中华人民共和国刑法》第五条规定："刑罚的轻重，应当与犯罪分子所犯罪行和承担的刑事责任相适应。"这一原则不仅是司法实践中的量刑原则，也应该是刑法立法所遵循的原则。立法在将某行为犯罪化后，对其法定刑的配置就成为评价立法是否科学、合理的关键。我国刑法分则各罪法定刑的配置，总体上都较好地体现了罪责刑相适应原则，如故意杀人罪的法定刑比故意伤害罪的法定刑重，抢劫罪的法定刑比抢夺罪的法定刑重等。因此，在我国刑法中，刑罚的轻重一般与行为人所犯罪行即社会危害性大小、其所承担的责任大小相适应，这也是罪责刑相适应原则的应有之义。况且，根据刑制罪原理，从刑法分则关于某罪的法定刑配置中，也可以逆向推导出该罪的社会危害性大小。

《中华人民共和国刑法》第二百零五条规定了虚开增值税专用发票罪，其最高刑期可判处无期徒刑，因此，该罪评价的犯罪行为应当具有较高的社会危险性，才符合罪责刑相适应原则。如果行为人在主观上是出于维系客户关系、冲抵成本的意图，并不具有骗抵国家税款的目的，客观上实施的行为也没有对国家增值税款造成损失，就不应当以虚开增值税专用发票罪定罪处罚。此外，从实质正义上分析，不加区分行为人目的将导致处理结果不公正，虚开增值税专用发票行为既可以是以骗取国家税款为目的，也可以是不以骗取国家税款为目的，且二者的社会危害性相差甚大。如果不加以区分，都按照同样的定罪量刑标准追究行为人的刑事责任，显然有失公允。

### 三、注意与其他罪名的衔接与辨析

行为人让他人为自己虚开增值税专用发票,并将取得的发票用于抵扣自身真实发生的增值税销项税款的行为,构成虚开增值税专用发票罪。同时,这一行为在一定条件下,也符合逃避缴纳税款罪的构成要件,这种现象是典型的一行为同时触犯两项罪名,属于想象竞合犯。由于逃税罪条款与虚开增值税专用发票罪条款是一般条款与特殊条款之间的关系,犯罪构成存在重合和交叉。比如,成品油企业的行为人通过虚开增值税专用发票的方式即所谓的"变票"偷逃消费的行为,就是属于既实施逃税行为,又实施虚开增值税专用发票行为。此时,应依据特殊条款优先适用于一般条款的原则,如果行为人接受虚开的增值税专用发票并用于抵扣增值税税款的,以虚开增值税专用发票罪论,如果没有增值税款损失,而行为人的目的是逃避缴纳消费税,就以逃税罪定罪处罚。

如果行为人既具有让他人为自己虚开增值税专用发票,并将取得的发票用于抵扣自身真实发生的增值税销项税款的行为,又存在取得收入不开具发票、设立内外账隐瞒销售收入,导致逃避缴纳税款的行为,那么行为人既构成虚开增值税专用发票罪,又构成逃避缴纳税款罪。行为人实际上存在两个犯罪行为,对此类行为应当以虚开增值税专用发票罪、逃避缴纳税款罪论,数罪并罚。

此外,与虚开发票罪进行对比,增值税发票包括增值税专用发票和增值税普通发票,在《中华人民共和国刑法修正案(八)》之前,虚开普通发票,包括增值税普通发票的行为,不作为犯罪处理。之所以如此,最根本的原因是这些发票本身不具有抵扣税款的功能,行为人虚开这些发票无法凭票直接骗取国家税款。虽然如此,虚开增值税普通发票与虚开增值税专用发票一样,都会扰乱增值税发票的管理秩序。而虚开增值税普通发票,在《中华人民共和国刑法修正案(八)》入刑后,也仅设置了最高可判处七年有期徒刑的法定刑。所以,通过与虚开发票罪的对比能够看出,如果将不具有抵扣增值税款的行为纳入虚开增值税专用发票罪进行评价,则难以实现罪刑均衡。

### 四、注意罪与非罪的把握

随着增值税发票制度的推行,实践中出现了不以骗取税款为目的,客观上也不可能造成国家税款实际损失,但又不具有与增值税专用发票所记载的内容相符的真实交易的"虚开"行为,如为了虚增单位业绩而虚开增值税专用发票。这种行为虽然客观上也破坏了增值税专用发票的管理制度，但其与以骗取国家税款为目的虚开增值税专用发票行为相比，已具有质的区别，如果无视这种区别，仅从字面上套用《中华人民共和国刑法》关于虚开增值税专用发票罪的相关规定，将这种行为纳入虚开增值税专用发票罪的构成要件，不仅是对法律的机械理解，也与虚开增值税专用发票罪的立法历史渊源相背离。

就像本案被告人王某，其虽然在无真实货物交易的情况下实施了虚开增值税专用发票的行为，且开具的增值税专用发票都是按照真实的运费数额开具的，但其开发票的目的是与收货单位结算运费，而不是抵扣税款，从最终的结果上看，王某的行为也并未导致国家增值税税款的损失。所以，无论从立法背景上分析，还是刑法的精神内涵上分析，都不应当对王某定罪处罚。

**五、案例的指导意义**

本案的指导意义在于对虚开增值税专用发票行为罪与非罪的划分，实践中，有真实交易的代开行为、不会造成增值税流失的虚开行为、为虚增利润而虚构交易造成的虚开行为与为骗取抵扣增值税税款的虚开增值税专用发票行为在社会危害性上有显著不同，也超出了虚开增值税专用发票罪的立法目的。如果对没有抵扣税款目的的虚开增值税专用发票的行为进行刑事处罚，因为没有造成税款的损失，且主观恶性不大，将有违罪责刑相适应的原则。

## 四、虚开发票罪

### 6.4 关于"发放福利为名"虚开发票犯罪若干问题的剖析
——秦某、赵某等人虚开发票案[①]

> **关 键 词**：虚开发票　避税　单位犯罪
>
> **问题提出**：以发放福利的名义虚开增值税的案件中，除涉及虚开发票罪等事实外，因为职工福利明确可以作为企业所得税的抵扣事项，所以受票企业如果将虚开的发票作为实际发放的职工福利，是否可能涉嫌逃避缴纳企业所得税？
>
> **裁判要旨**：行为人通过注册控制的多家公司，以"代发员工福利""合理避税"的名义向客户虚开增值税普通发票。在认定开票方的责任时应着重审查行为人的行为是否构成单位犯罪、犯罪数额如何计算等问题。因《中华人民共和国企业所得税法》第八条规定，员工福利等实际支出可以进行企业所得税的抵扣，故还要注意审查受票企业是否有偷逃其他税款的行为。

### 案情简介

公诉机关：上海市宝山区人民检察院

被告人：秦某、赵某等人

2017年6月，秦某、赵某等人成立上海A人力资源管理有限公司（以下简称A公司）及分公司、分部、A（上海）智能有限公司（以下简称A智能

---

[①] 一审法院为上海市宝山区人民法院，案号：（2021）沪0113刑初374号，载中国裁判文书网，https://wenshu.court.gov.cn/website/wenshu/181217BMTKHNT2W0/index.html?pageId=e62ebb3f01ce809d7c08e4f690782792&s21=2021%E6%B2%AA0113%E5%88%91%E5%88%9D374%E5%8F%B7，最后访问时间：2022年8月9日。

公司)、B公司等，先后雇用冯某为助理总裁、奚某为杭州分部负责人、堵某为销售部经理、许某、王某甲分别为运营部经理、员工蒋某为技术部经理、葛某、张某甲、张某乙、梁某、汪某、姜某、王某乙、朱某、郑某等人为业务员，以为客户企业"代发员工福利""合理避税"为名，利用公司系统的"卡券回收"功能进行资金回流，向客户企业虚开增值税普通发票。至案发，共计向某控股集团股份有限公司、上海某保安服务有限公司等1984家单位虚开增值税普通发票18651份，票面金额合计25亿余元。

其间，陈某、李某、周某甲、周某乙、董某等人为帮助A公司法定代表人秦某等完成"卡券回收"的虚开模式，以周某、周某经营的某多公司制发单用途预付费卡向A公司出售并与运营部许某对接，由陈某、李某联系他人制作销卡的假象后，指示周某甲、周某乙、董某等人将A公司的购卡款汇入指定账户。

经鉴定，A公司向某多公司累计支付10亿余元，某多公司向A公司开具2048份增值税普通发票，票面金额合计11亿余元，其中9亿余元回流至B公司账户，A公司通过该账户将资金回流给客户企业指定账户完成所谓的"卡券回收"环节。

经查证，虚开发票票面金额如下：秦某、赵某、冯某、蒋某为25亿余元，奚某为8300余万元，堵某为10亿余元，许某为22亿余元，王某甲为14亿余元，葛某为1.2亿余元，张某甲为4700余万元，张某乙为3100余万元，梁某为2500余万元，汪某为1500余万元，姜某为1300余万元，王某乙为1000余万元，朱某为760余万元，郑某为1.28亿余元，其中1.27亿余元系帮助堵某、朱某进行积分分配的数额。

另查明，夏某通过葛某为C（苏州）智能系统有限公司、苏州D节能科技有限公司、上海E网络科技有限公司、上海F网络技术有限公司、G（上海）有限公司虚开A公司的增值税普通发票60份，票面金额合计395万余元。

2019年7月，堵某伙同刘某、唐某等人成立H公司、I公司等，通过公司的"某福"平台，以A公司相同手法向客户企业虚开增值税普通发票。至案发，共计向J科技（北京）有限公司、南通K文化传播有限公司等144家单位虚开增值税普通发票1549份，价税合计1.2亿余元。

其间，陈某、李某、周某甲、周某乙、董某等人以上述相同手法，通过

A公司运营部许某，为H公司完成虚开业务提供帮助。经鉴定，H公司向某多公司累计支付1亿余元，某多公司向H公司开具178份增值税普通发票，价税合计1亿余元，上述资金回流至I公司账户，I公司通过该账户将资金回流给客户企业指定账户。

2020年6月17日22时许，A公司销售部经理、H公司经营人堵某因酒后驾驶被侦查人员抓获。经司法鉴定，其属于醉酒驾驶机动车。

另查明，2020年7月2日，秦某、赵某、冯某、堵某等17人先后被侦查人员抓获归案。

## 各方观点

**公诉机关观点：**

2017年6月，秦某、赵某等人成立A公司及分公司、分部、A智能公司、B公司等，先后雇用冯某为助理总裁，奚某为杭州分部负责人，堵某为销售部经理，许某、王某甲分别为运营部经理，员工蒋某为技术部经理，葛某、张某甲、张某乙、梁某、汪某、姜某、王某乙、朱某、郑某等人为业务员，以为客户企业"代发员工福利""合理避税"为名，利用公司系统的"卡券回收"功能进行资金回流，向客户企业虚开增值税普通发票。秦某等人的行为构成虚开发票罪，应当以虚开发票罪追究上述人员的刑事责任。

**被告人秦某观点：**

秦某的行为不构成虚开发票罪。

**被告人冯某观点：**

仅对犯罪数额有异议，其他无异议。

## 法院观点

### 一、关于是否构成虚开发票罪

首先，从秦某等人成立涉案公司的主要业务及日常经营业务流程来看，赵某、冯某等人的供述证实，秦某等人涉案公司主要从事"代发福利"业务。主要业务流程为：涉案A公司等雇用业务员招揽需要发票的相关公司，由相关公司将资金打入涉案公司，涉案公司再使用上述资金向第三方公司购买相应的卡券，并根据相关公司要求将卡券套现，在扣除一定比例的手续费后将资金打回相关公司指定的个人账户内，并为相关公司开具"现代服务/人力资源服务费"等名义的增值税普通发票。

从上述业务流程来看，秦某等人成立 A 公司及分公司和各关联公司所从事的"代发福利"业务，实为虚开发票业务，涉案公司与受票单位之间并无真实业务往来。

其次，从部分受票单位工作人员的证言来看，证人葛某、周某、邓某等人的证言，可以证实上述相关受票单位与涉案 A 公司等并无真实交易，受票单位因缺少发票，而委托涉案公司代为开具相关"服务费"发票，涉案公司则收取一定比例的手续费或服务费后，代为开具相关增值税普通发票并将相关资金回流至受票单位指定的个人账户中。

最后，从虚开发票中间环节涉案人员夏某的供述来看，夏某系介绍相关公司向涉案 A 公司的业务员葛某购买发票，操作资金回流，并赚取开票手续费的差价。

综上所述，本案虽仅对部分受票单位虚开发票的行为予以查证，但结合各自的供述、证人证言、银行转账明细等书证及涉案公司的经营流程等因素，可以推定涉案公司并无实际经营，所查获开具的发票均系虚开，故对秦某及其辩护人的相关辩护意见法院不予采纳。

**二、关于本案的犯罪金额的问题**

A 公司及关联的北京等五家分公司系秦某等人为虚开发票而成立的公司，对外并无真实业务往来，对查获发票涉及的金额均应予以认定。上海司法会计中心有限公司依照法定程序根据相关书证对本案涉案相关公司虚开发票的金额作出鉴定结论于法有据，法院予以采纳。关于秦某、冯某、蒋某及辩护人提出应以"卡券回收"金额认定犯罪金额及部分不应对全部犯罪金额承担刑事责任的辩护意见，不存在真实业务的情况下虚开发票犯罪金额的认定应以相关虚开发票的票面金额认定。

另根据相关司法会计鉴定意见，本案相关卡券回收金额既有高于也有低于相关虚开发票的票面金额的情况，且存在扣除开票"手续费"的情况，故不能作为认定本案犯罪金额的依据。

另经查，冯某自涉案公司成立即进入公司工作，先后担任销售、销售主管、公司总经理、助理总裁等。考虑到冯某在相关共同犯罪中的作用，且参与了 A 公司的整个虚开发票的犯罪的始终，故其应对本案全部犯罪金额负责；鉴于涉案公司成立早期，冯某尚未担任公司高管，在对冯某量刑时，可酌情予以考量。故对相关被告人及其辩护人关于犯罪金额的辩解及辩护意见，本院不予采纳。

三、关于是否应认定单位犯罪的意见

涉案的 A 公司及关联的北京等五家分公司系秦某等人为虚开发票而成立的公司，本案涉案的 H 公司、I 公司系堵某等人为虚开发票成立的公司，上述公司对外均以实施虚开发票为主要业务活动，依法不能认定为单位犯罪。周某、周某、董某系某多公司虚开发票行为的直接主管人员或直接责任人员，依法应当承担相应的刑事责任。

法院判决：一、A 公司法定代表人、实际经营人秦某犯虚开发票罪，判处有期徒刑六年，并处罚金人民币三十万元；二、A 公司副总裁、B 公司法定代表人赵某犯虚开发票罪，判处有期徒刑四年三个月，并处罚金人民币二十万元；三、A 公司助理总裁冯某犯虚开发票罪，判处有期徒刑三年九个月，并处罚金人民币十五万元；四、A 公司杭州分部销售负责人奚某犯虚开发票罪，判处有期徒刑二年六个月，并处罚金人民币十万元；五、A 公司销售部经理、H 公司经营人堵某犯虚开发票罪，判处有期徒刑四年，并处罚金人民币十五万元；犯危险驾驶罪，判处拘役二个月，并处罚金人民币一万元，决定执行有期徒刑四年，并处罚金人民币十六万元；六、A 公司运营部经理许某犯虚开发票罪，判处有期徒刑二年六个月，并处罚金人民币五万元；七、A 智能公司技术部经理蒋某犯虚开发票罪，判处有期徒刑一年十个月，并处罚金人民币二万元；八、A 公司运营部员工王某甲犯虚开发票罪，判处有期徒刑一年三个月，并处罚金人民币二万元；九、A 公司业务员葛某、张某甲、张某乙、梁某、汪某、姜某、王某乙、朱某、郑某犯虚开发票罪，判处有期徒刑一年多至两年多不等，并处罚金人民币二万元或一万元。此外，案件中关联的 H 公司法定代表人唐某、H 公司实际负责人刘某等人同样犯虚开发票罪，被判处有期徒刑并处罚金。

## 法官评析

《中华人民共和国刑法》第二百零五条之一规定了虚开发票罪，其第一款明确规定虚开第二百零五条以外的其他发票的，情节严重的，处二年以下有期徒刑、拘役或者管制，并处罚金；情节特别严重的，处二年以上七年以下有期徒刑并处罚金。普通发票不像增值税专用发票那样具有税款抵扣的功能，虚开普通发票不会直接导致税款的流失，因此常常和逃税罪以及非法出售发票罪相联系。单论虚开发票罪，其量刑要轻于虚开增值税专用发票罪。虽然量刑较轻，但实践中虚开发票的情形较为常见，虚开的理由也各有不同，下面将进行评析：

### 一、关于虚开发票罪的入罪门槛

根据2022年发布的《最高人民检察院、公安部关于公安机关管辖的刑事案件立案追诉标准的规定（二）》第五十七条的规定，虚开刑法第二百零五条规定以外的其他发票，涉嫌下列情形之一的，应予立案追诉：（一）虚开发票金额累计在五十万元以上的；（二）虚开发票一百份以上且票面金额在三十万元以上的；（三）五年内因虚开发票受过刑事处罚或者二次以上行政处罚，又虚开发票，数额达到第一、二项标准百分之六十以上的。

根据《中华人民共和国刑法》第二百零五条的规定，所谓"虚开"，是指具有为他人虚开、为自己虚开、让他人为自己虚开、介绍他人虚开行为之一的。虚开的手段是多种多样的，如改变品目、无中生有、有中不实等，虚开的目的，有的是赚取手续费，有的是开票冲抵收入、逃避缴纳所得税等。随着经济的发展，虚开发票的金额和规模呈日益扩大的态势，而且从样态上看，虚开发票的行为范围较为广泛，但普遍数额不大，对于犯罪行为的打击也存在跨地域的困难。本案中秦某等人开票金额多的高达25亿元，少的也有数千万元，严重破坏了国家的税收征管秩序。虽然刑法及相关司法解释对于"情节特别严重"并未予以明确规定，但是结合秦某等人的开票份数、开具金额以及给国家造成税款损失的数额，行为人的主观恶性方面综合考量，秦某等人虚开发票的情形已经属于"情节特别严重"。

### 二、虚开发票罪与其他罪名的区别

首先，《中华人民共和国刑法》第二百零五条之一规定的虚开发票罪与第二百零五条规定的虚开增值税专用发票罪，用于骗取出口退税、抵扣税款发票罪的区别在于，虚开第二百零五条规定的发票是具有税款抵扣功能的发票，如增值税专用发票，可以作为增值税的进项税进行抵扣，如果虚开上述发票用于税款抵扣，则会导致税款的直接流失，因此虚开增值税专用发票、用于骗取出口退税、抵扣税款的发票刑期最高达到了无期徒刑。而《中华人民共和国刑法》第二百零五条之一规定的虚开发票罪中的发票是指除第二百零五条外的其他发票，因为此处的发票不具备税款直接抵扣功能，行为人虽然通过虚开发票虚增支出从而逃避缴纳所得税，但此行为无论从危害性还是严重性上均低于虚开增值税专票的行为，最高仅为七年有期徒刑。实践中应当根据案件的具体情形来具体适用罪名。

其次，涉案发票的性质可能导致最终适用不同的罪名。增值税专用发票具有税款抵扣的功能，而增值税普通发票无法抵扣税款。因此，行为人虚开增值税普通发票往往侵害的是发票的管理秩序，多数情况下以虚开发票罪定罪处罚。但是实践中有些增值税普票可以用作抵扣增值税进项，如机动车销售统一发票、农产品收购普通发票、交通运输增值税电子发票等，行为人虽然开具或接收的是增值税普通发票，但增值税暂行条例规定可以计算抵扣进项税。因虚开用于抵扣税款的发票量刑重于虚开发票罪，故虚开上述发票应按虚开抵扣税款的发票罪定罪处罚。

最后，应注意虚开发票罪与非法出售发票罪的区别。实践中，行为人的虚开行为往往和出售交织在一起，那么如何理解行为人的虚开行为和出售行为之间的关系？严格来说，出售是指非法有偿转让空白发票的行为，而实践中行为人如果先虚开，后转让所虚开的发票，就会导致二者之间的竞合。此时，应当从行为人的主观故意去区分，如果行为人主观就是非法出售发票获利，在出售过程中进行虚开，一般以出售发票罪处理；如果行为人事前与他人通谋，虚开发票是为了满足他人的要求而有偿转让的行为，应当以虚开发票罪定罪处罚。当然，出售行为和虚开行为往往具有手段与目的的关系，如果行为人只实施了一种行为，应当按照二者处罚较重的行为处罚，如果两种行为单独评价都不够定罪的标准，则不宜认定为犯罪。

### 三、虚开发票行为可能引发企业的逃税行为

《中华人民共和国企业所得税法》第八条规定，企业实际发生的与取得收入有关的、合理的支出，包括成本、费用、税金、损失和其他支出，准予在计算应纳税所得额时扣除。《中华人民共和国企业所得税法实施条例》第二十七条规定，企业所得税法第八条所称有关的支出，是指与取得收入直接相关的支出。所谓"合理支出"，是符合生产经营活动常规，应当计入当期损益或者有关资产成本的必要和正常的支出。

关于扣税凭证，根据《中华人民共和国税收征收管理法》第十九条、《中华人民共和国发票管理办法》第二十一条规定，纳税人、扣缴义务人应根据合法、有效凭证进行核算；不符合规定的发票不得作为财务报销凭证，任何

单位和个人有权拒收。但《中华人民共和国企业所得税法》及《中华人民共和国企业所得税法实施条例》并未明确指出合法有效凭证的范围，这就导致实践中不少企业为了粉饰业绩，通过虚开销售发票的方式达到目的，也有的企业通过虚开支出发票的方式虚增扣减项目，以达到逃税的目的。

就本案而言，因 A 公司系为实施犯罪活动而成立，成立后也主要实施犯罪行为，故其行为不涉及逃避缴纳企业所得税的问题。而 A 公司以代发福利、合理避税为名向其他公司虚开发票，受票公司如果以所虚开发票为依据在会计凭证记录为员工福利支出，在计算企业所得税时已经进行扣除，相当于该企业在计算企业所得税时虚增了支出，从而减少了企业所得税的税基，故 A 公司的行为还会导致下游企业逃税的行为。

**四、案例的指导意义**

企业的虚开普通发票行为或虚开增值税专用发票的行为，不但会给企业带来重大的刑事责任，而且对于相关的受票企业及关联企业也会带来极大的涉税风险。只有企业合法经营，相关公司、企业的利益才会长久。

# 五、非法出售增值税专用发票罪

## 6.5 非法出售（购买）增值税专用发票罪与虚开增值税专用发票罪的区分与认定

——北京合某公司等非法购买增值税专用发票、非法出售增值税专用发票案[1]

> 关 键 词：骗取税款　非法买卖增值税专用发票
>
> 问题提出：行为人客观上实施了虚开发票并进行抵扣的行为，但是并未造成税款流失，是否可以认定为虚开增值税专用发票罪？

---

[1] 一审法院为北京市西城区人民法院，案号：（2018）京 0102 刑初 153 号；二审法院为北京市第二中级人民法院，案号：（2019）京 02 刑终 113 号，载中国裁判文书网，https://wenshu.court.gov.cn/website/wenshu/181107ANFZ0BXSK4/index.html?docId=d812a38adab9428b8d7baa8d002ab624；最后访问时间：2022 年 9 月 9 日。

> **裁判要旨**：行为人主观上不具有骗取国家税款的目的，客观上以虚构贸易开具相应增值税专用发票，未造成国家税款损失的，构成非法出售或购买增值税专用发票罪。

### 案情简介

公诉机关：北京市西城区人民检察院

被告人：北京合某公司等

2012年8月至2013年3月间，被告单位合某公司在没有真实交易的情况下，以购进钢材名义取得被告单位天某公司、恩某公司虚开的增值税专用发票，虚开税款数额为人民币1600余万元，涉案增值税专用发票已抵扣。被告人赵某作为合某公司的实际负责人、被告人刘某甲作为天某公司、恩某公司的法定代表人全面负责上述公司的经营，由其决策、指派公司员工从事相关活动。被告人赵某、刘某甲分别于2017年1月10日、2016年9月19日被北京市公安局丰台分局抓获归案。

2007年1月，北京某某集团山东分公司（以下简称山东分公司）成立，上诉人赵某任经理，2013年11月北京某某集团（以下简称北京集团）免去赵某的山东分公司经理职务。在赵某任山东分公司经理期间，赵某负责自找业务、自我管理、自负盈亏。

2010年8月，山东分公司与山东某甲集团签订合作开发协议，合作开发山东某甲广场项目。约定各自承担50%的开发成本及费用，各自分得两个楼座；后又签订施工协议等，由山东分公司负责建设山东某甲广场。

为解决山东某甲广场的建设资金问题，赵某与中国诚某公司的李某、刘某，商议决定由中国诚某公司通过贸易方式为山东分公司融资。方式为：山东分公司向中国诚某公司购买钢材并以货款名义开具商业承兑汇票，利用中国诚某公司在银行的信用将汇票贴现，再由中国诚某公司向赵某实际控制的合某公司购买钢材并以货款名义将贴现款转给合某公司，合某公司收到款后再以往来款名义转给山东分公司或直接购买钢材交给山东分公司用于建设。汇票到期后由山东分公司将应到期归还的钱款还给中国诚某公司，中国诚某公司再归还给银行。

具体交易过程为：

1. 赵某以山东分公司或北京集团名义与中国诚某公司于 2012 年 4 月至 8 月，先后签订 5 份钢材销售合同，合同涉及金额人民币 1.88 亿余元（以下币种均为人民币），山东分公司以支付货款名义给中国诚某公司开具金额合计 1.88 亿余元的 5 张商业承兑汇票，中国诚某公司给山东分公司开具增值税普通发票。

2. 中国诚某公司与刘某甲任法定代表人的天某公司签订 1 份采购协议，以支付货款名义给天某公司开具 1500 万元商业承兑汇票，天某公司给中国诚某公司开具增值税专用（进项）发票。天某公司贴现后将其中 1400 万元以支付货款名义转给合某公司，合某公司给天某公司开具增值税专用（进项）发票。

中国诚某公司与山东分公司、合某公司签订 8 份三方采购协议，以支付货款名义将山东分公司承兑汇票贴息款转给合某公司。此外，2012 年 9 月，中国诚某公司与合某公司签订采购合同，以支付货款名义给合某公司开具 6 张商业承兑汇票。合某公司因此于 2012 年 6 月至 2014 年 1 月间给中国诚某公司开具增值税专用（进项）发票 1298 份，涉及发票金额共计 1.2 亿余元。

3. 合某公司将上述直接从中国诚某公司或经天某公司取得的款项部分转给山东分公司，并将收到的中国诚某公司开具的 6 张商业承兑汇票直接背书给山东分公司，用于项目建设。

在上述贸易融资过程中，合某公司给中国诚某公司开具了 1.2 亿余元的增值税专用（进项）发票，合某公司因此留下了相应金额的增值税专用（销项）发票，需要缴纳相应的增值税。为此，合某公司找到刘某甲任法定代表人的天某公司和恩某公司，由天某公司于 2012 年 8 月至 2013 年 3 月，给合某公司开具增值税专用（进项）发票 103 份，税额合计 1615 万余元，价税合计 1.11 亿余元；恩某公司于 2012 年 11 月，给合某公司开具增值税专用（进项）发票 52 份，税额合计 66 万余元，价税合计 455 万余元。合某公司将上述天某公司和恩某公司开具的进项发票全部认证抵扣。在此过程中，合某公司以支付货款名义转给天某公司 9024 万余元，经恩某公司后转回合某公司 8549 万余元；2012 年 12 月 25 日，合某公司支付恩某公司 455 万余元，当日全部转回合某公司。天某公司、恩某公司在给合某公司虚开增值税专用（进项）发票交易过程中，获取非法利益共计 475 万元。

## 各方观点

**公诉机关观点：**

被告单位合某公司、被告人赵某、刘某构成虚开增值税专用发票罪。二审审理期间，检察院审查意见为：1. 本案上诉人虽然表面上签订了钢材购销合同，但以融资托盘为最终目的，并不存在真实的货物购销等经营行为，缺乏向国家缴纳增值税款的事实基础，因此在案证据难以认定上诉单位及上诉人主观上具有骗取国家税款的目的，客观上造成了国家税款损失，认定构成虚开增值税专用发票罪证据不足。2. 2012 年 8 月至 2013 年 3 月间，天某公司、恩某公司给合某公司虚开增值税专用发票 155 份，税款合计 1600 余万元，因此收取了 475 万元的好处费，实质上是一种变相买卖增值税专用发票的行为。天某公司、恩某公司、刘某甲构成非法出售增值税专用发票罪；合某公司、赵某构成非法购买增值税专用发票罪。

**上诉人赵某、上诉单位合某公司（原审被告人）观点：**

1. 主观上是为了贸易融资，以取得钱款进行项目建设为目的，没有骗取国家税款的目的，没有虚开增值税专用发票的犯罪故意，没有购买增值税专用发票的主观故意，这只是一个交易环节。认定合某公司为了虚开的增值税专用发票而与天某公司等进行虚假贸易，是对本案真实法律关系的歪曲。2. 没有证据证明因上诉人的行为给国家税款造成损失。3. 本案所涉款项是贸易融资中的交易成本，是天某公司、恩某公司参与贸易融资过程应得的费用，非出售、购买增值税专用发票的费用。故不构成虚开增值税专用发票罪，也不构成非法购买增值税专用发票罪。此外，辩护人还提出检察人员在二审审判过程中没有指证新罪的职权。综上，上诉人及上诉单位无罪。

**上诉人刘某、上诉单位天某公司、恩某公司（原审被告人）观点：**

1. 原判认定事实错误，天某公司和恩某公司给合某公司开具发票的行为是应中国诚某公司的要求，为完成山东分公司向中国诚某公司融资而产生的开具发票行为，其真实目的是融资而非偷逃税款，主观上没有虚开也没有出售增值税专用发票的故意。2. 行为人的行为没有给国家造成税款损失。3. 行为不具有社会危害性，虽违反相应规定，但不应作为犯罪处罚。4. 虚开增值税专用发票与非法出售增值税专用发票罪不存在犯罪竞合或非此即彼的混同问题。5. 单纯出售发票不需要通过繁复的钢材贸易合同，也不可能联合到中国诚某公司这样的央企参与其中，为一项发生在天某公司、恩某公司与合某公司之间的发票买卖关系进行掩盖。6. 主观上天某公司、恩某公司及刘某甲是应中国诚某公司、合某公司要求履行钢材贸易合同项下的发票开具义务，不以抵扣税款为目的，不存在任何牟取非法利益的目的；客观上非法出售增值税专用发票罪需给国家造成税款损失，但本案没有给国家造成税款损失。7. 检察机关在二审期间变更罪名程序违法。建议宣告刘某甲无罪。

### 法院观点

**一审法院观点：**

被告单位合某公司、北京天某公司、北京恩某公司违反国家税收管理制度，虚开增值税专用发票，且税款数额巨大，其行为均已构成虚开增值税专用发票罪，应依法惩处。被告人赵某、刘某作为公司实际控制人，决定、批准、授意犯罪活动，系对公司直接负责的主管人员，其行为亦已构成虚开增值税专用发票罪。

一审法院判决：一、被告单位合某公司犯虚开增值税专用发票罪，判处罚金人民币三十万元。二、被告单位天某公司犯虚开增值税专用发票罪，判处罚金人民币二十五万元。三、被告单位恩某公司犯虚开增值税专用发票罪，判处罚金人民币八万元。四、被告人赵某犯虚开增值税专用发票罪，判处有期徒刑十年六个月。五、被告人刘某犯虚开增值税专用发票罪，判处有期徒刑十年六个月。六、责令被告单位合某公司退缴因虚开增值税专用发票犯罪已非法抵扣的税款，移交税务机关补缴税款。七、被告单位天某公司、恩某公司对于因虚开增值税专用发票犯罪已非法抵扣的税款负连带退缴责任。

**二审法院观点：**

1. 各上诉单位、各上诉人的行为不构成虚开增值税专用发票罪

增值税是以商品或应税劳务在流转过程中产生的增值额为计税依据而征收的一种流转税，增值税的征收以有实际商品流转或应税劳务发生且有增值为事实基础。同样，开具增值税专用发票也应以实际发生商品流转或应税劳务为事实基础，在没有真实贸易的情况下开具增值税专用发票，就是一种虚假开具的行为，本质上属于虚开增值税专用发票行为，此种行为严重扰乱了增值税专用发票的正常管理秩序，已构成行政违法。

但作为刑事犯罪的虚开增值税专用发票罪，不仅要从形式上把握是否存

在虚假开具增值税专用发票的行为，还要从实质上把握行为人虚开增值税专用发票的主观心态以及客观后果。最高人民法院在 2018 年 12 月 4 日公布了人民法院充分发挥审判职能作用保护产权和企业家合法权益第二批典型案例①，其中第一个案例为"张某强虚开增值税专用发票案"。在该案例中，最高人民法院指出，"被告人张某强以其他单位名义对外签订销售合同，由该单位收取货款、开具增值税专用发票，不具有骗取国家税款的目的，未造成国家税款损失，其行为不构成虚开增值税专用发票罪"，这就意味着在认定构成虚开增值税专用发票罪时，需要行为人主观上具有骗取国家税款的目的，客观上造成了国家税款损失。

本案中，从合某公司找天某公司、恩某公司虚开增值税专用发票的起因看，是之前合某公司、山东分公司与中国诚某公司之间的贸易融资，合某公司给中国诚某公司虚开了大量的增值税专用（进项）发票，合某公司因此留下了相应的增值税专用（销项）发票，为避免因此缴纳相应的增值税，合某公司找到天某公司、恩某公司获取了虚开的增值税专用（进项）发票。可见，合某公司找天某公司、恩某公司虚开增值税专用发票主观上并非出于骗取国家税款的目的。

上述虚开的增值税专用（进项）发票虽已全部认证抵扣，但考虑到之前合某公司因给中国诚某公司开具增值税专用发票而留下的大量销项发票，该部分发票因为没有实际发生商品流转，没有产生真实的商品增值，也就没有缴纳增值税的事实基础，不缴纳该部分税款也不会给国家造成实际的税款损失，现有证据不能排除合某公司获取的虚开增值税专用（进项）发票就是抵扣了上述虚开的增值税专用（销项）发票的可能，也不足以证实所抵扣的增值税专用（销项）发票中包含因存在真实交易而应当缴纳增值税的情况，故而，认定合某公司将虚开的增值税专用（进项）发票进行认证抵扣造成国家税款损失的证据不足。

综上，合某公司及其实际控制人赵某因主观上不具有骗取国家税款的目的，客观上认定造成国家税款损失的证据不足。因此，合某公司、赵某的行为不构成虚开增值税专用发票罪。

---

① 载最高人民法院网站，https://www.court.gov.cn/zixun-xiangqing-133721.html，最后访问时间：2023 年 5 月 15 日。

与之对应，负责开具相应增值税专用发票的天某公司、恩某公司及其法定代表人刘某甲基于同样的原因也不构成虚开增值税专用发票罪。

2. 合某公司、赵某的行为构成非法购买增值税专用发票罪，天某公司、恩某公司、刘某甲的行为构成非法出售增值税专用发票罪

首先，从本案所涉事实看，合某公司与天某公司、恩某公司之间的虚开增值税专用发票行为与贸易融资并无直接关系。在合某公司找天某公司、恩某公司虚开增值税专用发票时，贸易融资行为已经完成。山东分公司、中国诚某公司和合某公司签订三方合作协议，资金已通过山东分公司与中国诚某公司、中国诚某公司与合某公司之间的虚假贸易，以支付货款的名义到了合某公司，再经由合某公司到了山东分公司，山东分公司亦因此获得了相应资金。合某公司找天某公司、恩某公司虚开增值税专用发票的目的不过是取得进项发票抵扣因给中国诚某公司开具增值税专用发票而产生的增值税销项发票，这里已无关融资。

其次，在整个交易过程中，天某公司、恩某公司一不要提供资金，二不用联系客户，三无需进行购货、运输、交货等任何经营行为，其所谓交易成本只有虚开的增值税专用发票。因此，不论以何种名义、采取何种形式，天某公司、恩某公司在此过程中获取的"利润"本质上就是通过虚开增值税专用发票所得的好处，就是变相出售增值税专用发票的违法所得。而合某公司在此过程中，除从天某公司、恩某公司处得到了虚开的增值税专用发票外，一无所获，其所支出的费用本质上就是变相购买增值税专用发票所花费的对价。

最后，非法出售、购买增值税专用发票罪侵犯的是我国对增值税专用发票严格的领购制度，增值税专用发票只能由增值税一般纳税人到指定的税务机关凭相应凭证采取"以旧换新"方式进行领购，其他任何单位和个人都不得实施买卖增值税专用发票的行为。非法出售、购买增值税专用发票犯罪是一种行为犯，主观上行为人只要对非法买卖的行为有认知即可，无需附加其他主观目的；客观上只要实施了非法买卖的行为，无需造成一定的危害后果。行为人是否获利、出于何种目的的买卖、是否造成了国家税款流失不是本罪罪与非罪的界限，只是在量刑时可以作为情节考量。

3. 关于检察机关在二审期间能否变更罪名

首先，二审期间检察人员的职责与一审期间公诉人以指控犯罪为主要职

责不完全一样,二审期间的检察人员更多的是履行保障法律正确适用的监督职责,根据2019年最高人民检察院发布的《人民检察院刑事诉讼规则》[①]第四百四十六条的规定,检察人员出席第二审法庭的任务包括:支持抗诉或者听取上诉意见,对原审人民法院作出的错误判决或者裁定提出纠正意见。因此,检察人员在二审期间发现原审适用法律错误的,有责任也有权利提出纠正意见。

其次,是否变更罪名的决定权在法院。检察人员认为原判认定罪名有误,应构成其他罪,只是表达了检察人员对法律适用的一种意见,与辩护人在法庭发表的辩护意见具有同等的地位。法院在保障辩方辩护权的基础上,在不违背上诉不加刑原则的前提下,如果发现原审法院适用法律有误,依据《最高人民法院关于适用〈中华人民共和国刑事诉讼法〉的解释》第三百二十五条第一款第二项的规定,"原判事实清楚,证据确实、充分,只是认定的罪名不当的,可以改变罪名,但不得加重刑罚",可以直接变更罪名。

上诉人赵某作为上诉单位合某公司的主管人员,为单位谋取非法利益,向他人非法购买增值税专用发票,合某公司及赵某均已构成非法购买增值税专用发票罪;上诉人刘某甲作为上诉单位天某公司和恩某公司的法定代表人,为单位谋取非法利益,向他人非法出售增值税专用发票,天某公司、恩某公司和刘某甲均已构成非法出售增值税专用发票罪,其中天某公司和刘某甲非法出售增值税专用发票数额较大,对于上述三个上诉单位和两个上诉人依法均应予以惩处。

二审法院判决:一、撤销一审判决;二、上诉单位(原审被告单位)合某公司犯非法购买增值税专用发票罪,判处罚金人民币十五万元;三、上诉人(原审被告人)赵某犯非法购买增值税专用发票罪,判处有期徒刑两年六个月;四、上诉单位(原审被告单位)天某公司犯非法出售增值税专用发票罪,判处罚金人民币十五万元;五、上诉单位(原审被告单位)恩某公司犯非法出售增值税专用发票罪,判处罚金人民币五万元;六、上诉人(原审被告人)刘某犯非法出售增值税专用发票罪,判处有期徒刑三年;七、继续追缴天某公司、恩某公司人民币四百七十五万元作为违法所得予以没收。

---

① 《人民检察院刑事诉讼规则》,载国家法律法规数据库,https://flk.npc.gov.cn/detail2.html?ZmY4MDgwODE3MTM5MjdkMTAxNzFjM2QzZmY1MDFjY2Y%3D,最后访问时间:2023年5月15日。

**法官评析**

本案争议焦点有二：第一，行为人实施了虚开增值税专用发票的行为，并进行了认证抵扣，但是并未实际造成税款损失，是否构成虚开增值税专用发票罪；第二，行为人从他人处购买或向他人出售增值税专用发票，但是未造成税款损失的，是否构成非法出售或购买增值税专用发票罪。笔者赞同本案二审法院的观点，行为人主观上不具有骗取国家税款的目的，客观上以虚构贸易开具相应增值税专用发票，未实际给国家造成税收损失，不应认定为虚开增值税专用发票罪。同时，行为人以支付对价的方式，交易增值税专用发票，买卖双方构成非法出售或购买增值税专用发票罪。

**一、以虚构贸易虚开增值税专用发票并抵扣，未造成国家税款损失的，不构成虚开增值税专用发票罪**

（一）虚开增值税专用发票罪的"骗取国家税款要素"

《中华人民共和国刑法》第二百零五条规定了虚开增值税专用发票罪，但是从法条表述上看仅简单表述为"虚开增值税专用发票"，并没有限制条件，若简单地从法条罪状理解，只要具有虚开行为即可构成本罪。然而从该罪的立法沿革和所要保护的法益来看，"骗取国家税款"应是本罪犯罪构成必不可少的要素。

虚开增值税专用发票行为的入罪源于我国税制改革。1979年，改革开放之初，我国开始在部分城市、行业试行增值税制度；1984年，在总结试点城市经验的基础上，国务院发布了《增值税条例（草案）》，将机器机械、钢材钢坯等12类商品纳入增值税的范围。① 由于技术所限，当时增值税发票的伪造成本较低，因此产生了许多利用虚开增值税发票骗取国家税款的行为。1979年《中华人民共和国刑法》并未对此设置相应的罪名，直到1995年全国人大常委会颁布了《关于惩治虚开、伪造和非法出售增值税专用发票犯罪的决定》，虚开增值税专用发票行为才被列为犯罪。在当时的社会背景下，还未建立通过增值税判断企业营收的相关制度，虚开增值税专用发票犯罪就是为了骗取税款，并未产生以非骗税目的而实施的虚开增值税专用发票行为，因

---

① 以上内容参见《增值税：踏着改革节拍一路前行》，载国家税务总局网站，http://www.chinatax.gov.cn/n810219/n810724/c4168513/content.html，最后访问时间：2023年7月15日。

此《关于惩治虚开、伪造和非法出售增值税专用发票犯罪的决定》中并未明确规定本罪需要具备"骗取国家税款"要素。

1997年《中华人民共和国刑法》正式设立了虚开增值税专用发票罪，该罪被规定在分则第三章破坏社会主义市场经济秩序罪中的危害税收征管罪一节，同时设置在该节的犯罪包括逃税罪、骗取出口退税罪等与税收征管有关的犯罪。本罪所保护的法益不仅包括增值税发票的管理秩序，同时包括国家税收征管秩序。从刑法分则的罪名设置上看，虚开增值税专用发票和虚开用于骗取出口退税、抵扣税款发票的行为是等同视之的，且虚开增值税专用发票罪的刑罚设置要重于逃税罪。虽然《中华人民共和国刑法》第二百零五条并未明文表述本罪需"以骗取国家税款为目的"，但是从罪名设置上看，骗取国家税款要素也隐含在条文之中。

因此，虚开增值税专用发票罪的设置，是为了打击利用增值税专用发票套取国家税款的违法犯罪行为。虚开增值税专用发票的行为，一方面破坏我国税收管理制度，危害税收征收秩序；另一方面由于增值税专用进项发票可以直接折抵销项发票应缴纳税款，因此虚开行为可能直接造成国家税款损失。所以，从立法原意上探究，虚开增值税专用发票罪的设置是为了打击导致国家税款损失的虚开行为。

(二) 虚开增值税专用发票的行为人需要有骗取国家税款的目的

法律规定的构成要件行为是虚开增值税专用发票，然而，如果不对构成要件加上以骗取国家税款为目的的限制，则会不当扩张本罪的惩治范围。[1] 对于本罪来说，虚开行为实际上是骗税行为的预备行为，其本身不会造成国家税款损失后果，只有以骗取国家税款为目的而实施的虚开行为，才具备法益侵害的现实危险。正如日本学者西田典之指出："在某些场合下，只有具备一定的主观性要素才能决定行为具有法益侵害性。"[2] 若行为人不具备"骗取国家税款"的主观目的，从其客观行为上看亦不会造成国家税款损失的风险，则难以认定其构成虚开增值税专用发票罪。在司法实践中，需要对《中华人民共和国刑法》第二百零五条进行目的性限缩解释，即以骗取国家税款为目的的虚开增值税专用发票行为才是本罪的构成要件行为。

---

[1] 陈兴良：《虚开增值税专用发票罪：性质与界定》，载《政法论坛》2021年第4期。
[2] [日] 西田典之：《日本刑法总论》，刘明祥、王昭武译，中国人民大学出版社2007年版，第65页。

最高人民法院在 2018 年发布的"人民法院充分发挥审判职能作用保护产权和企业家合法权益典型案例（第二批）"中，也支持上述观点。在发布的张某虚开增值税专用发票案中，最高人民法院指出，"被告人张某强以其他单位名义对外签订销售合同，由该单位收取货款、开具增值税专用发票，不具有骗取国家税款的目的，未造成国家税款损失，其行为不构成虚开增值税专用发票罪"[①]。

综上，认定行为人构成虚开增值税专用发票罪时，除了客观上有虚开行为，也要求行为人主观上有骗取税款的目的，行为需有造成国家税款损失的危险。本案中，被告单位基于虚构的交易产生了增值税专用销项发票，因而需要缴纳税款，然而事实上并不存在真实的商品流转，因此也不存在缴纳增值税的事实基础。行为人虽然虚开了增值税专用发票用于抵扣，但是并不具备骗取国家税款的目的，不缴纳该税款亦不会给国家税款造成损失，因此本案被告人不构成虚开增值税专用发票罪。

**二、行为人客观上实施了帮助他人虚开增值税专用发票的行为，并收取相对方为此支付的费用，其行为构成非法出售增值税专用发票罪，相对方则构成非法购买增值税专用发票罪**

非法出售、购买增值税专用发票侵犯的是增值税专用发票的领购制度，依照《中华人民共和国发票管理办法》第十五条第一款的规定，"需要领购发票的单位和个人，应当持税务登记证件、经办人身份证明、按照国务院税务主管部门规定式样制作的发票专用章的印模，向主管税务机关办理发票领购手续。主管税务机关根据领购单位和个人的经营范围和规模，确认领购发票的种类、数量以及领购方式，在 5 个工作日内发给发票领购簿"。非法出售、购买增值税专用发票的行为人，破坏了上述发票管理秩序，通过私下交易、买卖实现增值税专用发票的流转，不论其买卖发票的行为是否造成了国家税款损失的后果，这种私下买卖的行为本身就是被法律所禁止的。因此，构成非法出售、购买增值税专用发票罪不要求行为人造成国家税款损失的实质危害后果，只要行为人主观上对非法买卖的行为有认知，客观上实施了买卖增值税专用发票的行为即构成非法出售、买卖增值税专用发票罪。

---

[①]《人民法院充分发挥审判职能作用保护产权和企业家合法权益典型案例（第二批）》，载最高人民法院网站，https://www.court.gov.cn/zixun-xiangqing-133721.html，最后访问时间：2023 年 7 月 15 日。

本案中，发票出售方天某公司等人，明知不存在真正的货物交易，其向相对方提供的仅有增值税专用发票，并为此收取了相对方支付的钱款，该行为实质上为非法出售专用发票的行为，作为出售方的天某公司、恩某公司、刘某甲构成非法出售增值税专用发票罪，作为购买方的合某公司、赵某构成非法购买增值税专用发票罪。

### 三、案例的指导意义

本案中，行为人主观上不具有骗取国家税款的目的，客观上以虚构贸易开具相应增值税专用发票，且未造成国家税款损失，破坏的是发票管理秩序，应当构成不要求造成国家税款损失的非法出售或购买增值税专用发票罪。虚开增值税专用发票罪的设置是为了打击导致国家税款损失的虚开行为，在司法实践中，对于未造成国家税款损失的虚开行为，在罪名认定上应坚持罪责刑相适应原则。

## 六、购买伪造的增值税专用发票罪

### 6.6 购买伪造的增值税专用发票罪的认定
——张某购买伪造的增值税专用发票案[1]

| 关 键 词：伪造增值税专用发票　虚开增值税专用发票 |
| --- |
| 问题提出：虚开增值税专用发票罪与购买伪造的增值税专用发票罪如何区分？ |
| 裁判要旨：行为人主观上没有骗取国家税款的目的，仅购买了伪造的增值税专用发票，达到立案标准的，构成购买增值税专用发票罪。 |

---

[1] 一审法院为湖北省襄阳市樊城区人民法院，案号：（2013）鄂樊城刑一初字第00142号；二审法院为湖北省襄阳市中级人民法院，案号：（2014）鄂襄阳中刑终字第00007号，载中国裁判文书网，http：//wenshu.court/website/wenshu/181107ANFZ0BXSK4/index.html? docId = 8ef5f1b7308d48f1934da8f045e0fdf6，最后访问时间：2023年5月15日。

## 案情简介

公诉机关：襄阳市樊城区人民检察院

被告人：张某

2009 年至 2011 年，国家发改委分别审批了襄阳鑫某实业公司申报的印染、浆纱、高档面料三个技术改革项目，下达了该三个项目总投资 15920 万元，其中企业自有投资 11318 万元，银行贷款 3300 万元，中央预算投资 1302 万元。据此，中央预算投资 1302 万元中，财政部门已先后拨给了该公司 1169 万元补贴。2012 年 5 月，时任襄阳鑫某实业公司办公室主任的被告人张某在得知上级部门将于 6 月对该公司上报的印染、浆纱、高档面料三项技改项目进行检查后，在准备迎检资料时，为了使财务凭证的有关数据与襄阳鑫某实业公司向上级申报技改项目的资料中数据一致，张某擅自决定用假发票、凭证应付检查。2012 年 5 月上旬的一天，被告人张某赶到湖北省武汉市，找到游散在湖北省某培训中心附近的一个发票贩子，与发票贩子谈定购票价格为 2200 元后，向该发票贩子提供了开票单位、付款单位、开票金额等有关信息，让该发票贩子根据这些信息制作增值税专用发票。一周后，被告人张某与发票贩子按约定在湖北省某培训中心门口见面，发票贩子将伪造的 53 份增值税专用发票交付给张某，被告人张某向其支付购票款 2200 元。后被告人张某将这些伪造的增值税专用发票带回整理并装订成册用于应付上级检查。2012 年 7 月 25 日，经襄阳市樊城区国家税务局检查后认定该 53 份增值税专用发票均为虚假。

## 各方观点

**公诉机关观点：**

被告人张某构成虚开增值税专用发票罪。

**上诉人张某（原审被告人）观点：**

张某购买伪造的增值税专用发票并未用于骗取税款等目的，亦未入公司财务账，仅是为了应付检查，原判定性错误，张某的行为应构成购买伪造的增值税专用发票罪；张某具有自首等从轻、减轻处罚情节，请求从轻判处缓刑。

## 法院观点

**一审法院观点：**

一审法院判决：被告人张某犯虚开增值税专用发票罪，判处有期徒刑四年，并处罚金人民币十万元。

**二审法院观点：**

上诉人张某为了应对财政部对襄阳鑫某实业有限公司关于中央政府公共投资预算执行情况的检查，购买伪造的增值税专用发票，其行为已构成购买伪造的增值税专用发票罪。上诉人张某接公安机关通知后，主动到公安机关接受调查，并如实供述了犯罪事实，系自首，可以从轻处罚。上诉人张某上诉及其辩护人辩护称，张某购买伪造的增值税专用发票并未用于骗取税款等目的，亦未入公司财务账，仅是为了应付检查，原判定性错误，张某的行为应构成购买伪造的增值税专用发票罪。经查，张某为应付检查，购买伪造的增值税专用发票，该发票未入单位财务账，其主观上没有骗取国家税款或者利用伪造的增值税专用发票抵扣税款的目的，亦无其他目的，仅是为了应付检查，其行为符合购买伪造的增值税专用发票罪的犯罪特征。原判认定事实清楚，证据确实、充分。审判程序合法。但定性错误，导致量刑过重，应予纠正。

二审法院判决：一、撤销一审判决；二、上诉人（原审被告人）张某犯购买伪造的增值税专用发票罪，判处有期徒刑一年，并处罚金人民币十万元。

## 法官评析

本案的争议焦点在于被告人张某的行为应认定为虚开增值税专用发票罪还是购买伪造的增值税专用发票罪。公诉机关及一审法院均认为被告人张某的行为构成虚开增值税专用发票罪，然而二审法院审理后认为，从张某未入单位财务账等客观行为看，其不具有骗取税款等主观目的，认为张某的行为构成购买伪造的增值税专用发票罪。笔者认同二审法院的观点，认为本案应构成购买伪造的增值税专用发票罪。

**一、购买伪造的增值税专用发票罪的犯罪构成**

购买伪造的增值税专用发票罪是指自然人或者单位，违反国家发票管理法规，故意购买伪造的增值税专用发票的行为。

（一）主体要件

凡是达到刑事责任年龄、具备刑事责任能力的自然人均可构成本罪，单位亦可成为本罪犯罪主体。

（二）客体要件

本罪侵犯的客体是国家对增值税专用发票的管理秩序。在我国，唯一有权发售发票的主体是税务机关，除税务机关审核确认为增值税一般纳税人外的任何单位与个人都不具备领购增值税专用发票的主体资格。且增值税专用发票需要通过法定途径，依照核准的数量申购。因此，行为人违反国家对增值税专用发票的管理制度，自行购买伪造的增值税专用发票的，系对增值税发票管理、发售等秩序的破坏。

（三）客观要件

本罪在客观方面表现为违反发票管理的相关法规，实施了购买伪造的增值税专用发票的行为。本罪的犯罪对象并非国家税务机关发售的增值税专用发票，而是非法途径伪造的增值税专用发票。

（四）主观要件

构成本罪的主观方面是故意，即行为人明知自己购买的系伪造的增值税专用发票，这种行为会造成危害社会的后果，仍然实施购买行为。本罪不要求行为人具备骗取税款等主观目的，只要行为人客观上实施了购买伪造的增值税专用发票的行为，即可构成本罪。

## 二、虚开增值税专用发票罪与购买伪造的增值税专用发票罪的区分

（一）行为人是否具有骗取国家税款的主观目的

我国刑法设置虚开增值税专用发票罪，是为了打击利用增值税专用发票套取国家税款的违法犯罪行为。在立法之初曾经为该罪名设置过最高刑为死刑的法定刑。虚开增值税专用发票的行为破坏我国税收管理制度，危害税收征收秩序，同时由于增值税专用进项发票可以直接折抵销项发票应缴纳税款，可能直接造成国家税款损失。所以，从立法原意上探究，虚开增值税专用发票罪的设置是为了打击导致国家税款损失的虚开行为。构成虚开增值税专用发票罪，要求行为人主观上具有利用虚开发票骗取国家税款的目的。

与虚开增值税专用发票罪不同的是，购买伪造的增值税专用发票罪，破坏了国家发票管理秩序，不要求行为人具有骗取税款的目的。依照《中华人民共和国发票管理办法》第十五条的规定，"需要领购发票的单位和个人，应

当持税务登记证件、经办人身份证明、按照国务院税务主管部门规定式样制作的发票专用章的印模,向主管税务机关办理发票领购手续"。行为人非通过正常的领购渠道向国家申领增值税专用发票,而是通过不合法的方式购买伪造的增值税发票,其行为显然破坏了国家对发票的统一管理秩序。只要行为人客观上实施了上述违反国家发票管理规定的行为,达到一定的数额标准即构成该罪。根据2022年《最高人民检察院、公安部关于公安机关管辖的刑事案件立案追诉标准的规定(二)》第六十条规定,非法购买增值税专用发票或者购买伪造的增值税专用发票,涉嫌下列情形之一的,应予立案追诉:(一)非法购买增值税专用发票或者购买伪造的增值税专用发票二十份以上且票面税额在十万元以上的;(二)票面税额累计在二十万元以上的。

如前所述,虚开增值税专用发票罪打击的是有可能导致国家税款损失的虚开行为。在虚开增值税专用发票罪中,行为人虚开发票是为了用于抵扣税款,因此有造成国家税收损失的危险。而购买伪造的增值税专用发票罪,其可罚性在于购买伪造的增值税专用发票的行为本身,因此不要求行为人将发票用于抵扣税款或者带来国家税款损失的实质危害后果。只要行为人主观上认识到自己购买的系伪造的增值税专用发票,仍然支付对价实施了购买行为,达到立案标准即可构成购买增值税专用发票罪。

本案中,被告人张某购买伪造的增值税专用发票仅是为了应付检查,该发票未入单位财务账,其主观上没有骗取国家税款或者利用伪造的增值税专用发票抵扣税款的目的,该行为客观上也不具有造成国家税款损失的风险,被告人的行为符合购买伪造的增值税专用发票罪构成,不应认定为虚开增值税专用发票罪,应构成购买伪造的增值税专用发票罪。

(二)客观行为的区分

虚开增值税专用发票罪的客观行为内容为虚开增值税专用发票,包括为他人虚开、为自己虚开、让他人为自己虚开、介绍他人虚开增值税专用发票的情况,行为人虚开的系真实的增值税专用发票。参照相关司法解释[1],行为人具有以下行为即属于虚开增值税专用发票:(1)没有货物购销或者没有提供或接受应税劳务而为他人、为自己、让他人为自己、介绍他人开具增值

---

[1] 《最高人民法院关于适用〈全国人民代表大会常务委员会关于惩治虚开、伪造和非法出售增值税专用发票犯罪的决定〉的若干问题的解释》第一条。

专用发票；（2）有货物购销或者提供或接受了应税劳务但为他人、为自己、让他人为自己、介绍他人开具数量或者金额不实的增值税专用发票；（3）进行了实际经营活动，但让他人为自己代开增值税专用发票。

而购买伪造的增值税专用发票罪客观行为内容为购买伪造的增值税专用发票，即行为人购买的并非国家税务机关真实发售的发票，而是不法分子伪造的增值税专用发票，同时行为人明知所购买的发票系伪造仍然购买。

### 三、非法购买增值税专用发票罪、购买伪造的增值税专用发票罪的罪数认定

此外，在适用本罪时，需要注意非法购买增值税专用发票、伪造的增值税专用发票罪的一罪与数罪问题。

非法购买增值税专用发票既有真票又有伪造的发票的，数量累计计算，不实行数罪并罚。

行为人非法购买增值税专用发票或者购买伪造的增值税专用发票后又虚开或者出售的，既构成非法购买增值税专用发票、购买伪造的增值税专用发票行为，又构成虚开增值税专用发票行为、出售伪造的增值税专用发票行为、非法出售增值税专用发票行为，分别依照虚开增值税专用发票罪、出售伪造的增值税专用发票罪、非法出售增值税专用发票罪的规定处罚。从刑法理论分析，行为人非法购买增值税专用发票或者购买伪造的增值税专用发票又虚开或者出售的前后两个行为具有手段和目的的牵连关系，属于牵连犯，虽然行为人实施了两个犯罪行为，但是在处理上不作为数罪，择一重罪处罚。

同理，行为人非法购买增值税专用发票或者购买伪造的增值税专用发票后进行偷税、骗取出口退税、贪污等违法犯罪活动的，既构成非法购买增值税专用发票罪、购买伪造的增值税专用发票罪，又构成逃税罪、骗取出口退税罪和贪污罪等犯罪，在处理上也应择一重罪，从重处罚，不实行数罪并罚。

### 四、案例的指导意义

构成虚开增值税专用发票罪，要求行为人主观上具有利用虚开发票骗取国家税款的目的，客观上有造成国家税收损失的危险。在司法实践中，如本案所示，购买伪造的增值税专用发票仅是为了应付检查等目的，行为人主观上没有骗取国家税款或者利用伪造的增值税专用发票抵扣税款的目的，该行为客观上也不具有造成国家税款损失的风险。因此，根据罪责刑相适应的原则，该行为仅破坏了国家发票管理秩序，不应当认定为虚开增值税专用发票

罪，而是应当认定为不要求行为人具有骗取税款目的的购买伪造的增值税专用发票罪。

## 七、非法出售发票罪

### 6.7 非法出售发票罪的认定

——王某、黄某非法出售发票案①

> 关 键 词：非法出售普通发票　犯罪未遂
>
> 问题提出：行为人在非法向他人出售发票过程中被抓获，未实际售出的行为该如何评价？
>
> 裁判要旨：行为人客观上具有非法出售发票的行为，达到一定的数额标准，即构成非法出售发票罪，行为人在出售发票过程中被发现并抓获，未实际成交的，系犯罪未遂。

### 案情简介

公诉机关：北京市海淀区人民检察院

被告人：王某、黄某

2017年7月23日16时30分许，被告人黄某伙同被告人王某在本市海淀区某地铁站售票口处，以人民币7200元的价格向举报人亢某非法出售北京市国家税务局通用机打发票时被抓获。民警当场从被告人黄某身上起获发票1张，从被告人王某身上起获发票259张。经鉴定，上述260张发票系真发票。

---

① 一审法院为北京市海淀区人民法院，案号：(2017)京0108刑初2519号；二审法院为北京市第一中级人民法院，案号：(2018)京01刑终2号，载中国裁判文书网，https://wenshu.court.gov.cn/website/wenshu/181107ANFZ0BXSK4/index.html?docId=aedbca183b5f4831bbc5a8b40010de8d，最后访问时间：2022年9月9日。

### 各方观点

**公诉机关观点：**

原判对黄某、王某的行为定性准确，量刑基本适当，但未认定二人具有犯罪未遂情节，系法律适用错误。

**上诉人王某（原审被告人）观点：**

其未与黄某共谋出售发票，亦不知黄某出售发票的事实；原判对其量刑过重。

### 法院观点

**一审法院观点：**

被告人黄某、王某非法出售发票，其行为已构成非法出售发票罪，应予惩处。鉴于黄某到案后如实供述犯罪事实，认罪态度较好，依法对其从轻处罚。

一审法院判决：一、被告人黄某犯非法出售发票罪，判处有期徒刑六个月，缓刑一年，并处罚金人民币一万元；二、被告人王某犯非法出售发票罪，判处有期徒刑六个月，并处罚金人民币一万元；三、扣押在海淀分局上庄派出所的涉案发票予以没收。

**二审法院观点：**

对于上诉人王某所提其不构成犯罪的上诉理由，经查：首先，经庭审举证、质证并确认的原审被告人黄某的供述能够证明，其在到达买卖发票的交易地点之前，曾明确告知王某其要出售发票，并对王某说："我去和买发票的人联系，你一会儿等我电话通知，我把发票送过去或者放到指定的地点。"其次，王某在侦查机关的供述能够证明，其知道黄某欲出售发票，且以帮助黄某携带大部分发票的形式实施犯罪行为。最后，在案证据能够证明，黄某在王某在场的情况下与购票人多次通话，提及买卖发票的事宜，且在王某在场的情况下，从同一间房间内的一个纸袋中拿出金额 18 万元的共计 260 张发票，将其中 1 张放入其挎包，将另外 259 张用 A4 纸包住，交给王某，王某则将上述物品放置于其裤兜内。王某所提其对出售发票一事不知情的上诉理由明显不合常理，且与其在侦查机关的供述和本案其他证据所证明的事实相矛盾，故不应采信。上诉人王某、原审被告人黄某非法出售发票，其行为均已构成非法出售发票罪，依法均应惩处。王某、黄某非法出售发票的行为，因意志以外的原因未能得逞，系犯罪未遂，故依法对王某、黄某比照既遂犯从轻处罚。鉴于黄某到案后如实供述犯罪事实，认罪态度较好，依法对其从轻处罚并适用缓刑。对于王某所提原判对其量刑过重的上诉理由，经查：原审法院虽未在判决中明确其系犯罪未遂，但对其所判处的刑罚量刑适当，故对其所提该项上诉理由，不予采纳。

二审法院判决如下：一、维持一审判决第三项；二、撤销一审判决第一项、第二项；三、上诉人王某犯非法出售发票罪，判处有期徒刑六个月，并处罚金人民币一万元；四、原审被告人黄某犯非法出售发票罪，判处有期徒刑六个月，缓刑一年，并处罚金人民币一万元。

**法官评析**

本案涉及的主要问题是非法出售发票罪的认定及非法出售发票罪犯罪形态的判断。

### 一、非法出售发票罪的犯罪构成

非法出售发票罪，是指自然人或者单位违反发票管理法规，非法出售除增值税专用发票、可以用于骗取出口退税、抵扣税款外的普通发票的行为。本罪名是一般主体，任何具有刑事责任能力的自然人或者单位，均系本罪适格主体。

（一）非法出售发票罪的犯罪对象是普通发票

非法出售发票罪的犯罪对象是不能用于出口退税、抵扣税款的普通发票，且行为人所出售的必须是真实发票。根据我国的发票管理制度，增值税专用发票可以直接折抵销项发票的应缴纳税款，而除了增值税专用发票以外，还有部分发票虽然不属于增值税专用发票，但是与增值税专用发票一样，可以用于抵扣税款或者出口退税，如废旧物品收购发票、运输发票、农业产品收购发票等。作为本罪犯罪对象的普通发票，是相对于前述可以出口退税、抵扣税款的发票而言。刑法对非法出售具有抵扣税款功能发票的行为作了专门规定，非法出售增值税专用发票和非法出售增值税专用发票以外可以用于出口退税、抵扣税款的发票的，分别构成非法出售增值税专用发票罪和非法出售可以用于骗取出口退税、抵押税款发票罪。非法出售发票罪与非法出售增值税专用发票罪、非法出售可以用于骗取出口退税、抵押税款发票罪虽然都是非法出售发票的行为，违反了发票管理规定，但是后两个犯罪实施时，由于发票功能的特殊性，可能会造成国家税款的损失。因此，非法出售发票罪与非法出售增值税专用发票罪、非法出售可以用于骗取出口退税、抵扣税款发票罪危害程度不同，在刑罚上亦应有所区分。

（二）非法出售发票罪侵犯了国家对于发票的管理秩序

非法出售发票罪侵犯的客体是国家对于发票的管理秩序。根据《中华人民共和国发票管理办法》第十九条的规定，开具发票仅限于销售商品、提供服务以及从事其他经营活动的单位和个人对外发生经营业务，收取款项的情况。通常情况下，由收款方向付款方开具发票；在特殊情况下，则由付款方向收款方开具发票。任何单位和个人都不得转借、转让、代开发票；禁止倒买倒卖发票。从事生产、经营的企业事业单位或者个人，如果需要使用发票，只能依法向主管税务机关申请领购。因此，发票只能由税务机关依法发售，除此以外任何单位和个人不得向他人出售发票，发票只能在存在正常交易的情况下开具和流转。除税务机关依法发售发票外，其他一切出售发票的行为都是非法的，都违反了国家发票管理规定，破坏发票管理秩序。

根据2022年《最高人民检察院、公安部关于公安机关管辖的刑事案件立案追诉标准的规定（二）》第六十四条的规定，非法出售增值税专用发票、用于骗取出口退税、抵扣税款的其他发票以外的发票，涉嫌下列情形之一的，应予立案追诉：（1）非法出售增值税专用发票、用于骗取出口退税、抵扣税款的其他发票以外的发票一百份以上且票面金额累计在三十万元以上的；（2）票面金额累计在五十万元以上的；（3）非法获利数额在一万元以上的。综上，行为人只要违反国家发票管理法规，并实际实施了非法出售普通发票的行为，达到上述数额标准，即构成非法出售发票罪。

（三）非法出售发票罪的主观方面为故意

非法出售发票罪的主观方面为故意，并且只能由直接故意构成，即行为人明知自己的行为系非法出售发票的行为，仍然实施该犯罪，间接故意和过失均不能构成本罪。如前所述，普通发票只能由相关单位或者个人向税务机关申领，行为人明知自己并非发票的发售主体，仍然向他人出售发票，其行为即非法出售发票的行为。

**二、行为人在出售发票过程中被发现并抓获，未实际成交的，系犯罪未遂**

（一）行为人在出售发票过程中被发现并抓获，未实际完成交易的，系犯罪未得逞

犯罪未遂系犯罪的未完成形态，当犯罪行为人已经着手实施犯罪，但是由于其意志以外的原因导致犯罪未得逞，即为犯罪未遂。犯罪未遂的判断主要把握三个方面：第一，行为人已经着手实施犯罪；第二，犯罪行为未得逞；第三，未得逞是由于犯罪分子意志以外的原因。

所谓已经着手实施犯罪，指的是行为人已经开始实施犯罪构成要件中的犯罪行为，如故意杀人罪中的杀害行为。行为人着手实施犯罪是行为人主观上犯罪意志的客观转化，此时犯罪不仅仅是行为人的主观意志，也不仅仅停留在为犯罪准备工具、创造条件的阶段，而是行为人真正着手并开始实施了可能导致危害后果的客观行为，这种行为使刑法所保护的客体受到初步损害或者面临实际存在的威胁。[1]

所谓犯罪行为未得逞，简单讲即没有完成犯罪，是一种犯罪停止形态。如公交车上正在实施扒窃行为的犯罪分子，被他人察觉后当场抓获，犯罪分子由于自己意志以外的原因没能完成犯罪，因而实际上没有造成被害人的财产损失。从犯罪构成的角度判断，犯罪行为未得逞，即未完成犯罪构成的要件，一旦犯罪构成所要求的客观要件已经达成，则犯罪就是既遂状态，即宣告完成。

本案中，行为人在出售发票过程中被发现并抓获，其客观上已经着手实施了非法出售发票的行为，但是由于被他人发现并未完成交易，其犯罪行为系未完成状态。虽然客观上行为人非法出售发票行为的危害结果未达成，这种未完成并非系行为人没有着手实施，而是实施过程中的被迫停止，若非外力阻止，其犯罪行为一旦完成，刑法所要保护的发票管理秩序势必被破坏。因此，被告人着手实施犯罪的行为有使法益受到侵害的现实威胁。

（二）犯罪未得逞系行为人意志以外的原因造成

犯罪未遂中的未得逞原因需是行为人意志以外的原因，若是行为人在实施犯罪过程中自发地放弃犯罪，并阻止了危害后果发生，则构成犯罪中止。

---

[1] 高铭暄、马克昌：《刑法学》，北京大学出版社、高等教育出版社2017年版，第154页。

因为行为人在实施犯罪时是具备自由意志的，所以这种意志以外的原因，必须足以阻止行为人继续实施犯罪，否则也可能是犯罪中止。如行为人在实施抢劫行为过程中，遇到了正在治安巡逻的警察，警察阻止了行为人实施犯罪，这种意志以外的原因可以视为足以阻止行为人继续实施犯罪。相反，若是行为人在实施抢劫行为的过程中，听到了远处高速路上呼啸而过的警笛声，实则警车并未驶来，行为人由于心生畏惧，停止实施犯罪，虽然此时行为人的停止实施是由于意志以外的原因，但是仅仅警笛声并不足以阻止行为人继续实施犯罪，行为人的中途放弃行为可以视为自己主动放弃实施。

本案中被告人向他人出售发票，并约定好价款，在交易过程中被查获，并起获了全部发票。若不是因为他人的揭发，被告人的非法出售行为可能已经顺利完成。被告人已经着手实施了犯罪，并且犯罪数额已经达到依法应予立案追诉的标准，构成非法出售发票罪。但是其因被发现并抓获，由于意志以外的原因，未完成犯罪行为，系犯罪未遂，虽不影响其犯罪数额的认定，但是依法应当比照既遂犯从轻或者减轻处罚。

### 三、案例的指导意义

司法实践中，非法出售发票罪与非法出售增值税专用发票罪、非法出售可以用于骗取出口退税、抵押税款发票罪因危害程度不同，在罪名认定方面应准确区分。此外，对于非法出售发票的行为，如最终未实际完成交易，应该依据导致犯罪行为未完成的原因准确认定犯罪中止与犯罪未遂。

# 第七章 侵犯知识产权罪

**一、知识产权刑法保护的重要性**

在知识经济时代,创新是企业强化核心竞争力的基石,知识产权制度是现代市场经济得以创新发展的重要保障。而知识产权的成果很容易被复制或使用,知识产权的犯罪成本极低,实践中知识产权遭受侵犯的情形非常普遍。加强对知识产权的法律保护是保护市场主体的合法权益、维护创新发展的营商环境的应有之义。作为最强力的保护措施和最终的制裁手段,刑法在打击侵犯知识产权行为的过程中发挥着不可或缺的作用。

《中华人民共和国刑法》第二编第三章第七节专节规定了"侵犯知识产权罪",其中具体包括假冒注册商标罪,销售假冒注册商标的商品罪,非法制造、销售非法制造的注册商标标识罪,假冒专利罪,侵犯著作权罪,销售侵权复制品罪,侵犯商业秘密罪等罪名,建立了相对完善的知识产权刑法保护体系。

**二、《中华人民共和国刑法修正案(十一)》对侵犯知识产权罪的重要修改**

随着科学技术和市场经济的发展,侵犯知识产权犯罪出现诸多新类型和新动态,引发一系列法律理论与实务上的问题与争议。

在知识产权的重要性日益凸显和知识产权保护的呼声不断加强的背景下,《中华人民共和国刑法修正案(十一)》对知识产权的刑法保护问题作了大幅修订。本次立法修正提升了知识产权犯罪的法定刑幅度,细化和增设了知识产权犯罪的行为方式,增加了知识产权犯罪的犯罪对象,降低了知识产权犯罪的入罪标准,增强了与前置法的协调衔接,回应了网络环境下侵犯知识产权犯罪的现实立法需求。

在罪名认定上的修改主要涉及:第一,将服务商标纳入假冒注册商标罪的保护范围之中。第二,对于销售假冒注册商标的商品罪,增加了"严重情节"和"特别严重情节"量化标准，并将现有的"销售金额"修改为"违法所得"。解决了司法认定过于僵化的问题，降低了销售假冒注册商标罪的入罪标准，拓宽了犯罪的处罚范围。第三，对侵犯著作权罪通过增列犯罪对象、行为类型和提高法定刑等方式弥补了立法漏洞。明确将"与著作权有关的权利"纳入刑法的保护范围；增加了"通过信息网络向公众传播"和"避开或者破坏"两种行为方式；将美术作品及法律、行政法规规定的其他作品、表演者权利、保护著作权或者与著作权有关的权利的技术措施都纳入侵犯著作权罪的保护范围。第四，对销售侵权复制品罪改变了仅根据数额来认定行为危害性的模式，增加了"严重情节"的量化标准。第五，对侵犯商业秘密罪，拓宽了商业秘密的外延、降低了入罪门槛，增加了贿赂、欺诈、电子侵入三种非法获取商业秘密的不正当手段，同时删除了实践中标准较为模糊的"利诱"的不正当手段；删除了关于"商业秘密"的概念界定，实现了与前置法反不正当竞争法在法秩序上的统一。第六，增设了商业间谍犯罪条款。

在刑事制裁领域的修改主要涉及：第一，将有期徒刑配置为知识产权刑法犯罪的基本起刑点。第二，提高法定刑标准。将侵犯知识产权的犯罪法定最高刑由7年改为10年有期徒刑，增加了知识产权犯罪的违法成本，加大了对侵犯知识产权罪的刑事打击力度。

《中华人民共和国刑法修正案（十一）》进一步完善了我国知识产权刑法法治体系建设，使打击侵犯知识产权犯罪更加精准有力，有利于营造更加安全、更有活力的知识产权保护环境，也充分体现了全面保护知识产权、积极保护知识产权和法秩序相统一的立法理念。

### 三、司法实践中的罪名认定难题

侵犯知识产权犯罪与生产、销售伪劣商品罪、非法经营罪在侵犯的客体上有一定差别，但在客观行为表现、犯罪对象等方面存在一定的交叉、牵连与竞合。司法实践中，大量的侵犯知识产权犯罪行为与生产、销售伪劣商品犯罪、其他同属侵犯知识产权犯罪、非法经营罪交织在一起，存在广泛的法条竞合、想象竞合形态，从而产生了一系列罪名认定和罪数问题。司法实践中更为复杂的情形是，有的案件既涉及共犯问题，又涉及罪数问题。

实践中颇具代表性的是生产、销售伪劣商品犯罪与假冒注册商标罪、销售假冒注册商标的商品罪的竞合问题。司法实践中，假冒注册商标、侵犯著作权往往是为了销售侵权产品进行牟利，行为人实施假冒注册商标、侵犯著作权行为的同时，又会实施销售假冒注册商标的商品或者侵权复制品的行为。在这种情形下，一般适用"从一重处罚"的原则，但实践中，因个案的情况复杂多样，罪数形态应如何认定在实务界和理论界都存在一定的争议。

司法机关处理侵犯著作权犯罪案件中，有相当一部分是不法商贩销售侵权复制品的案件，如销售盗版光碟、销售盗版图书等，这种案件到了裁判阶段，定性上就可能难以把握：有以销售侵权复制品罪处理的，有以侵犯著作权罪处置的，更有以非法经营罪论处的。正确定罪量刑的关键在于坚持法益保护的目的和罪刑法定原则，对《中华人民共和国刑法修正案（十一）》第二百一十七条的"复制发行"与第二百一十八条规定的"销售"之间关系予以辨明。

### 四、通过合理的刑事司法解决实践中的难题

刑法在当今社会中如何加强对知识产权法益的保护以及应当把握何种保护尺度，是司法实践中应当着重关注的问题。保护知识产权应坚持刑法的基本原则并在实践中合理运用法律解释的方法，通过系统思维方式正确辨析犯罪行为的本质。

一是坚持罪刑法定原则。"法无明文规定不为罪，法无明文规定不处罚"，在侵犯知识产权的方式更加多样化、专业化、隐蔽化的今天，对刑法条文的解释始终不能脱离法条原意，不能超出公众对法律理解的预期，这是刑事司法最基本的原则。在尊重规范文义及立法本意的基础上，可以根据刑事政策及刑法条文所意欲实现的社会效果对一些犯罪形式进行合目的的解释，但不能突破刑法条文原意范围，否则会阻碍行业的发展创新，压制市场经济活力。对基于法律形式推理逻辑得出的适用结论，则应在严格遵循罪刑法定原则的基础上判定是否采纳。例如，司法实践中，对于销售盗版加密锁这一类的犯罪行为一直存在罪名认定混乱的问题，主要原因是刑事立法对避开或破坏权利人技术保护措施的行为性质没有作出明确规定，理论界也存在较大分歧。针对现实中出现的新问题，以下文将要介绍的陈某侵犯著作权案为例，该案在裁判过程中结合计算机软件的侵权模式，准确把握"作品"的内涵，辨析犯罪行为的本质，在相关立法尚未明确其含义时，应从侵犯著作权罪的保护法益及罪刑法定的原则出发，结合计算机软件的侵权模式，准确把握"作品"的内涵与外延，通过刑事司法的智慧对犯罪行为进行准确认定。

二是坚持罪刑相适应的原则。在具体案件办理过程中，厘清行为人是一

罪还是数罪、确定罪数形态需要结合具体案情进行分析。宋某假冒注册商标案中，针对仅回收倒卖贵州茅台酒品牌酒瓶、瓶盖等包装材料，而未通过物理、化学方式对其组装、加工，认为无法评价为非法制造、销售非法制造的注册商标标识罪中的"非法制造"行为，社会危害性大，达到情节严重程度的，以假冒注册商标罪定罪处罚。张某甲等生产、销售伪劣产品、销售假冒注册商标的商品案中，注重探析行为人的主观心理状态，若行为人在销售商品时，并不明知所售商品系伪劣产品，仅明知销售商品系假冒注册商标的商品，应仅认定为销售假冒注册商标的商品罪。

三是坚持刑法谦抑性。针对实践中销售侵权复制品罪适用式微的情况，史某销售侵权复制品一案分析过程中提到刑法具有谦抑性，"发行"的定义不必完全等同于《中华人民共和国著作权法》中的相关定义。根据《中华人民共和国著作权法》第十条第一款第六项的规定，"发行权，即以出售或者赠与方式向公众提供作品的原件或者复制件的权利"，这里的出售既可包括总发行、批发，又可包括零售。但是对刑法中有关术语的解释不必完全等同于前置性法律的规定，对于侵犯知识产权的行为，刑法不应过度介入，应当在罪刑均衡原则的基础上，不超出国民的通常理解，将社会危害性较低的单纯零售行为排除在《中华人民共和国刑法》第二百一十七条规定的"发行"范围之外。

四是要在审判实践中积极探索法官心证形成路径。随着经济社会的多元发展、科学证据所涉知识和技术的专业性拓宽，法官对侵犯知识产权刑事案件中专业证据的审查认定面临众多挑战。杨某侵犯商业秘密一案提出，裁判者应在准确把握"非公知性"的法律内涵和商业秘密保护的价值取向的基础上，借助举证责任分配、关联性审查、专家对峙、综合全案证据分析等方式综合判断涉案技术信息是否"不为公众所知悉"，做到准确定罪量刑。

## 一、假冒注册商标罪

### 7.1 回收倒卖某酒品牌酒瓶等包装材料的行为定性
——宋某假冒注册商标案[1]

> **关 键 词：** 高价倒卖包装材料
>
> **问题提出：** 回收某酒品牌酒瓶、瓶盖（连带塑封）等包装材料，高价倒卖给他人的行为，情节严重的，构成假冒注册商标罪还是非法制造、销售非法制造的注册商标标识罪？
>
> **裁判要旨：** 仅回收倒卖某酒品牌酒瓶、瓶盖等包装材料，而未通过物理、化学方式对其组装、加工，无法评价为非法制造、销售非法制造的注册商标标识罪中的"非法制造"行为，社会危害性大，达到情节严重程度的，以假冒注册商标罪定罪处罚。

**案情简介**

公诉机关：上海市松江区人民检察院

被告人：宋某

2017年起，李某等人未经注册商标所有人许可，从本市多家饭店服务员处高价回收某酒品牌的酒瓶、瓶盖（连带塑封）、包装盒等材料，通过以低端酒灌装高端酒瓶的方式制作某酒品牌的假酒并销售。

2017年起，被告人宋某担任某西郊店店长以来，组织店内服务员收集某酒品牌的酒瓶、瓶盖（连带塑封）等材料，以酒瓶30~50元（以下币种均为人民币）、瓶盖（连带塑封）100~200元的价格贩卖给李某。其中，贩卖酒瓶

---

[1] 一审法院为上海市徐汇区人民法院，案号：（2020）沪0104刑初523号，载中国裁判文书网，https://wenshu.court.gov.cn/website/wenshu/181107ANFZ0BXSK4/index.html?docId=43b7fb7ec517405787f4ac8000ead837，最后访问时间：2022年8月26日。

的钱款由被告人宋某一人收取，贩卖瓶盖（连带塑封）的钱款由被告人宋某和店内服务员共同收取。截至案发，被告人宋某贩卖上述材料给李某，违法所得累计 10 万余元。

### 各方观点

**公诉机关观点：**

被告人宋某明知他人实施假冒注册商标犯罪，而为其提供主要原材料，情节严重，其行为已触犯《中华人民共和国刑法》第二百一十三条，应当以假冒注册商标罪追究其刑事责任。

**被告人观点：**

被告人宋某并不具有主观明知，不构成假冒注册商标罪；被告人系店长，店内的客人剩下的空瓶、瓶盖自然归其处理，且卖空瓶、瓶盖得来的钱款用于公司活动经费；某品牌酒本身价值高于其他酒类，故被告人才没有对该品牌酒空瓶、瓶盖的收购价格略高产生怀疑。

### 法院观点

被告人宋某作为餐饮行业从业人员应当明知他人以不符合废品回收的高价收购某酒品牌包材系用于实施假冒注册商标犯罪，仍为其提供主要原材料后牟利，违法所得达人民币 10 万余元，属情节严重，其行为已构成假冒注册商标罪，应予处罚。本案系共同犯罪。被告人宋某在共同犯罪中起次要作用，系从犯，依法应当从轻处罚。被告人虽对犯罪金额有辩解，但如实供述自己的罪行，系坦白，依法可以从轻处罚。

根据被告人犯罪的事实、性质、情节和对于社会的危害程度，法院判决：一、被告人宋某犯假冒注册商标罪，判处有期徒刑一年一个月，并处罚金人民币五万元；二、被告人的违法所得予以追缴；三、查获的假冒注册商标的商品、商标标识等予以没收。

### 法官评析

知名注册商标商品包装材料的回收倒卖行为，已经成为侵犯注册商标系列犯罪行为的重要一环。其中以某酒品牌包装材料（酒瓶、瓶盖、包装纸盒等）的回收倒卖行为最为典型。当回收倒卖某酒品牌包装材料的行为达到情节严重情况下，已经具有了破坏国家商标管理秩序、侵犯他人注册商标专用权的严重法益侵害性，即具备了成立商标犯罪的可能。但是，对于该种犯罪行为性质认定存在假冒注册商标罪①共犯和独立构成非法制造、销售非法制造的注册商标标识罪②的争议。本文拟通过本案对注册商标回收倒卖行为可能涉及的两个罪名进行定性分析，为统一此类行为的性质认定提供借鉴。

**一、行为定性**

对于回收倒卖某酒品牌包装材料行为的刑法定性存在两种观点。

第一种观点认为，根据2011年1月10日《最高人民法院、最高人民检察院、公安部关于办理侵犯知识产权刑事案件适用法律若干问题的意见》第十五条"明知他人实施侵犯知识产权犯罪，而为其提供生产、制造侵权产品的主要原材料、辅助材料、半成品、包装材料、机械设备、标签标识、生产技术、配方等帮助，或者提供互联网接入、服务器托管、网络存储空间、通讯传输通道、代收费、费用结算等服务的，以侵犯知识产权犯罪的共犯论处"的规定，回收带有某酒品牌包装材料后，以不符合废品回收常理的高价格出售给制售假酒者牟取非法获利的行为符合上述法律解释中，明知制售假酒者实施假冒注册商标假酒的犯罪而为之提供生产、制造假冒注册商标某酒品牌的包装材料，符合共犯认定条件，构成假冒注册商标罪的帮助犯。

第二种观点认为，回收倒卖名酒包装材料的行为应当以非法制造、销售非法制造的注册商标标识罪论处。回收后高价倒卖原注册商标厂商正当制造的某酒品牌的注册商标标识，表面上看并没有故意伪造、擅自制造的行为，似乎并不属于该罪所规制的伪造、擅自制造行为。但是商标的主要功能是来源标识，酒类商品的包装材料是统一整体，当产品被饮用之后，附着于包装材料上的商标也随之失去了原本赋予产品的来源标识功能。回收者回收这些带有已经失去区别商品来源价值的应报废注册商标标识的某酒品牌包装材料并倒卖给制售假酒者非法二次利用的行为，实现了包装材料在商标意义上的"起死回生"，给制售的假酒披上了注册商标标识的虚假外衣，在本质上与

---

① 《中华人民共和国刑法》第二百一十三条规定，未经注册商标所有人许可，在同一种商品、服务上使用与其注册商标相同的商标，情节严重的，处三年以下有期徒刑，并处或者单处罚金；情节特别严重的，处三年以上十年以下有期徒刑，并处罚金。

② 《中华人民共和国刑法》第二百一十五条规定，伪造、擅自制造他人注册商标标识或者销售伪造、擅自制造的注册商标标识，情节严重的，处三年以下有期徒刑，并处或者单处罚金；情节特别严重的，处三年以上十年以下有期徒刑，并处罚金。

"伪造"行为没有实质差别，故应当以非法制造、销售非法制造的注册商标标识罪定罪处刑。

笔者认为，第一种观点是以司法解释对假冒注册商标罪的共同犯罪的规定为依据进行认定，为假冒注册商标犯罪非法提供注册商标标识的行为客观上在帮助行为之列，从而将非法制造、销售非法制造注册商标标识行为直接以假冒注册商标罪的帮助犯认定。第二种观点则认为《中华人民共和国刑法》第二百一十五条属于商标犯罪中的特别规定，根据法条竞合原则，即便他人注册商标标识的非法生产、供应者在事前与假冒注册商标者有通谋，原则上也不应以假冒注册商标罪的共犯认定，而应当直接认定非法制造、销售非法制造的注册商标商品罪；只有在入罪标准无法成立犯罪但根据假冒注册商标罪的定罪标准可以成立犯罪时，才能以假冒注册商标罪的共犯定罪处罚。

为进一步厘清争议，需要对两个问题予以明确：一是假冒注册商标罪与非法制造、销售非法制造的注册商标标识罪的关系；二是非法制造、销售非法制造的注册商标标识罪中"非法制造"注册商标标识行为是否可以扩大解释为"回收倒卖"行为。

（一）假冒注册商标罪与非法制造、销售非法制造的注册商标标识罪系一般法条和特殊法条的关系

我国历来十分重视对注册商标专用权的保护，1979年《中华人民共和国刑法》第一百二十七条规定了假冒注册商标罪来打击商标犯罪行为。但随着我国社会主义市场经济规模的提升，对外开放程度不断扩大，体制改革也持续深化，假冒注册商标罪的犯罪活动日益严重。一些企业、事业单位和个体工商业者为了获取非法利润不择手段，不仅假冒他人注册商标，而且大量伪造、擅自制造他人注册商标的标识或者销售伪造、擅自制造名牌商品的商标标识，坑害消费者，严重毁坏了注册商标商品的声誉，破坏了经济秩序。而1979年《中华人民共和国刑法》对注册商标的保护仅规定了假冒注册商标罪；该罪责任主体仅限于工商企业，法定刑仅为3年以下有期徒刑、拘役或者罚金，刑期偏低，不能适应国家打击商标犯罪斗争需要。

从犯罪构成上分析，假冒注册商标罪的犯罪行为涵盖制造、储存、运输、销售各个环节，包括非法制造或者销售非法制造注册商标标识的"前端行为"，前者与后者属于包含与被包含的关系。从立法沿革看，设立非法制造、销售非法制造的注册商标标识罪原因系该种犯罪行为日益猖獗、社会危害不

断增大，作为商标犯罪的源头行为，对国家的商标管理秩序的危害程度已经不亚于假冒注册商标的行为。在商标犯罪逐步呈现出产业化、链条化、分工化特征时，该行为具备了刑法对其进行独立评价的可能性。为了从早、从小打击、预防商标犯罪行为，该罪从假冒注册商标罪的帮助犯中分化出来予以正犯化，一方面从源头开始将犯罪行为扼杀在萌芽阶段，另一方面在证明责任上无需证明行为人具有帮助假冒注册商标行为的共同犯罪故意，降低了查证难度，更有利于打击犯罪行为。1997年《中华人民共和国刑法》对注册商标标识的非法制造、销售行为独立成罪，贯彻了"共同犯罪帮助犯单独定罪"的理念。①

综上，两罪属于一般法条与特殊法条的关系，如果犯罪行为同时满足两个犯罪的构成要件时，应当根据特殊优于一般的原则，适用特殊法条，以非法制造、销售非法制造的注册商标标识罪定罪处罚。只有在犯罪行为无法以特殊法条规制时，才可以适用假冒注册商标罪的一般法条。

(二)"非法制造"注册商标标识行为不可扩大解释为"回收倒卖"行为

最高人民法院在发布的典型案例王某某非法制造注册商标标识案②中，对将回收的空旧酒瓶、包装物与购买的假冒注册商标标识进行组装的行为定性问题进行了分析。该案裁判认为，酒类商品商标和酒、酒瓶、包装盒、箱、袋等物密不可分，作为一个整体进入流通环节成为一种商品，体现其价值。而当酒瓶中的酒消耗后，酒瓶、包装盒、袋、箱等物均报废，就是应待处理的废品，不能再进入正常的流通环节，酒瓶、包装盒、袋、箱等商标标识也丧失了其存在的意义，变得无价值。但是，若将本应作为废品的酒瓶包装盒、袋、箱等物回收，在未经商标权人同意的情形下，使其重新进入流通环节，再次赋予

---

① 王强军：《非法制造、销售非法制造的注册商标标识罪的法理缺陷与应对》，载《知识产权》2013年第10期。

② 参见最高人民法院刑事审判第一、二、三、四、五庭主办：《刑事审判参考（2011年第1集总第78集）》，法律出版社2011年版，第118~123页。案情简介：2009年8月至2010年3月期间，被告人王某某从宜兴市部分酒店回收五粮液、剑南春、水井坊、茅台、老作坊等白酒的酒瓶、塑料盒及外包装，分类整理后存放于其租房内，并向他人购买假冒的五粮液、剑南春等酒的注册商标标识，与回收的酒瓶及外包装进行组装后成套销售给他人或自己用于假冒上述名酒，以获取非法利益。2010年3月26日和4月6日，宜兴市公安局先后2次在王某某的上述2套租房内查获未经合法授权而回收的附着有注册商标标识的五粮液、剑南春、水井坊、茅台酒瓶合计5348个，包装盒、袋、箱等合计19418个以及购买来的假冒注册商标标识4593个，且王某某利用上述物品已经组装了成套的水井坊包装110套（每套包括酒瓶、包装盒、手提袋各6个），五粮液包装49套（每套包括酒瓶、防伪标识各1个，6套放在1个包装箱内）。

其商标标识功能的行为，应属非法制造。一般认为，制造即"用人工使原材料成为可供使用的物品"，其实质就是行为人用人工使原本各自独立的物品重新整合成能达到目标功能的物品。其整合的方法多种多样，如提炼分离、按比例混合、化学方法、冷热加工、组装等。前述案例中，王某回收的空酒瓶、包装物及购买的假标识均为用于制造的原材料，其用人工将这些原材料组合拼装成为可供再次使用的附有注册商标标识的酒类商品包装，其组装行为应当属于制造行为。真伪并存的组装拼凑行为在整体上应认定为伪造行为，《最高人民法院关于审理伪造货币等案件具体应用法律若干问题的解释（二）》第二条明确规定，同时采用伪造和变造手段，制造真伪拼凑货币的行为，以伪造货币罪定罪处罚。参照该条规定，将空旧酒瓶、包装物与假冒注册商标标识进行组装的行为，也应认定为伪造注册商标标识行为，构成非法制造注册商标标识罪。

上述案例对真伪并存的组装拼凑行为认定为非法制造的行为没有异议。从案件事实分析，行为人虽然也有回收空旧酒瓶、包装物的行为，但其将回收的空旧酒瓶、包装部与购买的虚假注册商标进行了物理组合，这种行为仍属于制造所能涵盖的字意范围。有观点认为，完全可以把以回收倒卖方式实现注册商标标识变废为新的行为解读为对应报废注册商标标识商标使用价值的非法制造的扩大解释方式，将此种同样危害着国家的商标管理秩序和他人的商标权益的违法行为涵摄于《中华人民共和国刑法》第二百一十五条的构成要件之中。[1] 但是扩大解释是对用语通常含义的扩张，不能超出用语可能具有的含义；否则属于违反罪刑法定原则的类推解释。[2] 非法制造、销售非法制造的注册商标标识罪中"非法制造"的扩大解释不能超出语义射程范围和国民预测可能性。回收倒卖某品牌酒包装材料的行为，不存在物理、化学方式的组装、加工。其中回收是从使用完毕的废物中分离出有用物质再加以利用的行为；倒卖是指低价买入高价卖出，赚取差额利润的一种经济活动，与"非法制造"所指伪造和擅自制造、主动从无到有的制造物质实体的行为有本质区别，无法将其评价为"非法制造"行为。

综上，行为人将大量的某品牌酒包装材料回收，再高价倒卖的行为侵犯了注册商标利益，为下游制假环节提供了帮助，但该回收倒卖行为因无法涵

---

[1] 李雨柔：《论注册商标标识回收倒卖行为的性质》，吉林大学2021年硕士学位论文。
[2] 张明楷：《刑法学》，法律出版社2021年版，第49页。

盖在注册商标"非法制造"行为范围内,不能以非法制造、销售非法制造的注册商标标识罪的特殊法条予以规制,仅能以一般法条假冒注册商标罪作为入罪路径。本文所举的宋某假冒注册商标案中,被告人宋某客观上实施了回收某品牌酒的酒瓶等包装材料再倒卖给制假、销假人的行为;主观上根据被告人大量将回收的某品牌酒包装材料高于一般废品回收价格卖给他人,违法所得数额达到情节严重,对其以假冒注册商标罪定罪免刑是适当的。

### 二、案例的指导意义

在日常生活中回收倒卖高价品牌酒包装材料行为较为常见,该行为已成为制假、售假高价酒的前端行为,严重破坏了国家的注册商标管理秩序,应当予以严厉打击。回收倒卖行为未通过物理、化学方式对高价品牌酒包装材料组装、加工,无法评价为非法制造、销售非法制造的注册商标标识罪中的对注册商标标识的"非法制造"行为,情节严重的,仅能以假冒注册商标罪定罪处罚。

## 二、销售假冒注册商标的商品罪

### 7.2 销售假冒注册商标的商品属于假冒伪劣产品的行为定性

——张某甲等生产、销售伪劣产品、销售假冒注册商标的商品案[①]

> 关 键 词:假酒　假冒注册商标　伪劣产品
>
> 问题提出:贩卖假酒的行为属于销售假冒注册商标的商品行为还是生产、销售伪劣产品行为?
>
> 裁判要旨:二者并非对立关系,而是交叉关系,可能存在想象竞合犯的情形,应从一重罪处罚。

---

① 一审法院为安徽省青阳县人民法院,案号:(2019)皖1723刑初227号,载中国裁判文书网,https://wenshu.court.gov.cn/website/wenshu/181107ANFZ0BXSK4/index.html?docId=pkJD1aFRgupb6P/XeR5eVwef1qm9ufm04Wi86EBotep2pb/s+Vhc5fUKq3u+IEo41W0PYVSQ9eo+JmQEVNplzdJHiKwHehB6q1asGDjn3p6usuIVNSo/27wZ1gUm6AKC,最后访问时间:2023年2月24日。

## 案情简介

公诉机关：青阳县人民检察院

被告人：张某甲、胡某甲、王某甲、陈某、王某乙、唐某甲、洪某甲、黄某甲、李某甲、周某甲

2017年下半年开始，被告人陈某、王某乙先后在某县麻纺厂、某县某产业厂房购买某贡酒、某窖系列酒瓶、外盒等包装材料，用低档高粱白酒灌装生产假冒某贡酒系列白酒、某窖系列白酒，对外销售货值共计26.305万元。另在两个生产点处查获某贡系列、某窖系列白酒，按照标价计算货值共计21.88876万元。其中在某县麻纺厂生产点，被告人洪某甲与陈某、王某乙合伙，对外销售货值为21.615万元，查获某贡系列、某窖系列白酒，按照标价计算货值共计3.20106万元。

被告人张某甲从陈某、王某乙、洪某甲等处购进假冒注册商标的某贡酒系列、某河系列白酒，后由被告人张某甲、黄某甲通过物流运输至青阳县以明显低于市场价格销售给被告人胡某甲、王某甲、李某甲和周某甲，胡某甲、王某甲、李某甲及周某甲四人将购进的假冒白酒销售至青阳县城及周边乡镇的超市和饭店，最终由普通消费者购买饮用。张某甲对外销售货值共计120.5495万元，另在张某甲处查获某贡系列、某窖系列白酒，按照标价计算货值共计7.148万元。其中销售给胡某甲57.8万元，销售给王某甲35.576万元，销售给李某甲16.308万元，销售给周某甲10.865万元。其中黄某甲帮助张某甲从陈某、王某乙、洪某甲等处接货，并支付陈某、王某乙、洪某甲假酒货款，销售货值共计26.3050万元，未销售部分即从张某甲处查获，货值共计7.148万元。

经查，胡某甲将购进的部分假冒白酒出售给被告人唐某甲等人，销售货值共计55.02万元，从胡某甲处查获的白酒货值按照标价共计3.532万元，进货价值共计2.78万元。其中唐某甲购进40.523万元假冒白酒，销售货值共计23.6835万元，从唐某甲处查获的白酒货值按照标价共计20.3883万元；李某甲、周某甲购进的假冒白酒，销售出去的货值分别是15.802万元和10.7233万元，从李某甲、周某甲处查获的假冒白酒货值按照标价分别是0.966万元和0.228万元；王某甲将购进的假冒白酒全部售出，销售货值共计35.576万元。

经安徽某贡酒股份有限公司、安徽某子酒业股份有限公司、江苏某河酒厂股份有限公司、四川省某液集团有限公司鉴定，上述查获白酒均为假冒注册商标商品。

案发后，黄某甲、洪某甲及周某甲主动到案；张某甲、胡某甲、唐某甲、李某甲、周某甲、陈某及王某乙均被抓获到案；2019年4月9日公安民警在王某甲家中让王某甲妻子电话通知其回家，并将其抓获到案，到案前民警未告知事由。

## 各方观点

**公诉机关观点：**

指控被告人陈某、王某乙及洪某甲犯生产、销售伪劣产品罪，被告人张某甲、黄某甲、胡某甲、唐某甲、王某甲、周某甲、李某甲犯销售假冒注册商标的商品罪。

**被告人观点：**

均对公诉机关指控的犯罪事实不持异议，认罪认罚。

## 法院观点

**一审法院观点：**

被告人陈某、王某乙及洪某甲以次充好，生产销售伪劣产品，其行为已构成生产、销售伪劣产品罪，且系共同犯罪。其中，陈某、王某乙销售货值26万余元，另有未销售货值21万余元系犯罪未遂；洪某甲销售金额达21万余元。被告人张某甲、黄某甲销售明知是假冒注册商标的白酒而予以销售，张某甲销售金额达120万余元，数额巨大；黄某甲销售金额达20万余元，数额较大，其行为均已构成销售假冒注册商标的商品罪，且属共同犯罪。被告人胡某甲、唐某甲、王某甲、周某甲、李某甲销售明知是假冒注册商标的白酒，其行为均已构成销售假冒注册商标的商品罪，其中胡某甲销售数额巨大；唐某甲销售数额较大，另有未销售货值共计20万余元属犯罪未遂；王某甲销售数额巨大；李某甲、周某甲销售数额较大。被告人黄某甲、洪某甲、周某甲有自首情节，可从轻或减轻处罚；被告人王某甲在接电话通知时，未被告知其涉案事由，不能认定其自动投案，也不能认定其有自首情节，但其与其他被告人到案后能如实供述，可认定为坦白，可从轻处罚；

被告人陈某、王某乙、唐某甲部分犯罪属未遂，可以比照既遂犯从轻或者减轻处罚；被告人黄某甲在共同犯罪中起次要、辅助作用，可从轻、减轻或免予处罚；被告人陈某、洪某甲、张某甲、黄某甲、胡某甲、唐某甲、王某甲、周某甲、李某甲认罪认罚，可从轻处罚；被告人王某乙自愿认罪，可酌情从轻处罚。

一审法院判决：一、被告人张某甲犯销售假冒注册商标的商品罪，判处有期徒刑三年八个月，并处罚金人民币四十万元。二、被告人胡某甲犯销售假冒注册商标的商品罪，判处有期徒刑三年，并处罚金人民币十八万元。三、被告人王某甲犯销售假冒注册商标的商品罪，判处有期徒刑三年，缓刑五年，并处罚金人民币十四万元。四、被告人陈某犯生产、销售伪劣产品罪，判处有期徒刑二年六个月，并处罚金人民币十五万元。五、被告人王某乙犯生产、销售伪劣产品罪，判处有期徒刑三年，并处罚金人民币十五万元。六、被告人洪某甲犯生产、销售伪劣产品罪，判处有期徒刑二年，并处罚金人民币十二万元。七、被告人唐某甲犯销售假冒注册商标的商品罪，判处有期徒刑三年，缓刑五年，并处罚金人民币十五万元。八、被告人黄某甲犯销售假冒注册商标的商品罪，判处有期徒刑一年六个月，缓刑二年，并处罚金人民币五万元。九、被告人李某甲犯销售假冒注册商标的商品罪，判处有期徒刑一年六个月，缓刑二年，并处罚金人民币五万元。十、被告人周某甲犯销售假冒注册商标的商品罪，判处有期徒刑一年，缓刑一年六个月，并处罚金人民币四万元。十一、对本案犯罪分子违法所得的一切财物予以追缴；对本案扣押的假冒注册商标的白酒和供犯罪所用的本人财物予以没收。

**法官评析**

本则案例系全部被告人均认罪认罚的情形，案件事实清楚，证据确实充分，对于假冒注册商标的商品罪与本罪认定较为典型。

**一、若行为人在销售商品时，并不明知所售商品系伪劣产品，仅明知销售商品系假冒注册商标的商品，应仅认定为销售假冒注册商标的商品罪**

销售伪劣产品罪，是指销售者故意在产品中掺杂、掺假，以次充好或者以不合格产品冒充合格产品。本案涉及的产品系白酒，由于销售者未参与假冒白酒的生产环节，其对于所销售的产品是否系伪劣产品并不处于当然明知的状态，基于有利于被告人的原则，不宜认定为销售伪劣产品罪。

本案中，销售者明知所售产品的价格明显低于市场价格，应当对于所售产品并非正规厂家出厂的产品有所认识，即应当明知所售产品系假冒注册商标的商品，销售者仍继续销售商品，符合销售假冒注册商标的商品罪的构成要件。在仅符合一罪的构成要件的情况下，则应以该罪判处刑事处罚。

在一些销售自制腻子粉的案例中，行为人在学习腻子粉等产品的生产技术后，自己建厂进行生产销售，未进行质量鉴定等工作。所售产品可以发挥应有的作用，无证据证明商品产生其他不良影响，不宜认定为生产伪劣产品。若在案证据足以证明，行为人未经注册商标所有人许可，在同一商品腻子粉上使用与他人注册商标相同的商标，则符合假冒注册商标的商品罪的构成要件。

**二、本罪与生产、销售伪劣产品罪想象竞合时，应以生产、销售伪劣产品罪这一重罪论处刑罚**

陈某、王某乙及洪某甲以次充好，生产销售伪劣产品，该三被告亦必然明知所实施的行为属于假冒注册商标的商品及销售假冒注册商标的商品。在这种情况下，三被告属于想象竞合犯，在判处刑罚时，以生产、销售伪劣产品罪定罪量刑较为合适，理由如下：

首先，依据本罪主刑的最高刑为无期徒刑来判断，生产、销售伪劣产品罪系重罪，而销售假冒注册商标的商品罪最高刑期为十年有期徒刑，附加刑罚金判项无最高数额限制。其次，伪劣产品对消费者和市场经营秩序的影响更为恶劣，甚至危害消费者的身心健康。最后，生产、销售伪劣产品罪可以全面评价生产和销售两个环节的行为。在传统赃物理论的评价中，销售假冒注册商标的商品系假冒注册商标的商品罪事后不可罚行为，仅能评价生产环节，这样的评价较为片面。

**三、行为人已构成假冒注册商标罪，后实施的销售行为系事后不可罚行为，不宜数罪并罚**

假冒注册商标罪犯罪客观方面表现为行为人未经许可在同一种商品上使用与他人注册商标相同的商标进行生产、制造等行为，犯罪主观方面表现为以营利为目的，明知该行为侵犯他人注册商标专用权而实施。销售假冒注册商标的商品罪是指销售明知是假冒注册商标的商品，销售金额数额较大或者巨大的犯罪行为。销售假冒注册商标的商品罪犯罪客观方面表现为行为人客观上实施了批发、零售、代售、贩卖等销售假冒注册商标的商品的行为，但不包含制造、生产、加工假冒他人注册商标的商品的行为；犯罪主观方面表现为明知是假冒他人注册商标的商品仍然销售，从中牟取非法利益。[1]

《最高人民法院、最高人民检察院关于办理侵犯知识产权刑事案件具体应用法律若干问题的解释》第十三条第一款规定，"实施刑法第二百一十三条规定的假冒注册商标犯罪，又销售该假冒注册商标的商品，构成犯罪的，应当依照刑法第二百一十三条的规定，以假冒注册商标罪定罪处罚"。行为人实施假冒注册商标的目的是希望自己的同一商品销量增加，收益提高，故后续的销售行为是应有之义，难以期待行为人实施前行为后将商品积压在自己手中。故从一般理性人的角度来看，数罪并罚则对行为人的要求过于苛刻，不符合常理。

此外，前后行为所侵犯的法益相同，不宜以数罪并罚。两罪名的保护法益均为知识产权中的注册商标及市场经营秩序，打击前行为时，已然从源头对侵害注册商标的犯罪行为进行处罚，足以保护该法益，故不宜以数罪处罚。

《中华人民共和国刑法修正案（十一）》第十四条规定，"将刑法第一百九十一条修改为：'为掩饰、隐瞒毒品犯罪、黑社会性质的组织犯罪、恐怖活动犯罪、走私犯罪、贪污贿赂犯罪、破坏金融管理秩序犯罪、金融诈骗犯罪的所得及其产生的收益的来源和性质，有下列行为之一的，没收实施以上犯罪的所得及其产生的收益，处五年以下有期徒刑或者拘役，并处或者单处罚金；情节严重的，处五年以上十年以下有期徒刑，并处罚金'"。该条将洗钱罪的"明知"要件删除，将犯罪主体扩大到上游犯罪行为人，而本罪的罪状表述中，仍有"明知"之规定，故从文义解释的角度，本罪的犯罪主体不包含上游犯罪行为人，因上游犯罪行为人主观上必然具备明知。且刑法的谦抑性也要求不能随意突破事后不可罚理论，应尊重规范文义及立法本意，故不应对上游犯罪行为人数罪并罚。

### 四、《中华人民共和国刑法修正案（十一）》对该法条进行修订后需要注意的审理事项

（一）犯罪数额计算

《中华人民共和国刑法修正案（十一）》第十八条规定，"将刑法第二百一十四条修改为：'销售明知是假冒注册商标的商品，违法所得数额较大或者

---

[1] 刘伟、刘博文：《既假冒注册商标又销售商品构成假冒注册商标罪》，载《人民司法》2022年第2期。

有其他严重情节的，处三年以下有期徒刑，并处或者单处罚金；违法所得数额巨大或者有其他特别严重情节的，处三年以上十年以下有期徒刑，并处罚金'"。

修正前，销售假冒注册商标的商品罪以"销售金额"作为罪量要素，《中华人民共和国刑法修正案（十一）》将其修改为"违法所得及其他严重情节"。因此，对于该罪犯罪数额的计算方式，从之前的直接计算销售金额，变为现在的违法所得，虽然实际审理过程中不会有太大出入，但是此种调整有利于对行为人参与犯罪获取的钱款性质更准确地认定。

（二）假冒内容宜以"基本相同"为判断标准

此处的"相同"，2004年《最高人民法院、最高人民检察院关于办理侵犯知识产权刑事案件具体应用法律若干问题的解释》采取的是"完全相同说"+"基本相同说"。"完全相同说"认为销售商品的商标应与注册商标的文字和图形的结合体完全相同；"基本相同说"认为销售商品的商标应与被假冒的注册商标在视觉上基本无差别，并足以对公众产生误导。2020年《最高人民法院、最高人民检察院关于办理侵犯知识产权刑事案件具体应用法律若干问题的解释（三）》规定，对于改变、减少、增加注册商标的字体、字母大小写或者文字、颜色、间距、商品通用名称及其他空间要素后，不存在巨大的反差并足以对公众产生误导的商标，可以认定为商标基本相同。由此可知，整体结构的细微差别导致视觉效果相同也应视为基本相同，相比2004年《最高人民法院、最高人民检察院关于办理侵犯知识产权刑事案件具体应用法律若干问题的解释》，2020年《最高人民法院、最高人民检察院关于办理侵犯知识产权刑事案件具体应用法律若干问题的解释（三）》对商标"相同"的规定更为具体规范，并扩大了"基本相同的商标"的解释路径。以"基本相同"为标准不仅符合知识产权领域关于商标的认识发展趋势，而且有利于规范该罪的处罚范围。

**五、案例的指导意义**

本则案例对司法实践中销售假冒注册商标的商品罪的认定较为典型，明确了罪与非罪的界限以及此罪与彼罪的区分。若行为人在销售商品时，并不明知所售商品系伪劣产品，仅明知销售商品系假冒注册商标的商品，应仅认定为销售假冒注册商标的商品罪。本罪与生产、销售伪劣产品罪想象竞合时，应以生产、销售伪劣产品罪这一重罪论处刑罚。行为人已构成假冒注册商标罪，后实施的销售行为系事后不可罚行为，不宜数罪并罚。同时，本则案例适用的是修正前的法条，笔者也对修正后的本罪进行了对比分析，为日后司法实践中正确适用本罪提供参考。

## 三、侵犯著作权罪

### 7.3 销售盗版加密锁行为性质的认定
——陈某侵犯著作权案①

> **关 键 词**：侵犯著作权罪　计算机软件　加密锁
>
> **问题提出**：销售盗版加密锁的行为应如何定性？
>
> **裁判要旨**：在计算机软件犯罪认定过程中，需把握犯罪行为的本质。加密锁是用户获得许可使用计算机软件的关键，盗版加密锁的功能是使他人未经著作权人授权而正常使用正版软件，销售盗版加密锁的行为破坏了著作权人的技术保护措施，实质侵害的客体是软件的著作权，构成侵犯著作权犯罪。②

**案情简介**

公诉机关：北京市海淀区人民检察院

上诉人（原审被告人）：陈某

被告人陈某于 2017 年 4 月至 8 月，以营利为目的，未经某科技股份有限公司许可，通过互联网向本市海淀区等多地销售某公司享有著作权的计算机软件及用于破解使用该软件的加密锁，非法经营数额总计人民币 217523 元。

---

① 此案例为笔者根据工作、研究经验，为具体说明相关法律问题，编辑加工而得。
② 作为本案原型案例的生效裁判文书是 2018 年作出的，当时刑法修正案（十一）尚未颁布。本案应对实践中的新问题、新情况，该案合理运用法律解释的方法，通过系统思维方式正确辨析犯罪行为的本质，具有一定的指导意义。

被告人陈某于 2017 年 8 月 15 日被民警抓获，当场起获作案电脑主机等物，现扣押在案。陈某某到案后如实供述了上述犯罪事实。

### 各方观点

**公诉机关观点：**

被告人陈某的行为触犯了《中华人民共和国刑法》第二百一十七条第一项之规定，已构成侵犯著作权罪。

**上诉人（原审被告人）陈某观点：**

对指控的事实和罪名没有提出实质性异议，仅认为其犯罪情节较轻；二审中提出原判量刑过重，请求对其从轻处罚。

### 法院观点

**一审法院观点：**

被告人陈某以营利为目的，未经著作权人许可，发行他人享有著作权的计算机软件，情节严重，其行为已构成侵犯著作权罪，应予惩处。鉴于被告人陈某到案后及在庭审中能如实供认自己的基本罪行，认罪、悔罪态度较好，本院对其依法从轻处罚。

一审法院判决：一、被告人陈某犯侵犯著作权罪，判处有期徒刑二年，罚金人民币八万元。二、在案扣押的侵权计算机软件及作案工具电脑主机等物依法予以收缴没收。

**二审法院观点：**

上诉人陈某以营利为目的，未经著作权人许可，发行他人享有著作权的计算机软件，情节严重，其行为已构成侵犯著作权罪，依法应予惩处。鉴于陈某到案后能够如实供述自己的罪行，依法可对其从轻处罚。陈某及其辩护人关于原判量刑过重，请求再予从轻处罚的上诉理由和辩护意见，缺乏法律依据，本院不予采纳。一审法院根据陈某犯罪的事实、犯罪的性质、情节及对于社会的危害程度所作出的判决，事实清楚，证据确实、充分，定罪及适用法律正确，量刑适当，审判程序合法，应予维持。

二审法院裁定：驳回上诉，维持原判。

### 法官评析

本案的焦点问题在于被告人陈某行为性质的认定，即判断被告人销售可供公众免费下载的软件及盗版加密锁的行为是否侵犯了权利人的著作权。

**一、销售盗版加密锁是否构成侵犯著作权犯罪**

对于本案被告人的行为是否构成侵犯著作权犯罪存在两种观点。一种观点认为，计算机软件的著作权人已经在官方网站上向公众提供免费正版软件，被告人销售软件的行为没有侵害权利人的著作权，而销售加密锁的行为是一种规避、破坏技术措施的行为，不代表一定侵犯了受该技术措施保护的作品的著作权，因而本案被告人不构成侵犯著作权犯罪。另一种观点认为，用户虽可以从该科技股份有限公司官网下载安装该软件，但加密锁是用户获得许可使用涉案软件的关键，如果没有加密锁，该软件不能运行，被告人销售盗版加密锁的行为的本质上构成侵犯软件著作权的犯罪。

笔者同意第二种观点，理由如下：

第一，我国法律规定权利人为保护软件著作权而采取的技术措施受法律保护，销售盗版加密锁构成犯罪的应该承担相应的刑事责任。《中华人民共和国著作权法》第五十三条规定："有下列侵权行为的，应当根据情况，承担本法第五十二条规定的民事责任；侵权行为同时损害公共利益的，由主管著作权的部门责令停止侵权行为，予以警告，没收违法所得，没收、无害化销毁处理侵权复制品以及主要用于制作侵权复制品的材料、工具、设备等，违法经营额五万元以上的，可以并处违法经营额一倍以上五倍以下的罚款；没有违法经营额、违法经营额难以计算或者不足五万元的，可以并处二十五万元以下的罚款；构成犯罪的，依法追究刑事责任：（一）未经著作权人许可，复制、发行、表演、放映、广播、汇编、通过信息网络向公众传播其作品的，本法另有规定的除外；（二）出版他人享有专有出版权的图书的；（三）未经表演者许可，复制、发行录有其表演的录音录像制品，或者通过信息网络向公众传播其表演的，本法另有规定的除外；（四）未经录音录像制作者许可，复制、发行、通过信息网络向公众传播其制作的录音录像制品的，本法另有规定的除外；（五）未经许可，播放、复制或者通过信息网络向公众传播广播、电视的，本法另有规定的除外；（六）未经著作权人或者与著作权有关的权利人许可，故意避开或者破坏技术措施的，故意制造、进口或者向他人提供主要用于避开、破坏技术措施的装置或者部件的，或者故意为他人避开或者破坏技术措施提供技术服务的，法律、行政法规另有规定的除外；（七）未经著作权人或者与著作权有关的权利人许可，故意删除或者改变作品、版式设计、表演、录音录像制品或者广播、电视上的权利管理信息的，知道或者应当知道作品、版式设计、表演、录音录像制品或者广播、电视上的权利管理信息未经许可被删除或者改变，仍然向公众提供的，法律、行政法规另有规定的除外；（八）制作、出售假冒他人署名的作品的。"《计算机软件保护条例》第二十四条第一款第三项规定，"故意避开或者破坏著作权人为保护其软件著作权而采取的技术措施的"触犯刑律的，依照刑法关于侵犯著作权罪、销售侵权复制品罪的规定，依法追究刑事责任，对规避技术措施行为明确予以刑法规制。《信息网络传播权保护条例》第十八条第二项、第十九条第一项规定，"故意避开或者破坏技术措施的""故意制造、进口或者向他人提供主要用于避开、破坏技术措施的装置或者部件，或者故意为他人避开或者破坏技术措施提供技术服务的"的行为构成犯罪的，依法追究刑事责任。

上述规范虽然缺乏独立的罪刑配置，但是明确了破坏、规避技术措施具备经济或行政上的违法结构，构成犯罪的应该承担相应的刑事责任，具有提示性意义。

第二，销售盗版密码锁的行为使权利人的著作权受到实际损害，具有法益侵害性。判断销售加密锁的行为是否构成犯罪，需要先考虑该行为对法益造成的侵害。因电子软件在数字环境中极易被复制利用，软件著作权人普遍通过设置加密锁的方式控制他人非法接触作品从而实现对作品的专属权利。本案中，某科技股份有限公司虽在官网上向公众免费提供正版软件，使用者可以自行下载，但是如果想实际运行该软件，还需付费购买公司的软件加密锁，著作权人以此控制软件的供应和使用渠道来获取对价收入。本案被告人销售的盗版加密锁通过重新编码等技术手段替代性地实现了正版加密锁的加密、解密功能，使软件呈现出一种裸露状态，可供他人非法使用。被告人销售的盗版加密锁绕开了权利人的技术保护措施，同时还向购买者附赠从某科技股份有限公司官网上免费下载的软件，这种行为方式实现了变相销售软件的目的，使软件著作权受到实际损害。

第三，涉案盗版加密锁的唯一用途是规避著作权人的有效技术措施，不具有其他商业价值，销售盗版加密锁的行为不能与实际利用软件的行为区分看待。反对观点认为，盗版加密锁损害权利人著作权的过程包含两个行为，一是行为人提供盗版加密锁的行为，二是购买者实际接触和使用软件的行为。盗版加密锁针对的对象是技术措施，如果购买者最终没有接触和使用软件，则该行为并不必然会损害权利人的著作权。笔者认为，不必将侵犯著作权的过程区分为物理上两个行为。提供盗版加密锁势必会干扰权利人利用技术措施进行自力保护，法律将规避、破坏技术措施的行为列为侵犯软件著作权的具体侵权方式也证明该行为本身具有可责性。且销售盗版加密锁普遍具有捆绑软件、单纯营利的特点，破坏技术措施后，必然导致侵犯软件著作权，故该行为应当认定为侵犯著作权犯罪。

本案中被告人陈某的行为方式不仅通过通信软件联络买家零售侵权的软件及加密锁，而且通过在多个搜索引擎网站上发布广告达到推销的目的，扩大了侵权的范围和影响力。根据《最高人民法院、最高人民检察院关于办理侵犯知识产权刑事案件具体应用法律若干问题的解释（二）》第二条第二款的规定，侵权产品的持有人通过广告、征订等方式推销侵权产品的行为属于刑法第二百一十七条规定的发行。本案被告人通过规避技术保护措施而侵害著作权的行为，与直接的"复制、发行"行为相比不具有实质性的区别，最终以侵犯著作权罪定罪量刑。

**二、案例的指导意义**

随着科技的进步，著作的主要利用方式从拥有实体著作物变为直接体验与感受著作物的内容。在当前的数字环境中，通过销售盗版加密锁解除他人的计算机软件保密措施，已经成为对正版软件的新型侵权方式。司法实践中，对于销售盗版加密锁这一类的犯罪行为一直存在罪名认定混乱的问题：以侵犯著作权罪最多，非法经营罪次之，销售侵权复制品罪最少。主要原因是刑事立法对避开或破坏权利人技术保护措施的行为性质没有作出明确规定，理论界也存在较大分歧。

在知识产权的重要性日益凸显的背景下，2021年3月1日施行的《中华人民共和国刑法修正案（十一）》对我国知识产权刑法规范体系进行了大幅修改，通过增列犯罪对象、行为类型和提高法定刑等方式弥补了立法漏洞，对实践问题作出了针对性调整。《中华人民共和国刑法修正案（十一）》第二十条对《中华人民共和国刑法》第二百一十七条作出了补充，其中第六项规定，以营利为目的，未经著作权人或者与著作权有关的权利人许可，故意避开或者破坏权利人为其作品、录音录像制品等采取的保护著作权或者与著作权有关的权利的技术措施的构成侵犯著作权罪。该项补充修正了侵犯著作权的客观行为,将故意避开或者破坏著作权保护技术措施的行为纳入刑法规制的范畴,从刑事立法的角度明确回应了数字时代网络科技发展对著作权刑法保护造成的冲击,解决了司法实务中对于此类犯罪行为的认定问题。

本案的生效裁判文书是 2018 年作出的,当时《中华人民共和国刑法修正案(十一)》尚未颁布。针对现实中出现的新问题,本案在定罪过程中注重辨析犯罪行为的本质,在相关立法尚不明确的时候,从侵犯著作权罪的保护法益及罪刑法定的原则出发,结合计算机软件的侵权模式,准确把握"作品"的内涵,通过刑事司法的智慧对犯罪行为进行了准确认定。该案的审理思路和判断逻辑有一定的借鉴意义。刑事司法应对实践中的新问题、新情况,要合理运用法律解释的方法,通过系统思维方式正确辨析犯罪行为的本质,通过科学的刑法立法和合理的刑事司法对著作权进行系统、全面的保护。

## 四、销售侵权复制品罪

### 7.4 零售侵权复制品行为性质认定
——史某销售侵权复制品案①

> 关 键 词:复制发行　零售　销售侵权复制品罪　侵犯著作权罪
>
> 问题提出:零售盗版书籍是否构成发行行为?应认定为侵犯著作权罪还是销售侵权复制品罪?
>
> 裁判要旨:对侵犯著作权罪中的"发行"行为应作规范性评价,发行的主体并不局限于复制者本人,但单纯的零售行为不应以侵犯著作权定罪,应当认定为销售侵权复制品罪。

---

① 一审法院为河北省香河县人民法院,案号:(2021)冀 1024 刑初 143 号;二审法院为河北省廊坊市中级人民法院,案号:(2021)冀 10 刑终 327 号,载中国裁判文书网,https://wenshu.court.gov.cn/website/wenshu/181107ANFZ0BXSK4/index.html? docId = cdcb7d5c118c4974b7cbadf800110ca7,最后访问时间:2022 年 8 月 30 日。

### 案情简介

公诉机关：河北省香河县人民检察院

上诉人（原审被告人）：史某

2019 年至 2020 年，被告人史某在香河县，储存大量盗版图书，并多次将盗版图书销售，后被查获，香河县公安局扣押库存图书 308576 册。扣押的图书经河北省出版物鉴定中心鉴定为盗版类非法出版物。扣押图书经香河县价格认证中心认定批发价格为人民币 7026847 元。

被告人史某主动投案，到案后自愿如实供述自己的罪行。

### 各方观点

**公诉机关观点：**

被告人史某以营利为目的，明知是盗版图书而销售，其行为已构成销售侵权复制品罪。史某主动投案，到案后如实供述自己的犯罪事实，系自首。请求依据《中华人民共和国刑法》第二百一十八条、第六十七条第一款之规定对史某进行处罚。公诉机关提出对被告人史某判处有期徒刑一年三个月，并处罚金的量刑建议。

**上诉人（原审被告人）史某观点：**

其仅有收购、存储盗版图书的行为，未造成更大的社会危害后果，且有自首、认罪认罚情节，请求对其适用缓刑。

### 法院观点

**一审法院观点：**

被告人史某以营利为目的，明知是盗版图书而销售，其行为构成销售侵权复制品罪。公诉机关的指控成立。史某当庭自愿认罪，认罪态度较好，且主动投案，到案后如实供述自己的罪行，系自首，故对其予以从轻处罚。公诉机关的量刑建议适当，本院予以采纳。

一审法院判决：一、被告人史某犯销售侵权复制品罪，判处有期徒刑一年三个月，并处罚金人民币五万元。二、扣押的白色货车一辆，发还史某；扣押的黑色手机一部，发还史某；扣押的蓝色手机一部，发还史某；送货单一本，予以没收；扣押的盗版图书由扣押机关依法予以处理。

**二审法院观点：**

上诉人史某销售盗版图书的事实，其本人予以供认，该供述与证人的证言及图书的送货单等证据能够相互联系并印证，足以认定。原审法院根据上诉人史某的犯罪事实、情节、认罪态度并结合公诉机关的量刑建议，对其作出的量刑并无不当，史某请求对其适用缓刑的上诉意见证据不足，本院不予支持。

二审法院裁定：驳回上诉，维持原判。

## 法官评析

### 一、零售盗版书籍行为性质的认定

《中华人民共和国刑法》对侵犯著作权的犯罪行为列明了两个罪名，分别是第二百一十七条侵犯著作权罪和第二百一十八条销售侵权复制品罪。对于零售侵权复制品的行为如何定罪是实践中认定的难点，并存在两种不同意见：

第一种意见认为，应以侵犯著作权罪定罪量刑。根据司法解释的相关规定，单纯的零售行为即属于《中华人民共和国刑法》第二百一十七条规定的"发行"，单纯的零售行为已经符合《中华人民共和国刑法》第二百一十七条的构成要件。

第二种意见认为，单纯零售侵权复制品的行为应当以销售侵权复制品定罪量刑，《中华人民共和国刑法》第二百一十七条和第二百一十八条的立法目的和保护的客体不完全相同，销售侵权复制品罪应有独立的适用空间，单纯的零售行为以侵犯著作权罪定罪量刑会导致刑罚不相适应，如果行为人没有复制行为，只是单纯的零售行为，应以销售侵权复制品定罪。

《中华人民共和国刑法》第二百一十七条以列举方式规定了侵犯著作权罪的六种行为：未经著作权人许可，复制发行、通过信息网络向公众传播其文字作品、音乐、美术、视听作品、计算机软件及法律、行政法规规定的其他作品的；出版他人享有专有出版权的图书的；未经录音录像制作者许可，复制发行、通过信息网络向公众传播其制作的录音录像的；未经表演者许可，复制发行录有其表演的录音录像制品，或者通过信息网络向公众传播其表演的；制作、出售假冒他人署名的美术作品的；未经著作权人或者与著作权有关的权利人许可，故意避开或者破坏权利人为其作品、录音录像制品等采取的保护著作权或者与著作权有关的权利的技术措施的。而销售侵权复制品罪的客观方面则表现为对非本人制作的《中华人民共和国刑法》第二百一十七条规定的侵权复制品的非法销售行为。可见，明确界定侵犯著作权罪与销售侵权复制品罪的关键在于对《中华人民共和国刑法》第二百一十七条的"复制发行"与第二百一十八条规定的"销售"之间的关系予以辨明。

司法实践中，对于"发行"的含义存在不同理解和认识。相关司法解释①在加大对知识产权保护力度的同时，也导致销售侵权复制品罪适用变少，"复制发行"被解释为复制或者发行以及复制且发行的行为，总发行、批发、零售、通过信息网络传播、出租、展销等都为发行的具体表现形式。

笔者认为，发行的主体并不局限于复制者本人，但是侵犯著作权罪中的"发行"和销售侵权复制品罪中的"销售"应该有所区别，单纯的零售行为不应以侵犯著作权罪定罪，理由有以下四点：

一是侵犯著作权罪和销售侵权复制品罪的立法目的和保护客体不同，出于维护刑法体系协调性的考虑，不应使条文变成包含关系。侵犯著作权罪，旨在打击未经著作权人许可而复制发行作品，直接侵犯著作权、社会危害性较大的行为。而销售侵权复制品罪的社会危害性较低，行为人没有复制作品，只是单纯零售侵权复制品，这种侵权行为连接了复制作品者与消费者，是直接侵权行为的简单延续，具有间接性。根据刑法立法初衷，侵犯著作权罪和销售侵权复制品罪有独立的适用空间。如果单纯的零售行为也构成侵犯著作权罪，就侵蚀了《中华人民共和国刑法》第二百一十八条销售侵权复制品罪的领地，而司法解释无权排除法定罪名的应用空间。

二是刑法具有谦抑性，《中华人民共和国刑法》中"发行"的定义不必完全等同于《中华人民共和国著作权法》中的相关定义。《中华人民共和国著作权法》第十条第一款第六项规定，"发行权，即以出售或者赠与方式向公众提供作品的原件或者复制件的权利"，这里的出售既可包括总发行、批发，又可包括零售。《最高人民法院、最高人民检察院、公安部关于办理侵犯知识产权刑事案件适用法律若干问题的意见》将总发行、批发、零售、通过信息网络传播、出租、展销这六种行为都列为侵犯著作权罪中"发行"的行为方式，这实际上与《中华人民共和国著作权法》的理解是一致的。但是对刑法中有

---

① 如《最高人民法院、最高人民检察院关于办理侵犯知识产权刑事案件具体应用法律若干问题的解释（二）》《最高人民法院、最高人民检察院、公安部关于办理侵犯知识产权刑事案件适用法律若干问题的意见》。

关术语的解释不必完全等同于前置性法律的规定，对于侵犯知识产权的行为，刑法不应过度介入，应当在罪刑均衡原则的基础上，不超出国民的通常理解，将社会危害性较低的单纯零售行为排除在《中华人民共和国刑法》第二百一十七条规定的"发行"范围之外。

三是不能因销售侵权复制品罪司法查证困难而降低侵犯著作权罪的入罪门槛、扩大刑法射程。销售侵权复制品罪在司法实践中适用很少，除了因为司法解释的观点缩减了销售侵权复制品罪的适用空间，很重要的一部分原因还在于《中华人民共和国刑法修正案（十一）》施行前销售侵权复制品罪定罪条件单一且要求过高，使得实际定罪困难。《中华人民共和国刑法修正案（十一）》施行前，销售侵权复制品罪的客观方面构成要件是"违法所得数额巨大"，这就要求查明行为人的违法所得数额，而多数案件的行为人一般以零售为主，缺少规范账簿，难以查实获利的详情，而且数额很难达到"巨大"的标准，因而以该罪定罪十分困难。[①] 而侵犯著作权罪的构成标准除了违法所得还有"其他严重情节"，只需查明非法经营的数额是否达到标准就可定罪，降低了查证的难度。但笔者认为，不能因为司法实践中查证的困难而扩大刑法的射程，将难以认定的轻罪（销售侵权复制品罪）最终以重罪（侵犯著作权罪）论处，这将导致罪刑不均衡的后果，有违罪刑法定原则。司法认定中存在的问题应该通过加大侦查力度、完善侦查技巧的方式来解决，不能在不查清行为方式、犯罪数额的情况下，仅凭司法解释降低侵犯著作权罪的入罪门槛。而增设"有其他严重情节"作为销售侵权复制品罪的规定后，实践中认定的难题亦能在一定程度上得到解决。

四是司法解释留出了销售侵权复制品罪的独立适用空间。《最高人民法院、最高人民检察院关于办理侵犯知识产权刑事案件具体应用法律若干问题的解释》第十四条第二款明确规定："实施刑法第二百一十七条规定的侵犯著作权犯罪，又销售明知是他人的侵权复制品，构成犯罪的，应当实行数罪并罚。"可见，销售明知是他人的侵权复制品的行为可单独构成他罪，不应完全以侵犯著作权罪定罪处罚。

---

[①] 《最高人民检察院、公安部关于公安机关管辖的刑事案件立案追诉标准的规定（一）》第二十七条规定，以营利为目的，销售明知是刑法第二百一十七条规定的侵权复制品，涉嫌下列情形之一的，应予立案追诉：（一）违法所得数额10万元以上的；（二）违法所得数额虽未达到上述数额标准，但尚未销售的侵权复制品货值金额达到30万元以上的。

综上，行为人未参与、帮助他人实施侵犯著作权犯罪的，只是低价购入后单纯的零售行为应当认定为销售侵权复制品罪。但如果行为人作为经销商拥有大量且稳定的客户渠道和销售渠道，对外大量批发销售侵权复制品；或者通过发布广告达到推销的目的①，扩大侵权的范围和影响力的，则这种销售行为不同于单纯零售的行为，应当评价为"发行"行为，以侵犯著作权罪定罪量刑。本案中，在案并无证据证明史某参与、帮助他人实施侵犯著作权犯罪、发布广告或具有大量稳定的销售渠道，单纯的零售行为应认定为销售侵权复制品罪。

**二、行为人主观明知的认定**

销售侵权复制品罪的主观方面表现为故意，并且具有营利目的，即要求行为人明知是侵权复制品而仍进行销售。"明知"是指"知道"或者"应当知道"，不能把"明知"局限于"确知"，避免放纵犯罪。

在司法实践中，行为人的主观心理通常难以直接探知，行为人到案后往往辩解自己并不知晓销售的是侵权复制品。对行为人主观故意的判断不能仅凭行为人的口供，而应根据全案证据情况尤其是侵权复制品的来源渠道、行为人进货与销售的价格等客观事实来综合分析。行为人不能提供合理的来源渠道，或者进货价明显低于正常价格的，可以推定行为人对侵权复制品的性质明知。

本案有被告人史某关于其明知是盗版图书进行销售的供述、证人的证言和图书的送货单等证据能够相互印证，可以认定史某的主观故意。

**三、案例的指导意义**

在司法实践中，单纯零售销售盗版光碟、盗版图书的行为不应以侵犯著作权罪定罪，需准确区分被告人的行为是属于侵犯著作权罪中的"发行"还是销售侵权复制品罪中的"销售"，坚持法益保护的目的和罪刑法定原则，保持刑法的谦抑性。

---

① 《最高人民法院、最高人民检察院关于办理侵犯知识产权刑事案件具体应用法律若干问题的解释（二）》第二条第二款规定，侵权产品的持有人通过广告、征订等方式推销侵权产品的行为属于刑法第二百一十七条规定的发行。

## 五、侵犯商业秘密罪

### 7.5 侵犯商业秘密刑事案件中"非公知性"的审查判断
——杨某侵犯商业秘密案[1]

> 关 键 词：商业秘密　侵犯商业秘密罪　非公知性　鉴定意见
>
> 问题提出：侵犯商业秘密刑事案件中涉案技术信息的"非公知性"应如何审查判断？
>
> 裁判要旨：裁判者应在准确把握"非公知性"的法律内涵和商业秘密保护的价值取向的基础上，借助举证责任分配、关联性审查、专家对峙、综合全案证据分析等方式综合判断涉案技术信息是否"不为公众所知悉"。将抽象原理转化为具体技术方案并采取保密措施的属于非公知技术。

**案情简介**

公诉机关：北京市海淀区人民检察院

上诉人（原审被告人）：杨某

1996年7月8日，A公司选举袁某（另案处理）担任法定代表人、董事长并聘请袁某担任总经理，选举被告人杨某等人为董事，聘任杨某担任总工程师。

1997年2月24日，被告人杨某与南非B公司签订了《备忘录协议》，双方约定杨某作为技术顾问协助南非B公司在中国开发南非B冲击压实技术和

---

[1] 一审法院为北京市海淀区人民法院，案号：（2012）海刑初字第2611号，载中国裁判文书网，https://wenshu.court.gov.cn/website/wenshu/181107ANFZ0BXSK4/index.html?docId=VaSG3PCTC/alSmUYguF56C7Kr8GByTU6khO828PoraDgcPO86frM3PUKq3u+IEo4DW14aMVf/D196SkfFRQOVU1wBcXpQHPf8pNJ8JM1zrXsOfotsmyxTXafnDZuMJ82，最后访问时间：2022年8月31日。

设备的应用，并同时约定冲击压实技术试验的成果应属于南非 B 公司或指定代理人。

1997 年 5 月 9 日，袁某代表 A 公司与南非 B 公司签订合作意向书，由 A 公司代理南非 B 公司负责承揽冲击压实工作并开发其应用（代理期为 6 个月），A 公司应对在合作意向书履行期间所了解到的任何关于 B 公司机器设计方面的情况予以保密。

1998 年 3 月、4 月，某研究所受南非 B 公司的代理、A 公司委托，采用南非 B 公司冲击压实机对高速公路进行冲击碾压技术性能检测。具体检测工作由被告人杨某等人于 1998 年 6 月、8 月完成，并向 A 公司和南非 B 公司提交了《BD 高速公路冲击压实检测报告》和《X 高速公路冲击压实检测报告》。

1998 年 7 月 7 日，被告人杨某与吴某合作撰写了一篇论文，投稿并发表到某核心期刊 1999 年第 1 期，该期于 1999 年 3 月 20 日公开发行。文章内容公开了《BD 高速公路冲击压实检测报告》记载的冲击压实机的工作方式、有关实际检测数据、图表、分析意见及结论。

1998 年 11 月，在未经南非 B 公司同意的情况下，被告人杨某与袁某经过共同商议后，就冲击压实应用技术，经杨某提供材料，由 A 公司出钱并办理申请手续，于 1998 年 11 月 30 日向国家专利局以《冲击碾压增补路基强度与稳定》为名申请专利。该专利独立权利要求书、说明书使用了《BD 高速公路冲击压实检测报告》和《X 高速公路冲击压实检测报告》中记载的冲击压实机的工作方式和部分实际检测数据、分析意见和结论。1999 年 4 月 21 日，该专利申请由国家知识产权局公开。

在上述论文、专利公开之前，1999 年 2 月 11 日，南非 B 公司的全资子公司北京 B 公司成立。1999 年 2 月 15 日，南非 B 公司对北京 B 公司授权，委托北京 B 公司处理南非 B 公司全部在华事务、负责管理并保护南非 B 公司在中国所应拥有的全部技术成果和知识产权。1999 年 3 月 5 日，被告人杨某与北京 B 公司签订了《关于促进使用高能量冲击压实技术合作协议》，约定杨某向北京 B 公司提供技术服务、技术秘密以协助该公司在中国应用冲击压实技术和设备所需的试验、应用技术开发等工作，并同北京 B 公司签署《保密协议》并遵守以确保北京 B 公司所有的技术的知识产权得到保护。该协议签订后至 2000 年 9 月，北京 B 公司按协议向杨某支付了报酬。

上述专利申请期间，1999 年 1 月 16 日，被告人杨某将专利独家转让给 A

公司使用，A 公司再次聘请杨某为总工程师。2000 年 2 月 28 日，杨某将该专利申请权和专利独家无偿转让给 C 公司。2003 年 9 月 29 日，国家知识产权局授予发明专利。经过多次诉讼，北京市第一中级人民法院于 2005 年 7 月 25 日一审裁判认定，该发明专利属于南非 B 公司，该专利是应用 B 公司的冲击压实技术进行路基压实的方法专利，从南非 B 公司生产的冲击压实机在中国高速公路施工工程中的多次检测结果而得出的一种施工方法。该专利属于《备忘录协议》约定的试验成果，杨某违反《备忘录协议》的约定，擅自将南非 B 公司冲击压实技术的应用成果作为自己的技术申请专利并将该专利转让给 C 公司，侵犯了南非 B 公司的合法权益。2006 年 9 月 4 日，北京市高级人民法院终审裁决，判定南非 B 公司为该专利技术的所有人，杨某将专利转让给北京 C 公司的行为无效，并认定：杨某与南非 B 公司和北京 B 公司签订《备忘录协议》和《关于促进使用高能量冲击压实技术合作协议》是为了对南非 B 公司的冲击压实技术和设备的应用进行试验，杨某申请发明专利的技术方案是南非 B 公司所有，杨某只是在我国道路施工中对该技术进行试验和检测，不能认定杨某申请的发明专利是杨某或其受 C 公司的指派或者其与 C 公司共同研究、发明的，杨某或 C 公司也并未对南非 B 公司的冲击压实技术提出实质性的改进。

2002 年至 2009 年间，袁某以 C 公司及关联公司的名义，利用非法获得的冲击压实应用技术，先后与 B 公司在工程项目上开展竞争，获得合同款共计 2000 余万元。

### 各方观点

**公诉机关观点：**
杨某的行为已构成侵犯商业秘密罪，并造成了特别严重的后果。

**被告人杨某观点：**
B 公司所说的冲击压实技术并不是刑法意义上的商业秘密，在杨某就该技术发表论文或申请专利之前，该技术在业内已呈现公开状态，杨某所申请的专利是在已经公知的技术和自己多年长期的科研成果基础之上形成的，不存在商业秘密；没有人对冲击压实技术采取保密措施；没有证据能够证实袁某公司开展的工程项目中运用了 B 公司的冲击压实技术。综上，关于被告人杨某犯有侵犯商业秘密罪的指控不能成立。

### 法院观点

被告人杨某违反约定以及权利人有关保守商业秘密的要求，披露并允许他人使用其所掌握的商业秘密，造成特别严重后果，其行为已构成侵犯商业秘密罪，应予惩处。关于被告人杨某及其辩护人提出的涉案的冲击压实技术不构成商业秘密，对方未采取保密措施，同时控方无法证明相关工程项目采用了该冲击压实技术，因此其行为不构成侵犯商业秘密罪的辩解及辩护意见，根据被告人杨某的供述、相关书证以及民事判决书，可以确定：北京 B 公司声称所拥有的冲击压实应用技术，实际是根据 B 公司生产的冲击压实机在国内高速公路施工工程中的多次检测结果而产生的一种施工方法。被告人杨某亦承认在 B 公司将相关机器设备实际应用于国内工程项目之前，其掌握的仅是理论层面上的技术，而对 B 公司的相关机器设备及实际应用技术并不掌握也是客观事实，也就是说杨某当时已经意识到其无法通过 B 公司以外的渠道获知相关机器设备以及实际应用技术的有关信息，结合在案的技术鉴定报告，可以证实基于 B 公司机器设备的实际应用而产生的技术信息之前并不为公众所知悉。在 B 公司与杨某签订的《备忘录协议》中，业已明确约定冲击压实技术试验的成果应属于 B 公司或指定代理人，这一约定应当被视为 B 公司防止其技术信息外泄所采取的保护性措施，而且就行业惯例而言，杨某作为业内技术人员，凭借其的知识储备和技术素养，显然能够意识到检测报告中的检测数据、结论均是尚未被其他业内人士所掌握的技术信息，否则其就该项技术申请专利的行为就难以得到合理解释，其所申请专利的核心技术就是建立在上述检测数据和结论的基础之上。在 B 公司已就工程项目中可能产生的应用技术成果采用预防性保护措施并与杨某签订保密协议的情况下，被告人杨某仍违反约定，私自将体现应用技术成果的非公知性技术数据以发表论文及申请专利的形式公开，而后又恶意将冲击压实技术转让给由袁某实际控制的公司，受让公司凭借该冲击压实技术获得了众多工程项目，进而营利，由此也体现出了该冲击压实技术的经济价值。因此，B 公司所拥有的冲击压实技术应当被认定为商业秘密。同时，在案证据证实，B 公司虽未与袁某实际控制的公司就基于 B 公司的冲击压实机所产生的冲击压实应用技术签订保密协议，但 B 公司在与 C 公司所签订的合作意向书中已明确约定 C 公司应对在合作过程中所了解到的任何有关机器设计方面的情况予以保密，不得仿造 B

公司机器或部件，并应尽全力保护 B 公司机器及部件不被他人仿造，同时亦禁止 B 公司在中国出售该机器。从上述约定看出，B 公司正是想通过对机器设计的保密来保证其达到对相关冲击压实技术保密的目的，袁某明知检测报告中数据的取得与 B 公司所使用的特定机器设备密不可分，因而从常理而言，其也应该意识到基于 B 公司的机器设备所产生的数据同样具有保密性，但其却未经 B 公司同意，指使能够接触上述数据的技术人员杨某以申请专利的方式来占有该项本应属于 B 公司的应用技术，然后转让至由其本人实际控制的公司，进行营利活动。杨某、袁某二人恶意损害权利人利益，意思勾结，均具有侵犯蓝派公司商业秘密的故意。故本院对上述无罪辩解及相关辩护意见不予采纳。鉴于被告人杨某已年满七十五周岁，故本院对其依法从轻处罚。

法院判决：被告人杨某犯侵犯商业秘密罪，判处有期徒刑三年，罚金人民币十五万元。

### 法官评析

商业秘密是保障现代企业运行发展的无形资产，是企业的核心竞争力，加强对商业秘密的保护是强化知识产权保护的大势所趋。而商业秘密覆盖的技术范围非常庞杂、专业性极强，侵犯商业秘密刑事案件普遍存在入罪门槛高、抗辩理由分散、认定困难的特点。

《中华人民共和国反不正当竞争法》第九条第四款规定，商业秘密，是指不为公众所知悉、具有商业价值并经权利人采取相应保密措施的技术信息、经营信息等商业信息。非公知性是商业秘密的基础要件，侵犯商业秘密刑事案件中辩方往往针对涉案信息是否具有非公知性提出多项抗辩理由，异议内容广泛。《中华人民共和国刑法》和《中华人民共和国反不正当竞争法》没有对"非公知性"的具体含义作出规定。在辩方针对涉案技术信息是否具有非公知性提出实质性反对意见时，法官如何审查判断是实践中的难题。本案中，被告人杨某及其辩护人就主张涉案技术是公知技术并提交了多份证据材料拟证明涉案技术已公开。通过总结案例中的审判经验，可综合以下几种方式，回归证据管理的思路，通过裁判说理明确心证形成路径，提升审查的可信度。

## 一、明确控辩双方的举证责任

"不为公众所知悉"作为消极事实本身具有抽象性,证明的难度大。商业秘密的目的是防范和制裁通过违背诚信原则和不道德、不正当手段获取他人秘密的行为,对其的新颖性要求程度不应过高,这种"新"仅要求与该行业内的一般公知信息保持最低限度的不相同性。控方应对商业秘密具有此种最低限度的新颖性承担证明责任。客户名单、价格体系等经营信息技术性低,可以通过结合在案其他证据情况作出认定,但技术信息所涉领域一般很前沿、专业,法官无法直接判断,由相关领域的专家作出鉴定对于非公知性的认定十分必要。专利的新颖性是指被授权的专利技术同申请日以前已有的技术相比,该发明有突出的实质性特点和显著的进步。专利的"新颖性"要求比商业秘密的"非公知性"要求更为严苛。根据"举重以明轻"的法律解释方法,如果有关信息能够满足专利的"新颖性"标准,则无疑能够满足商业秘密的"非公知性"要求。

本案中,不仅有经公安机关依法委托的鉴定机构作出的鉴定意见,还有专利申请的相关材料、专利纠纷判决能够证明基于 B 公司机器设备的实际应用而产生的技术信息具有非公知性。

辩方主张涉案技术信息已公开应当举证证明该信息已经在公开出版物或其他媒体上公开披露,或者该信息已通过公开的报告会、展览等方式公开。辩方提出可通过反向工程获取信息的还应举证证明其是通过公开渠道取得,独自开发或学习研究取得,提供研究数据记录、资金投入及生产试验等方面的证据。而本案的辩方的举证并不具有针对性、明确性,不足以达到使法院对控方的鉴定意见、专利审理等书证产生合理怀疑的程度。

## 二、关联性审查

法官虽然不一定掌握某一领域的专业知识,但可以借助事实论证与逻辑推理的方式判断在案证据与案件中待证事实之间是否具有关联性。在侵犯商业秘密刑事案件中,应注重审查鉴定意见是否系针对涉案秘密点作出,查明鉴定人从鉴定材料中甄别和提炼的信息,是否足以对案件待证事实起到证明作用,避免辩方通过混淆鉴定对象的方式来获取对己方有利的意见。

将抽象的技术原理转化为具体的技术方案,还需要付出大量创造性劳动,抽象原理转化为具体技术方案并采取保密措施的属于非公知技术。在司法实践中,应结合具体案件中秘密点所处的特殊行业范围及技术背景进行审查,判断证据内容与证明目的之间是否具有关联性。有的案件中，控方鉴定的是产品配方、工艺参数、具体流程是否具有非公知性，辩方质证意见针对的却是已经公开的基本原理。

本案中的商业秘密为两份检测报告中所记载的整体技术信息组合，针对的是具体的检测数据、图表、分析意见和结论。检测项目和检测手段虽为公知技术信息，但基于B公司机器设备的实际应用获取的数据、分析意见和结论等为非公知技术信息，辩方提交的证据只能证明出版物及文献资料对涉案技术有所涉猎，仅是对涉案技术从不同层面进行原理性介绍和描述，并不是具体可用的技术方案，将停留在理论层面的技术与实际投入生产并具有商业价值的应用技术混为一谈。

### 三、专业辅助性审查

技术信息包罗万象，法官几乎不可能对案件涉及的所有领域均十分了解，通过必要的制度设置辅助法官理解鉴定原理和鉴定过程，可以对鉴定意见进行合理过滤。通过咨询专家、邀请专家陪审在一定程度上有助于法官弥补专业知识的不足、加强心证，但对鉴定意见的质证和认证应重点通过增加庭审的实质对抗性，落实以审判为中心的诉讼制度。

权利人应是侵权行为的最先感受者和发现者，也应是积极拿法律武器保护其权利的人。权利人出庭对于明确商业秘密保护范围、对抗辩方主张有着重要意义。此外，引入其他专家协助质证有助于证据质证程序的实质化，能协助法庭有效审查判断相关专业技术证据的证明价值。在辩方提交相关专业技术证据情况下，理想的状态是，权利人、控辩双方的"鉴定人"都能够出庭，形成鉴定人与专家辅助人之间、权利人与辩方之间公开的对抗和制约，法官根据质证对抗的结果对鉴定意见作出判断。

本案中，被害公司委托诉讼代理人出庭，就辩方提供的证据的科学原理、技术方法及证明目的等对辩方展开的质疑及追问，一方面使法官履行评判、取舍控辩双方证据有了坚实的基础，另一方面也容易揭露伪证，避免不具有关联性的证据转为定案的根据。

### 四、相互印证性审查

非公知性应当结合在案其他证据情况予以综合认定。实践中可通过考察权利人开发某项信息劳动、时间和资金的投入，以及被告获取该项信息的难易程度，来综合判断涉案信息的新颖性程度。信息形成过程困难意味着权利人为形成信息投入了一定的代价，包含相关专业技术人员为获取各类技术参数和进行产品试制而不断反复摸索和修改的工作，这不仅充分体现出不为公众所知悉的特性，而且反映了商业秘密的根本价值所在。侵权行为的性质也是判断商业秘密信息获取难易程度的重要依据。理论上，行为人通过侵权行为获取信息的性质越恶劣，越说明信息通过正当的渠道难以获得。通过审查鉴定意见与其他证据之间的相互印证性可以判断鉴定意见的可靠性。

涉案商业秘密是从B公司生产的冲击压实机在部分高速公路施工工程中的多次检测结果而得出的一种施工方法。被告人杨某亦承认在将相关机器设备实际应用于国内工程项目之前，其掌握的仅是理论层面上的技术，而对相关机器设备及实际应用技术并不掌握也是客观事实。综合在案证据，能够认定基于机器设备的实际应用而产生的技术信息之前并不为公众所知悉。

**五、案例的指导意义**

司法领域的科学证据日益增多，个案的细微差别增强了审查认定过程的复杂性。裁判者应在准确把握"非公知性"的法律内涵和商业秘密保护的价值取向的基础上，结合具体案情来审查判断鉴定意见的证明价值和可靠性，对涉案信息是否具有"非公知性"作出相对客观的判断。

# 第八章　扰乱市场秩序罪

扰乱市场秩序罪这一节共有 12 条法条，规定了 11 种罪名，并在最后一条中规定了单位犯本节规定之罪的处罚情况。本书根据各罪名在实践中的运用情况，从中挑选了 5 个罪名的案例进行详细分析。

**一、损害商业信誉、商品声誉罪**

"张某损害商业信誉、商业声誉案"从多方面详细介绍损害商业信誉、商品声誉罪审理时的疑难点。一是主体要件无特殊身份要求是否具有竞争主体的身份，并不影响对其行为性质的认定，竞争主体的身份只是综合认定行为人主观故意的一个情节。即虽然该身份并非本罪的构成要件，但由于二公司具有竞争关系，被告人损害他人的商业信誉、商品声誉的主观故意则会更加明显。

二是行为人只有既实施"捏造"行为，又实施"散布"行为，才构成本罪的客观行为要件。从因果关系上来讲，"捏造"虚伪事实后才会产生危害商业信誉、商品声誉的"散布"行为，其危害性和"散布"至少是相当的。故应判断是否同时具有"捏造"和"散布"的行为。从文义解释来看，"并"是一个表示平等关系的连词，没有明显的强调之意，如果仅认为"散布"是客观行为，则有违法条的文本原意。从保障言论自由的角度来看，"捏造"与"散布"均作为客观行为，有利于从源头精准打击捏造虚伪事实的行为，限缩本罪的处罚范围。综上，只有既实施"捏造"行为，又实施"散布"行为，才构成本罪的客观行为要件。

三是根据事实作出的符合常理的推测一般不属于捏造虚伪事实，而超出常理进行推测则通常属于捏造虚伪事实。

四是将真实信息张冠李戴的行为，属于该罪所处罚的捏造行为，不仅仅包含纯粹的凭空虚构行为。关于何种行为是"捏造"有几种观点，一种观点认为，捏造即虚构，需要全部的虚伪事实都是假的没有任何依据和凭证，即仅包括凭空捏造，无任何事实依据；一种观点认为，捏造除了凭空虚构的行为，还应当包括将一些真实的情况张冠李戴，出现主体错误的情况；还有一种观点认为，只要有与事实不相符，在散布的当时不知道真伪的情况，也属于捏造。第一种观点的范围过于狭窄，会限制该罪名的打击范围，而第三种观点则过于宽泛，可能会错误包括消费者、竞争者基于常识与实际的使用体验、了解得出的合理的推论。第二种观点则更为客观，将真实信息错误套用、张冠李戴的行为亦属于捏造。

五是不仅以犯罪数额认定是否属于"其他严重情节"，还包括行为人在捏造并散布虚假事实、损害他人的商业信誉和商品声誉的过程中的除重大损失外的严重情节，例如，多次损害他人商业信誉和商品声誉；因损害他人商业信誉和商品声誉被有关主管部门处罚后又实施损害他人商业信誉、商品声誉的行为；虚构并散布的虚伪事实广泛传播，并在市场范围内对其口碑造成影响等各种情形。

"造谣一张嘴，辟谣跑断腿。"企业的商业信誉和商品声誉的营造、维护在互联网时代更加举步维艰，往往会受到"谣言"的剧烈冲击。本则案例在行为主体、危害结果等多方面有较为典型的指导意义，为日后该罪的审理提供借鉴。

**二、串通投标罪**

"王某等人串通投标、受贿案"从以下两个问题着眼详细分析串通投标罪的司法实践情况。串通投标行为中的行刑交叉是否应按照"先行后刑"的原则处理？违反行政法规是否为该罪的不成文构成要件？

在当下社会，大家更加注重公平公正的竞争环境，对于各类商业事项、工程，多会采取招投标的竞争方式，从而选出更合适的供应商。为了保证招投标能发挥其应有的作用，除了有刑法规定的串通投标罪，还有《中华人民共和国招标投标法》等规范招投标行为。投标人和招标人与招标代理机构串通，采取围标、陪标的方式，实质上排除了其他投标人参与的可能性，实施了串通投标的客观行为；被告人所实施的客观行为，直接导致此次公开招标不再具有应有的公平公正竞争性，且涉案工程项目金额巨大，即使在案发时尚未发现工程出现问题等直接损失，但仍严重侵害了市场管理秩序，符合客体要件。

法定犯的违法性首先是违反行政法，即行政违法性；其次是违反刑事法，即刑事违法性。刑事违法不是对行政违法的否定或者替代，而是在行政违法基础之上的二次违法，即由行政领域递进到刑事领域的违法。与招投标有关的行政法律法规，其内容在实质上影响着串通投标罪的犯罪认定以及国家刑罚权的适用范围，故招投标行为违反行政法规在本质上即为构成要件要素之一部分。

### 三、合同诈骗罪

"韩某合同诈骗案"系以真实案例改编的一则非常典型的案例，通过该案例分析合同诈骗罪和票据诈骗罪的区别，在此基础上梳理了"民事欺诈与合同诈骗的区别"及"合同诈骗罪与诈骗罪的区别"。

对于不认定票据诈骗罪的原因在于，第一，由于涉案的两张银行承兑汇票的具体交付过程不清楚，因此对于认定韩某通过签发空头支票作为骗取C公司货物的手段的证据并不充分；第二，韩某签发延期支票的行为对于票据管理制度的侵犯并不明显；第三，如果同时分别认定构成票据诈骗罪、合同诈骗罪，则需要数罪并罚，检察院并未以此提起公诉，从有利于被告人的角度，宜作为合同诈骗罪一罪处理。

合同诈骗行为与民事欺诈行为往往难以区分，但是审理刑事案件时，是否需要明确区分二者，其实意义不大。民法上的民事欺诈概念，并没有将合同诈骗排除在外，而是包括刑法上的合同诈骗行为。换言之，民事欺诈与合同诈骗是一种包容关系，合同诈骗只是民事欺诈中的特殊情形。以案件事实符合其他法律为由否认其符合刑法规定的构成要件，并不妥当。基于同样的理由，以案件事实属于民事欺诈为由否认其构成刑法上的合同诈骗罪，明显不当，仍应以合同诈骗罪的构成要件来分析行为人的行为是否构罪。

合同诈骗罪必须诈骗的是合同项下的财物，如果骗取的不是合同项下的财物，则构成普通诈骗罪。合同诈骗罪作为特殊诈骗犯罪在诈骗方法和对象上有其特定性。

### 四、非法经营罪

"章某非法经营案"中，行为人无烟草专卖许可证并且同时销售合格香烟和假冒伪劣香烟，应该如何定罪？行为人非法销售真烟和非法销售假烟的数额单独计算均不构成犯罪时，非法销售真烟和假烟的行为可以合并评价为非法经营行为，累计数额后构成非法经营罪的，以非法经营罪定罪处罚。由于非法经营罪与其他市场经济秩序、社会管理秩序类犯罪存在多种交叉关系导致非法经营罪存在广泛的想象竞合关系。烟草专卖品属于专营专卖品，未取得相关许可而擅自销售烟草专卖品的，可能构成非法经营罪。销售假冒伪劣烟草专卖品还可能构成生产、销售伪劣产品罪，销售假冒注册商标的商品罪。根据《最高人民法院、最高人民检察院关于办理非法生产、销售烟草专卖品等刑事案件具体应用法律若干问题的解释》第五条的规定应从一重罪论处。

实践中普遍存在的情况是行为人无烟草专卖许可证并且同时销售合格香烟和假冒伪劣香烟，因现实个案情况复杂多样，对于罪数形态应如何认定，实务界和理论界都存在一定的争议。一种意见认为，销售真烟和假烟是不同的行为，侵犯不同的法益，不能一并评价。本案中销售真烟和销售假烟的数量都没有达到立案标准，故本案被告人没有刑罚处罚的必要。另一种意见认为，非法经营罪侵犯的法益是市场准入秩序，不在于经营的对象是否为合格产品。在未取得烟草专卖许可的情况下，销售合格烟草专卖品和销售假冒伪劣烟草专卖品都具有非法经营性，因此本案中无证销售真烟和假烟的行为可以一并评价，累计的数额达到非法经营罪的定罪处罚标准。

笔者同意第二种意见，理由如下：一方面，将假烟评价为非法经营罪的客体符合非法经营罪法益保护的目的和罪刑法定原则。另一方面，将非法销售真烟和假烟的数额累计计算符合罪刑相适应的原则。

行为人非法销售真烟和假烟并存时，需厘清案情，正确适用法律。首先遵循"同时构成生产、销售伪劣产品罪、侵犯知识产权犯罪、非法经营罪的，依照处罚较重的规定定罪处罚"的原则性规定，同时根据举轻以明重的解释原则，高危害程度行为可以评价为低危害程度行为，即非法销售假烟的行为可以只评价其非法经营性，最后依照处罚较重的规定定罪处罚。

### 五、强迫交易罪

"北京某甲搬家公司强迫交易案"指出，在司法实践中强迫交易罪中的暴力、威胁手段达到足以对被害人产生心理强制即可。强迫交易罪中"情节特别严重"，主要考虑行为人对本罪所保护法益的侵害，从人身损害、财产损害、市场交易秩序破坏程度等角度分析，综合考虑交易金额、交易次数、持续时间、社会影响等多方面因素判断。构成本罪，一方面要存在强迫交易的行为，另一方面要达到情节严重的标准。本案中最主要的争议焦点是：本案行为是否属于强迫交易行为，本案犯罪情节是否属于"情节特别严重"。

强迫交易行为，则通过暴力、威胁等胁迫手段的介入，改变了交易相对人的自由意志，强迫使其在违背自身意愿的情况下进行交易。强迫交易罪行为人的目的在于完成交易，而非非法占有他人钱款，因此强迫交易行为具有对价性，即使是在违背相对方意志下完成了交易，实质上也完成了对价交换。但需要注意的是，强迫交易罪中的对价交换并不等于"等价交换"，不要求交易交换的价值完全对等相当，可以高于或者低于市场价值，只要具备合理性即可，因此价格合理并不阻却被告人行为的违法性。

强迫交易的手段包括但不限于暴力、轻微暴力或暴力威胁、软暴力威胁等手段。构成强迫交易罪的暴力程度，达到足以使被害人产生恐惧心理，从而进行交易即可，无须对暴力设置上限。威胁通常是指行为人预先告知相对人将会采取的危害内容，使相对人内心恐惧从而对相对人形成精神上的强制，使其按照行为人的意愿行事。构成强迫交易罪"情节严重"的判断标准主要基于以下几个因素：第一，对被害人身体的伤害程度，行为人给被害人造成轻微伤，即可认定为"情节严重"。第二，对被害人造成的经济损失。第三，强迫交易次数、数额、手段恶劣程度、后果严重程度或社会影响的恶劣程度等，上述因素反映了行为人的主观恶性和犯罪行为的危害性。

认定强迫交易罪中的"情节特别严重"不应超出该罪名所包含的法益范围，从刑法设置该罪名希望保护的权益和秩序出发，结合行为人的主观恶性、行为的社会危害性等刑罚裁量因素，综合判断是否构成"情节特别严重"。

具体而言，可以参照强迫交易罪的立案标准，从行为人造成的人身损害、财产损失、交易金额、交易次数、持续时间、社会影响等多方面因素判断。

通过五则案例及法官评析，对该节罪名在司法实践中所存在的典型问题进行梳理，望对日后的案件审理能提供参考。

# 一、损害商业信誉、商品声誉罪

## 8.1 如何认定"其他严重情节"

——张某损害商业信誉、商品声誉案[①]

> **关 键 词**：捏造　散布　商业信誉
>
> **问题提出**：该罪的行为主体是否要求具有特殊身份？
>
> **裁判要旨**：张某明知 E 热电厂锅炉管道发生爆炸，所用产品并非 B 公司生产，仍在网上散布该事实，足以使公众认为 E 热电厂锅炉管道发生爆炸与 B 公司有关联，主观上具有散布的故意，客观上捏造并散布了虚伪事实，且损害了 B 公司的商业信誉、商品声誉，扰乱了市场秩序。故被告人张某之行为已构成损害商业信誉、商品声誉罪。

### 案情简介

公诉机关：吉林高新技术产业开发区人民检察院

被告人：张某

被告人张某系 A 公司销售部经理，A 公司与 B 公司为生产同类产品的企业。张某于 2017 年 12 月 28 日盗用"李某"的身份证，在北京市顺义区 C 网吧上网，并在 F 论坛上发布了"黑心企业 B 公司制假贩假"的网帖，雇用"水军"在 D 社区等 326 个论坛转帖。张某在帖中冒充 B 公司员工，捏造并散布了 2017 年 12 月 23 日 E 热电厂发生锅炉管道爆炸造成 5 死 4 伤与 B 公司有

---

[①] 一审法院为吉林高新技术产业开发区人民法院，案号（2019）吉 0291 刑初 60 号，载中国裁判文书网，https://wenshu.court.gov.cn/website/wenshu/181107ANFZ0BXSK4/index.html?docId=j/cvbL0R4fbIhYPgP3pGXHYvDHIQfJWujGLaOT0aajef+G5g8gMvSPUKq3u+IEo41W0PYVSQ9eo+JmQEVNplzd-JHiKwHehB6q1asGDjn3p6usuIVNSo/25C4qTg6/coT，最后访问时间：2023 年 2 月 24 日。

关的虚伪事实。

被告人张某于 2018 年 11 月 12 日被公安机关抓获。

### 各方观点

**公诉机关观点：**

被告人张某冒用李某的身份上网散布及通过快递邮寄散布 B 公司制假贩假，损害该公司的商业信誉及商品声誉，具体散布过程：2017 年 12 月 28 日，被告人张某利用其拾到李某的身份证在北京市顺义区 C 网吧，通过在网上认识的 QQ 网友在 F 论坛上散布捏造"黑心企业 B 公司制假贩假"的网帖，并列举国内四起电厂爆炸事故，以引起他人关注。2018 年 1 月 5 日 15 时 30 分，被告人张某在吉林省长春市利用李某的身份证办理的电话卡向快递公司打电话，通过快递向北京有关部门邮寄 9 份关于 B 公司制假贩假的邮件。

经过公安机关调查取证，张某所列举的四大爆炸事故和 B 公司无任何关系，经到 B 公司合作过的 15 家电厂和 G 公司监理的 6 家电厂核实，所使用的管材无任何质量问题。公安机关经侦查，于 2018 年 11 月 12 日将被告人张某抓获归案，张某对其利用道听途说的事实，自己编成网帖本人在网上散布及雇用网上好友散布"黑心企业 B 公司制假贩假"的犯罪行为供认不讳。由于张某在网上恶意散布 B 公司制假贩假的行为，给该公司造成巨大的直接或间接经济损失，具体损失数额：（1）2017 年 12 月 22 日 H 公司与 B 公司签订的产品购销合同（合同总价 7704000 元），2018 年 5 月 8 日 H 公司解除合同。（2）从张某在网上宣称 B 公司制假贩假开始到目前为止，B 公司涉及的 19 个项目应收账款 113757363.38 元现已拒绝支付。其中 5 个项目有书面的拒绝通知，数额为 68812264.74 元，14 个项目被口头拒绝付款，数额为 44945068.64 元。经 I 会计师事务所审计鉴定：应收账款迟收损失金额合计 4331532.64 元。

被告人张某之行为已构成损害商业信誉、商品声誉罪，应予以处罚，建议判处张某二年以下有期徒刑或者拘役，并处或者单处罚金。

**被告人张某观点：**

张某未在举报信中表示四起爆炸是使用 B 公司产品所导致的。张某发布的网帖，没有恶意捏造，发布的网帖不是虚伪的事实，公诉机关提供的证据不应认定为对 B 公司造成的损失，故应对被告人张某作出无罪判决。

### 法院观点

**一审法院观点：**

被告人张某捏造并散布虚伪事实，利用互联网公开损害他人商业信誉、商品声誉，情节严重，其行为已构成损害商业信誉、商品声誉罪。公诉机关指控罪名成立。关于公诉机关指控张某的行为对 B 公司造成损失一节，因证据不足，不予认定。张某的辩护人提出的公诉机关指控的损失不应认定的意见，本院予以采纳。关于张某及其辩护人提出的张某未在举报信中表示四起爆炸是使用 B 公司产品所导致的以及张某没有捏造虚伪事实，不构成犯罪的辩护意见，经查，张某明知 E 热电厂锅炉管道发生爆炸，所用产品并非 B 公司生产，仍在网上散布该事实，足以使公众认为 E 热电厂锅炉管道发生爆炸与 B 公司有关联，主观上具有散布的故意，客观上捏造并散布了虚伪事实，且损害了 B 公司的商业信誉、商品声誉，扰乱了市场秩序，故被告人张某之行为已构成损害商业信誉、商品声誉罪。张某及其辩护人的辩护意见本院不予采纳。

根据被告人张某犯罪的事实、犯罪的性质、情节和对于社会的危害程度，一审法院判决：被告人张某犯损害商业信誉、商品声誉罪，判处有期徒刑一年七个月，并处罚金人民币二万元。

### 法官评析

**一、本罪的主体要件无特殊身份要求**

对于本罪行为主体是否有特殊身份要求，有两种观点：一种观点认为犯罪主体为一般主体，包括单位和个人，不要求主体有特殊身份；另一种观点则基于保护言论自由的立场，认为本罪应对犯罪主体的身份作出要求，应仅限于有竞争关系的主体。笔者认为，我国刑法不限制该罪的行为主体身份，理由如下：

首先，从文义解释角度看，《中华人民共和国刑法》第二百二十一条未对本罪的行为主体作出特殊规定。《中华人民共和国刑法》对主体需要具备特殊身份的罪名，会在条文中进行明确表述，如《中华人民共和国刑法》第二百二十二条规定虚假广告罪的行为主体为广告主、广告经营者、广告发布者，没有在条文中明确规定主体身份的罪名，则不对主体身份进行限制。不对捏造并散布虚伪事实的主体进行身份限制符合文义解释。

其次，不对身份进行限制，符合该罪名的立法目的。该罪名是为了更好地保护商业名誉和商品声誉的价值，而不限制主体身份，可以对全部主体的捏造并散布的行为进行规范，更好发挥社会规范效果。

最后，对客观行为的限制规定，即使不限制行为主体身份，也不会影响言论自由。基于条文中所规定的客观行为是"捏造并散布虚伪事实"，对客观行为的限制较大，仅打击属于最初捏造虚伪事实的行为人。另外，言论自由如果损害了他人的权益，也应当被制约。刑罚作为最严厉的规范行为的方式，其对于严重损害他人权益的虚假言论行为进行处罚，也符合罪责刑相适应的原则。

回归到本则案例中，被告人系A公司销售部经理，A公司与B公司具有竞争关系，虽然该身份并非本罪的构成要件，但由于二公司具有竞争关系，被告人损害他人的商业信誉、商品声誉的主观故意则会更加明显。

综上，本罪对行为主体无身份限制，是否具有竞争主体的身份，并不影响对其行为性质的认定，竞争主体的身份只是综合认定行为人主观故意的一个情节。

**二、对于将真实信息错误套用、张冠李戴的行为亦属于捏造**

关于何种行为是"捏造"有几种观点：一种观点认为，捏造即虚构，需要全部的虚伪事实都是假的没有任何依据和凭证，即仅包括凭空捏造，无任何事实依据；一种观点认为，捏造除了凭空虚构的行为，还应当包括将一些真实的情况张冠李戴，出现主体错误的情况；还有一种观点认为，只要有与事实不相符，在散布的当时不知道真伪的情况，也属于捏造。

第一种观点的范围过于狭窄，会限制该罪名的打击范围，而第三种观点则过于宽泛，可能会错误包括消费者、竞争者基于常识与实际的使用体验、了解得出的合理的推论。第二种观点则更为客观，将真实信息错误套用、张冠李戴的行为亦属于捏造。

案例中，法院关于是否属于捏造虚伪事实的观点也比较有代表性。首先，根据事实作出的符合常理的推测一般不属于捏造虚伪事实，而超出常理进行推测则通常属于捏造虚伪事实；其次，将真实信息张冠李戴的行为，属于该罪所处罚的捏造行为，不仅仅包含纯粹的凭空虚构行为。

在该案例中，因为无法证实张某的捏造虚伪事实行为，法院未予认定公诉机关相关起诉事实，进而否认散布该虚伪事实构成本罪。法院未认定张某这部分的虚伪事实，理由有二：一是该情况是张某根据自己所掌握的实际情况所提出的合理推测。根据张某的供述，其作为同行业的工作人员，在招投标的过程中，了解到该公司的投标价格低于正常市场价格，故质疑该公司未全部按照要求提供货物，可能存在以次充好、制假贩假的情况。二是该公司确实存在"制假贩假"的情况。该公司员工的证言证实，在与某电厂的交易过程中，确实存在用国产产品代替进口产品的情况，但是否属于制假贩假存在疑问，不能证实张某捏造的该部分事实是否属于虚构事实，故法院依据有利于被告人的原则，未认定该部分事实。捏造是该罪客观行为的第一步，如果不构成捏造，则不应被纳入刑事处罚范围。

### 三、本罪的客观行为是捏造并散布

"捏造"是指虚构、编造不符合真相或并不存在的事实；捏造并不限于全部虚构与编造；"散布"是指使不特定人或者多数人知悉或可能知悉行为人所捏造的虚伪事实。对于本罪的客观行为是包含"捏造"与"散布"两个行为，还是仅包含其中一个行为即可构成本罪，有不同观点。司法实践中的观点主要是行为人只有既实施"捏造"，又实施"散布"的多实行行为，才构成本罪的客观行为要件。有其他的观点认为，仅有"散布"的单实行行为也可构成本罪。

单实行行为观点的主要逻辑是只有"散布"虚伪事实才会产生实质的危害，但该观点忽视了"捏造"虚伪事实的行为已经产生了抽象侵害，即一旦虚伪事实被捏造出来，就有被"散布"的可能。从因果关系上来讲，"捏造"虚伪事实后才会产生危害商业信誉、商品声誉的"散布"行为，其危害性和"散布"至少是相当的。

多实行行为观点的逻辑分析如下：

首先，从文义解释来看，"并"是一个表示平等关系的连词，没有明显的强调之意，如果仅认为"散布"是客观行为，则有违法条的文本原意。

其次，从保障言论自由的角度来看，"捏造"与"散布"均作为客观行为，有利于从源头精准打击捏造虚伪事实的行为，限缩本罪的处罚范围。仅"散布"虚伪事实的行为被排除在本罪的处罚范围之外，因为不可能要求每个人在接收信息和传递信息之间都负担识别信息真伪的刑事义务，且仅"散布"虚假消息的行为可以通过行政处罚和民事侵权等方式进行规范。

最后，从保障消费者和新闻工作者的监督权来看，有观点认为，当非竞争者对商家进行批评时，要么是较为弱小的消费者、投资者、（前）员工；要么是具有一定社会监督职能的媒体。他们的言论具有更强的社会性和政治性，价值大于来自竞争对手的言论。本罪并不处罚建立在事实基础上的监督行为，仅处罚以"捏造虚假事实"为基础的过度"监督"，故并不会影响基于事实基础发声的非竞争者的批评。

综上，多实行行为观点更符合法律规定，可以更精确地实现刑法对犯罪行为的打击效果。

本案例是多实行行为观点，以"捏造并散布虚伪事实"作为客观行为，否定仅以散布虚伪事实作为实行行为的观点。张某在散布虚假事实时，雇用了人手协助快速散布虚假事实，在认定行为主体时，并未追加被雇用仅实施散布行为的人员作为被告。该案例认为仅散布虚假的事实，被雇用实施散布行为的人员行为即使会对经营主体的商业信誉和商品声誉造成损害，也不应认定为该罪。该案进一步明确该罪名所处罚的是产生虚伪事实的最初端，从根源上处罚，可以使每个人在发表言论的时候更加严谨，也能更大限度地保障言论自由。

**四、重大损失或者有其他严重情节的定性**

第一种观点认为，该罪应以造成直接损失 50 万元以上或与此相当的损害作为入罪标准。该观点主要来源于公安机关规定应予立案追诉的标准是造成直接经济损失数额在 50 万元以上。

第二种观点认为，损害商业信誉、商品声誉的行为，必须给他人造成重大损失或者有其他严重情节。这里提到的其他严重情节，是指行为人在捏造并散布虚假事实、损害他人的商业信誉和商品声誉的过程中的除重大损失以外的严重情节，例如，多次损害他人商业信誉和商品声誉；因损害他人商业信誉和商品声誉被有关主管部门处罚后又实施损害他人商业信誉、商品声誉的行为；虚构并散布的虚伪事实广泛传播，并在市场范围内对其口碑造成影响等各种情形。这些损失有多种形式，其中一些可以直接计算，而其他形式只能通过评估来估算。在确定此罪时，应结合案件的整个事实来具体认定损害商业信誉和商品声誉行为是否已造成重大损失。

以文义解释，"给他人造成重大损失或者有其他严重情节"，并不要求造成直接经济损失，第一种观点对于重大损失或者其他严重情节的认定过于限缩，会导致该罪名难以适用。一是因为商业信誉和商品声誉的价值不见得有明确的标价，二者作为本罪所保护的法益，无法直接评估其受损害程度。二是难以判断捏造并散布虚伪事实与造成的损害之间具有直接因果关系，更难以认定何谓直接经济损失、何谓间接损失，单纯以直接经济损失50万元作为入罪标准，过于教条主义。故不应以该立案标准作为入罪标准，仍应坚持对案件的整体事实综合评价，是否达到法条规定的重大损失或者有其他严重情节。

在本案中，法院认为公诉机关指控张某的行为对B公司造成损失一节，因证据不足，不予采纳；但因被告人张某捏造并散布虚伪事实，利用互联网公开损害他人商业信誉、商品声誉，情节严重，认定行为已构成损害商业信誉、商品声誉罪，应予刑罚处罚。该案中，首先，法院未认定订单被取消使被害公司产生损失及损失的数额；其次，被害公司产生损失与张某捏造并散布虚伪事实之间是否存在因果关系亦存疑，故法院未认定张某的行为给被害公司带来直接经济损失。但法院认为张某明知E热电厂锅炉管道发生爆炸，所用产品并非B公司生产，仍在网上散布该事实，足以使公众认为E热电厂锅炉管道发生爆炸与B公司有关联，主观上具有散布的故意，客观上捏造并散布了虚伪事实，且损害了B公司的商业信誉、商品声誉，扰乱了市场秩序，故被告人张某之行为已构成损害商业信誉、商品声誉罪。这属于"其他严重情节"中的虚构并散布的虚伪事实广泛传播，并在市场范围内对其口碑造成影响等各种情形，故该法院认为张某的行为构成本罪，应予惩处。

**五、案例的指导意义**

捏造并散布虚伪事实的行为成本随着网络发展变得更低，已经出现"造谣一张嘴，辟谣跑断腿"的局面，企业的商业信誉和商品声誉的营造、维护在这种情况下更加举步维艰，往往会受到"谣言"的剧烈冲击。对于造成严重影响的情形，除了通过民事途径解决，受害单位可以通过刑事途径维护自己的合法利益。本则案例在行为主体、危害结果等多方面有较为典型的指导意义，可为日后类案的审理提供借鉴。

## 二、串通投标罪

### 8.2 串通投标行为中的行刑交叉及该罪与行贿罪、受贿罪数罪并罚的问题

——王某等人串通投标、受贿案[1]

> **关 键 词：** 串通投标　行刑交叉
>
> **问题提出：** 串通投标行为中的行刑交叉是否应按照"先行后刑"的原则处理？违反行政法规是否为该罪的不成文构成要件？
>
> **裁判要旨：** 被告人行为符合串通投标罪构成要件的，需要按照串通投标罪判处刑罚。"违反《中华人民共和国招标投标法》等法律法规"系本罪的不成文构成要件。

### 案情简介

公诉机关：北京市人民检察院第二分院

被告人：某区医院，法定代表人赵某华

被告人：王某、史某甲

一、串通投标的事实

2015年至2018年间，被告人王某、史某甲分别作为被告单位某区医院的主管人员和直接责任人员，在该医院科研教学综合楼、住院一部装修改造、肾病治疗中心升级改造、妇儿部回迁门诊楼四项工程的招标过程中，以单位名义与投标人串通，指定北京某鑫建设工程有限公司（以下简称某鑫公司）、

---

[1] 一审法院为北京市第二中级人民法院，案号：（2020）京02刑初138号，载中国裁判文书网，https://wenshu.court.gov.cn/website/wenshu/181107ANFZ0BXSK4/index.html?docId=u7MEkIcuslmIU1ZZX5+0DqVcXB1mnIfG0crc7EmQfcazN9MShGL6KPUKq3u+IEo41W0PYVSQ9eo+JmQEVNplzdJHiKwHehB6q1asGDjn3p6usuIVNSo/210/HK0TETY7，最后访问时间：2023年2月24日。

北京某源建筑工程有限责任公司（以下简称某源公司）、某东公司分别中标，中标价共计人民币 1 亿余元（以下币种均为人民币）。

二、受贿的事实

2015 年至 2019 年间，被告人史某甲利用先后担任某区医院规划建设科、后勤保障科科长的职务便利，为京某发公司、某东公司取得某区医院建设工程项目的招标代理权或承包权提供帮助，收受该两家公司实际控制人何某亲自或通过彭某给予的钱款共计 11 万元。

### 各方观点

**公诉机关观点：**

对被告单位某区医院、被告人王某犯串通投标罪，被告人史某甲犯串通投标罪、受贿罪提起公诉，同时提交某区医院、王某、史某甲的《认罪认罚具结书》，建议对某区医院、王某、史某甲适用认罪认罚从宽制度。

一、串通投标罪

2015 年至 2018 年，被告人王某在担任某区医院院长期间，在该医院科研教学综合楼工程、肾病治疗中心升级改造项目等四项工程招标过程中，与何某（另案处理）等多人串通，指使担任该医院规划建设科及后勤保障科科长的被告人史某甲，安排何某实际控制的京某发公司负责招标代理工作，使何某实际控制的某东公司等三家公司中标。上述工程中标金额共计人民币 1 亿余元。

二、受贿罪

2015 年至 2019 年，被告人史某甲利用担任某区医院规划建设科及后勤保障科科长的职务便利，为何某实际控制的京某发公司、某东公司先后取得该医院科研教学综合楼工程等项目招标代理权、中标肾病治疗中心升级改造项目等事项提供帮助。为此，史某甲先后收受何某及京某发公司彭某给予的现金共计人民币 11 万元。2019 年初，史某甲将上述钱款全部退给彭某。

**被告人某区医院观点：**

某区医院认罪认罚，建议在判处罚金时予以从轻处罚。

**被告人王某观点：**

王某虽然实施了串通投标行为，但相关工程均如期完工，未发现质量问题，其到案后如实供述犯罪事实，自愿认罪认罚，建议对其从轻处罚并适用缓刑。

**被告人史某甲观点：**

史某甲根据领导授意参与串通投标，在共同犯罪中起次要、辅助作用，系从犯；收受财物后及时返还给相关人员，有积极退赃表现；到案后如实供述犯罪事实，自愿认罪认罚。综上，建议对史某甲从轻处罚。

### 法院观点

被告人王某、史某甲分别作为被告单位某区医院的主管人员和直接责任人员，伙同他人在建筑工程招标过程中，与投标人串通投标，损害国家、集体、公民的合法利益，被告单位和二被告人的行为均已构成串通投标罪；史某甲身为国家工作人员，利用职务上的便利，非法收受他人财物，为他人谋取利益，其行为又构成受贿罪，对某区医院、王某、史某甲依法均应予惩处并对史某甲所犯两罪予以并罚。某区医院自愿认罪认罚，可依法从轻处罚。王某、史某甲到案后如实供述犯罪事实，自愿认罪认罚，犯罪情节较轻，有悔罪表现，宣告缓刑对所居住社区没有重大不良影响，可对二人分别予以从轻处罚并宣告缓刑。

关于某区医院的辩护人所提辩护意见，经查：某区医院具有认罪认罚情节，可依法从轻处罚，在决定从宽幅度时对该医院的公益性质一并酌情考虑。辩护人所提辩护意见成立，予以采纳。

关于王某的辩护人所提辩护意见，经查：1. 刑法将串通投标罪规定在破坏社会主义市场经济秩序犯罪的章节中，该罪所保护的法益包括公平竞争的市场秩序、其他投标人的利益等，涉案项目如期完工、尚未发现质量问题不能成为对王某从轻处罚的依据。辩护人所提相关辩护意见不能成立，本院不予采纳。2. 王某到案后如实供述犯罪事实，自愿认罪认罚，犯罪情节较轻，有悔罪表现，宣告缓刑对所居住社区没有重大不良影响，可对其依法从轻处罚并宣告缓刑。辩护人所提相关辩护意见成立，本院予以采纳。

关于史某甲的辩护人所提辩护意见，经查：1. 史某甲参与串通投标虽系领导授意，但其是串通投标犯罪的直接责任人，系主犯；史某甲因何某被羁押后担心受贿事发，将钱款退还而非主动上交，不应认定为积极退赃。辩护人所提相关辩护意见不能成立，本院不予采纳。2. 史某甲到案后如实供述犯罪事实，自愿认罪认罚，可对其依法从轻处罚。辩护人所提相关辩护意见成立，本院予以采纳。

法院判决：一、被告单位某区医院犯串通投标罪，判处罚金人民币五万元。二、被告人王某犯串通投标罪，判处有期徒刑一年三个月，缓刑一年三个月，并处罚金人民币一万元。三、被告人史某甲犯串通投标罪，判处有期徒刑十个月，并处罚金人民币一万元；犯受贿罪，判处有期徒刑一年，并处罚金人民币十万元；决定执行有期徒刑一年六个月，缓刑一年六个月，并处罚金人民币十一万元。四、在案扣押人民币十一万元在关联行贿案件中进行处理；其余物品由扣押机关依法处理。

### 法官评析

在当下社会，大家更加注重公平公正的竞争环境，对于各类商业事项、工程，多会采取招投标的竞争方式，从而选出更合适的供应商。为了保证招投标能发挥其应有的作用，除了有《中华人民共和国刑法》第二百二十三条规定的串通投标罪，还有《中华人民共和国招标投标法》及《中华人民共和国招标投标法实施条例》，多方位规范招投标行为。本则案例集中反映了串通招投标罪在司法适用中存在多个难点，详细分析如下：

**一、串通招投标行为对应的工程质量合格且未造成经济损失，是否构成该罪**

（一）串通招投标行为

《中华人民共和国刑法》第二百二十三条规定的串通投标罪是指投标人之间串通投标价格，投标人和招标人之间串通。本案涉及的就是招标人与投标人、招标代理机构的共同串通，主要方式是组织围标、陪标，最终使特定投标人中标。

（二）串通投标罪的构成要件

串通投标罪，是指投标人相互串通投标报价，损害招标人或者其他投标人利益，或者招标人与投标人串通投标，损害国家、集体、公民的合法权益，扰乱市场经济秩序，情节严重的行为。《中华人民共和国刑法》第二百二十三条规定："投标人相互串通投标报价，损害招标人或者其他投标人利益，情节严重的，处三年以下有期徒刑或者拘役，并处或者单处罚金。投标人与招标人串通投标，损害国家、集体、公民的合法利益的，依照前款的规定处罚。"据此分析，串通投标罪的构成要件是：

1. 客体要件。本罪侵犯的客体是投标市场秩序，串通投标违背了公平公正竞争原则，严重扰乱市场管理秩序，损害了招标人或其他投标人、国家、集体或公民个人的合法权益。

2. 客观要件。在客观方面表现为串通投标行为，主要包括投标人互相串通投标报价以及招标人与投标人串通投标两种类型。串通投标将造成招标人无法达到最佳的竞标结果或者其他投标人无法在公平竞争的条件下参与投标竞争而受到损害，这种损害必须达到"情节严重"的程度才构成本罪。"情节严重"的认定，目前通说观点是参照《最高人民检察院、公安部关于公安机关管辖的刑事案件立案追诉标准的规定（二）》第六十八条规定："〔串通投标案（刑法第二百二十三条）〕投标人相互串通投标报价，或者投标人与招标人串通投标，涉嫌下列情形之一的，应予立案追诉：（一）损害招标人、投标人或者国家、集体、公民的合法利益，造成直接经济损失数额在五十万元以上的；（二）违法所得数额在二十万元以上的；（三）中标项目金额在四百万元以上的；（四）采取威胁、欺骗或者贿赂等非法手段的；（五）虽未达到上述数额标准，但二年内因串通投标受过二次以上行政处罚，又串通投标的；（六）其他情节严重的情形。"

有观点认为，可以将"串通报价"类推解释为"串通其他可能影响中标的实质条件"，这样的解释本质上是不利于行为人的类推，应当被严格禁止。因此，在目前刑法未作明文规定的情况下，投标人之间串通其他可能影响中标的实质条件，不构成串通投标罪，仅能使用行政措施进行规制。

3. 主体要件。本案犯罪主体是特殊主体，限于招标人和投标人；涉及串通投标的招标代理机构、评标委员会与参与串通行为的招标人、投标人构成共同犯罪，也可成为本罪的犯罪主体。自然人和单位均可构成本罪的主体。

4. 主观要件。在主观方面表现为直接故意，即串通投标行为人以排挤竞争对手为目的积极采取不正当的串通投标行为，且明知该行为将损害招标人、其他投标人或者国家、集体的合法权益，过失不构成串通投标罪。[①]

上述案例中，被告人属于投标人或招标人，符合主体要件；被告人均明知自己的行为系以排除其他竞争对手为目的而采取的不正当的串通投标行为，将损害其他投标人的合法权益或国家、集体的合法权益，符合主观要件；投标人和招标人与招标代理机构串通，采取围标、陪标的方式，实质上排除了

---

① 孙逊、白如银：《串通投标情节严重的构成串通投标罪》，载《中国招标》2016年第46期。

其他投标人参与的可能性，实施了串通投标的客观行为；被告人所实施的客观行为，直接导致此次公开招标不再具有应有的公平公正竞争性，且涉案工程项目金额巨大，即使在案发时尚未发现工程出现问题等直接损失，也严重侵害了市场管理秩序，符合客体要件。被告人的行为均已符合串通投标罪的构成要件，工程质量合格且未造成经济损失并非本罪的出罪要件，故仍应以构成要件为标准来判断是否应以串通投标罪追究刑事责任。

## 二、串通投标罪是否适用先行后刑

（一）有关法律条款需要更明确的操作标准

《中华人民共和国刑法》第二百二十三条串通投标罪规定的"情节严重"，多数观点认为应参考《最高人民检察院、公安部关于公安机关管辖的刑事案件立案追诉标准的规定（二）》第六十八条的规定，而对"损害招标人或者其他投标人利益"这一概念却缺乏司法解释或者是其他规定对其进行界定。这使得串通投标罪在司法实践定罪量刑中需要更明确的判断与操作标准，否则可能导致该罪适用范围的任意扩张。

（二）行政处罚与刑事处罚界限模糊

根据刑法的谦抑性原则，串通投标的行为在未达到刑法规定的具有严重社会危害性的情况下，应当适用行政处罚，但相关司法解释对串通投标罪的入罪标准没有考虑到行政处罚适用空间的问题。[1] 根据《最高人民检察院、公安部关于公安机关管辖的刑事案件立案追诉标准的规定（二）》第六十八条第三项的规定，只要是中标项目金额在四百万元以上的，就属于《中华人民共和国刑法》第二百二十三条所说的"情节严重"，而国内建筑施工招投标项目的起点造价就是二百万元，这样的规定也就意味着并非所有串通投标行为都被列入刑事追诉范围，串通投标行政处罚仍有适用的空间。可考虑通过修正相关司法解释，使行政处罚与刑事处罚界限更加合理，避免对串通投标行为的处理中出现"以刑代行"现象。

（三）违反《中华人民共和国招标投标法》等与招投标有关的行政法律法规系本罪的不成文构成要件

刑法分则犯罪的构成要件有成文的构成要件与不成文的构成要件之分，成文的构成要件要素，是指刑法明文规定的构成要件要素；不成文的构成要

---

[1] 孙逊、白如银：《串通投标情节严重的构成串通投标罪》，载《中国招标》2016年第46期。

件要素，则是刑法表面上没有明文规定，但根据刑法条文之间的相互关系、刑法条文对相关要素的描述所缺的，成立犯罪所必须具备的要素。

《中华人民共和国刑法》第二百二十三条规定，"投标人相互串通投标报价，损害招标人或者其他投标人利益，情节严重的"，构成串通投标罪。该条并未像其他法定犯那样规定"违反……规定"，如规定"违反招标投标法规定"，导致实务中就是否要根据有关招投标法律法规的规定认定犯罪的成立存在争议。这些争议不但影响了串通投标罪司法适用的统一性，更冲击了刑事法治原则——罪刑法定的保障效果。

《中华人民共和国刑法》第九十六条规定："本法所称违反国家规定，是指违反全国人民代表大会及其常务委员会制定的法律和决定，国务院制定的行政法规、规定的行政措施、发布的决定和命令。"从该规定可以看出，所谓国家规定，包括全国人民代表大会及其常务委员会的规定和国务院的规定。综观刑法分则，自然犯不存在也不需要"违反国家规定"这一构成要件要素，规定了"违反国家规定"的都是法定犯，只不过有的直接表述为"违反国家规定"，如《中华人民共和国刑法》第二百八十五条规定"违反国家规定，侵入国家事务、国防建设、尖端科学技术领域的计算机信息系统的"构成非法侵入计算机信息系统罪；有的则表述为违反某个具体的国家规定，如《中华人民共和国刑法》第四百三十五条"违反兵役法规，逃离部队，情节严重的"行为构成逃离部队罪。然而，由于法律漏洞的存在，也可能由于法定犯立法简略性使然，部分法定犯并没有在刑法条文中规定概括性的或具体的"违反国家规定"这一构成要件要素，《中华人民共和国刑法》第二百二十三条规定串通投标罪即为示例。

法定犯的违法性首先是违反行政法，即行政违法性；其次是违反刑事法，即刑事违法性。刑事违法不是对行政违法的否定或者替代，而是在行政违法基础之上的二次违法，即由行政领域递进到刑事领域的违法。

《中华人民共和国招标投标法》《中华人民共和国招标投标法实施条例》《中华人民共和国政府采购法》《中华人民共和国反不正当竞争法》《中华人民共和国建筑法》等与招投标有关的行政法律法规，其内容在实质上影响着串通投标罪的犯罪认定以及国家刑罚权的适用范围，故"违反招投标相关法律规范"在本质上即构成要件要素之一部分。增加"违反招投标相关法律规范"作为串通投标罪不成文的构成要件要素，是从法教义学角度强化对法益的保护，也是罪刑法定原则在法定犯领域的体现。

### 三、案例的指导意义

本则案例主要针对工程质量验收合格的串通招投标行为，被告人所实施的客观行为，直接导致此次公开招标不再具有应有的公平公正竞争性，且涉案工程项目金额巨大，即使在案发时尚未发现工程出现问题等直接损失，仍严重侵害了市场管理秩序，符合客体要件。被告人的行为均已符合串通投标罪的构成要件，工程质量合格且未造成经济损失并非本罪的出罪要件，故仍应以构成要件为标准来判断是否应以串通投标罪追究刑事责任。

## 三、合同诈骗罪

### 8.3 签发空头支票骗取货物及低价骗取买方资金行为定性
——韩某合同诈骗案[①]

> **关 键 词**：低价骗取买方资金　空头支票
>
> **问题提出**：韩某签发空头支票骗取 C 公司货物的行为是否构成票据诈骗罪？低价吸收买方资金属于诈骗行为还是合同诈骗行为？
>
> **裁判要旨**：由于涉案的两张银行承兑汇票的具体交付过程不清楚，因此对于认定韩某将签发空头支票作为骗取 C 公司货物的手段的证据并不充分，不宜认定为票据诈骗罪。一方面，韩某以高买低卖的价格诱惑被害单位与其签订购销合同；另一方面，韩某在没有实际履行能力的情况下，又通过先履行小额合同或者部分履行合同的方法取得被害单位信任，诱骗被害单位继续签订和履行合同，先后骗取多个被害单位巨额财物，其行为已构成合同诈骗罪。

---

[①] 该案例系笔者根据真实案例改编。

## 案情简介

公诉机关：某市检察院

被告人：韩某

被告人韩某于 2013 年 11 月至 2014 年 12 月期间，采取以其实际控制的 A 公司分别与 B 公司、C 公司等三家公司签订有关某自动化产品的购销合同，采用先收货后付款、仅支付小额货款等手段，骗取上述三家被害单位某自动化产品；分别与 D 公司等九家单位签订有关某自动化产品的购销合同，借用 E 公司与 F 公司签订购销合同，采用先付款后供货、仅交付部分货物等手段，骗取上述十家被害单位货款。韩某骗取财物共计价值人民币 5600 余万元并非法占有。

## 各方观点

**公诉人观点：**

被告人韩某作为 A 公司直接负责的主管人员，以非法占有为目的，在签订、履行合同过程中，骗取对方当事人财物，数额特别巨大、情节特别严重，应当以合同诈骗罪追究其刑事责任。

**上诉人（原审被告人）韩某观点：**

对起诉书指控其所犯合同诈骗罪的事实不持异议，但辩解称其与涉案公司之间均为正常经营往来，并无诈骗故意。A 公司与大部分涉案公司早有业务往来，亦能够正常履行合同，2013 年公司进货渠道变化导致货物进价有所提升，但由于已经签订合同故而仍然维持较低出货价格，最终导致公司大额亏损。其在控制经营 A 公司的过程中，主观上没有非法占有他人财物的故意，客观上也没有诈骗行为，亦未转移、隐匿财产，应属民事纠纷而非刑事犯罪。韩某与涉案 13 家公司合作最早始于 2010 年，且均不只有一份合同，出现高买低卖情况是由于市场行情变化导致货物进价提高。韩某与 B 公司等三家关联公司之间的欠款金额应为 788 万余元而非指控的 845 万元。侦查机关未对 A 公司的财务账目进行司法审计，导致一审判决认定的合同诈骗事实不清，证据不足，定性错误；韩某在案发前已经履行了 A 公司与涉案公司所签合同的 90%，又主动与被害单位确认欠款数额，从未逃避或转移资金，还用家庭所有财产积极还款，本案属于债权债务纠纷。其是在公司正常经营过程中产生的债务纠纷，未虚构事实或隐瞒真相，亦未以非法占有为目的骗取被害单位货款或货物，不构成合同诈骗罪。

### 法院观点

**一审法院观点：**

被告人韩某作为 A 公司直接负责的主管人员，以非法占有为目的，在签订、履行合同过程中，采取虚构事实、隐瞒真相的手段，骗取对方当事人财物，其行为已构成合同诈骗罪。北京市人民检察院第一分院指控韩某犯合同诈骗罪的事实清楚，证据确实、充分，定性准确，指控罪名成立。韩某所犯合同诈骗罪数额特别巨大，给被害单位造成重大财产损失，犯罪情节特别严重，依法应予惩处。

对于被告人韩某的辩护人所提韩某对 B 公司等三家关联公司的欠款金额应为 788 万余元而非 845 万元的辩护意见，经查：未结清合同统计表、催款单、欠货款明细、关于 A 公司欠 B 公司货款说明等证据显示，A 公司尚欠 B 公司 845 万余元。经韩某签字、A 公司盖章确认的声明中，亦载明 A 公司尚欠 B 公司 800 余万元货款。辩护人虽然提出欠款金额有误的辩护意见，但未提交相关证据予以佐证，且未合理解释在案证据内容。故该辩护意见，并无事实依据，不予采纳。

对于被告人韩某及其辩护人所提因 2013 年 A 公司进货渠道变化导致货物进价有所提升，而销售合同早已签订完成，故出现高买低卖最终导致公司大额亏损，韩某并未实施诈骗行为的辩解及辩护意见，经查：韩某及其辩护人均未向法庭提交 A 公司于 2013 年进货渠道及进货价格变化的相关证据，亦未提出进货渠道变化的合理原因。而在案证据显示，韩某使用 A 公司、E 公司等十家下游公司签订的销售合同中，仅有 E 公司与 F 公司签订了一年期订货合同，其余均为即时合同，且该合同签订于 2014 年初，其时 A 公司已经开始从涉案上游公司进货，并面临经营亏损局面，并不存在被迫受制于长期合同的情形。而且，韩某所称涉案金额均为公司亏损，但该金额高达 5600 余万元，并非一蹴而就。韩某作为公司实际控制人，面临经营环境变化、公司负债持续攀升，本应积极改进公司运营模式减少亏损，而其却不积极积累资金归还货款，持续高买低卖，最终导致被害单位巨额损失。故前述辩解及辩护意见，并无事实依据，均不予采纳。

对于被告人韩某及其辩护人所提韩某在控制经营 A 公司的过程中，主观上没有非法占有他人财物的故意，没有转移、隐匿财产，该案属于民事纠纷而非诈骗犯罪的辩解及辩护意见，经查：A 公司负责人韩某在上游公司交付货物、下游公司支付货款前，均承诺按照合同约定期限支付货款、交付货物。然而 A 公司根本不具有相应履约能力，完全是依靠空头支票预支其他被害单位的货物、货款来勉强维持经营。韩某作为 A 公司的实际控制人，不仅完全掌握公司日益增加的负债情况，而且明知自身不具有还款能力，仍然向被害单位隐瞒真相，取得货物、货款后不合理经营、不积极积累资金归还货款，持续使用"拆东墙，补西墙"的经营模式，足见其对于 A 公司资金链断裂、被害单位损失无法弥补的结局持放任态度。韩某非法占有被害单位货物、货款的主观故意显而易见。故上述辩解及辩护意见，并无事实依据，均不予采纳。

一审法院判决：一、被告人韩某犯合同诈骗罪，判处无期徒刑，剥夺政治权利终身，并处没收全部财产。二、责令被告人韩某退赔人民币五千六百七十二万五千七百七十六元二角一分，按比例发还各被害单位。

**二审法院观点：**

上诉人韩某身为 A 公司直接负责的主管人员，以非法占有为目的，在签订、履行合同过程中，采取虚构事实、隐瞒真相的手段，骗取对方当事人的财物归 A 公司所有，其行为已构成合同诈骗罪，且犯罪数额特别巨大，给被害单位造成重大财产损失，犯罪情节特别严重，依法应予惩处。一审法院根据韩某犯罪的事实、性质、情节及对于社会的危害程度所作的判决，事实清楚，证据确实、充分，定罪及适用法律正确，量刑适当，审判程序合法，应予维持。

对于韩某所提上诉理由及其辩护人所提辩护意见，经查：韩某作为 A 公司的实际控制人，明知本公司只是依靠空头预支其他被害单位的货物、货款来勉强维持经营，却在公司不具备实际履约能力的情况下，虚构事实，隐瞒公司真实财产状况，以 A 公司或借用的 E 公司名义，分别与十余家被害单位签订购销合同，骗取被害单位交付的货物或支付的货款用于公司经营。由于 A 公司持续采取高买低卖、"拆东墙，补西墙"的经营模式，导致资金链断裂，无法按合同约定履行交付货物或支付货款的义务，给被害单位造成了巨额财产损失，以上事实足以证明韩某对涉案款项具有非法占有的主观故意，其行为符合合同诈骗罪的犯罪构成,应作为公司直接负责的主管人员承担刑事责任。经一审判决确认的各项证据系司法机关依法调取,作为定案依据已能够证明案件事实,审计A公司经营状况的结果并不能改变对韩某行为性质的认定,对辩护人所提司法审计的申请,予以驳回。韩某及其辩护人关于本案属于民事纠纷的辩点,与在案查明的事实和证据相悖。一审法院以合同诈骗罪对韩某所作判决,定罪量刑均无不当。韩某所提上诉理由及其辩护人所提辩护意见,缺乏事实及法律依据,均不予采纳。

二审法院裁定:驳回上诉,维持原判。

### 法官评析

**一、韩某行为性质的认定**

(一) 韩某签发空头支票骗取C公司货物的行为不构成票据诈骗罪

本案例中,司法认为韩某签发空头支票系合同诈骗罪的一部分,不宜认定为票据诈骗罪。但笔者认为,韩某的行为已构成票据诈骗罪,理由如下:

首先,韩某向C公司签发的支票属于空头支票。韩某向C公司签发的两张支票是银行支票,然而从实际签发日到发票写明的出票日,A公司账户内的资金一直不足以支付任何一张支票的票面金额。出票日届期后,C公司到银行入票,银行经审查后,以"空头支票"的理由将这两张支票予以退票。现有证据可以证实,韩某向C公司签发的两张支票显系空头支票。

其次,两份合同签署后,韩某立刻签发了支票,并交给了C公司,继而提走了货物。韩某承认,她向C公司的吴某隐瞒了该支票系空头支票的事实,只是告诉对方,支票系延期支票。而在实际支付支票的当天,A公司的孟某中、王某溪、李某斌等人就提走了货物。吴某的证言证明,他确实信赖韩某签发的支票真实有效,而己方已经取得货物的对价。韩某显然是通过签发空头支票的行为骗取了C公司的货物。

再次,现有证据可以证实,韩某对C公司的货物存在非法占有的目的。从C公司骗取的货物,嫌疑人韩某又卖给了D公司等公司,依据相关的供销合同、出库入库凭单等书证证实,韩某的出货价低于进货价,这样的经营行为没有盈利的可能,其所能收回的钱款,也不足以偿还欠C公司的货款。况且根据韩某的供述,当时其公司已经巨额亏损,高进低卖根本无法实际盈利,只能偿还之前的部分债务,填补小部分窟窿。并且,韩某把C公司的货物变卖后，其所得既不足以清偿对 C 公司的债务，也未用于清偿对 C 公司的债务，据韩某自己供认，她已经将 C 公司货物的变卖所得用于清偿公司的其他债务。

最后，韩某用空头支票骗取 C 公司货物的行为已经构成票据诈骗罪，其以出具延期说明作为辩解不能改变对之前行为的定性。虽然韩某辩解称自己在支票到期后通过传真和快递的方式向 C 公司出具了说明，告知 C 公司因公司资金出现问题，支票无法给付，恳请 C 公司暂时不要到银行入票，但韩某以非法占有为目的骗取 C 公司货物的行为在提货的时候已经既遂，因此其在支票到期后出具说明，并不能改变对之前行为的定性。

在案韩某辩解，A 公司在提货时为 C 公司开具了延期支票，但是当时 C 公司并没要这两张支票，实际上 C 公司是在 A 公司提货后方才找 A 公司要支票。对此，虽然 C 公司证明涉案的两张延期支票均系 A 公司在提货前开出并交付给 C 公司，但无论是该公司销售人员吴某，还是该公司法定代表人潘某，对于 A 公司交付 C 公司上述两张支票的过程均不能具体陈述说明；A 公司王某称一般由 A 公司出纳或者 C 公司吴某将支票或承兑汇票带到 C 公司，交给 C 公司财务办理审核后进行下单出库，A 公司再安排库房提货，但对于涉案两张延期支票的开具日期及具体经过记不清了；王某涉案的两张延期支票系应 C 公司要求开出，由吴某把支票取回并通知库房出库，后 A 公司把货物取回，但是王某对于支票开出的过程亦不能详细说明，并且王某与韩某系男女朋友关系，如其意识到其证言对韩某不利，其证言很有可能发生变化。

综上，涉案的两张银行承兑汇票的具体交付过程不清楚。故将该笔事实认定为合同诈骗罪，具体理由如下：第一，由于涉案的两张银行承兑汇票的具体交付过程不清楚，因此对于认定韩某通过签发空头支票作为骗取 C 公司货物的手段的证据并不充分；第二，韩某签发延期支票的行为对于票据管理制度的侵犯并不明显；第三，如果同时分别认定构成票据诈骗罪、合同诈骗罪，则需要数罪并罚，检察院并未以此提起公诉，从有利于被告人的角度，宜作为合同诈骗罪一罪处理。

（二）韩某的其他行为构成合同诈骗罪

合同诈骗行为与民事欺诈行为往往难以区分，但是审理刑事案件时，是否需要明确区分二者，其实意义不大。民法上的民事欺诈概念，并没有将合同诈骗排除在外，而是包括刑法上的合同诈骗行为。换言之，民事欺诈与合同诈骗是一种包容关系，合同诈骗只是民事欺诈中的特殊情形。民法上的民事欺诈行为，也可能触犯刑法上的诈骗罪、合同诈骗罪。一个案件事实，总是具有多重属性，常常牵涉多项法律，以不同的法律规范为指导归纳、评价案件事实，就会得出不同结论。据以指导的法律规范不同，对案件事实得出的结论就不同。于是，有的人会以民法规范为指导讨论案件，认为案件事实属于民事欺诈；有的人会以刑法规范为指导讨论案件，认为案件事实构成合同诈骗罪。显然不能认为，只要在民法上得出了案件事实属于民事欺诈的结论，就不能从刑法上得出案件事实构成合同诈骗罪的结论。认为民事欺诈不构成犯罪的观点，可谓没有以刑法规范为指导归纳案件事实，是以民法为指导的归纳与判断，取代了以刑法规范为指导的归纳与判断。如果认为，只要某种案件事实符合其他法律的规定，就不得再适用刑法，那么，刑法必然成为一纸空文。例如，遇到杀人、伤害等案件时，人们都可以说"这在民法上属于侵权行为"，事实上，民法理论也经常将杀人、伤害案件作为侵权案例讨论。但是，法官绝不能以此为由，否认杀人、伤害行为构成刑法上的杀人罪、伤害罪。因为杀人行为、伤害行为既是民法上的侵权行为，也是刑法上的犯罪行为，所以以案件事实符合其他法律为由否认其符合刑法规定的构成要件，并不妥当。基于同样的理由，以案件事实属于民事欺诈为由否认其构成刑法上的合同诈骗罪，明显不当。

回归到本案的犯罪行为，仍应以合同诈骗罪的构成要件来分析行为人的行为是否构罪。

一方面，行为人存在欺骗行为。本案中，A公司负责人韩某在上游被害单位交付货物、下游被害单位支付货款前对被害单位承诺按照合同约定期限向上游被害单位支付货款、向下游被害单位交付货物，然而A公司实际上根本不具有付款能力，A公司实际系采用了虚构事实、隐瞒真相的诈骗手段。

另一方面，行为人具有非法占有目的。韩某作为A公司的实际负责人，在向被害单位隐瞒真相的情况下，在自己本不具有还款能力的情况下，取得货物、货款后不合理经营、不积极地积累资金归还货款，而是继续"拆东墙，补西墙"，对于可能造成的无法归还货款的后果具有明显放任的心理态度。

（三）韩某的行为不应认定为诈骗罪

合同诈骗罪是利用合同骗取他人财物，以此区别于诈骗罪。

合同诈骗罪诈骗的必须是合同项下的财物，如果骗取的不是合同项下的财物，则构成普通诈骗罪。合同诈骗罪作为特殊诈骗犯罪在诈骗方法和对象上有其特定性。

首先，合同诈骗罪表现为"利用合同"进行诈骗，也就是说诈骗行为必须是发生在合同的签订、履行过程中，而不能在这之前或之后。任何合同的订立都应以履行为目的，签订行为使合同双方的权利义务关系予以固定化，从而为之后的履行得以顺利进行创造条件。而在合同诈骗犯罪的实施中，合同的签订、履行过程，实际上就是行为人实施虚构事实、隐瞒真相的过程，如行为人以虚构的单位或者冒用他人名义签订合同，以伪造、变造、作废的票据或者其他虚假的产权证明作担保的；没有实际履行能力、以先履行小额合同或者部分履行合同的方法，诱骗对方当事人继续签订和履行合同，从而骗取对方当事人给付的货物、货款、预付款或者担保财产等。同时，研究合同的签订和履行过程，对认定合同诈骗罪的司法意义在于，可以根据行为人在签订合同或履行合同时的履约能力和其他因素，判断行为人是否实施了虚构事实和隐瞒真相的手段，从而进一步认定行为人的真实意图即是否具有非法占有的目的。

其次，合同诈骗犯罪的行为人非法占有的财物应当是与合同签订、履行有关的财物，如合同标的物、定金、预付款、担保财产、货款等。对于合同诈骗罪的行为人而言，签订、履行合同的目的不在于合同的成立生效和本身的履行，而是对合同标的物或定金等与签订、履行合同有关的财物的非法占有，而被害人也正是由于受骗陷入错误认识而"自愿"为了保证合同订立生效或按照合同的约定向诈骗人交付与合同内容相关的财物。如果行为人在与他人签订或履行合同的过程中，以其他与合同无关的事由为借口，骗取他人钱财的，则不是合同诈骗。

回归到本案案情，诈骗罪与合同诈骗罪的区别主要在于是否发生在市场经济活动中，是否存在口头或者书面形式的合同，并且是否在签订、履行合同过程中有骗取对方当事人财物的行为。本案中，通过上述分析可以看出，一方面，韩某以高买低卖的价格诱惑被害单位与其签订某自动化产品的购销合同；另一方面，韩某在没有实际履行能力的情况下，又通过先履行小额合同或者部分履行合同的方法取得被害单位信任，诱骗被害单位继续签订和履行合同，先后骗取多个被害单位巨额财物，其行为已构成合同诈骗罪，而并非利用这些合同作为诈骗手段实施的诈骗行为，所以应认定为合同诈骗罪。

### 二、案例的指导意义

本则案例对涉及票据的合同诈骗行为进行对比分析，对于承兑汇票的具体交付过程不清楚的情况，认定韩某通过签发空头支票作为骗取 C 公司货物的手段的证据并不充分，且韩某签发延期支票的行为对于票据管理制度的侵犯并不明显，故不宜认定票据诈骗罪。对合同诈骗罪和诈骗罪进行对比分析，合同诈骗罪表现为"利用合同"进行诈骗，行为人非法占有的财物应当是与合同签订、履行有关的财物，如果不符合该特征，则宜认定为诈骗罪。

# 四、非法经营罪

## 8.4 非法销售烟草制品的罪名认定
——章某非法经营案[①]

> 关 键 词：销售烟草专卖品　罪名认定　罪数形态
>
> 问题提出：行为人无烟草专卖许可证并且同时销售合格香烟和假冒伪劣香烟，应该如何定罪？
>
> 裁判要旨：行为人非法销售真烟和非法销售假烟的数额单独计算均不构成犯罪时，非法销售真烟和假烟的行为可以合并评价为非法经营行为，累计数额后构成非法经营罪的，以非法经营罪定罪处罚。

### 案情简介

公诉机关：北京市某区人民检察院

上诉人（原审被告人）：章某

2017 年 11 月至 2018 年 1 月间，被告人章某在其经营的位于北京市某区某便民超市内，无《烟草专卖零售许可证》非法经营烟草专卖品。2018 年 1

---

[①] 此案例为笔者根据工作、研究经验，为具体说明相关法律问题，编辑加工而得。

月9日，北京市某区烟草专卖局稽查人员在依法对被告人章某经营的超市进行执法检查时，发现该超市非法经营烟草专卖品，并当场起获了用于出售的共计32个品种的312条卷烟。经核查，上述涉案卷烟制品总价值人民币71103.77元。经鉴定：涉案的烟草专卖品中，真品卷烟82条，总价值为人民币24075.2元。假冒注册商标且为伪劣卷烟的有230条，总价值为人民币47028.57元。

### 各方观点

**公诉机关观点：**

被告人章某违反国家规定，未经烟草专卖行政主管部门许可，无烟草专卖零售许可证经营烟草专卖品，扰乱市场秩序，情节严重，其行为已构成非法经营罪。

**上诉人（原审被告人）章某观点：**

章某非法经营的犯罪数额未达到立案追诉标准，不应追究刑事责任。

### 法院观点

**一审法院观点：**

被告人章某违反国家规定，未经烟草专卖行政主管部门许可，无烟草专卖零售许可证经营烟草专卖品，扰乱市场秩序，情节严重，其行为已构成非法经营罪，应予惩处。北京市某区人民检察院指控被告人章某犯非法经营罪的事实清楚，证据确凿，指控罪名成立。鉴于被告人章某到案后如实供述自己的罪行，本院依法对其从轻处罚。

一审法院判决：一、被告人章某犯非法经营罪，判处有期徒刑六个月，罚金人民币二万元。二、扣押于北京市某区烟草专卖局的全部涉案卷烟依法予以没收。

**二审法院观点：**

对于上诉人章某的辩护人所提辩护意见，经查：在案章某的供述，证人魏某、李某、赵某证言，烟草专卖局涉案烟草专卖品核价表，检验报告，扣押物品图片等证据证明，章某在无烟草专卖零售许可证的情况下经营烟草专卖品，非法经营数额人民币7万余元，已属于情节严重，章某的行为符合非法经营罪的构成要件，应予追诉，辩护人的相关辩护意见，缺乏事实和法律依据，本院不予采纳。

上诉人章某违反国家规定，未经烟草专卖行政主管部门许可，无烟草专卖零售许可证，非法经营烟草专卖品，情节严重，其行为已构成非法经营罪，依法应予惩处。鉴于章某到案后能够如实供述自己的罪行，依法可对其从轻处罚。章某关于原判量刑过重，请求再予从轻处罚的上诉理由，缺乏法律依据，本院不予采纳。一审法院根据章某犯罪的事实、犯罪的性质、情节及对于社会的危害程度所作出的判决，事实清楚，证据确实、充分，定罪及适用法律正确，量刑适当，审判程序合法，应予维持。

二审法院裁定：驳回上诉，维持原判。

### 法官评析

#### 一、无烟草专卖许可证且同时销售假烟行为的构罪分析

由于非法经营罪与其他市场经济秩序、社会管理秩序类犯罪存在多种交叉关系，导致非法经营罪存在广泛的想象竞合关系。烟草专卖品属于专营专卖品，未取得相关许可而擅自销售烟草专卖品的，可能构成非法经营罪。销售假冒伪劣烟草专卖品还可能构成生产、销售伪劣产品罪，销售假冒注册商标的商品罪。根据《最高人民法院、最高人民检察院关于办理非法生产、销售烟草专卖品等刑事案件具体应用法律若干问题的解释》第五条的规定，应从一重罪论处。实践中普遍存在的情况是行为人无烟草专卖许可证并且同时销售合格香烟和假冒伪劣香烟，因现实个案情况复杂多样，罪数形态应如何认定，实务界和理论界都存在一定的争议。

本案经鉴定：涉案的烟草专卖品中，真品卷烟82条，总价值为24075.2元。假冒注册商标且为伪劣卷烟的有230条，总价值为47028.57元。对于涉案的价值24075.2元的真烟和价值47028.57元的假烟能否累计评价存在两种意见。一种意见认为，销售真烟和假烟是不同的行为，侵犯不同的法益，不能一并评价。本案中销售真烟和销售假烟的数量都没有达到立案标准，故本案被告人没有刑罚处罚的必要。另一种意见认为，非法经营罪侵犯的法益是市场准入秩序，不在于经营的对象是否为合格产品。在未取得烟草专卖许可的情况下，销售合格烟草专卖品和销售假冒伪劣烟草专卖品都具有非法经营性，因此本案中无证销售真烟和假烟的行为可以一并评价，累计的数额达到非法经营罪的定罪处罚标准。

笔者同意第二种意见，理由如下：

一方面，将假烟评价为非法经营罪的客体符合非法经营罪法益保护的目的和罪刑法定原则。《中华人民共和国刑法》第二百二十五条列明了四项条款对非法经营行为进行规制。① 本案中被告人的行为对应第一项规定的"未经许可"出售烟草专卖品，侵犯了烟草市场的准入秩序。市场准入秩序本质上是对经营主体资格的限制，但在实际的市场经济运行过程中，主体、行为、对象是并存的，一个不适格的主体同时还可能实施不适格的行为。《中华人民共和国刑法》第一百四十条规定的生产、销售伪劣产品罪，第二百一十四条规定的销售假冒注册商标的商品罪，就是对市场经营行为的限制，要求不得生产或者销售伪劣产品，不得销售假冒注册商标的产品。烟草本身是要经过许可才可经营，有的经营者未经许可而生产、销售烟草，而其生产、销售的又是假冒伪劣的烟草，则该行为不仅侵犯了烟草市场的准入秩序，还侵犯了烟草市场的交易秩序、竞争秩序，同时构成非法经营罪、生产、销售伪劣产品罪和销售假冒注册商标的商品罪。市场准入秩序在市场秩序中是作为前置性规范而存在的，无证销售假烟首先具有违反前置性规范的非法经营性。不考虑销售假烟的假冒伪劣性，只考虑非法经营性，这样的评价方式不违反罪刑法定原则，也没有歪曲事实本身，在非法经营层面上，将无证销售真烟和假烟的数额合并计算并无不当。

另一方面，将非法销售真烟和假烟的数额累计计算符合罪刑相适应的原则。根据《最高人民法院、最高人民检察院关于办理非法生产、销售烟草专卖品等刑事案件具体应用法律若干问题的解释》及《最高人民法院、最高人民检察院关于办理侵犯知识产权刑事案件具体应用法律若干问题的解释》的有关规定，以生产、销售伪劣产品罪或销售假冒注册商标的商品罪定罪处罚的案件销售金额需达到 5 万元以上，或者销售与未销售的金额合计达到 15 万元以上，可以上述两罪名的未遂来定罪处罚。非法经营罪的起刑点为非法

---

① 《中华人民共和国刑法》第二百二十五条规定："违反国家规定，有下列非法经营行为之一，扰乱市场秩序，情节严重的，处五年以下有期徒刑或者拘役，并处或者单处违法所得一倍以上五倍以下罚金；情节特别严重的，处五年以上有期徒刑，并处违法所得一倍以上五倍以下罚金或者没收财产：（一）未经许可经营法律、行政法规规定的专营、专卖物品或者其他限制买卖的物品的；（二）买卖进出口许可证、进出口原产地证明以及其他法律、行政法规规定的经营许可证或者批准文件的；（三）未经国家有关主管部门批准非法经营证券、期货、保险业务的，或者非法从事资金支付结算业务的；（四）其他严重扰乱市场秩序的非法经营行为。"

经营数额在 5 万元以上，或者违法所得数额在 2 万元以上。① 假设甲无证经营真品卷烟，未销售货值金额 7 万元，甲应以非法经营罪论处，没有问题。而本案被告人销售假烟的行为不仅侵害了烟草专卖市场秩序，而且侵害了国家有关产品质量制度和国家商标管理秩序，具有更严重的法益侵害性，不用承担任何刑事责任，将有违公平正义理念。"违法销售真烟""违法销售假烟"具有递进的违法性，根据举轻以明重的当然解释原则，可以将重行为的数额折算入轻行为的数额。将数额累计计算虽然使本应受到更重谴责的行为被视为轻行为予以定罪量刑，导致行为人应承担的责任受到一定的损耗，但这种评价方式在现行法律规定下符合罪刑相适应的原则。

在类似案件的处理中，行为人无烟草专卖许可证同时销售真烟和假烟，厘清是一罪还是数罪、确定罪数形态需要结合具体案情进行分析，坚持罪刑法定和罪刑相适应的原则。罪名认定的基本规则如下：

（一）非法销售真烟达不到非法经营罪的定罪标准，但非法销售假烟构成生产、销售伪劣产品罪，销售假冒注册商标的商品罪和非法经营罪的，从一重论处。非法销售真烟的情节可以作为从重量刑情节或累计数额以非法经营罪论处。

（二）非法销售假烟达不到生产、销售伪劣产品罪，销售假冒注册商标的商品罪和非法经营罪的定罪标准，但非法销售真烟构成非法经营罪的，累计销售真、假烟的数额以非法经营罪论处。

（三）非法销售真烟构成非法经营罪且非法销售假烟也构成生产、销售伪劣产品罪，销售假冒注册商标的商品罪和非法经营罪的，累计数额以非法经营罪论处或者销售真烟的行为以非法经营罪论处，销售假烟的行为从一重罪论处，将两行为分别定罪。

（四）非法销售真烟达不到非法经营罪的定罪标准且非法销售假烟也不构成生产、销售伪劣产品罪，销售假冒注册商标的商品罪和非法经营罪的，累计数额后构成非法经营罪的，以非法经营罪定罪处罚。累计数额也不构成非

---

① 《最高人民法院、最高人民检察院关于办理非法生产、销售烟草专卖品等刑事案件具体应用法律若干问题的解释》第三条第一款规定，非法经营烟草专卖品，具有下列情形之一的，应当认定为刑法第二百二十五条规定的"情节严重"：（一）非法经营数额在五万元以上的，或者违法所得数额在二万元以上的；（二）非法经营卷烟二十万支以上的；（三）曾因非法经营烟草专卖品三年内受过二次以上行政处罚，又非法经营烟草专卖品且数额在三万元以上的。

法经营罪的，只需进行行政处罚。

## 二、案例的指导意义

行为人非法销售真烟和假烟并存时，需厘清案情，正确适用法律。先遵循"同时构成生产、销售伪劣产品罪、侵犯知识产权犯罪、非法经营罪的，依照处罚较重的规定定罪处罚"的原则性规定，再根据举轻以明重的解释原则，高危害程度行为可以评价为低危害程度行为，即非法销售假烟的行为可以只评价其非法经营性，最后依照处罚较重的规定定罪处罚。

本案中，被告人章某非法销售合格烟草专卖品和非法销售假冒伪劣烟草专卖品的数额单计均不构成犯罪，但累计数额后构成非法经营罪，应以非法经营罪定罪处罚。

## 五、强迫交易罪

### 8.5 强迫交易罪"情节特别严重"的判断标准

——北京某甲搬家公司强迫交易案[①]

> **关 键 词**：暴力威胁　强迫交易　心理强制
>
> **问题提出**：强迫交易罪中如何判断行为人的行为达到"情节特别严重"？
>
> **裁判要旨**：强迫交易罪中的暴力、威胁手段达到足以对被害人产生心理强制即可。强迫交易罪中"情节特别严重"，主要考虑行为人对本罪所保护法益的侵害，从人身损害、财产损害、市场交易秩序破坏程度等角度分析，综合考虑交易金额、交易次数、持续时间、社会影响等多方面因素。

---

① 一审法院为北京市朝阳区人民法院，案号：（2021）京 0105 刑初 605 号，载中国裁判文书网，https：//wenshu.court.gov.cn/website/wenshu/181107ANFZ0BXSK4/index.html？docId = d2b4d3c64d2840 09b75baa11001106e5，最后访问时间：2022 年 8 月 24 日。

### 案情简介

公诉机关：北京市朝阳区人民检察院

被告单位：北京某甲搬家公司

被告人：赵某等人

2019年7月至2020年7月期间，被告单位北京某甲搬家公司（以下简称某甲公司）为攫取非法利益，其法定代表人、实际控制人赵某通过电话与客户约定较低搬运费用，诱使客户使用该公司搬家服务，后指使担任车组长的被告人徐某、任某、豆某、豆某乙、文某等人在搬运服务过程中，单方提高搬运费用，并以停止搬运、拒不离开、言语威胁等方式强迫客户支付较高服务费用，严重扰乱市场经济秩序。

### 各方观点

**公诉机关观点：**

被告单位某甲公司、被告人赵某、徐某、任某、豆某、豆某乙、文某以威胁手段，多次强迫他人接受服务，情节特别严重；被告人赵某作为公司直接负责的主管人员，徐某、任某、豆某、豆某乙、文某作为直接责任人员，应承担刑事责任。被告单位某甲公司、被告人赵某、徐某、任某、豆某、豆某乙、文某应当以强迫交易罪追究其刑事责任，提请法院依法判处。

**被告单位某甲公司、被告人赵某等人及其辩护人观点：**

1. 公诉机关指控的43起犯罪事实不是均存在强迫交易行为。2. 对于犯罪金额，因被告单位已提供了搬家服务，故相应的搬家费用应当从犯罪金额中扣除。3. 搬家人员在搬家过程中未使用暴力或软暴力行为。4. 本案不应认定为"情节特别严重"。

### 法院观点

**一审法院观点：**

被告单位某甲公司，以威胁手段强迫他人接受服务，情节特别严重；被告人赵某作为某甲公司主要负责人，组织、策划实施强迫交易行为，系对公司直接负责的主管人员；被告人徐某、任某、豆某、豆某乙、文某直接参与实施公司的强迫交易行为，系直接责任人员，被告单位某甲公司、被告人赵某、徐某、任某、豆某、豆某乙、文某的行为均已构成强迫交易罪。鉴于被告人赵某当庭认罪认罚，被告人徐某、任某、豆某、豆某乙、文某系从犯，且有坦白、认罪认罚情节，故依法对被告人赵某从轻处罚，对被告人徐某、任某、豆某、豆某乙、文某减轻处罚。在案冻结之账户、钱款一并处理。

1. 公诉机关指控的43起事实均属于强迫交易行为。本案43起犯罪事实系某甲公司基于同一经营模式实施，搬家人员为获取高额费用采用停止搬运、拒不离开、言语威胁等方式，足以使他人产生恐慌心理进而形成心理强制，属于强迫交易中的"威胁"行为。某甲公司实施行为，一方面破坏了公平竞争的市场秩序，另一方面侵害了被害人的交易自由，属于以威胁方法，强迫他人接受服务的行为，已构成强迫交易罪。

2. 本案的犯罪金额为强迫交易的数额，搬家服务所对应的费用不应从中扣除。交易价格是交易行为的一部分，强迫交易的数额中必然包含所提供服务的对价，对此应进行整体评价，且合理价格与强迫交易价格之间的差异大小，是衡量行为恶性程度的重要因素。因此，搬家服务相应费用不应从犯罪金额中予以扣除。

3. 被告人赵某作为单位犯罪中直接负责的主管人员，在该公司实施的犯罪行为中起决定、授意、指挥作用，系主犯。被告人徐某、任某、豆某、豆某乙、文某作为其他直接责任人员，在赵某的领导下，分别参与实施了几起犯罪事实，系从犯。

4. 本案强迫交易行为"情节特别严重"。从强迫交易的时间、区域跨度和对象数量来看，某甲公司在2019年7月至2020年7月长达一年的时间内，依托搬家业务实施强迫交易43起，案发区域跨本市朝阳区、丰台区、海淀区、东城区、西城区、延庆区等多地，社会影响恶劣，被告单位某甲公司实施的强迫交易行为属于"情节特别严重"。

一审法院判决：一、被告单位某甲公司犯强迫交易罪，判处罚金人民币五十万元；二、被告人赵某犯强迫交易罪，判处有期徒刑四年，罚金人民币四万元；三、被告人徐某犯强迫交易罪，判处有期徒刑二年，罚金人民币二万元；四、被告人文某犯强迫交易罪，判处有期徒刑一年十个月，罚金人民币二万元；五、被告人豆某乙犯强迫交易罪，判处有期徒刑一年十个月，罚金人民币二万元；六、被告人豆某犯强迫交易罪，判处有期徒刑一年八个月，罚金人民币二万元；七、被告人任某犯强迫交易罪，判处有期徒刑一年六个月，罚金人民币二万元；八、在案冻结之赵某在中国建设银行账户以及在中国工商银行账户内之钱款，用于执行判决主文第一项；九、在案之人民币四万四千元，予以没收。

**法官评析**

强迫交易罪，是指自然人或单位，以暴力、威胁手段强买强卖商品、强迫他人提供或者接受服务，强迫他人参与或者退出投标、拍卖，强迫他人转让或者收购公司、企业的股份、债券或者其他资产，强迫他人参与或者退出特定的经营活动，情节严重的行为。构成本罪，一方面要存在强迫交易的行为，另一方面要达到情节严重的标准。本案中最主要的争议焦点是：本案行为是否属于强迫交易行为，本案犯罪情节是否属于"情节特别严重"。

### 一、强迫交易行为的目的是实现交易

强迫交易罪的设立是为了维护市场秩序，构建公平自由的交易环境，保护经济主体的合法权利。强迫交易作为复行为犯，存在暴力、威胁等手段行为，以实现犯罪目的，单从手段行为来看，强迫交易罪与抢劫罪、敲诈勒索罪等有一定的相似之处，但是强迫交易罪的手段行为，服务于实现交易这一目的，这是强迫交易罪区别于其他暴力胁迫型财产犯罪的一大基本特征。强迫交易行为人为了实现交易目的，通过暴力、威胁等强迫手段，改变了正常的交易规则，侵犯了相对人的自由意志，也扰乱了公平自由的交易秩序。

（一）交易行为的强制性

交易是一个民事概念，是民事主体基于平等自愿的交易规则，双方进行商品或服务的交换。交易的本质是平等自愿的对价交换，交易的达成是交易双方自由意志的选择。为了适应市场经济的发展，扩大交易的内涵，其范围不再局限于商品和服务的交换，亦包括拍卖、收购转让股份、债权或其他经营活动，但不论是普通的商品、服务交易还是其他的经营活动，均应建立在交易双方平等自愿、对价交换的基础上。

具体而言，平等自愿的交易包括以下方面：一是交易人有知情权，交易建立的前提是相对人对于交易内容有明确清晰的认识，才能依照自己的自由意志决定是否交易。二是交易人具有选择权，包括选择交易内容、交易对象、交易方式等权利，即相对人可以决定自己要交易的商品或者服务是什么，选择与谁进行交易，在何时、何处以何种方式、何种价格进行交易。

三是交易人有决定权,即最终决定是否交易的权利。与交易有关的一切内容均应在交易双方之间公开透明,在此前提下双方进行平等磋商,并自主决定是否交易。

强迫交易行为,则通过暴力、威胁等胁迫手段的介入,改变了交易相对人的自由意志,强迫使其在违背自身意愿的情况下进行交易。如本案中,赵某控制的某甲搬家有限公司,以向客户提供搬家服务为主业,前期低价揽客,并故意不说明人工收费项目,让客户在不知情的情况下与该公司签订含有人工服务费的合同,而在搬家过程中或者搬家完成后,搬运工人通过拒绝继续搬运或者在客户家中纠缠停留等方式迫使客户支付高价费用。上述行为剥夺了客户对交易内容的知情权,进而使客户无法事先有效甄别交易对象,选择交易内容,交易过程中又通过威胁方式强制客户完成交易,违背了相对人的自由意志。

(二)交易行为的对价性

强迫交易罪的行为人的目的在于完成交易,而非非法占有他人钱款,因此强迫交易行为具有对价性,即使是在违背相对方意志下完成了交易,实质上也完成了对价交换。但是需要注意的是,强迫交易罪中的对价交换并不等于"等价交换",不要求交易交换的价值完全对等相当,可以高于或者低于市场价值,只要具备合理性即可。在具体认定时,要考虑超出正常价格的绝对数额,也要考虑超出的比例,若交易价格与正常市场价格相差过大,行为人显然通过暴力、胁迫等手段,强迫相对人完成交易,以此谋取较大经济利益,则可以认为行为人具有非法占有他人财物的目的,根据其行为手段认定其构成抢劫罪或者敲诈勒索罪。

因此,支付对价,是强迫交易行为的应有之义。强迫交易罪的可罚性在于,其违背了相对人的自由交易意志,破坏了公平交易秩序,因此不能以交易价格的合理而否认行为人强迫交易的事实。本案中,被害人报警后,在民警调解下,支付了较为合理的搬家服务费,但是该交易仍然是在被害人事先不清楚交易价格,事后没有选择权的情况下完成的,搬运工作已经开始甚至已经完成,被害人此时停止交易,会给自己带来更大的不便,同时在被告人的纠缠滋扰下,被害人出于无奈才完成交易,因此价格合理并不阻却被告人行为的违法性。

## 二、强迫手段足以使被害人产生心理强制

(一) 对强迫交易罪中"暴力"的理解

强迫交易的手段包括但不限于暴力、轻微暴力或暴力威胁、软暴力威胁等手段。刑法上的"暴力"指行为人非法实施的物理上的作用力,如对人的打击等。暴力是许多罪名的常见手段,如抢劫罪、强奸罪等,但是不同罪名中暴力的内涵并不相同。部分犯罪中,暴力是通过针对被害人进行物理打击以压制被害人反抗,强迫交易罪中暴力只是实现交易目的的一种手段,是为了使相对人产生恐惧心理从而与行为人完成交易,因此无需达到压制反抗的程度。

关于暴力的程度,笔者认为,构成强迫交易罪的暴力程度,达到足以使被害人产生恐惧心理,从而进行交易即可,无须对暴力的上限作出决定。若行为人实施暴力程度轻微,应当将暴力程度和被害人身体损害的严重程度,作为强迫交易罪的量刑情节予以考量。若行为人实施的暴力给被害人造成轻伤以上身体伤害,则应判断行为人是否具有伤害他人身体的主观故意,决定行为人是否构成故意伤害罪和强迫交易罪的想象竞合犯,择一重罪处理。若行为人仅具有强迫交易目的,则应将暴力程度作为量刑情节,判断是否构成情节严重或者情节特别严重。

(二) 对强迫交易罪中"威胁"的理解

威胁通常是指行为人预先告知相对人将会采取的危害内容,使相对人内心恐惧从而对相对人形成精神上的强制,使其按照行为人的意愿行事。"威胁"与"暴力"的区别就是暴力使用的是有形的物理力以达到精神强制的目的,而威胁采用的是无形的手段,通过精神强制的方法使被害人产生恐惧心理以实现交易的目的,不会直接对相对人的人身、财产造成实质损害。

2019 年 2 月最高人民法院、最高人民检察院、公安部、司法部发布的《关于办理实施"软暴力"的刑事案件若干问题的意见》指出,采用"软暴力"手段,使他人产生心理恐惧的,属于本罪中的"威胁"。"软暴力"是指行为人为谋取不法利益或形成非法影响,对他人或者在有关场所进行滋扰、纠缠、哄闹、聚众造势等,足以使他人产生恐惧、恐慌进而形成心理强制,或者足以影响、限制人身自由、危及人身财产安全,影响正常生活、工作、生产、经营的违法犯罪手段。通过上述司法解释,可以看出,行为人的威胁手段可以是多种多样的,只要使被害人形成了心理恐惧,进而形成心理强制

的，就可以认定为"威胁"。

从强迫交易罪手段行为的目的指向分析，不论行为人的手段是暴力或是威胁，其目的均是强迫他人完成交易。对于暴力手段来讲，并不需要达到足以压制被害人反抗的程度，而是足以对被害人产生心理强制力即可。可以是以实施暴力相威胁，也可以是足以使行为人产生心理强制的"软暴力"等其他威胁手段。总之，只要行为人的暴力、威胁手段使相对人产生了心理恐惧并形成心理强制，因此作为或者不作为，影响了交易的进行，就可以认定行为人实施了强迫交易的行为，如果达到情节严重标准则可以构成强迫交易罪。

### 三、强迫交易罪中"情节特别严重"的判断

强迫交易罪的构成要求犯罪行为达到"情节严重"的标准。根据《最高人民检察院、公安部关于公安机关管辖的刑事案件立案追诉标准的规定（一）的补充规定》第五条的规定，构成强迫交易罪"情节严重"的判断标准主要基于以下几个因素：第一，对被害人身体的伤害程度，行为人给被害人造成轻微伤，即可认定为"情节严重"。第二，对被害人造成的经济损失。第三，强迫交易次数、数额、手段恶劣程度、后果严重程度或社会影响的恶劣程度等，上述因素反映了行为人的主观恶性和犯罪行为的危害性。

关于强迫交易罪法定刑升格条件的"情节特别严重"的标准，目前尚未有法律法规或者司法解释作出规定。笔者认为，对"情节特别严重"的判断要建立在正确认识"情节严重"和"情节特别严重"直接关系的基础上。"情节严重"是强迫交易行为纳入刑罚评价的最低标准，"情节特别严重"则是刑罚加重适用的条件。认定强迫交易罪中的"情节特别严重"不应超出该罪名所保护的法益范围，从刑法设置该罪名希望保护的权益和秩序出发，结合行为人的主观恶性、行为的社会危害性等刑罚裁量因素，综合判断是否构成"情节特别严重"。具体而言，可以参照强迫交易罪的立案标准，从行为人造成的人身损害、财产损失、交易金额、交易次数、持续时间、社会影响等多方面因素判断。

（一）人身损害程度

对他人人身权益的侵害并非强迫交易行为人希望达成的主观目的，但是强迫交易行为必然伴随暴力、胁迫手段，因为这些强迫手段有可能给被害人带来人身损害。根据《最高人民检察院、公安部关于公安机关管辖的刑事案件立案追诉标准的规定（一）》第二十八条的规定，强迫交易造成他人轻微

伤即可认定为情节严重，而从情节严重到情节特别严重体现的是刑罚处罚的必要性的增加，作为升格量刑条件的情节特别严重，对他人造成的人身损害标准应当高于情节严重。同时，笔者认为，强迫交易罪中对他人人身损害程度应限于轻伤，使用强迫手段交易给他人造成重伤以上损害的，应当以故意伤害罪定罪处罚。因此，当行为人的强迫手段给他人造成轻伤的，则可认定为"情节特别严重"。

(二) 对被害人造成的经济损失

强迫交易罪并非侵犯财产型犯罪，但是由于该交易是在违背相对人交易意愿的情况下实施的，说明相对人对于交易达成的条件并不满意，部分情况下，相对人系被强迫高价购买或低价售出某种商品或服务，相对公平协商交易而言，势必会给被害人造成经济损失。给被害人造成经济损失达2000元即可构成该罪情节严重，参照《最高人民法院、最高人民检察院关于办理盗窃刑事案件适用法律若干问题的解释》第一条规定，从三年以下量刑档升格到三年到十年的量刑档，数额标准相差一般在10倍以上，本罪情节特别严重的经济损失数额，可在立案标准的十倍以上确定数额标准。同时，强迫交易的手段行为和敲诈勒索及抢劫罪具有相似性，但是其犯罪行为的危害程度要小于敲诈勒索犯罪。根据《最高人民法院、最高人民检察院关于办理敲诈勒索刑事案件适用法律若干问题的解释》第一条规定，敲诈勒索3万元至10万元以上的应当认定为数额巨大，判处三年以上十年以下有期徒刑，强迫交易罪作为危害程度较轻的犯罪可在敲诈勒索罪数额巨大标准以上，数额特别巨大标准以下确定情节特别严重的经济损失数额标准。

(三) 交易金额、交易人次

强迫交易犯罪，行为人以经营某项业务为业，其强迫交易行为往往伴随经营行为持续发生，从而使危害性不断累积，交易金额、交易人次和持续时间便成为衡量强迫交易行为社会危害性的重要指标。对于交易金额、交易人次等可量化指标可以参照《最高人民检察院、公安部关于公安机关管辖的刑事案件立案追诉标准的规定（一）的补充规定》确定的数额标准的10倍以上，认定情节特别严重。同时，交易金额并不完全等同于给被害人造成的经济损失，在通过交易金额判断犯罪危害程度时，应适用更高的数额标准，认定为情节特别严重的交易金额标准应大于经济损失的金额标准。

情节特别严重是整体性评价要素，在实践中适用时应整体考量、综合评判，量化型标准只是作为判断情节严重程度的参照因素，不能僵化地适用该规定，认为只要没有满足上述标准就不能认定情节特别严重。除了上述因素，还应当考虑强迫交易行为的持续时间、强迫手段的恶劣程度、社会影响程度等，如行为人是否长期以从事强迫交易为业、是否对某些地区的某些行业秩序造成了严重破坏、强迫交易手段中是否给被害人的生产生活造成了严重困扰等。回归本案，虽然行为人未对被害人造成严重人身损害和巨大财产损失，但是被告人赵某事先预谋，制定强制威胁套路，并通过互联网发布广告招揽客户，组织员工以固定模式实施强迫交易行为，并长期以此为业，实施40余次强迫交易行为，在本市多个区域造成了恶劣影响，影响该行业市场秩序，被告单位员工的纠缠滋扰方式亦严重影响了大量被害人的生活秩序，可以认定为情节特别严重。

### 四、案例的指导意义

司法实践中，强迫交易与正常交易行为往往因为界限不够清晰导致认定标准不一，此外，强迫交易罪与抢劫罪、敲诈勒索罪在行为方式方面也有一定相似性。准确认定强迫交易罪应当从交易行为的目的、强制性、对价性等方面进行个案分析，只要行为人的暴力、威胁手段使相对人产生了心理恐惧并形成心理强制，影响了交易的进行，就可以认定行为人实施了强迫交易的行为，如果达到情节严重标准则可以构成强迫交易罪。对于强迫交易罪法定刑升格条件的"情节特别严重"的标准，因目前尚未有法律法规或者司法解释对此作出明确规定，应当比对"情节严重"的标准，从行为人造成的人身损害、财产损失、交易金额、交易次数、持续时间、社会影响等多方面因素进行综合判断。

图书在版编目（CIP）数据

法院审理经济犯罪案件观点集成／谭劲松主编；江伟，刘璐，张雪洋副主编．—北京：中国法制出版社，2023.11

（法院审理案件观点集成丛书）

ISBN 978-7-5216-3989-6

Ⅰ.①法… Ⅱ.①谭… ②江… ③刘… ④张… Ⅲ.①经济犯罪-审判-案例-中国 Ⅳ.①D924.335

中国国家版本馆 CIP 数据核字（2023）第 232662 号

策划编辑：王 熹　　　责任编辑：赵律玮　　　封面设计：李 宁

**法院审理经济犯罪案件观点集成**
FAYUAN SHENLI JINGJI FANZUI ANJIAN GUANDIAN JICHENG

主编／谭劲松
副主编／江伟，刘璐，张雪洋
经销／新华书店
印刷／保定市中画美凯印刷有限公司
开本／710 毫米×1000 毫米　16 开　　　　印张/ 21.75　字数/ 305 千
版次/2023 年 11 月第 1 版　　　　　　　2023 年 11 月第 1 次印刷

中国法制出版社出版
书号 ISBN 978-7-5216-3989-6　　　　　　　　　　　定价：86.00 元

北京市西城区西便门西里甲 16 号西便门办公区
邮政编码：100053　　　　　　　　　　　　　传真：010-63141600
网址：http://www.zgfzs.com　　　　　　　　编辑部电话：010-63141833
市场营销部电话：010-63141612　　　　　　印务部电话：010-63141606

（如有印装质量问题，请与本社印务部联系。）